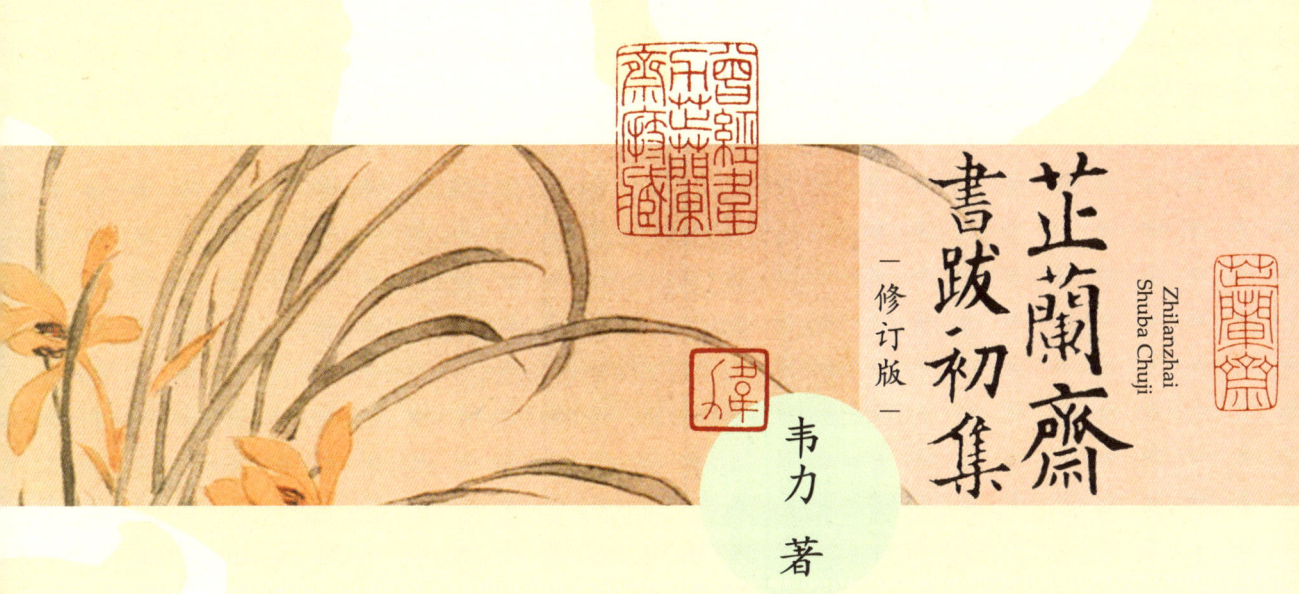

芷蘭齋
書跋初集
一修订版一

Zhilanzhai
Shuba Chuji

韋力 著

国家图书馆出版社

图书在版编目（CIP）数据

芷兰斋书跋初集／韦力著.—北京：国家图书馆出版社，2012.5（2020.5重印）
ISBN 978-7-5013-4783-4

Ⅰ.①芷…　Ⅱ.①韦…　Ⅲ.①题跋—作品集—中国—当代　Ⅳ.①I267

中国版本图书馆CIP数据核字（2012）第065743号

ISBN 978-7-5013-4783-4

9 787501 347834 >

书　　　名　芷兰斋书跋初集
著　　　者　韦力　著
责任编辑　王燕来
封面设计　
内文设计　九雅工作室

出　　版　国家图书馆出版社（100034 北京市西城区文津街7号）
发　　行　（010）66139745,66175620,66126153
　　　　　66174391（传真），66126156（门市部）
E-mail　cbs@nlc.gov.cn（投稿）
Website　www.nlcpress.com→投稿
经　　销　新华书店
印　　刷　北京联兴盛业印刷股份有限公司
开　　本　890×1240毫米　1/16
印　　张　18
版　　次　2012年5月第1版　2020年5月第3次印刷

书　　号　ISBN 978-7-5013-4783-4
定　　价　128.00元（平装）　168.00元（精装）

目　录

周绍寅过录卢文弨批校《吴越春秋》十卷

《吴越春秋》十卷　（汉）赵晔撰　（元）徐天祐音注

明嘉靖刻本　缪荃孙批校、周绍寅过录卢文弨批校

白棉纸　一函二册

钤印：喜寅（白方）、屺思（朱椭）、季方秘笈（朱方）、徐乃昌曝书记（朱方）、积余秘籍识者宝之（朱方）、南陵徐乃昌校勘经籍记、积学斋徐乃昌藏书、荃孙校读、国桢藏书等

　　《吴越春秋》约成书于东汉初年，主要记载春秋末期吴越两国之事，前五卷记吴国事，称内传；后五卷记载越国事，称外传。其内容要点皆见于《史记》《国语》《左传》与《越绝书》等书，但亦有各书未载之事，以及各书略载而此书详述之事。此书过去被列入杂史，因其性质介于历史与小说之间，类似后世之演义，人物刻画、情节描述皆具文学价值，明清以后的许多剧目皆以此书为依据改编而成。然亦有故事经考古证明完全符合历史事实，如吴国鼓风、冶铁铸剑之事。作者赵晔，字君长，会稽山阴（今浙江绍兴）人，生卒年不详，所著有《韩诗谱》《诗细历神渊》《诗道微》及《吴越春秋》等，传世者今仅存《吴越春秋》一种。

　　此书约十年前得于上海某拍场，前有周

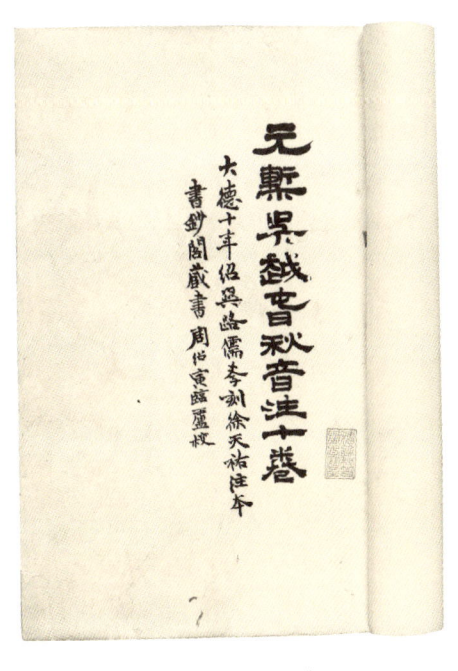

《吴越春秋》周绍寅题记

1

吴越春秋目録

吴越春秋吴太伯傳第一

後漢趙曄撰

吴之前君太伯者論語作泰伯後稷之苗裔也后稷

稷其母台氏之女姜嫄韓詩章句姜嫄字邰國之女姜嫄

姓封邰國晉語曰黃帝以姬水成故黃帝為姬炎帝為姜是姜者炎帝之

水成故黃帝為姬炎帝為姜者炎帝之

姓史記嫄作原台作邰國在京兆武

功縣所治釐城漢地理志作嫠與邰同為帝

嚳元妃年少未孕出游於野見大人跡而觀

之中心歡然喜其形像因覆而踐之身動意

若為人所感後姙娠恐被淫泆之禍遂祭祀

绍寅题签云"元椠吴越春秋音注十卷/大德十年绍兴路儒学刻徐天祐注本/书钞阁藏书周绍寅临卢校",旁有徐乃昌藏书印"积余秘笈识者宝之"。细阅内页,钤章累累,有荃孙校读、国桢藏书、喜寅、屺思、季方秘笈、徐乃昌曝书记、南陵徐乃昌校勘经籍记、积学斋徐乃昌藏书等十余方,可见是名家递藏之珍本。

该书实为明嘉靖本,然多有藏家误认此为元椠。此书元版行格应为九行十八字白口左右双边,嘉靖本行格则为九行十七字细黑口四周双边。孙星衍《平津馆鉴藏记书籍》记有此书为半页九行十七字本,末卷刻有"大德十年岁在丙午"字样,其未言此为何时刻本,仅言《四库全书》有"元大德十年(1306)刻本,序文不著名姓"。查《四库全书总目提要》,确实著录有纪昀家藏元大德十年刊本,然未记行格。读孙星衍文,极易使人误会为元大德十年刊本即为九行十七字也。莫友芝《郘亭知见传本书目》中亦有称"每页十八行,行十七字"者为元本;丁丙《善本书室藏书志》亦将此本著录为元刊。

读叶德辉《郋园读书志》可知,叶德辉曾经眼三部《吴越春秋》,其中有与寒斋相同之嘉靖本、万历丙戌冯念祖重刊元大德丙午徐天祐注本及明万历辛丑杨尔曾印本。冯念祖刊本目录后有长方框牌记云"万历丙戌之秋武林冯念祖重梓于龙卧山房",此书板后来转售于同乡杨尔曾,杨尔曾将牌记改为"万历辛丑之秋武林杨尔曾重梓于卧龙山房"。叶氏称尝见瞿镛《铁琴铜剑楼藏书志》载此书有元刊本,"明弘治间邝璠所刻即依此本",叶按:"邝刻罕见,卢抱经文弨校此书,曾借常州庄葆琛所藏明弘治十四年巡按袁经大伦授吴县令邝廷瑞重刻大德本,即其本也。"

叶德辉评价此书之嘉靖本谓"是明刻书中慎守先民矱矱者",此语之意极深,盖因明人刻书风气恶劣之观念深入人心,往往忽略明人刻书亦有极工致者。叶氏还言:"元刻当亦是九行十八字。缪、瞿二家之书,余皆亲阅其书,纸料、墨色、印工、字体与此书(指九行十七字嘉靖本)全无差别,是此书为明刊元本,彼二书亦必明刊元本。明刻自足珍贵,又何必强欲跻之元刻自欺以欺人耶?"

由钤印及藏章可知,吾藏之本曾经周绍寅、缪荃孙、徐乃昌等递藏。卷前题签者周绍寅,字云将,乃清代藏书大家周星诒之子,书钞阁即周星诒室名,以得旧钞本《北堂书钞》而来。此本中有周绍寅过录卢文弨之批校,卷末有"乾隆四十九年岁在甲辰,卢文弨在常州借庄葆琛家明宏治十四年巡按袁经大伦授吴县令邝廷瑞重刻元大德本,十月十八日携舟中对校,廿二日至摄山校讫"句,此即叶德辉于《郋

越以此散徐廣曰周顯王四十六年今自勾
踐卒至越亡凡一百三十三年通鑑書之頃
王三十五年此云勾踐至于親曆八主稱霸
二百二十四年親氣皆失去□邪徙於吳爲
楚所滅與史世家及紀年皆不合若如世家
所載則無彊之死衆散久矣非王親時失衆
古國也又記年曰王翳三十三年遷于
吳則越之徙吳巳久亦非王親時也

吳越春秋勾踐伐吳外傳第十

乾隆四十九年歲在甲辰　盧文弨在常州借莊蒨琛家明宏治十四年巡按袁經大倫授吳縣令
廊廷瑞重刻元大德本十月十八日攜舟中對校廿二日至攝山校訖

大德十年歲在丙午三月音註
越六月書成刊板十二月畢二

吳越春秋

《吴越春秋》十卷之周绍寅过录卢文弨批校

园读书志》中所录也。

《嘉业堂藏书记》中载有《吴越春秋》两部，分别著录为"明刻本"与"明万历刻本"，其中著录为"明刻本"者，有"此明翻大德本，观其字体，约嘉、万间刻也"。《嘉业堂藏书记》先后有缪荃孙、董康撰稿编目，此条目下注明为缪荃孙所撰。吾藏之本目录首页有"荃孙校读"之朱文小印，然无嘉业堂之印，故未知此本是否为当时艺风老人撰写此条目时所参之本。

王大隆《蛾术轩箧存善本书录》亦谈及《吴越春秋十卷》，然其所谈为万历丙戌冯念祖卧龙山房本，其评价此本曰："此本摹写镌刻，印刷纸张，均极工致。尤可贵者，能存元刻面目而不加窜乱，在晚明刻书中所罕有。昔顾亭林云：'闻之先人，自嘉靖以前，书之镂本虽不精工，而其所不能通之处，注之曰疑。今之镂本加精，而疑者不复注，且径改之矣'。又云：'万历间人多好改窜古书，人心之邪，风气之变，自此而始'……近人往往据此说，以评泊板本，窃谓以时代分刻书之优劣，不过得其大判而已。平生所见嘉靖前刻，未尝无陋劣，而万历时刻如此书者，安得不以善本目之？是在读者之精于鉴别，不当作胶柱之见耳。"读此文字，知王大隆至少认为此本为万历本中之白眉，而按叶德辉的说法，冯念祖本为杨尔曾本之初印，嘉靖本又胜于冯念祖本，故寒斋所藏之本更胜于王大隆本矣。

检《善本总目》，可知此书流传并不稀见，国内公藏与之行格相同者约有十余家，其中国家图书馆有此本之翁同龢跋本，天津图书馆有此本之莫友芝跋本，可见历代藏家对此本之看重。然据《总目》所载，各馆所藏明万历十四年（1586）冯念祖卧龙山房刻本行格均为"八行十七字白口左右双边"，应与王大隆所述为同一版本，而王大隆著录此为"八行十七字，白口单栏"，其所藏之本为四周单边，与其他著录之左右双边有异，惜不能得见王大隆所藏之本，故不能确定王大隆所提万历本是著录之笔误，还是另有一不为前人所知的四周单边之翻刻本。

而更有意思之处，在于王大隆先生提到"今元刻本徐积余丈已摹刻于《随庵丛书》"语。《随庵丛书》为晚清民国时期的著名藏书、刻书大家徐乃昌所刻，所选之本均为宋元旧椠，其目的在于"是缩今日为宋元也，是后千百年为今日也。"此丛书共收十种五十二卷，其中即有《吴越春秋十卷》，而吾藏之本前后处处可见徐氏藏书印，可见其爱此书之甚，未知徐氏刻《随庵丛书》所选《吴越春秋十卷》之底本，是否即吾今日之所藏，待查。

潘介繁题《幼学堂诗稿》十卷《文稿》四卷

《幼学堂诗稿》十卷《文稿》四卷　（清）沈钦韩撰

　　清嘉庆十八年（1813）刻本　潘介繁题识　毛边纸

一函五册

　　钤印：硕庭藏书记（朱方）、潘氏桐西书屋之印（朱方）、潘椒坡（白方）、介繁（朱方）、吴兴刘氏嘉业堂藏书印（朱方）、刘承幹字贞一号翰怡（白方）等

　　戊寅春日，到琉璃厂转书肆，于来熏阁架上偶翻得此书，隐约记得前人提到该书罕见，看价签幸其不昂，付款携归。

　　此书作者沈钦韩（1775－1832），字文起，号小宛，嘉庆十二（1807）年举人，道光三年（1823）官安徽宁国县训导。为学甚勤，常抄书、校书至深夜不辍，于诗词、古文之外，尤长于训诂考证。以《汉书》颜注浅陋，李贤《后汉书注》杂出众手之故，而远搜古籍，覃思近二十年，著《两汉书疏证》七十四卷，补旧注之疏阙，尤能详陈得失，考论制度。《清稗类钞》著述类评价清代诸儒称："至于本朝诸儒，皆实事求是，有疑必审，有误必订，而非前人所可及。如钱大昕之《廿二史考异》，王鸣盛之《十七史商榷》，赵翼之《廿二史札记》，张熷之《读史举正》，洪颐煊之《诸史考异》，皆通校全史者也。梁玉绳之《史记志疑》，钱大昭之《两汉书辨疑》，沈钦韩之《两汉书疏证》，梁章钜之《三国志旁证》，赵绍祖之《新旧唐书互证》，施国祁之《金史详校》，皆专考一史者也。披郄导窾，莫不精深确当，读史者宜奉为指南矣。"乾嘉时期乃清代学术之高峰，小宛为乾嘉学人中有重要著作者，可见其学术界地位之重。

　　小宛另著有《左氏传补注》十二卷、《左氏传考异》十卷、《三国志补注》八卷、《水经注疏证》四十卷等等，以及《幼学堂诗稿》十七卷《文稿》八卷，另辑有《香山草堂丛钞》十六卷。王大隆称其诗文之名，尽为经史之学所掩，谓："以

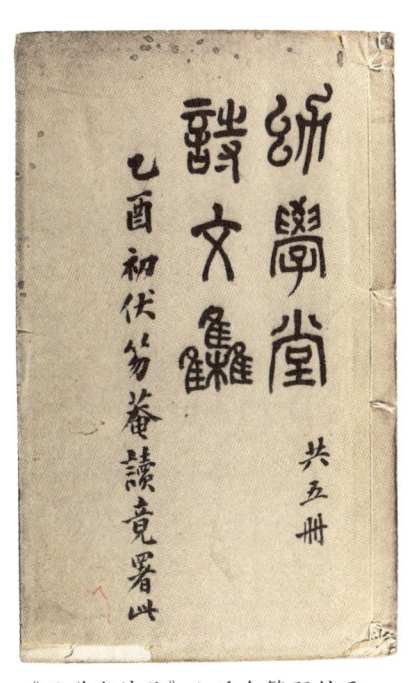

《幼学堂诗稿》之潘介繁题封面

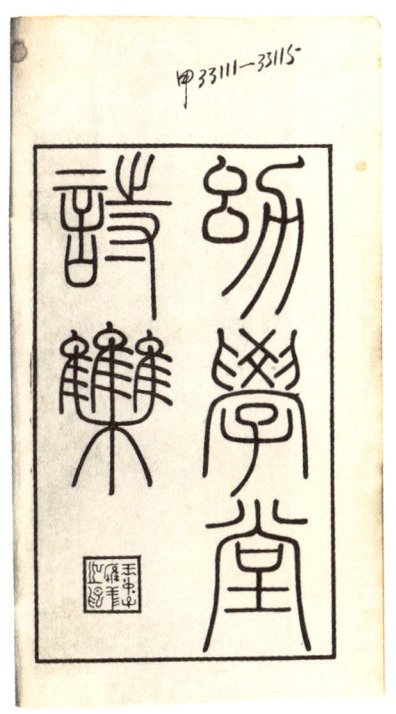

《幼学堂诗集》书牌

经史之学名，诗文其余事。然诗则兼综唐、宋，文则并擅骈、散，与孙星衍岱南阁、凌次仲校礼堂差堪鼎足。"阮文藻为之序曰："摆脱凡近，破唐、宋、元、明之界限，而深病王、沈、袁之各有所主，所谓舍筏登岸，脚踏实地。盖其书卷既富，功力又深。均经酝酿锤炼而出。孑孑独造，亦似昌黎。非空谈性灵、神韵者所能并论。"小宛之经史著作均刊于身后，惟诗文集是其手定付梓，所收诗文约为其二十至三十八岁所作，由钱塘屠倬首刊于嘉庆十八（1813）年，计诗十卷，文四卷，后于道光八年（1828）续刊诗七卷、文四卷，续刊付梓后三年，小宛卒。此书当时刷印不多，书版不久即遭毁，故传世极鲜，而有续刊者更为罕见。刊者屠倬字孟昭，号琴邬，晚年号潜园老人，著有《是程堂诗文集》。阮元于嘉庆六年（1801）创立诂经精舍后，屠倬得列门墙；嘉庆九年，于阮元倡建之白居易祠落成典礼上即席赋诗，名声大振，得阮元另眼相看，嘉庆十三年得进士。阮元尝谓："吾于浙西得文笔三人：陈文述、查揆、屠倬。"

此书虽为清集，然因传世极稀，故备受藏家珍重，民国期间燕京大学曾斥七百金购得一部，可见其本之罕，为清集中珍罕名籍。郑振铎《劫中得书记》尝列举清代难得之书多种，其中首部即沈钦韩《幼学堂集》，其言："沈钦韩《幼学堂集》，藏书家素目为难得之书。每获睹一部，必竞收之。然藏此者，海内亦不过寥寥三数家耳。予今岁乃不意于一已停业之古书肆得之，为之狂喜数日。"

《幼学堂诗稿》之卷首

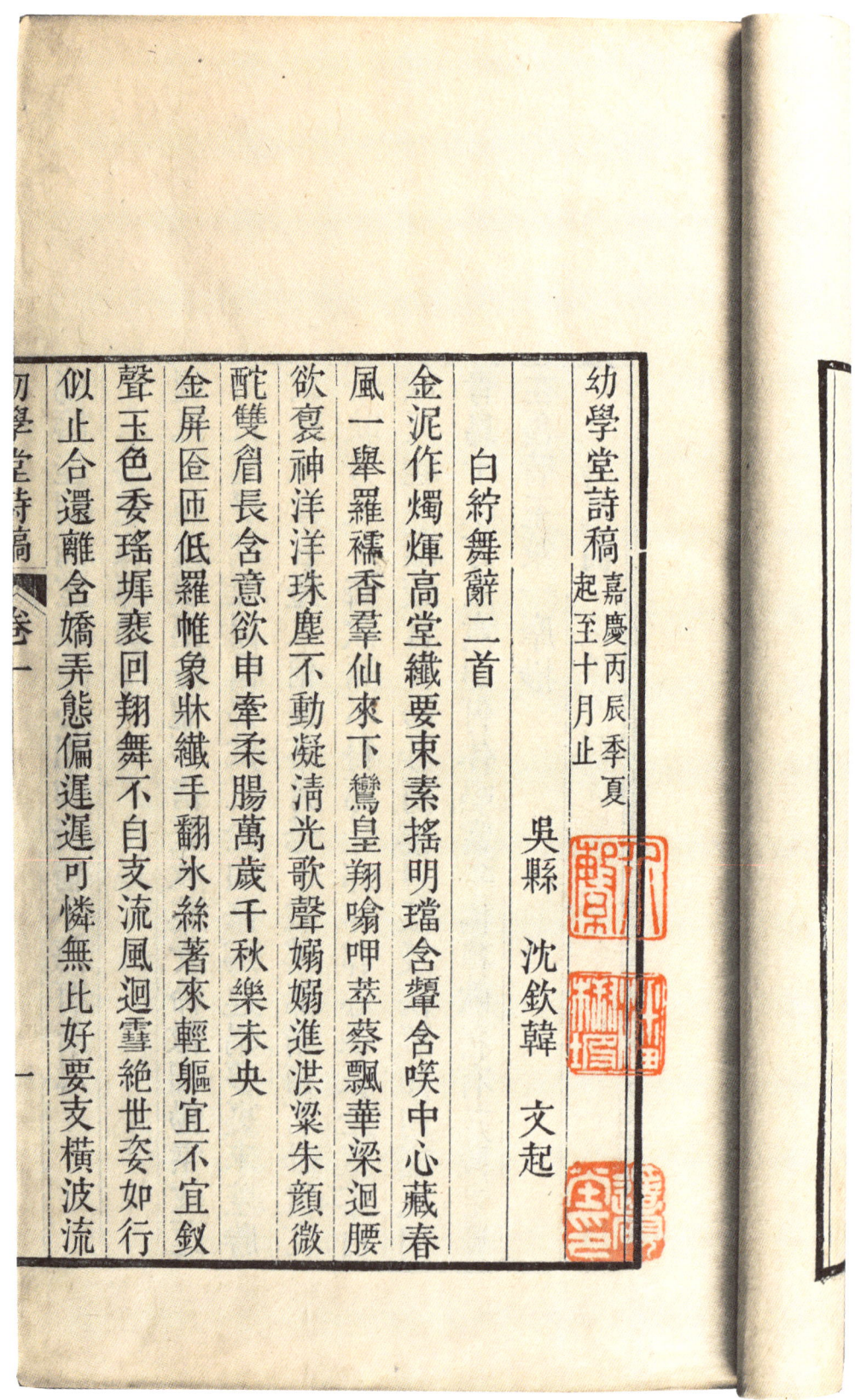

幼學堂詩稿 嘉慶丙辰季夏起至十月止

吳縣 沈欽韓 文起

白紵舞辭二首

金泥作燭輝高堂纖要束素搖明璫含顰含噗中心藏春
風一舉羅襦香羣仙來下鸞皇翔嗡呷萃蔡飄華梁迴腰
欲裹神洋洋珠塵不動凝清光歌聲嬝嬝進洪梁朱顏微
酡雙眉長含意欲申牽柔腸萬歲千秋樂未央
金屏匜低羅帷象牀纖手翻氷絲著來輕軀宜不宜釵
聲玉色委瑤埤襲回翔舞不自支流風迴霅絕世姿如行
似此合還離含嬌弄態偏遲遲可憐無比好要支橫波流

　　小宛有好友许兆熊，字凫舟，喜金石，工诗文，兼精医术，室名六君子斋、池上草堂、延年乐石寮等，执意著述，有《两京名贤印录》《药笼手镜》《东篱中正》及《凫舟诗稿》等，其中《凫舟诗稿》有小宛道光十一年（1831）序，序后不久小宛即逝。二人尺牍往来甚频，小宛时于信中诉其窘况，如："《韩文公集》清誊一遍，穷此岁不知得完否？明年将携此书北游，售与富贵人，以稍济贫困。"又云："《水经注》穷十余日之力，才叙得两本完。饥来驱我，俟有便，欲薄游维扬，稍谋口食。然亦未定日期，恐此愿尚未能即了，况其他多所著述乎！"言志趣云："近来许侍御青士乃济上疏请开博学宏词科，得旨已俞。而军机大臣以非急务，且谓天下未必有此人，遂止。琴南诸人扼腕太息，然钦韩之意，即使此事果行，亦决不复作出山之计耳。"又云："交游寥落，出门安所向。文史自娱，不如饥寒之切身也。"又云："自料一无所能，若使校书石渠、天禄，亦差可继刘向、扬雄之后，狂言发兄一笑也。"最末一句读来，吾心甚感唏嘘。

　　吾藏之本封面有潘介繁篆书题写书名，云"幼学堂诗文集/共五册/乙酉初伏笏菴读竟署此"，可知此书于光绪十一年（1885）尚存于吴县潘家。潘介繁（1828—1893）字谷人，号菽坡，又作茟坡、椒坡，室名桐西书屋。苏州潘氏为文献之家，自曾祖潘奕隽三松堂起收藏既富，其藏书后半数归希甫，即介繁之父也。书内有藏印数枚：介繁、潘椒坡、潘氏桐西书屋之印以及硕庭藏书记等。其中"硕庭藏书记"为潘介繁之子潘志万之印，志万藏书及碑版极富，尝为潘祖荫写刻《藏书记要》，辑有《书籍碑版题跋偶录》等。

　　此本尚有"刘承幹字贞一号翰怡"白方及"吴兴刘氏嘉业堂藏书印"朱方，然检《嘉业堂藏书志》中清别集类却并未著录该书。《嘉业堂藏书志》先后有缪荃孙、董康、吴昌绶等撰写，其中清别集类仅收十九部书，十六篇为董康所撰。未知《嘉业堂藏书志》未收此书之原因，是得书于编写书志之后，还是此书未入董康之法眼。董康继缪荃孙之后为嘉业堂撰写藏书志，所持意见与吴昌绶相近，所录之书以明人别集为多，嘉业堂所藏明人别集，多赖董稿而存其大概。董康诵芬室藏书亦有归于嘉业堂插架者。然董氏售书一向价昂，可知嘉业堂收之亦不便宜，其时或为嘉业堂鼎盛之期。

　　王大隆《蛾术轩箧存善本书录》中载其所藏之《幼学堂诗稿》十七卷《文稿》八卷，上有"刘承幹字贞一号翰怡"白方及"吴兴刘氏嘉业堂藏书印"朱方，可知其所藏之书亦曾藏于嘉业堂。亦可推知嘉业堂曾藏有《幼学堂诗文集》两部，

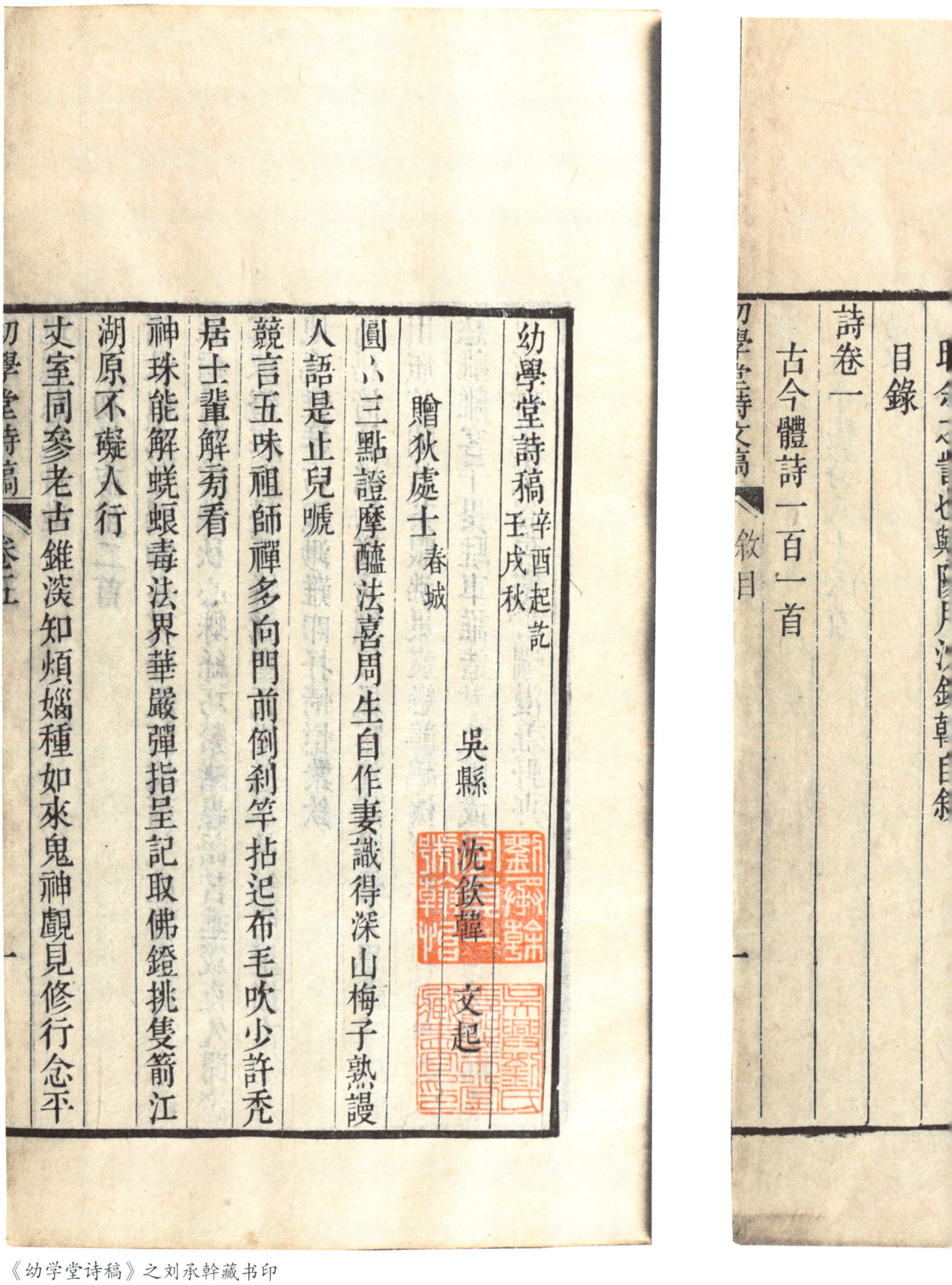

幼學堂詩稿 辛酉起訖 壬戌秋

贈狄處士 春城

吳縣

沈欽韓 文起

圓八三點證摩醯法喜周生自作妻識得深山梅子熟謾

人語是止兒嗁

競言五味祖師禪多向門前倒刹竿拈起布毛吹少許禿

居士輩解菊看

神珠能解蜿蜒毒法界華嚴彈指呈記取佛鐙挑隻箭江

湖原不礙入行

丈室同參老古錐溪知煩嫵種如來鬼神覷見修行念平

《幼学堂诗稿》之刘承幹藏书印

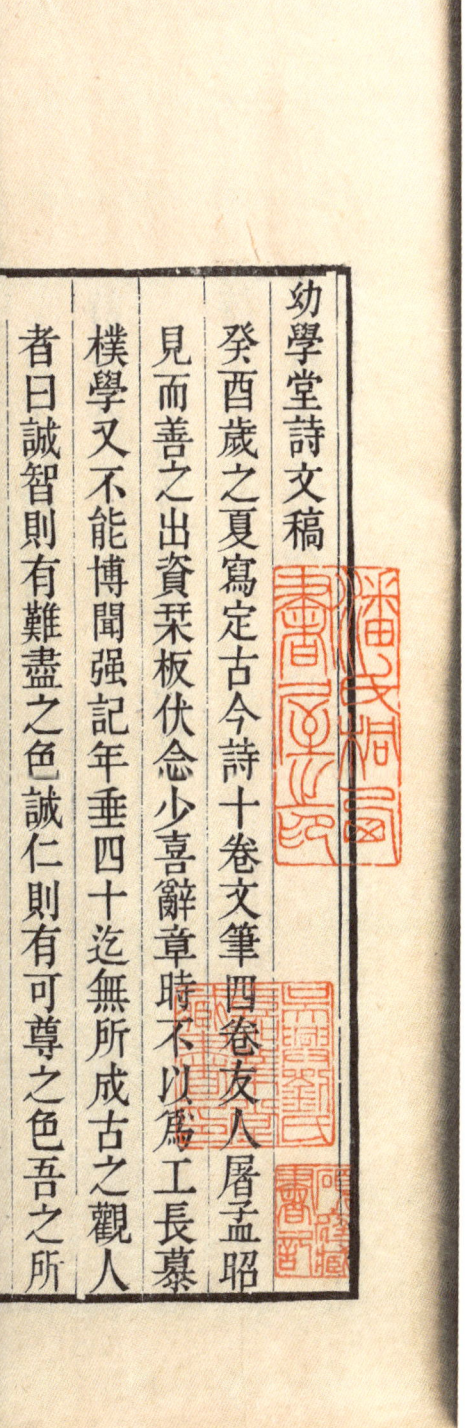

分别为王大隆所著录之二十五卷本与吾所藏之十四卷本。王大隆曾为嘉业堂鉴定版本，并于1954年至1956年间，经其介绍，复旦大学图书馆分三次从刘承幹手中购入储于上海刘宅之嘉业堂藏书，其中包括民国初年花巨资从国史馆抄出的《清实录》和《清史列传》。今日复旦大学图书馆尚藏有钞稿本《幼学堂尺牍一卷》，上有王大隆长跋一篇，未知是否亦当时欣夫先生作伐者。

《幼学堂文稿》之桐西书屋藏书印

黄永年跋嘉靖本
《白氏文集》七十一卷

《白氏文集》七十一卷　（唐）白居易撰
　　明嘉靖间伍忠光刻姑苏钱应龙重修本　黄永年题记
黄棉纸　四函二十四册
　　钤印：彭城江奋子藏书画图记（墨记）、黄永年藏善
本书印（朱方）

　　唐会昌五年（845）白居易作《白氏集后记》云："白氏前著《长庆集》五十卷，元微之为序；后集二十卷，自为序；今又续后集五卷，自为记。前后七十五卷，诗笔大小凡三千八百四十首。集有五本：一本在庐山东林寺经藏院；一本在苏州禅林寺经藏内；一本在东都圣善寺钵塔院律库楼；一本付侄龟郎；一本付外孙谈阁童。各藏于家，传于后。其日本、新罗诸国及两京人家传写者，不在此记。"作此后记次年，白居易殁，故此七十五卷本当为白氏生前之最后定本。此五本皆为写本，自唐至宋流传过程中，卷帙时有变化。《新唐书·艺文志》作七十五卷，《崇文总目》作七十卷，《郡斋读书志》作七十一卷，《直斋书录解题》作七十一卷，并记："今本七十一卷，苏本、蜀本编次不同。蜀本又有外集一卷，往往皆

《白氏文集》七十一卷之黄永年跋语

非乐天自记之旧矣。"

今传世最早刻本为南宋绍兴初年刻本《白氏文集》七十一卷。七十五卷本宋人未见著录，似仅存于传说。《述古堂书目》载有《白氏文集》七十五卷，然"庚寅一炬，种子断绝"，故钱谦益曾藏七十五卷本之《白氏文集》，则为传说中之传说，令人生疑。另钱曾《读书敏求记》中言曾于钱谦益处所见《白氏文集》为庐山本，然宋人宋敏求却言庐山本止七十卷，且无续后集，故钱谦益曾藏七十五卷本之说更见可疑。黄丕烈尝以白金二十两易得绛云楼烬余残本《白氏文集》十七卷，是书既有烧痕，亦有水渍，仅知其为宋本，确否七十五卷本之残卷则未知，《荛圃藏书题记》记此事甚详。

进入明代，此书版本甚多，最早为正德八年（1513）兰雪堂铜活字本，另有正德十四年郭勋刻本，嘉靖十七（1538）年伍忠光龙池草堂刻本，万历三十四年（1606）马元调刻本等。寒斋所藏为明嘉靖十七年伍忠光龙池草堂刻姑苏钱应龙重修本，半页十二行二十字白口左右双边，钤有"黄永年藏善本书印"及"彭城江畬子藏书画图记"。龙池草堂为吴郡人伍忠光室名，曾刊刻《白氏文集》七十一卷、《张说之文集》二十五卷及《冀越集》八卷。其中嘉靖十六年刊刻之《张说之文集》二十五卷为此书传世最古者，前有永乐七年（1409）吴县贞隐老人伍德跋，谓手录此书以备一览，亟欲梓之而力不果，冀后世子孙有能续之云云。由此可知伍氏一族书香延续百数十年，其后裔果不负祖望。钱应龙者，今所存资料甚少，仅知其刊刻过此书与《元氏长庆集》六十卷。

此书有永年师写于荣宝斋绿格笺纸跋语一页，附于卷首，内容为："此嘉靖时姑苏钱应龙所刊《白氏文集》，实源宋刊，与铁琴铜剑楼旧藏小字宋本大致相符，惟宋本卷末陶记已脱去耳。兰雪堂铜活字本亦与此同源，然双行排印，小注多略，非善本也。日本元和时那波活字本题《白氏长庆集》，则别有所据矣。"兰雪堂为明代无锡华坚之堂号，与其叔父华燧之会通馆皆以铜活字印刷齐名。兰雪堂晚于会通馆，印书之数亦少于会通馆，其最早排印之本即《白氏长庆集》七十一卷及《元氏长庆集》六十卷。那波道圆活字本刊于日本元和四年（1618年），吴昌绶于《嘉业堂藏书志》中言"此本凡宋本所有者均无脱佚，其为出于宋本无疑。闻日本此集尚有唐卷子本。今藏大阪某氏。或言此本出于唐卷者，未睹其书，不敢臆断也"；岛田翰则云："元和戊午秋七月那波道圆活字本，是据狩谷掖斋所藏覆宋本白氏集重刻"；当今日本学者太田次郎认为此本以存于朝鲜之旧编成本为底本，然朝鲜之

白氏文集卷第一

諷諭一　古調詩五言　凡六十五首

彭城江金十泷書畫圖記

○賀雨

皇帝嗣寶曆元和三年冬、自冬及春暮不雨旱燦燦

上心念下民懼歲成災函遂下罪巳詔殷勤制萬邦

帝曰予一人繼天承祖宗憂勤不遑寧夙夜心忡忡

元年誅劉闢二年殺李錡不戰安江東

顧惟眇眇德遽有巍巍功或者天降沴無乃儆予躬

上思答天戒下思致時邕莫如率其身慈和與儉恭

乃命罷進獻乃命賑饑窮宥死降五刑責巳寬三農

宮女出宣徽廄馬減飛龍庶政靡不舉皆由自宸衷

奔騰道路人傴僂田野翁歡呼相告報感泣淚沾胸

《白氏文集》七十一卷之卷首

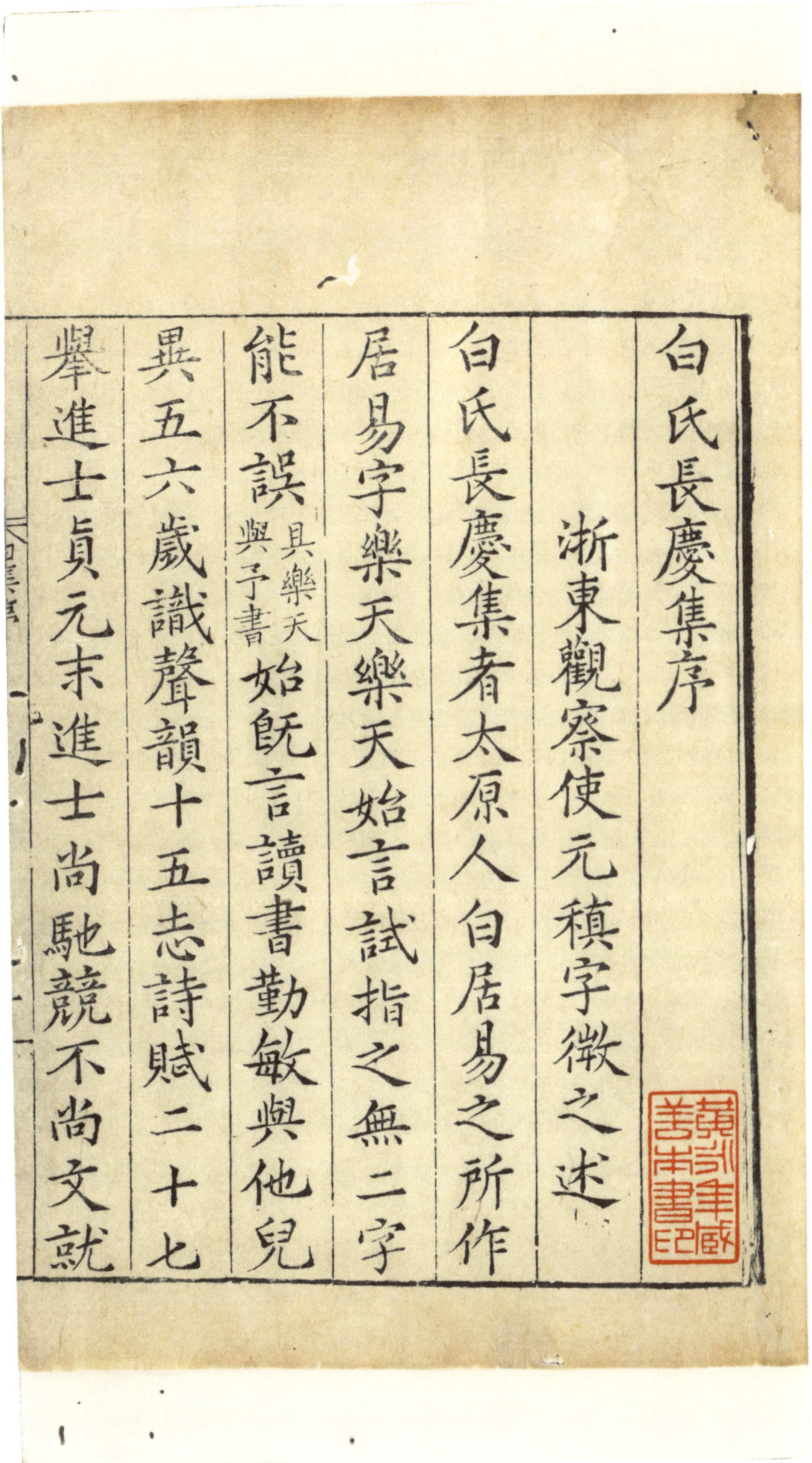

白氏長慶集序

浙東觀察使元稹字微之述

白氏長慶集者太原人白居易之所作

居易字樂天樂天始言試指之無二字

能不誤 具樂天 與予書 始餀言讀書勤敏與他兒

異五六歲識聲韻十五志詩賦二十七

舉進士貞元末進士尚馳競不尚文就

旧编成本是否为宋本，并无说明。太田次郎还提到，日本于江户时代以后，《白氏文集》进入以那波古活字本、明马调元本及和刻本等刊本为中心的时代，1804年至1817年间，幕府还刊行以那波本为底本官板。在当时流行的《白氏文集》众多刊本中，那波本以版框宽大、不附训点、行间有隙以及天地宽裕等特点，在校勘时最适合用来作为记录各本异同之底本。

那波道圆用来排印此书之铜活字原为朝鲜所制。1596年丰臣秀吉第二次出兵朝鲜时，强行押解数万朝鲜人至日本耕作，并带走大量制陶、印刷及刺绣等工匠，使得日本的各种工艺水准大举提高，当时与印刷工人一同被带至日本的尚有大量铜活字，即那波排印此书之物也。吴昌绶亦言："此日本活字本（活字宋高丽国所制，后为日本所得，庆长、元和间用以印书），为那波道圆所印，在彼邦几与五山版并重。"。

此书与吾尚有一段小因缘，永年师尝与吾述及往事，约三十年前，永年师闻上海博古斋收到于省吾双剑簃旧藏一批，其中有桂馥《说文解字义证》之咸丰年间连筠簃初刻本，此书当时印数不多，书版刻好不久即毁于太平天国战火，故流传极稀，于民国时期书价已经几同宋版。永年师早闻双剑簃存有此书一部，惜无缘得见，今闻此书流入厂肆甚是兴奋。恰博古斋收购人员至西安收书，师向其提出购买此书意愿，对方称不愿卖，但可以换书，黄师当即取出此《白氏文集》。博古斋收购人员不知连筠簃本《说文解字义证》之珍贵远超《白氏文集》，反认为嘉靖本之市场价值远比咸丰本要高，故交换之后，又搭给黄师两部清代印谱，令师颇感意外。多年后永年师向吾讲述此故事时，眉宇间仍有一股抑止不住之快乐。吾当时即想，若此二书再流入市场而被吾得之，将此故事续圆满，亦可谓书界一段小佳话。天遂人愿，三年前此书赫然出现于上海博古斋拍场，吾于图录中得见此本，食指大动，志在必得。至拍卖当日，此书果被吾所得，令吾意外的是书上还有永年师跋语一页，讲明此书版本渊源。

胡适跋旧钞本
《孟子私淑录》一卷

《孟子私淑录》一卷 （清）戴震撰
　　清钞本　胡适跋　毛边纸　一函一册
　　钤印：陈继承印（白方）

　　是书作者戴震为清代乾嘉间朴学大师，皖派代表人物，字慎修，号杲溪，因其师江永亦字慎修，故避师讳改字东原。其毕生所学精博庞杂，兼及音韵、训诂、天文及策算等，所著亦富，合三十余种百余卷，有《考工记图注》《声韵考》《原象》《勾股割圆记》《原善》等，然其自认"生平论述最大者"乃《孟子字义疏证》。

　　东原四十四岁修订《原善》，五十四岁去世前完成《孟子字义疏证》，此二书为其从考据学领袖转变为清代最杰出哲学家之标志。《孟》书凡三卷，卷上释理，卷中释天道、性，卷下释才、道、仁义礼智、诚、权，全书以训诂方式探本溯源，对程朱等理学主张进行针砭。在宋明理学体系中，天理为至高无上者，可以主宰天下万事万物，与天理相对应的便是人欲，而人欲乃万恶之

《孟子私淑录》作者戴震

孟子私淑録卷之一　　休寧戴震撰

問論語曰性相近也習相遠也朱子引程子引氣

質之性非言性之本也若言其本則性即是理理無不

善孟子之言性善是也何相近之有哉據此似論語所

謂性與孟子所謂性者其指各殊孔子何以舍性之本

而指氣質為性且自程朱辨別孰言氣質孰言理後人

信其說以為各指一性豈性之名果有二歟曰性一而

已矣孟子以開先聖之道為己任其要在言性善使天

下後世曉然於人無有不善斯不為異說所淆惑人物

之生分於陰陽氣化據其限以所分謂之命據其為人

物之本始謂之性後儒求其說而不得於是創言理氣

源，必须竭尽全力予以遏制，"存天理，灭人欲"渐成为数百年根植人心之信条。东原对此深恶痛绝，认为"凡事为皆有于欲，无欲则无为矣。有欲而后有为，有为而归于至当不可易之谓理。无欲无为，又焉有理！"戴震进而著书指出，宋儒所称道的理欲之辨"适成忍而残杀之具"，乃为祸天下之理论根源，对当时社会上常见的"以理杀人"亦表现出强烈不满和抨击。书成后东原尝致书段玉裁："……仆生平论述最大者，为《孟子字义疏证》一书，此正人心之要。今人无论正邪，尽以意见误名之曰理，而祸斯民，故《疏证》不得不作。"

其言一出，众即哗然，许多学者纷纷致书东原，指斥该书势将为祸人心。长洲学者彭绍升读其著后，特地修书曰："承示《原善》及《孟子字义疏证》二书，……合观二书之旨，所痛攻力辟者，尤在'以理为如有物焉，得于天而具于心'，谓涉于二氏。……其究也，使人逐物而遗则，徇形色，薄天性，其害不细。"翁方纲专门写过一篇《理说驳戴震作》，斥责东原不甘一门心思作考证功夫，而欲谈性道以立异于程朱。方东树更是劈头盖脸，直指东原"妄援立说，此亘古未有之异端邪说。"后世学者王国维甚至指其"晚年欲夺朱子之席，乃撰《孟子字义疏证》"。是书写完未久，东原殁。同郡后学洪榜为其撰写行状，录下东原答彭绍升书，好友朱筠竟然称此文不必载，因为"戴氏可传者不在此"。除却朱筠，东原生前其他好友如钱大昕、王昶等所撰写之纪念文字，均对是书只字不提。

是书之价值，直到四十年后焦循始得其要旨，发扬光大，特地作《申戴篇》以明心志，称《原善》《孟子字义疏证》"最为精善"，且表示"循读东原戴氏之书，最心服其《孟子字义疏证》"。近世学者中，肯定其学术价值者有梁启超及胡适等人。梁氏在《清代学术概论》中称此书为清代第一流著述，乃以"情感哲学"替代"理性哲学"，与欧洲文艺复兴时代思潮的本质相类似，提倡个性解放，梁氏还称此书"随处发挥科学家求真求实的精神，实三百年间最有价值之奇书"。胡适则称戴震是朱子以后第一大思想家和哲学家，其哲学仅焦循了解一部分，"若论思想的透辟，气魄的伟大，二百年来，戴震真的独霸了。"胡适还称："戴震这种眼光真是前无古人，他指斥程、朱、陆、王排斥情欲，不近人情。他要建立的政治哲学，是遂民之欲和达民之欲，他对于理性的见解是事物的条理，主张举凡天地人物事为，求其必然不可易，这是科学家求知的精神。"

是书于学术史上影响巨大，却并非一蹴而就，其初稿为《绪言》，修订稿为《孟子私淑录》，定稿始为《孟子字义疏证》，其中《绪言》尝收入《粤雅堂丛戴东原先生的孟子字义疏證寫定之前，有兩个稿本，一名緒言，一名孟子私淑錄。緒言早有刻本，私淑錄近年始出現，此爲陳武鳴先生藏本，胡適借校，並記。

廿七，六，一。

旧钞本《孟子私淑录》之胡适跋语

胡适

书》，《孟子私淑录》则一直未曾刊行，仅以钞本流传，故知者甚稀。钱穆曾于上世纪三十年代得睹张仁济照旷阁钞本《孟子私淑录》，此书今归北京师范大学图书馆。当日钱穆以原书索价甚昂，无力购之，遂录副本藏于行箧中，其称此钞本"为从来学者所未知"，对于了解戴氏晚年学思精进转变之迹颇有参考价值，还特地于1942年撰写《记钞本戴东原〈孟子私淑录〉》一文。钱穆此文经发表后，人们始知东原尚有此未刊之作。

戴震为乾嘉学派之重要人物，此书又是戴氏之重要著作，而重要人物之重要著作却又未经著录及刊行，仅以钞本流布，则可知此钞本之珍贵。吾所得之本虽非照旷阁钞本，却有胡适1948年跋语一页，而胡适又是研究戴震之大家，曾写过《戴东原的哲学》，故亦值得欣喜。其跋曰："戴东原先生的《孟子字义疏证》写定之前，有两个稿本，一名《绪言》，一名《孟子私淑录》。《绪言》早有刻本，《私淑录》近年始出现。此为陈武鸣先生藏本，胡适借校，并记。卅七，二，一。"卷首钤有"陈继承印"一枚。

陈继承者，字武民，又号绍先，为国民党陆军中将，位列国民党"八大金刚"之一，曾历任黄埔军校教官、陆军第一军军长、保定绥署副主任兼北平警备总司令等，1948年10月被蒋介石调往南京任首都卫戍总司令，随后赴台。一名毕生戎马之军人，缘何藏有此珍稀秘籍，令人寻味。大约四五年前，嘉德公司征集到一批潘重规旧藏，潘为黄季刚女婿，亦是台湾著名学者，其藏书一经散出，广受学界关注，为此嘉德公司还专门印制一册精装图录。潘氏旧藏以传统意义上之精品——稿钞校本为主，恰为吾所喜爱之物。彼时吾在嘉德库房中看书三天，其中钤有陈继承藏印者十余部，不禁复牵起吾好奇之心：陈继承为一正统军人，潘重规为毕生学者，何以陈氏藏书竟大量归于鹪鹩一枝（潘重规堂号）？此中因果有待时日慢慢探寻。

金兆藩跋嘉靖本《太玄经》十卷附《说玄》五篇

《太玄经》十卷附《说玄》五篇　（汉）扬雄撰　（晋）范望注

明嘉靖孙沐万玉堂覆刊宋两浙茶盐司本　金兆藩跋

白棉纸　一函六册

钤印：秀水金氏珍藏（朱方）、金彭年字箓孙印（白方）、药梦盦（白方）、金兆藩印（白方）、兆藩（白方）、箓孙（朱方）、春水阑（朱方）、古盐富灏（白方）等

《太玄经》简称《太玄》，西汉扬雄代表作之一。此书吸收汉代哲学及天文学思想，以天地人三玄为本，重点阐述宇宙生成、天道人事之变化规律，总括为三方、九州、二十七部、八十一首及七百二十九赞。其体例仿《周易》：其玄象之一、二、三画，相当于易经卦象之阴阳二爻；其方、州、部、家四重玄，相当于易经之六爻位；其八十一首相当于《周易》之六十四卦；每首各有九赞，合七百二十九赞，相当于周易之三百八十四爻。是书多用古文奇字，故奥雅难通，后世宋衷、陆绩、范望、王涯、宋惟良、吴秘、陈渐等皆曾为此书训诂或注释。是书流传广泛，传本亦较多，吾所藏之本为明嘉靖孙沐万玉堂覆刊宋两浙茶盐司本。

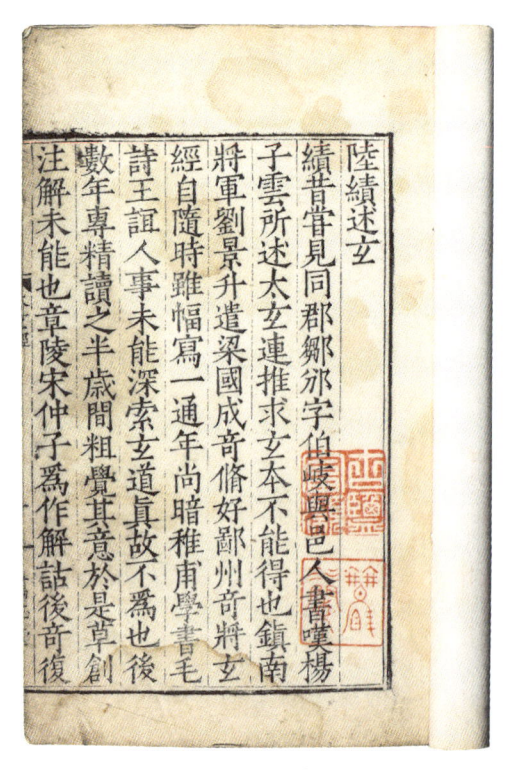

嘉靖本《太玄经》

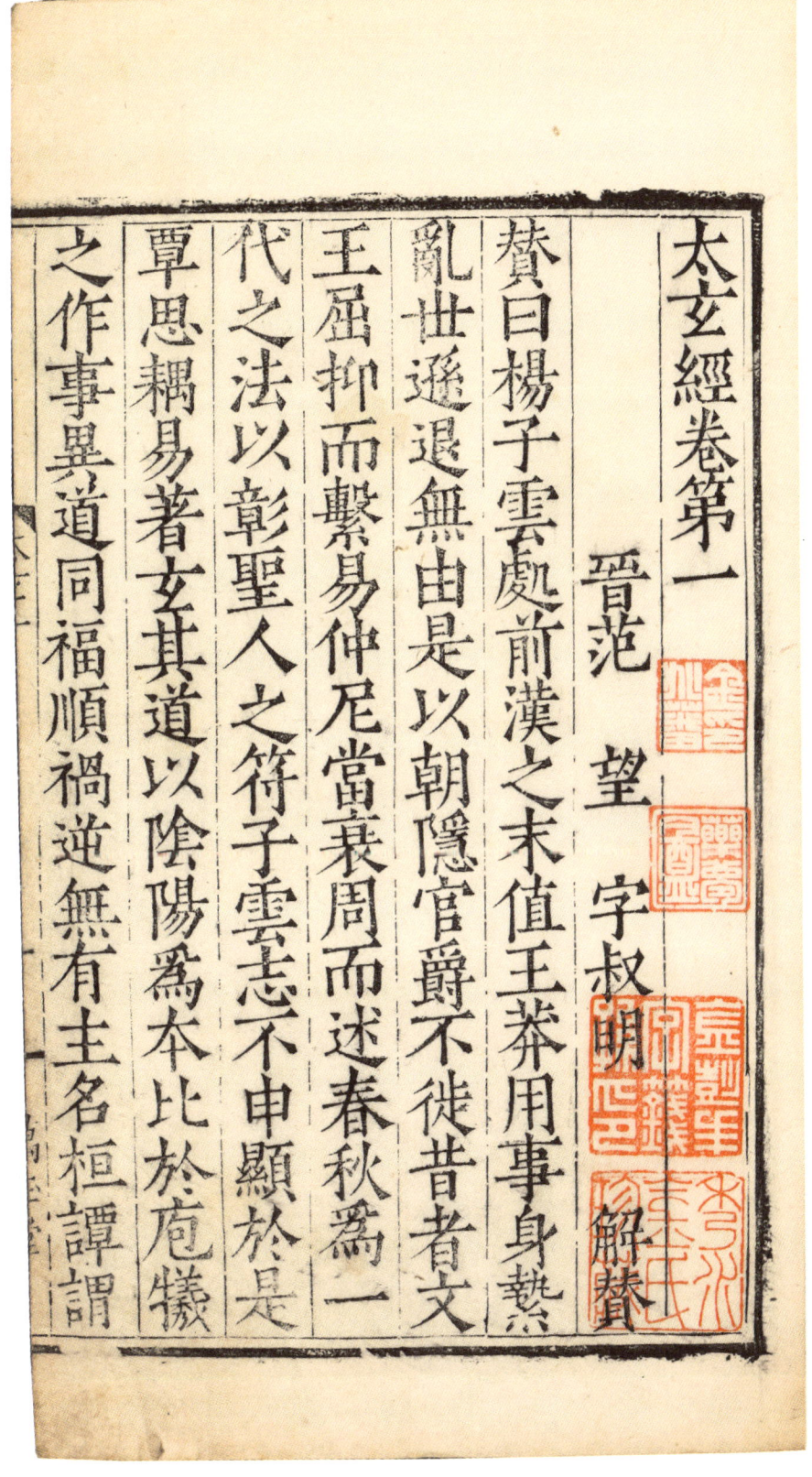

太玄經卷第一

晉范　望　字叔明　解贊

贊曰楊子雲處前漢之末值王莽用事身蓺
亂世遯退無由是以朝隱官爵不徒昔者文
王屈抑而繫易仲尼當衰周而述春秋爲一
代之法以彰聖人之符子雲志不申顯於是
覃思耦易著玄其道以陰陽爲本比於庖犧
之作事異道同福順禍逆無有主名桓譚謂

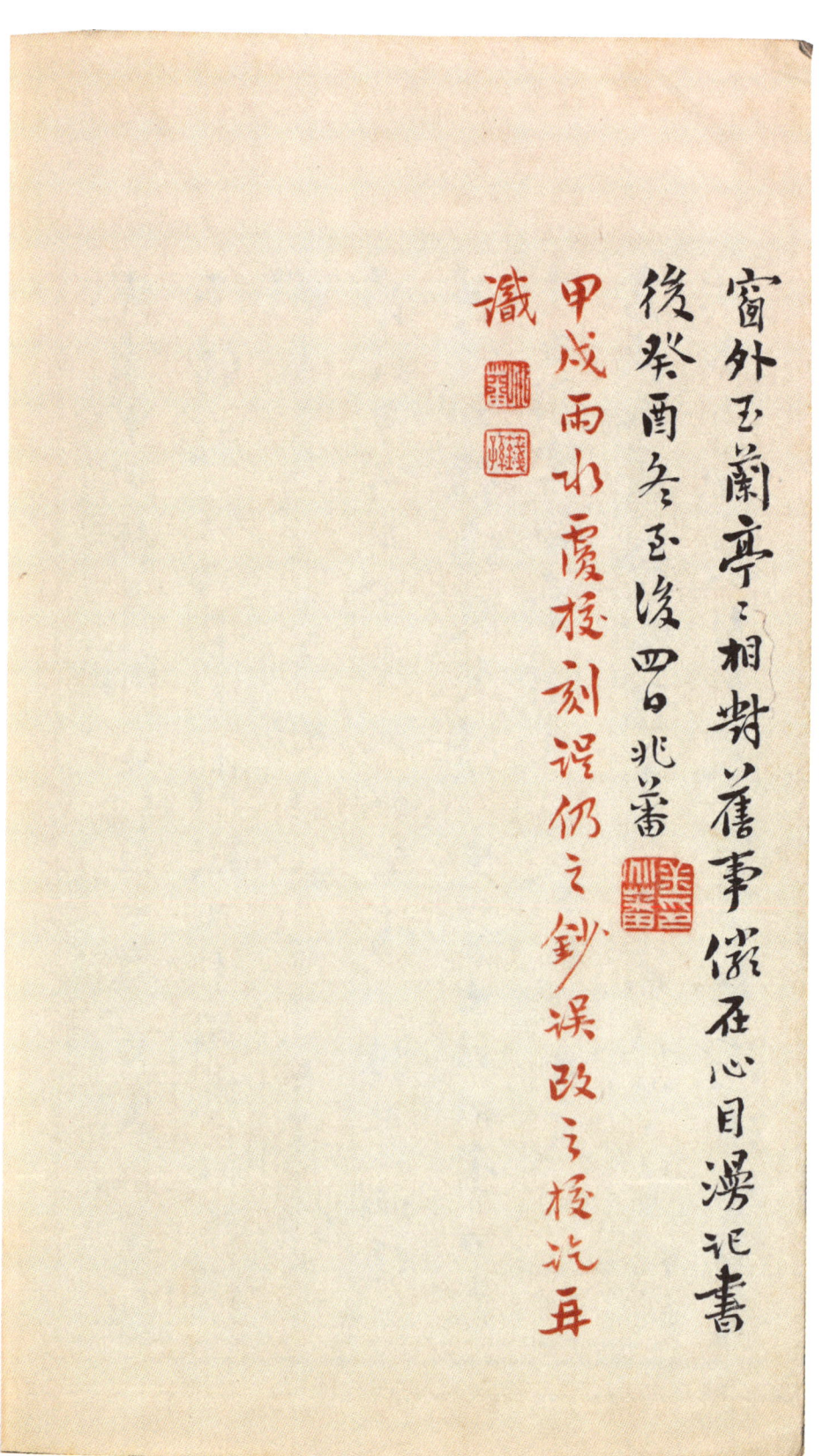

窗外玉蘭亭ン相對舊事儼在心目瀏覧書

後癸酉冬玉後四昌兆蕃

甲戌雨水霞授刻誤仍ン鈔誤改ン援沉耳

識

光緒甲申秋冬間　先學士還里湖州書船
至購數種此書在焉缺九十兩卷以六銀
圓易之後五十年始借鈔補足六書直齋
昂此去而全書殊缺鄴書宦批嘗藏殘值點
且過初值偖佚矣憶　先學士為此書曰表
…列東念黄彭壽又□在別中道金□□

查《中国古籍版刻辞典》，北宋至明嘉靖间以"万玉堂"为堂号者有三，其一为北宋元丰间（1079—1085）某刻书家，曾于元丰五年（1082）刻印过曹植《曹子建集》十卷及《太玄经》十卷；其二为元代至元间（1336—1340）某刻书家室名，刻印过《分类补注李太白诗》二十五卷，其三为明嘉靖间（1522—1566）丹阳人孙沐，刻印过颜元孙《干禄字书》及范望注《太玄经》十卷、郭忠恕《佩觿》等。孙沐所刻之书均为八行十七字本，版心下刻"万玉堂"三字，其中《太玄经》所附王涯撰《说玄》五篇之后，有"右迪功郎充两浙东路提举茶盐司幹办公事张寔校勘"一行，《释音》末叶版心下方有"海虞周潮书"五字。孙沐之版为覆宋刊，兼避宋讳，如"贞""玄"字缺末笔等，故前人往往误为宋本。

此书于嘉靖三年（1524）又有十行十八字郝梁刊本，莫友芝曾藏，称其为"明时佳刻也"。傅增湘曾于《藏园群书经眼录》中《暖姝由笔三卷》一条云："书中记苏州监生郝梁事甚奇，即刻太玄经者也。"惜此书吾无缘得见，未知郝梁如何奇法。

《藏园群书经眼录》载，何焯曾校过孙沐万玉堂刊本《太玄经》，跋曰："康熙□□□钱求赤所传冯嗣宗校嘉靖甲申江都郝梁子高刊本，因取此本对校，则郝□□□□有宋善本，其中脱误甚多，当是麻沙坊刻。此万玉堂本误处最少，在前朝□□当为第一，见则必当收之为副本也。四月晦日灯下焯

25

记。”莫友芝称郝梁本为“明时佳刻”，何焯则指其为“麻沙坊刻”，惟孙沐本当“见则必收”，可见藏家眼光各异，所好不同，对于古书优劣之评判标准亦不同。

吾之藏本亦有前人跋语，金兆藩分别以墨、朱二色两度于书后题识，其一以墨笔识曰：“光绪甲申秋冬间，先学士还里，湖州书船至，购数种，此书在焉，缺九、十两卷，以六银圆易之。后五十年始借钞补足。今书值奇昂，此书可百金，书既缺，郖书至拙，当减值，亦且过初值倍蓰矣。忆先学士得此书日，表兄石门陈念萱（彭寿）及余在侧，中庭种玉兰高与人齐。念萱戏言：彭年弟得学差归，此树出檐际矣。彭年余小名也。今潢治此书竟，窗外玉兰亭亭相对，旧事俨在心目，漫记书后。癸酉冬至后四日。兆藩。”下钤白文小印“金兆藩印”。另以朱笔记云：“甲戌雨水覆校，刻误仍之，钞误改之。校讫再识。”尾钤白文“兆藩”及朱文“筱孙”。卷首及卷中则钤有春水阑、古盐富灏、秀水金氏珍藏、金彭年字筱孙印、药梦盦等。金彭年之印此前曾数度经眼，但始终不知为何人，后读此跋语，始知即金兆藩。

金兆藩字筱孙，亦作筱荪，别号药梦，嘉兴人氏，著有《药梦词》，光绪十五年（1889）举人，民国后任财政部佥事、会计司司长、财政善后委员会委员，曾为徐世昌代编《晚晴簃诗汇》。光绪初年孙福清曾辑《槜李遗书》，收书二十六种，皆为嘉兴先贤之著。彭年之堂兄金蓉镜欲继前人之业，续刻《槜李丛书》，收得五种之后，未及刊刻即去世。彭年继其遗志，复收得四种，并延请张元济、沈焜、屈燨等共同校正刊印，于民国二十五年（1936）刊行。该丛书作者多为明末清初人，著作流传甚少，各书又经校者细心整理，补编目录，故尤有价值。

读此书之金兆藩跋语，令吾想起吴兔床亦曾跋过《太玄经》，二者所跋内容颇有相近之处。吴寿旸于《拜经楼藏书题跋记》中跋宋万玉堂刊本《太玄经》云：“卷三后先君子书云：‘尝收得万玉堂旧刻《太玄经》，纸墨颇佳，前叶印记累累，盖横塘吴氏曾藏之。惜前阙三卷，无从物色。钱塘卢绍弓学士续补《方言》时尝借观之，亦惜其不全。阅数年，学士掌教晋阳，偶借得全本，因忆及予家缺卷，亟令楷书手为补录三卷，从数千里外寄余，俾成完书，其好古怀友之心均非近人中所有也。爰识于此，俾后人知是书获全之始末云。乾隆癸卯夏仲，兔床吴某。’”

二书皆为得之时阙卷，若干年后得以抄写补足，期间人事变幻，往事历历，写此回忆之语者，皆真情流露也。

罗继祖跋澹生堂钞本《墨池琐录》四卷

《墨池琐录》四卷《字学新书》一卷　（明）杨慎撰

明祁氏澹生堂钞本　罗继祖跋　澹生堂蓝格抄书纸

一函一册

钤印：萧山陈璧承藏（朱方）、椒花吟舫（朱方）、继祖印（白方）、继祖、二树书画之印（朱方）、张凯私印（白方）、次柳所藏秘本（朱方）、继祖所藏善本等

　　《墨池琐录》为明代文学家杨慎所著。杨慎字用修，号升庵，正德六年（1511）状元，嘉靖初充经筵讲官，不久即因"大礼议"受廷杖，谪戍云南多年。其记诵之博，著述之富，当推明代第一人，所著兼涉经、史、诗、文、音韵、金石，甚至天文、地理、医家等，顾起元于《升庵外集》序称："国初讫嘉隆，文人学士著述之富，毋逾升庵先生者。"升庵所著行世者多至百种，有《檀弓丛训》《陶情乐府》《丹铅总录》《艺林伐山》及《奇字韵》等，万历十年（1582）四川巡抚张士佩汇刻为《升庵集》八十一卷，该书有清乾隆六十年（1795）养拙山房重刻本。

　　读《越缦堂读书记》可知，李慈铭对《升庵集》用力颇深，虽称"偶记数则"，实则连篇累牍摘抄，且录且评，有谓："有

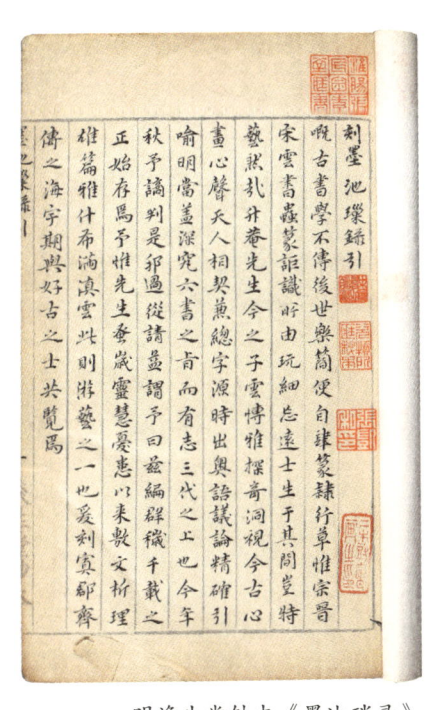

明澹生堂钞本《墨池琐录》

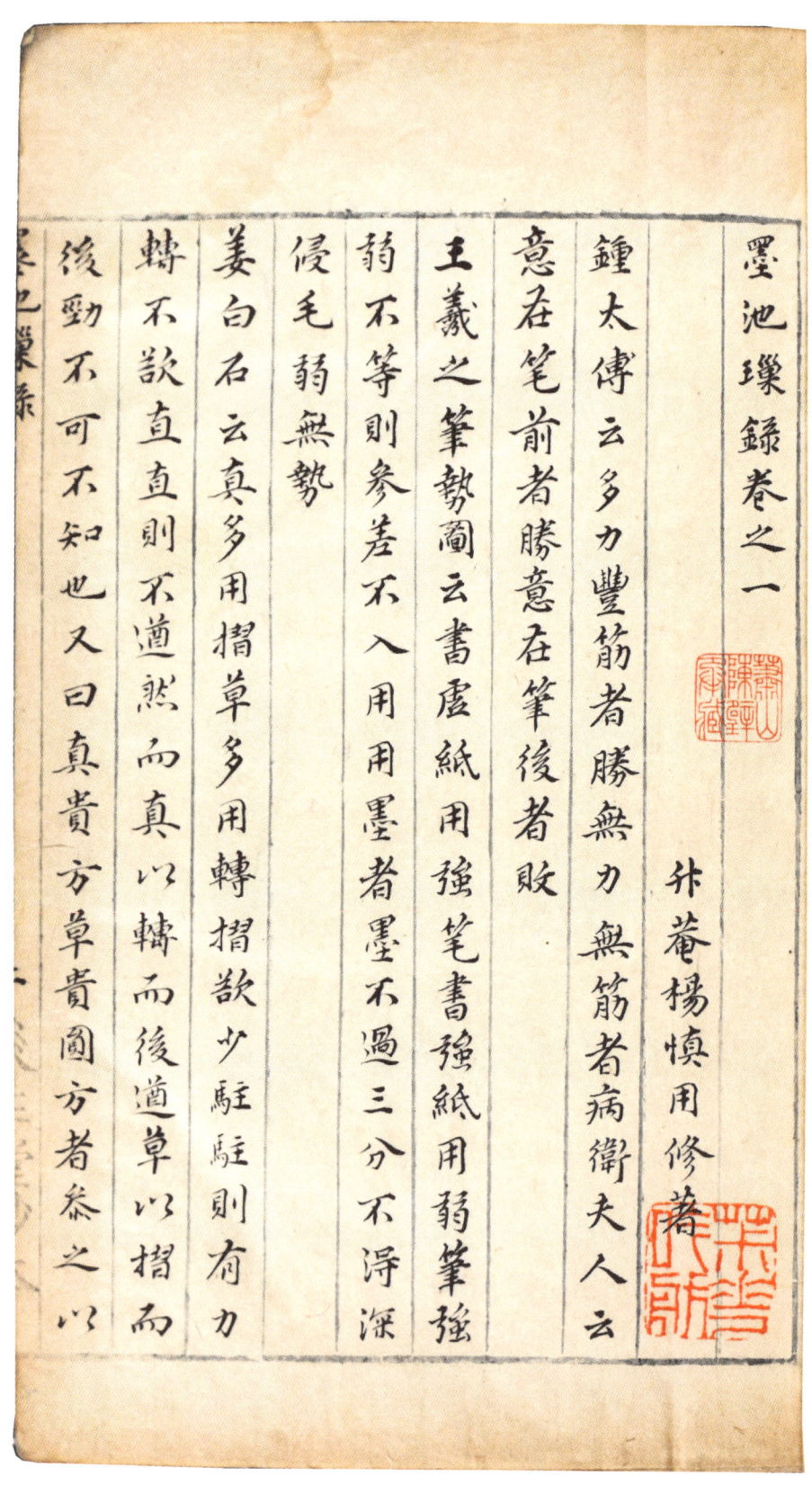

墨池璨録卷之一

升菴楊愼用修著

鍾太傅云多力豐筋者勝無力無筋者病衛夫人云

意在笔前者勝意在筆後者敗

王羲之筆勢圖云書虛紙用強筆書強紙用弱筆強

弱不等則參差不入用墨者墨不過三分不浸深

侵毛弱無勢

姜白石云真多用折草多用轉折歇少駐駐則有力

轉不歇直直則不遒然而真以轉而後遒草以折而

後勁不可不知也又曰真貴方草貴圓方者參之以

墨池璨録

明博雅之士，首推升庵，所著《丹铅录》《谭苑》《醒醐》诸书，证引赅博，洵近世所罕有。惟议论多僻，又喜杜撰附会，以英雄欺人。"傅增湘则在《藏园群书题记》中隔空替升庵解释："升庵博闻强识，有明一代罕与抗手。其辑《全蜀艺文志》以二十八日而成，蒐采鸿富，蔚然钜观。余仿其例编两宋蜀文，垂及十年而尚不克就，乃叹公之才固非常人所及也。或谓其恃才骋辩，考证疏舛，致来陈耀文《正杨》之讥。然公久谪蛮荒，地僻少书，误记自所不免，偶然差失，宁可过为苛责耶！"

《墨池琐录》乃升庵杂论古今书法之作，该书体例不一，间或采撫旧文，或抒己意，兼有考证，往往皆心得之言。王世贞曾于《名贤遗墨》中评价杨慎曰："慎以博学名世，书亦自负'吴兴堂庑'。世传其谪戍云南时，尝醉傅胡粉，作双髻插花，诸伎拥之，游行城市。或以精白绫作褉，遗诸伎服之。酒间乞书，醉墨淋漓，人每购归，装潢成卷，盖慎亦究心书学者。"《四库全书总目提要》录王世贞跋，又称："此书颇抑颜真卿，而谓米芾行不逮言。至赵孟頫出，始一洗颜、柳之病，直以晋人为师，右军之后，一人而已。与王世贞'吴兴堂庑'之说和。知其确出慎手。"

关于《墨池琐录》，文献记载传世版本有明嘉靖本、函海本、读书斋本等，然查《中国古籍善本总目》，著录仅康熙五十四年（1715）李组江刻本两部，分别藏于华东师范大学图书馆及浙江博物馆，此外上海图书馆有钞本一部。吾所藏者亦钞本，且为澹生堂所钞者，颇令人喜。澹生堂为明代浙江藏书家祁承㸁之堂号，祁氏字尔光，号旷翁，酷嗜藏书，除收购外，亦善抄书，积至数万卷，著有《澹生堂藏书目》及《澹生堂藏书约》等，于后世藏书家影响甚深。其钞本多用蓝格竹纸，版心下有"澹生堂钞本"或"淡生堂钞本"五字。

澹生堂藏书在清初就已经广为藏家看重，黄宗羲与吕留良两位大师还曾因瓜分澹生堂藏书而决裂。明末清初之际，祁承㸁之子祁彪佳投水自尽后，澹生堂藏书开始散出，《清稗类钞》载此段公案谓："山阴祁氏澹生堂书之初出也，其启争端多矣。初，黄梨洲讲学于石门，其时吕晚村父子皆北面执经。已而以三千金求购澹生堂书，梨洲亦以束脩之入参焉。交易既毕，晚村之使者于中途窃梨洲所取卫湜《礼记集说》、王偁《东都事略》以去，则晚村所授意也。梨洲大怒，绝其通门之籍。晚村亦遂反而操戈，而妄自托于建安之徒，力攻新建，并削去蕺山学案私淑为梨洲也。"黄宗羲所得之书则经水、火之厄后，归于灌浦郑氏二老阁，吕留良所得之书

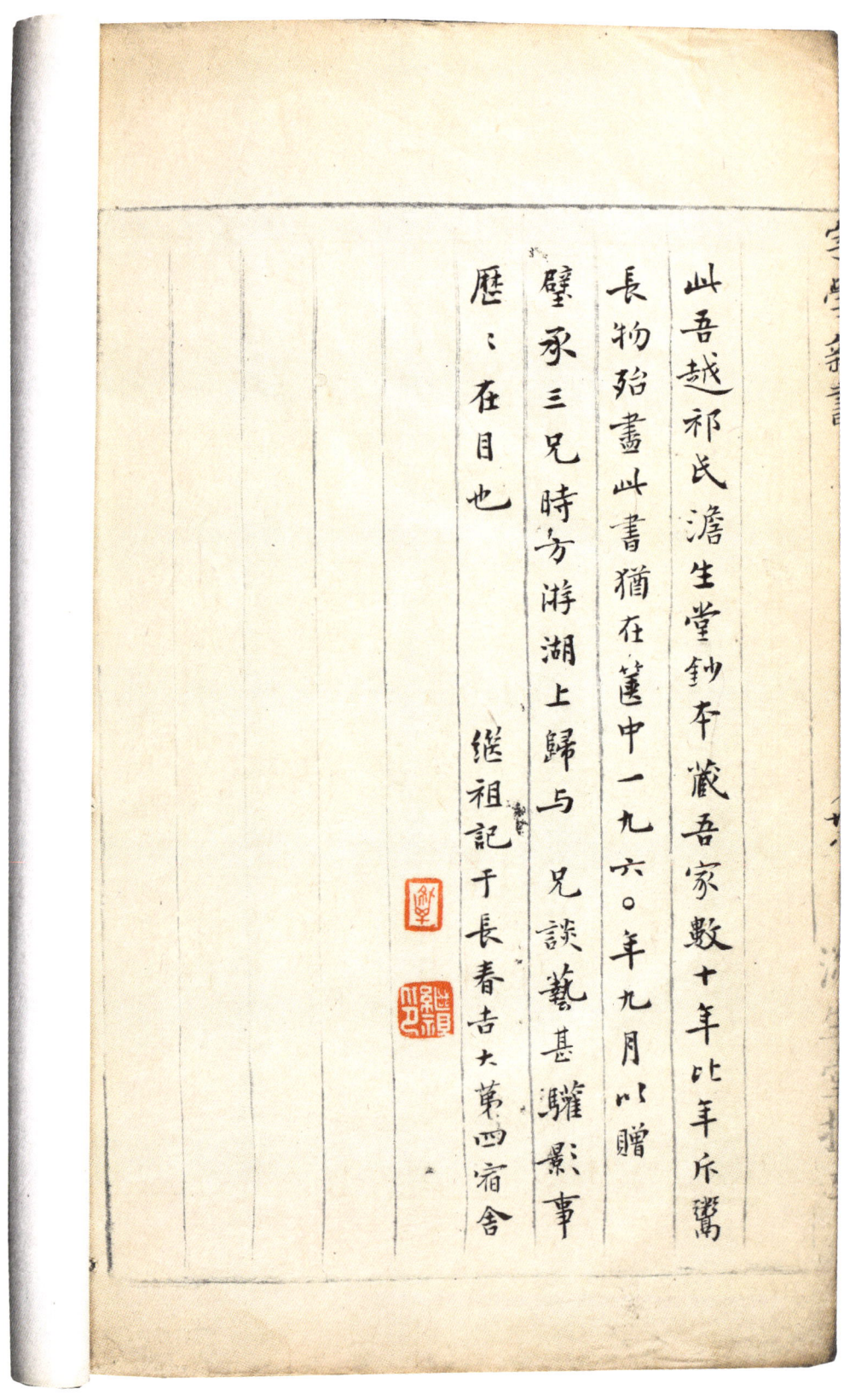

此吾越祁氏澹生堂钞本藏吾家数十年比年斥鬻

长物殆尽画此书犹在箧中一九六〇年九月以赠

壁承三兄时方游湖上归与兄谈艺甚驩影事

历历在目也　　　继祖记于长春吉大第四宿舍

澹生堂钞本《墨池琐录》之罗继祖跋语

后来皆不知下落，或云已摧毁殆尽矣。

昔年吕留良在购得澹生堂藏书三千余本后，曾作示儿诗云："阿翁铭识墨犹新，大担论斤换直银。说与痴儿休笑倒，难寻几世好书人。宣绫包角藏经笺，不抵当年装订钱。岂是父书渠不惜，只缘参透达摩禅。"或因此诗故，三百余年来，一直有传祁氏后人晚年热衷于参禅修佛，故使家藏散尽，实则另有苦衷，祁氏逃禅，非为学佛，乃避清廷以保残年耳，吕留良晚年拒绝出仕清廷，选择削发为僧，亦此理也。

寒斋所藏澹生堂钞本《墨池琐语》，亦与佛门有一段渊源。此本卷末有罗继祖跋云："此吾越祁氏澹生堂钞本，藏吾家数十年，比年斥鬻长物殆尽，此书犹在箧中。一九六零年九月以赠璧承三兄，时方游湖上，归，与兄谈艺甚欢，影事历历在目也。　继祖记于长春吉大第四宿舍。"此书于2003年春现身嘉德拍场，令吾大为惊艳，二十余年来，澹生堂钞本仅出现过两次，可想而知何等珍罕。彼时见该书跋语提到"璧承三兄"，钤印中亦有"萧山陈璧承藏"朱方，再加上近年时于拍场古籍字画上见此藏章，亟欲知其人为谁，逐遍查资料，知其生卒年为1904年至1998年，字序西，晚号舍知老人，师从光绪进士、户部侍郎唐文治，擅书法，精释典。除此之外，仅知其晚年好佛，去世前还曾致书高僧茗山法师，请教何谓"本来面目"以及"向何处安身立命"。

吴骞跋钞本
《静志居诗话》八卷

《静志居诗话》八卷 （清）朱彝尊撰

清钞本 吴骞跋 毛边纸 一函二册

钤印：拜经楼（白方）、拥书楼（白方）、仲鱼过目（朱方）、臣骞（连珠印）、碧桃八十一番花（白方）、虎步挫锋司马（白方）

是书乃姚祖恩于朱尊彝所辑之《明诗综》中再辑而出者。朱彝尊号竹垞，浙江秀水籍，生于明崇祯二年（1629），卒于清康熙四十八年（1783）。康熙十八年应博学鸿词科，以布衣授翰林院检讨，入值南书房，参与《明史》修纂。后因私抄宫内藏书降官一级，其嗜书入魔可见一斑。《明诗综》录存三千四百多位明代诗人作品，自洪武至崇祯历朝作者网罗无遗，其体例除首卷录历朝帝王诗作外，第二卷至第八十二卷均按时代顺序编入诗家作品，其后分别辑录宫掖、宗室、闺门、僧道、鬼神等诗，末卷附录民歌谣辞一百五十五首。此书于康熙四十四年刊行后，经姚祖恩自书中辑出朱氏有关诗评文字，编为《静志居诗话》二十四卷，曾于嘉庆二十四（1819）年单行刻印。

《静志居诗话》作者朱彝尊

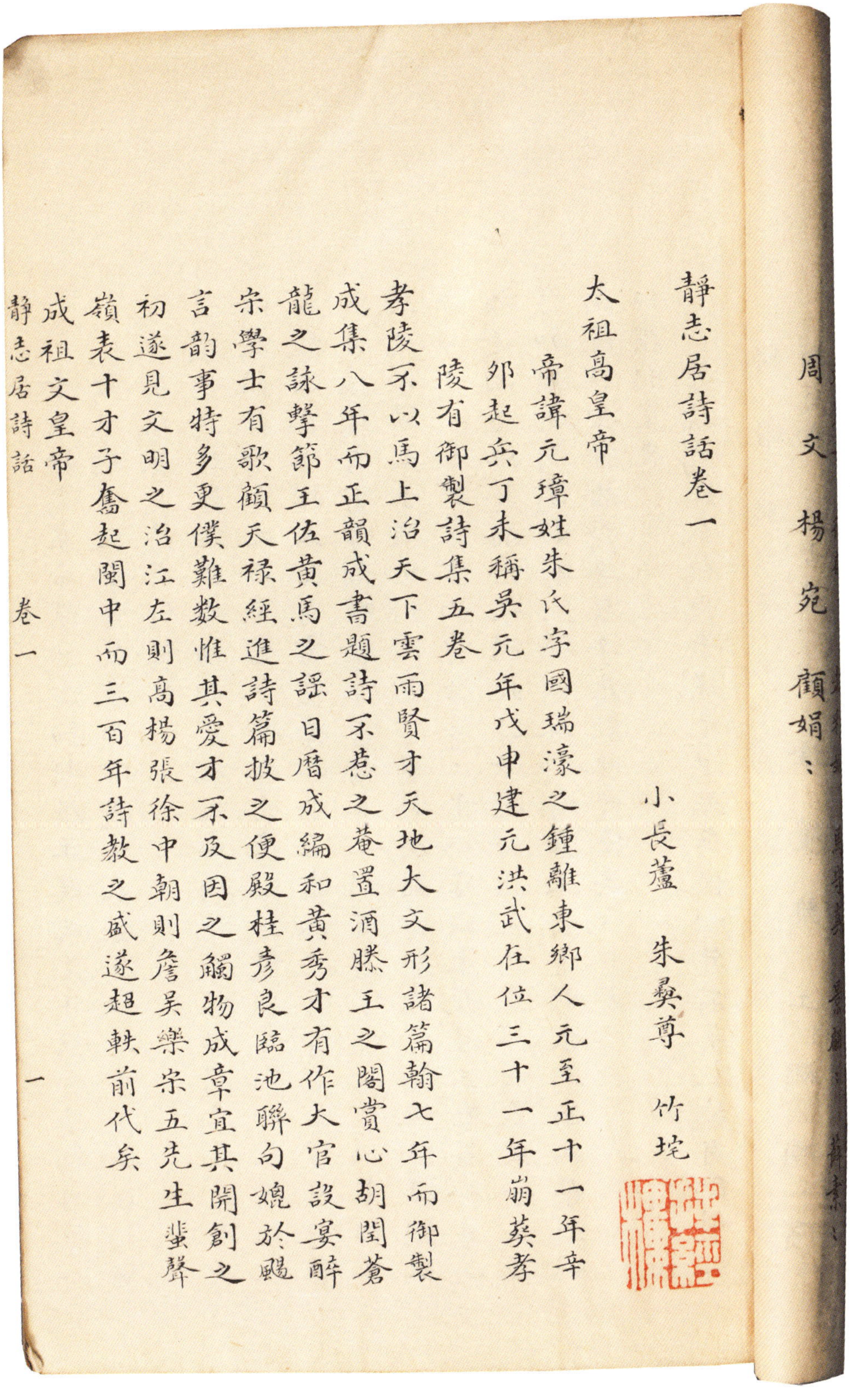

静志居詩話卷一

　　　　　小長蘆　朱彝尊　竹垞

太祖高皇帝

帝諱元璋姓朱氏字國瑞濠之鍾離東鄉人元至正十一年辛
卯起兵丁未稱吳元年戊申建元洪武在位三十一年崩葵孝
陵有御製詩集五卷

孝陵不以馬上治天下雲雨天地大文形諸篇翰七年而御製
成集八年而正韻成書題詩不惹之菴置酒滕王之閣賞心胡閏蒼
龍之詠擊節王佐黃馬之謠日曆成編和黃秀才有作大官設宴醉
宗學士有歌顧天祿經進詩篇披之便殿桂彥良臨池聯句媲於鼴
言韻事特多更僕難數惟其愛才不及因之觸物成章宜其開創之
初遂見文明之治江左則高揚張徐中朝則詹吳樂榮五先生蜚聲
嶺表十才子奮起閩中而三百年詩教之盛遂超軼前代矣

成祖文皇帝

静志居詩話　　　卷一　　　　　　　　　　　　　　　　一

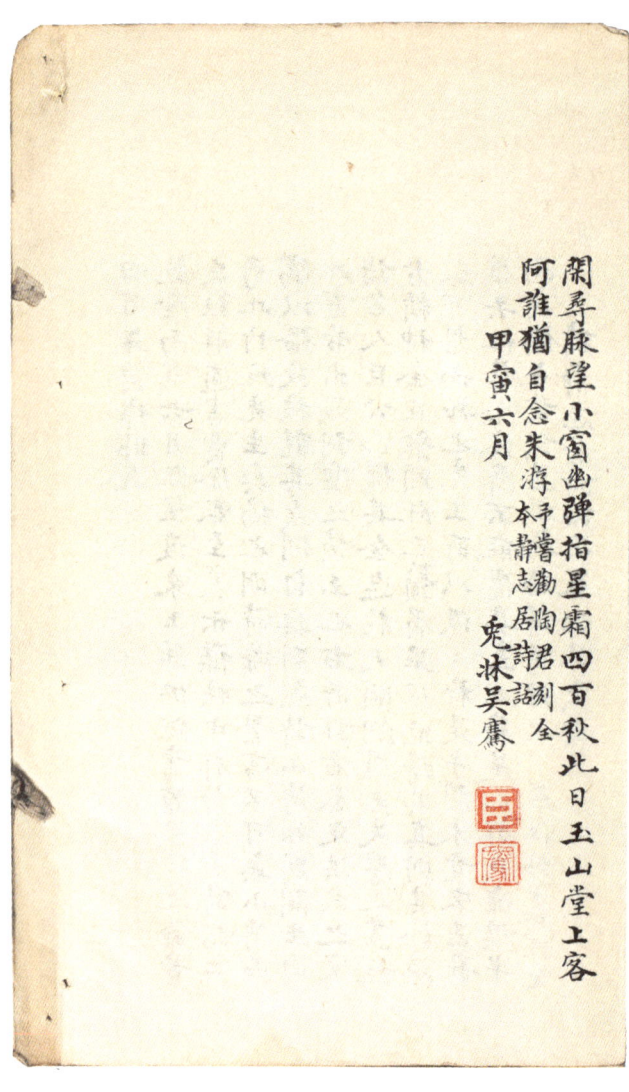

旧钞本《静志居诗话》之吴骞题记

后人对于朱彝尊辑《明诗综》之取舍评价不一。《四库全书提要》论《明诗综》曰："至钱谦益《列朝诗集》出，以记丑言伪之才，济以党同伐异之见，逞其恩怨，颠倒是非，黑白混淆，无复公论。彝尊因众情之弗协，乃编纂此书，以纠其谬。……其所评品，亦颇持平。于旧人私憎私爱之谈，往往多所匡正。六七十年以来，谦益之书久已澌灭无遗，而彝尊此编，独为诗家所传诵，亦人心彝秉之公，有不知其然而然者矣。"

此说应当是纪晓岚有意写给乾隆帝看者，以示"思想正确"，其实亦有误导后世读者之嫌。钱书澌灭无遗，最重要的原因并非人心向背，而是修《四库》时，钱氏著作在禁毁之列，各省督抚不敢献呈，民间藏家亦畏祸多弃之。

李慈铭自十七岁即喜读《明诗综》，对该书评价甚高，尤其对于《静志居诗话》一书，更言生平得诗法之正，皆源于此，"瓣香所在，不敢忘也"。然李慈铭亦可惜朱彝尊在选辑时有失公允之处，对沧溟、子相、明卿等人贬诋太过，"此则

来天亦称佳句其行楷特工能於瘦硬中逞姿媚洵逸品也

顾娟娟

娟娟居苏小墓东北短小穰鲜妙歌娇黠柔弱胡旋灯前观者靡不歎绝间作小诗以书法不工偶对人口占而已有赠别诗云南

国相思子西番笃耨香留君克离佩休睹紫罗囊崇祯末年卒

右静志居诗话八卷不知何人所辑梧乡汪氏旧藏

世观其去取似亦未尽当顷又从武塘陶氏借静

志居诗话四册不分卷数始自刘基讫于王宽每人小

传及诸家诗评序次一依朗诗综全载而惜于厘及什

之三四末有春江外史丙戌六月题诗及跋颇佳附录

于左并和其诗云

陵院高梧蝉噪起横风萧飒已迎秋我来汀上浑无事

选政之失平，矫枉之过正，故为异议，遂近褊衷，致一代之制作不完，使所选之常留遗恨，是可惜也。"张为儒《虫获轩笔记》则指："竹垞《明诗综》喜删改前人之句，然有大失作者之旨"云云。藏园通读众家评论之后，亦有自家所见，《藏园群书题记》载："竹垞当日所选诗，凡遗民故老思旧愤叹之词酌加删润，以免触犯时忌，亦理所宜然。"

一部选辑可引出后世如此之多不同意见，可见选辑之功、取舍之度皆非小也。吴骞曾于《拜经楼诗话》中自序曰："诗话一家，非胸具良史才不易为。何则？其间商榷源流，扬挖风雅，如披沙拣金，正须明眼者抉择之。"姚祖恩于朱氏之辑中再辑出《静志居诗话》，可见其甚为自信。

寒斋所藏《静志居诗话》为清代藏书大家吴骞跋本。吴骞字槎客，号兔床，七十二岁时别署齐云采药翁，为乾嘉间与黄丕烈、陈鳣、鲍廷博等齐名之大藏书家，往往互相传钞借校，为一时盛事。吴氏尤喜抄书、校书，每得秘籍，必连夜抄之，故《拜经楼藏书题跋记》中所载兔床自抄之书极多。乾隆年间，吴氏偶得流传绝少之《遗老高风》，不敢自秘，还特意别录一本以赠陈鳣。

吴骞室名除"拜经楼"之外，尚有"千元十驾"。黄丕烈将自己的善本书室命名为"百宋一廛"，兔床闻之，遂颜自己之善本书室曰"千元十驾"，意即千部元版足可匹敌百部宋版，一时传为书林佳话。为此黄丕烈还曾有文谈此及事，载此因缘，其诗曰："千元百宋竞相夸，引得吴人道是娃。我为嗜奇荒产业，君因勤学耗年华。良朋隔世亡双璧，异地同心有几家。真个苏杭闻见广，艺林佳话遍天涯。”

是书前后钤印有拜经楼、拥书楼、仲鱼过目、臣、骞等。“仲鱼过目”陈鳣也，“拥书楼”者汪如藻也。汪如藻字念孙，浙江桐乡人，承先世累代藏书，裘杼楼、古香楼、摛藻堂、华及堂、小方壶、碧巢之旧藏尽为其所有。四库馆征书时，汪氏献书二百七十一种，后入四库馆任总目协勘官，署衔为文渊阁校理、翰林院编修，吴骞跋语中“梧桐乡汪氏旧藏”即其人也。

昔姚祖恩辑他人之辑，今吾亦录他人之录于下：

右《静志居诗话》八卷不知何人所辑，梧桐乡汪氏旧藏也。观其去取，似亦未必尽当，顷又从武邃陶氏借得《静志居诗话》四册，不分卷数，始自刘基讫于王宽，每人小传及诸家诗评序次一依《明诗综》，全载而惜乎仅及什之三四，末有春江外史丙戌六月题诗及跋，颇佳，附录于左并和。

其诗云：邻院高梧蝉噪幽，横风萧飒已迎秋，我来江上浑无事，四百年前作卧游。

乾隆丙戌六月既望复来上洋，仍就旧馆。褦襶之余苦炎难解，适书贾徐客至，裹示杂帙中有《静志居诗话》二卷，此竹垞先生真稿也。《明诗综》之繁富，不可无小传品骘，以备考核，观其义例，自与《列朝诗小传》外别开生面。此书若出，诚词坛之积玉也。右所详者，泰定、洪武之交，诸名人巨公已揽其全，迄于天顺，网罗无失。譬之画龙者，精神全在龙头，既已须眉毕现能得其真，则其余鳞爪可想而知也。先生所以汲汲于是乎？阅未竟，客亟欲携去他售，余俸薄不能偿其直，然藉是已解我凉襟半晌矣。偶占前词并缀数语，漫书付之。春江外史顾惇量。

《读静志居诗话次春江外史韵》：闲寻脉望小窗幽，弹指星霜四百秋。此日玉山堂上客，阿谁犹自念朱游。（予尝劝陶君刻全本《静志居诗话》。）甲寅六月，兔床吴骞。钤印：臣、骞。

由此跋语可知，兔床当时读此《静志居诗话》时，尚未知此为姚祖恩所辑，然对其去取之法并不认同。

姚觐元稿本
《刺字定例汇编》不分卷

《刺字定例汇编》不分卷　（清）姚觐元撰

　　清稿本　归安姚氏咫进斋黑格纸　一函一册

　　钤印：姚觐元印（白方）、吴兴姚伯子觐元鉴藏书画图籍之印（朱方）、姚慰祖所藏书籍（白方）、曹大铁图书记（朱方）

　　中国自夏朝即有刑罚，商代分为墨、劓、刖、宫及大辟五刑，及至西周五刑之罚已较为普遍，西汉初年曾下令废除使身体致残之肉刑，以笞、杖代替。汉末，肉刑虽并未真正废除，但传统五刑制度已发生变化，到隋唐时期，商周以来的五刑制度为笞、杖、徒、流、死五刑制度所代替，直至明、清沿用。

　　刺字始于五刑之墨刑，战国时秦称为黥刑，通常与其他刑罚一并使用。汉文帝废肉刑时，黥刑被废。魏晋南北朝时期间或使用，到梁武帝天监十四年（515）再度被废。隋唐无此制。五代后晋恢复黥刑，改称刺字，并与流刑结合使用，称为刺配，沿用至清。刺字为中国古代使用时间最长的一种肉刑，直至清末光绪三十二年（1906）修订《大清律例》时才彻底废除，前后使用长达数千年。

　　《大学衍义补》释刺字云："本以示辱，

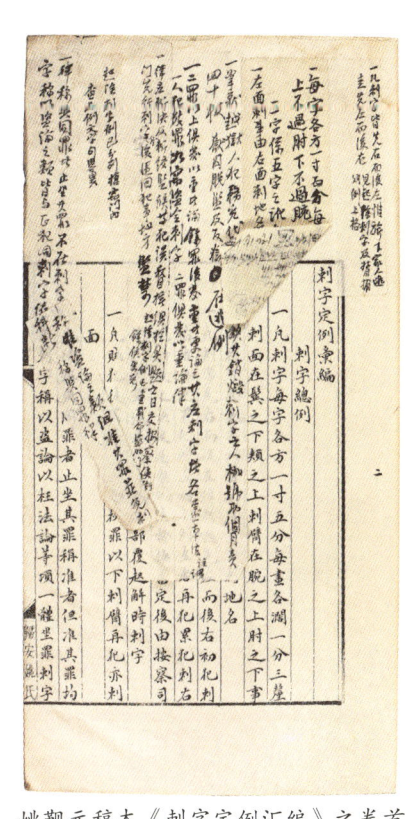

姚觐元稿本《刺字定例汇编》之卷首

姚觐元稿本《刺字定例汇编》之内页

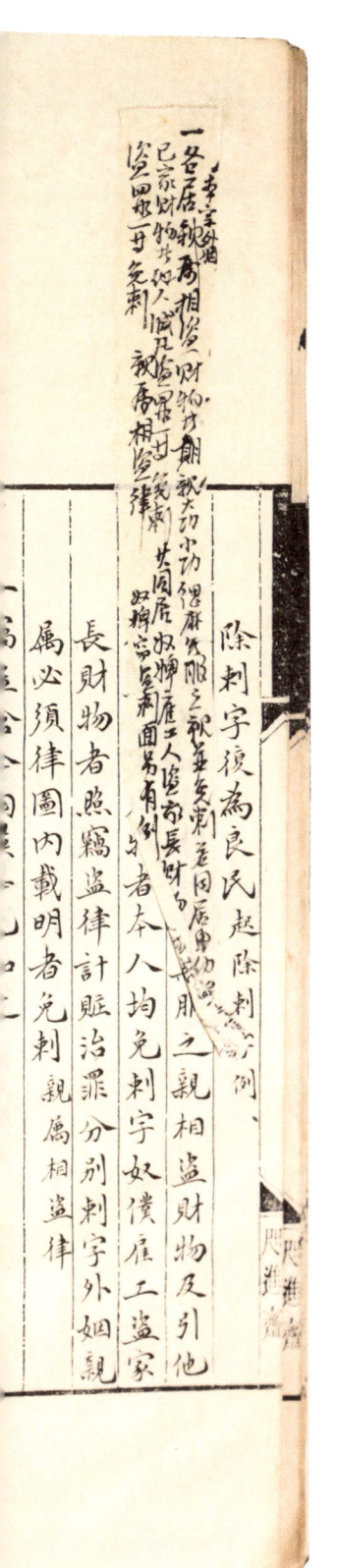

且使人望面识之"。咫进斋钞本《刺字定例汇编》序言则曰："刺字特用刑之小节耳，而生死出入系焉。如新疆一项，有不在外遣条内，而亦刺外遣者，则别项军流，加重问发为奴是也。有不在改遣条内，而亦刺改遣，则秋审案内，奉部减发新疆，改发内地之窃盗、刀伤事主等二项是也。他如老、幼、废、笃、疾则不改遣。例前例后，更应分别。盖此等人犯脱逃，正法例不关，查原案只凭刺字，辨在毫厘，界分生死，其他之因遗漏而重干例议者，亦间有之。虽曰小节，不綦重歟？"

此钞本自首页至卷终贴满浮签，长短不一，有的甚至长过页面，须折叠夹于卷中。签上小字累累，皆为有关此书修改、增补之处，亦有从布局上暂定写作思路者，及从版式上说明格式者，如"门目应以刑律为次第。拟酌列：叛逆、强盗、劫囚、抢夺、窃盗、略人略卖人、发冢、人命、斗殴、奴婢殴家长、犯典、集犯、根徒、私铸、盐枭、徒流人逃、外遣、逃人，共十八门。原有徒流人又犯罪一条，可并入徒流人逃门内"及"此不过略述编纂大意，细微处尚须随时斟酌"，又及"如左右面字样之类，应衬以小注，以清眉目。"

《刺字定例汇编》于《四库》未见著录，亦未曾于其他书目、书录中经眼，此稿或有可能从未付之剞劂。黑格钞本版心下刻有"归安姚氏咫进斋"字样，所抄字迹工整清秀，浮签上小字与钞本字样不合，应该非一人笔迹，然此并无特殊之处，因古人抄书多有请抄书生而为之。令人奇怪者，为浮签上字迹之密、修改之多，几乎是将此钞本重新改写一遍，若此书为抄书生所抄，则于浮签上修改、订正者为何人哉？

因此本所用纸张为归安姚氏咫进斋专用黑格抄书纸，故可判断此本最早经手者为姚觐元无疑，由藏印则知此本后归其子姚慰祖。姚氏父子皆有刻书之好，而浮签上所书者，除修改、订正文章内容之外，尚有准备刊刻之提醒字句，如"低一格"等，故吾初断，此本当为姚氏父子欲刊而未刊之底本。而姚氏父子中，姚慰祖虽有刊书，却未见有著述，姚觐元所著则有《大叠山房诗草》及《涪州石鱼文字所见录》等，另编有《清代禁毁书目》，著录被禁毁之

书名、作者，抽毁书注明被毁篇卷及抽毁原因，故吾复揣，此《刺字定例汇编》当为姚觐元经手也。又，卷中频见"同治九年改"字样，因知此稿当修订于同治九年（1870）之后，而《大清律例》最后一次修订正是同治九年。姚觐元生于道光三年（1823），卒于光绪十六年（1890），同治九年时四十七岁，故此稿撰成时间与姚觐元大致相合。然历来藏书家之著述，多以经学、小学、书目及金石为主，兼及集部，研究诸如刺字这等偏僻学问者极少见，姚觐元于藏书之余潜心研究刺字，其中原因令人玩味。

姚氏一门四代书香绵送。其祖姚文田为嘉庆四年（1799）进士第一名，世称文状元，无书不读。其父姚晏有邃雅堂藏书，曾著《贵州金石目》。至姚觐元则有咫进斋，多宋元旧本，兼喜抄书、刻书，曾于广东任布政使时刻《咫进斋丛书》三十八种九十三卷，皆选题谨严，校勘精善，另有习称"姚氏三刻"之《集韵》《类篇》《礼部韵略》。观其刻书之范围，亦与刺字相去甚远，再看其对《刺字》一书用力之深，着实令人好奇。其子姚慰祖亦大藏书家，有室曰晋石厂，辑有《晋石厂丛书》，计有《七录序》《九经误字》《郑学书目》《古今伪书考》《吴兴藏书录》《读书从录节钞》《江南文钞》《经籍跋文》《竹汀先生日记钞》《非石日记钞》等，皆目录学必读之书，此书版后归铁琴铜剑楼。

此本之钤印有"姚觐元印""吴兴姚伯子觐元鉴藏书画图籍之印""姚慰祖所藏书籍""曹大铁图书记"，可知经姚觐元后曾归姚慰祖，又为曹大铁所藏。晋石厂原为姚觐元之室名，以其在四川得晋杨宗石阙题字之故，后慰祖延用此名，所刻丛书亦以"晋石厂"名之，尽显父子情深。按理来说，其父子情深至此，慰祖又有刻书之好，其父心血，定当付梓行世才对，却至今未有见刻本行世。后知姚慰祖于光绪十七年（1891）去世，仅晚于其父一年，彼时或已有心无力耳。

此书亦为曹大铁先生菱花馆之故物。十余年前嘉德古籍部总经理拓晓堂兄曾作得锦绣文章一篇，言其至曹大铁家中观书之本末。彼时曹家有意出让藏书，请来常熟图书馆专业人员做详细书目一份，不久此目被北图拿到，曾开专家研讨会商议是否购买，当时列入目中之书约有二百七、八十部，拓兄曾复印一份赠吾。以今日眼光视之，此目所列之书无一不可称为善本，然当时曹家开价五百万元人民币，被相关专家认为要价过高而作罢。此后拓兄曾代嘉德洽谈上拍之事，亦因价格原因迟迟未谈拢。后闻曹先生将此批书全部售于上海某友人，此人取其中部分再到嘉德上拍，仅拍出不到十分之一，其价已远超出五百万矣。菱花馆旧藏自此零散南北，现身于各拍场，然价格忽高忽低，难知其真，吾随之奔波于南北，陆续得二十余部，此为其一也。

江湜题记正诣钞本《唐诗英华》不分卷

《唐诗英华》不分卷　（清）释正诣选

　　清释正诣钞本　江湜题记　一函二册

　　钤印：赐书楼（朱方）、彦冲（朱方）、赐书楼鉴赏（朱方）、赐书楼珍藏印（朱方）、吴中蒋氏珍藏（朱方）、正诣（白方）、琴川胡氏（白方）、骏声（白方）、大隆审定（白方）、王大隆（白方）、芥青（朱方）、江弢叔（朱方）、袁又恺藏书（朱方）、欣夫（朱方）、三近（朱方）、邹一桂印（白方）、袁廷寿读过（朱方）、廷寿珍藏（白方）、长笛一声入倚楼（白方）、顾曾寿（白方）、辛斋曾寓目焉（朱方）、芹涧（白方）、余欣慕焉、随月斋（白方）、吴越钱氏鉴藏书画（朱方）、锄日耕烟（白方）、仙坛扫花妇（白方）、余欣慕焉（阴阳印）、功甫借观、芹磎小丘、曾在东吴袁寿阶处、蒋子芙卿与寓目等

　　2009年秋上海博古斋拍场出现江湜题记《唐诗英华》钞本一册，字迹俊逸静穆，前后钤印累累，一望即知为名家故物，令吾食指大动。古籍拍卖至2009年，稿钞校本除极大名头之外，大多未能得其善价，尤其不见著录者，或说不清为孰人手迹者，更令人难下决心，不敢出手。是书起拍价四万元，略高于行市，窃以为无人识宝，本欲以此底价得之，未承想有一电话委托，一直紧跟吾价，与吾争之，直至近十万元，对方才放弃，令吾白白多花一倍青蚨。翌日有人告知，与吾争此书者，乃海上藏书名家修文斋主张兄是也，此公素与吾相争稿钞校本，眼力远在吾之上。多年前曹大铁一批旧藏在嘉德上拍时，吴翌凤钞本《绛云楼书目》即被其夺去，令吾懊恼莫及。后来此书目究竟是否为吴氏亲笔所抄，出现争论，吾闻此消息

江湜跋正诣钞本《唐诗英华》之蒋升瀛小像

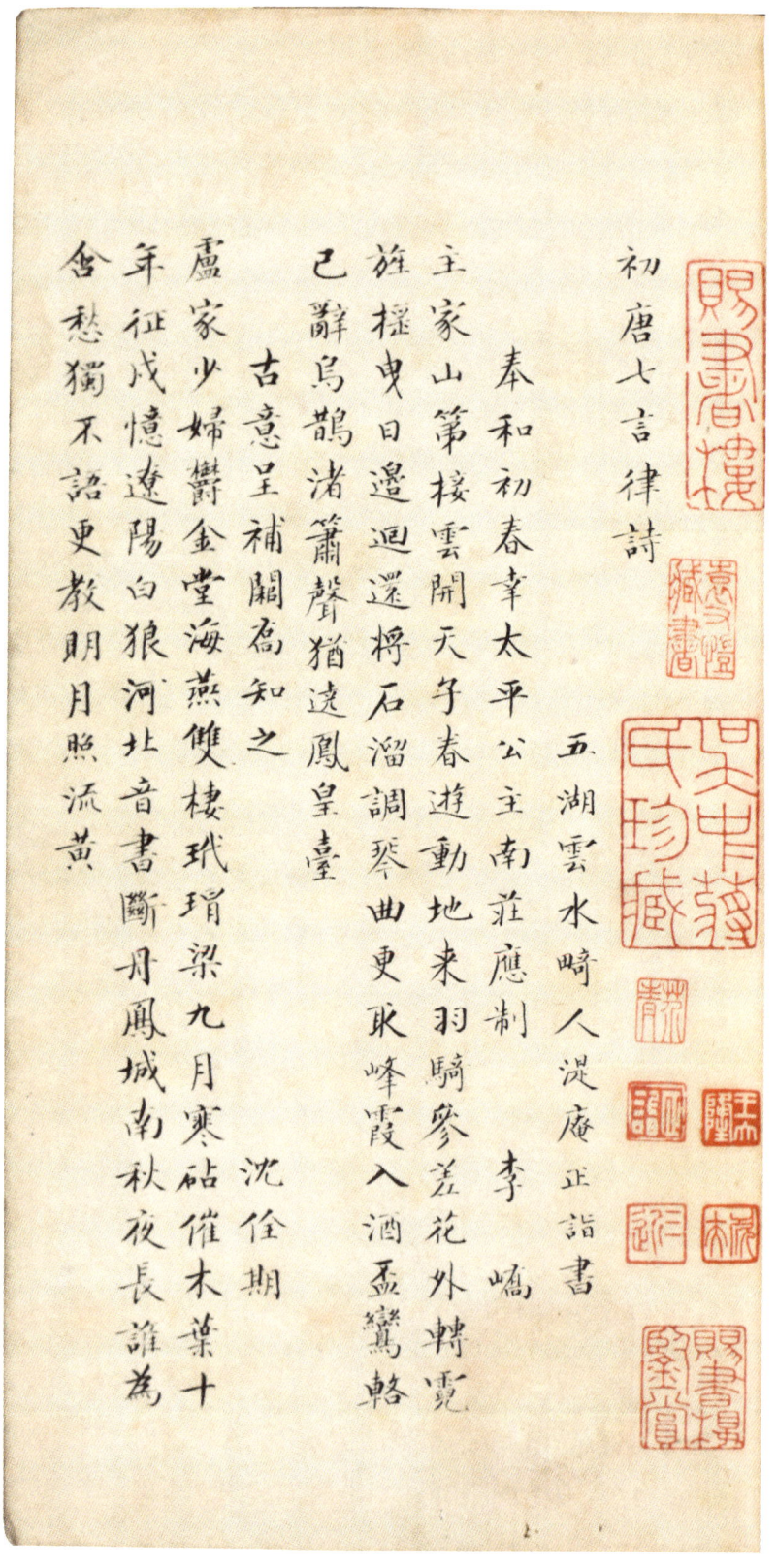

初唐七言律詩

奉和初春幸太平公主南莊應制　　李嶠

主家山第楼雲開天子春遊動地來羽騎参差花外轉霓
旌摇曳日邊迴遥攓石溜調琴曲更耿峰霞入酒盃鸞駱
已辭烏鵲渚簫聲猶遠鳳皇臺

五湖雲水畸人湜庵正詣書

古意呈補闕喬知之　　沈佺期

盧家少婦鬱金堂海燕雙棲玳瑁梁九月寒砧催木葉十
年征戍憶遼陽白狼河北音書斷丹鳳城南秋夜長誰為
含愁獨不語更教明月照流黃

江湜跋正詣钞本《唐诗英华》之卷首

后，懊恼之心始得稍解。

《唐诗英华》原辑者为顾有孝，康熙十七年（1678）举博学鸿词科不就，居钓雪滩以选诗为事，《苏州府志》有其传，称顾有孝"少任侠，游华亭陈子龙之门，子龙死国难，有孝亦谢诸生隐去。……故虽布衣穷居而名闻海内。"明末吴中诗坛多放荡萎靡之习，有孝对此不满，故有此编。据钱谦益序中所言"先出七言今体镂版行世"，可知顾有孝所选《唐诗英华》或另有五言部分，然未见流传，故学者皆认为顾氏所选仅有七言。此书钱序后另有陆圻序，对唐代七律之发展概而说之："七言近体，则初唐实肇始焉，景龙以后，代多作者，一变而为开、天，再变而为大历，三变而为长庆，四变而为西昆。"此书于清初颇为盛行，钱谦益认为有破明人选诗之积习，于唐诗选辑中，该书对后世有较大影响。

顾氏所选除《唐诗英华》二十二卷之外，尚辑刻过《江左三家诗》。三家者，钱谦益、吴伟业、及龚鼎孳也。此书后因触犯清代文网禁忌，钱谦益与龚鼎孳诗作皆被毁，独存《梅村诗钞》。《唐诗英华》前有钱谦益序，未知缘何躲过禁毁之祸得以存世至今，可见清代文网虽密，亦有劫余。

细审江湜所跋《唐诗英华》，知此本选者、书者皆为"五湖云水畸人湜庵正诣"，曾经邹一桂、袁寿阶、蒋升瀛、蒋培泽、刘彦冲、江湜、王大隆等递藏，卷首有胡骏声所绘蒋升瀛小像，江湜题记曰："湜庵手钞《唐诗英华》全帙，为乡先生怀堂蒋先生所藏。先生博学嗜古，所居镜古斋，藏书多宋椠本，与黄荛圃、钱竹汀、王惕甫三先生游，更得讨论校雠之助。此册系所珍玩，故甫里陈氏绀雪斋中未曾刻入。今其曾孙培泽以先生尤爱是书，倩胡君芑香特摹先生小影于卷端，以志先泽。属为题之。丙寅二月望日，江湜谨记。"

江湜为苏州人氏，字持正，一字弢叔，别署龙湫院行者，室名伏敔堂，工诗，好以白描取胜，曾著《伏敔堂诗录》。其人一生身世坎坷，屡试不第后，或为幕僚，或为西席，故所作诗篇多民间疾苦声。四十九岁病卒杭州，临终时曾自作挽联云："天赋清才不登上寿，诗追变雅自居古人"，深信己诗必传于后世，并于诗集自序中云："余诗诚传世，后当自有定论。不敢挟数君子之推许以自矜重。惟念经变以来，平生亲旧至交，存亡乖隔，多可感者。……余年来身世既如此，因诗而感念亲交数人，死者不生，生者日以零落。仰观宇宙，不自知其泪之堕也。"其诗《近年》可窥一斑："近年手创一编诗，脱略前人某在斯。意匠已成新架屋，心花那傍旧开枝。漫愁位置无多地，未碍流传到后时。要向书坊陈起说，

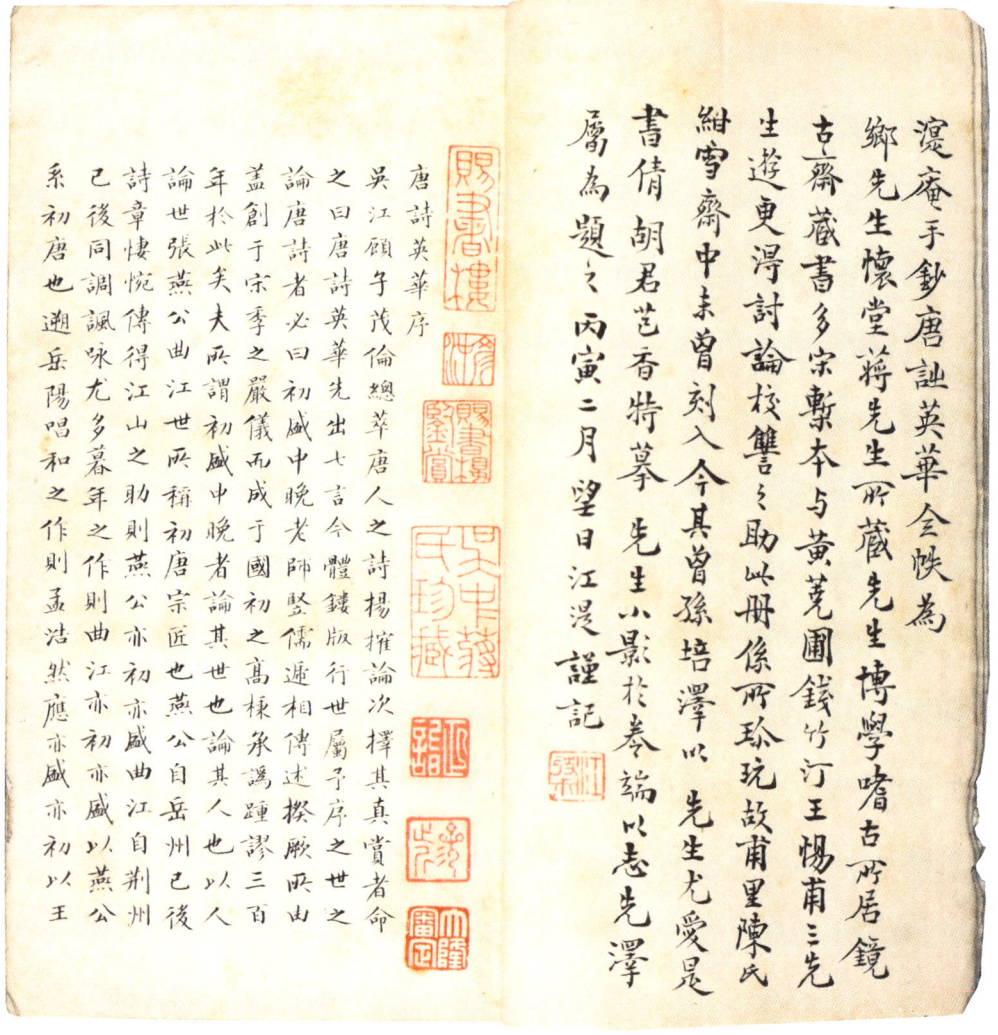

江湜跋正诣钞本《唐诗英华》之江湜题记及钱谦益序

不须过虑代刊之。"

吾得是书甚为兴奋，遍查与此书相关之信息，后读到王欣夫先生著《蛾术轩箧存善本书录》中《唐诗英华选六卷附绀雪斋墨刻前后赤壁赋拓本（二册）》一文，始知吾得之书正是其所著录之本。大隆先生初得是书，惊其书法之工，及收藏者之珍视，知决非寻常钞本，然亦不知正诣是谁，几经考证，遍查各家书跋，始知正诣者即清初石竹墩僧人就堂和尚，取"就有道而正焉"之意，于康熙、雍正时期颇负盛名，书法甚工，犹喜手抄古书，与朱彝尊等相往还，还曾教过何义门书法。其所抄之书散见于各家书目题跋。嘉业堂曾藏其所抄《甘白先生文集》，黑格，版心下刊"就堂藏书"四字，可见其曾专为抄书而制抄书笺纸。"正诣""三近"皆为其小印。

读此文后，大隆先生之考证功夫着实令吾服膺，其从各种不同书跋、画跋之

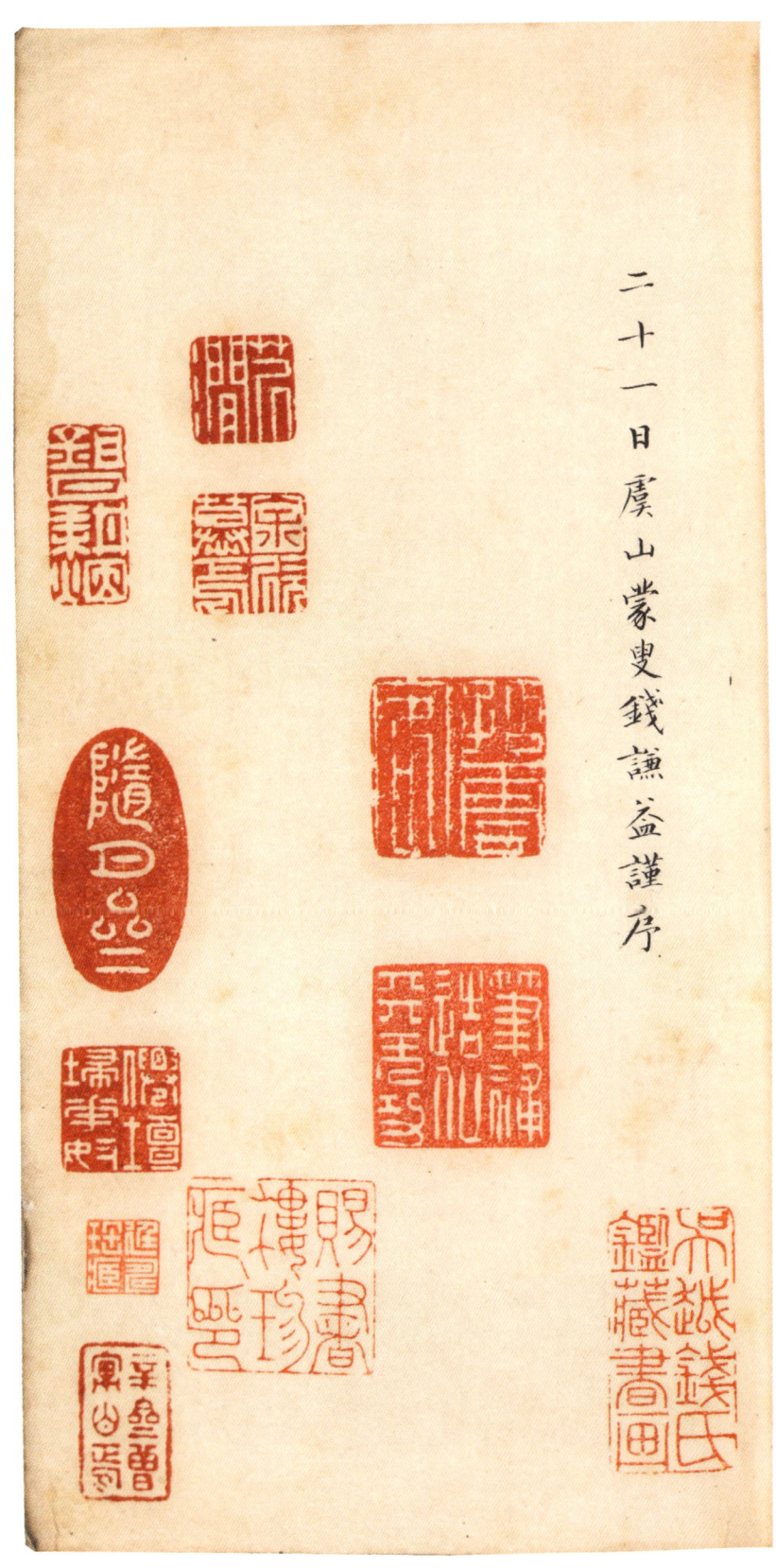

二十一日虞山蒙叟钱谦益谨序

《唐诗英华》钤章累累

上搜寻蛛丝马迹，拼接细节，大海捞针般勾沉出久被历史淹没之陈迹，其用力之勤，考证之密，于细微处见发明，皆吾等望尘莫及。回想起自己曾经读到《文禄堂访书记》时，亦两度见到"就堂和尚手钞本"字样，彼时却未曾立足一秒，寻思此何人哉。

大隆先生尝感慨，就堂和尚"以竹垞之友，义门之师，藏书抄书，生平爱好，而志乘不载，几致湮没无闻，何耶？"以吾思之，此即方外人闲云野鹤之豁达也，不以名传世，不以物缠身，来则欣欣然赏之，去则挥挥手罢了，不视自己为异人，不求留名以后世。言至此，复想起为此书题跋之江湜，二者心态何其异也！

由大隆先生书跋之题目还知，该书至其架上时，尚附有《绀雪斋墨刻前后赤壁赋拓本》一册，如今两书有如参商，一册归于寒斋，另一册不知流落何方。此《唐诗英华》虽钤章累累，然藏家多为苏州人氏，自就堂和尚至大隆先生，此本流传近四百余年未离开苏州，若不是今时古书流通出现拍卖这种新方式，此本或许仍在吴地流传，未知《赤壁赋拓本》如今仍在吴地否？

杨仪批、翁同龢题记
《诗学禁脔》一卷

《诗学禁脔》一卷 （元）范梈撰

明嘉靖野竹斋刻本 杨仪批校并题记、翁同龢题记 白棉纸 一函一册

钤印：寿卿（白方）、笙箶室图书印（朱方）、随月读书楼藏书印（朱方）、随月读书楼（白方）、实事求是斋（朱方）、文庆堂印（白方）、上海图书馆藏（朱方）、焦阳珍藏（朱椭）等

《诗学禁脔》作者范梈字德机，一字亨父，早年于诗学用力极深，后以诗名著称，是元代提倡恢复唐代诗歌传统的主要人物，与虞集、杨载、揭傒斯并称为"元诗四大家"。相对于唐诗，宋代诗歌过于尚理，故元代很多诗人鄙薄宋诗，欲矫正宋诗流弊，取法唐诗，范梈则为此复古运动之干将，其诗多效李白、杜甫，兼具晚唐意味，然亦有人惋惜其诗作过于模仿，失却自家面目。范氏于此书中将诗格分为十五种，分别为：颂中有讽格、美中有刺格、先问后答格、感今怀古格、一句造意格、两句立意格、物外寄意格、雅意咏物格、

杨 仪

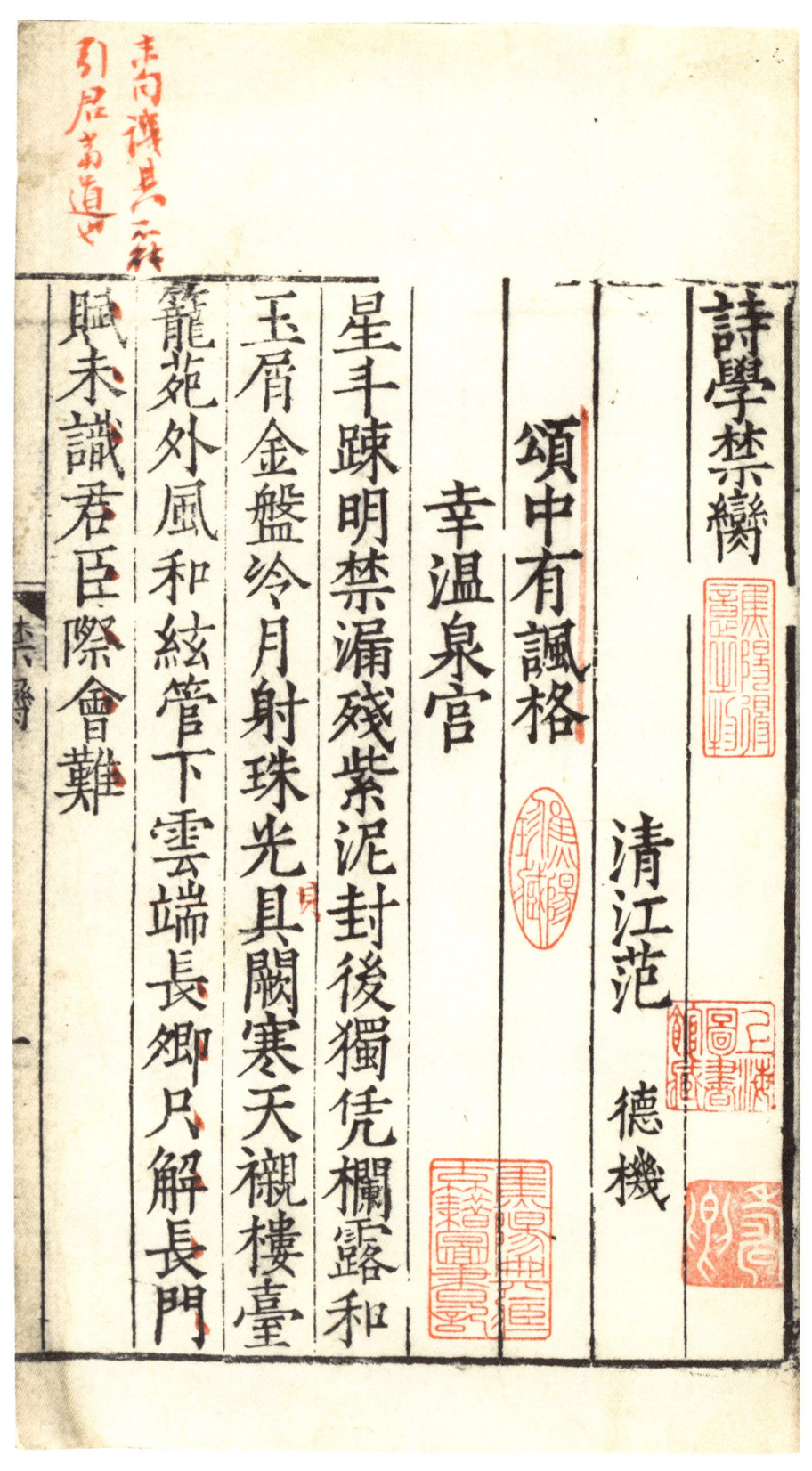

詩學禁臠

頌中有諷格

清江范　德機

幸溫泉宮

星斗踈明禁漏殘紫泥封後獨憑欄露和
玉屑金盤冷冷月射珠光具闕寒天襯樓臺
籠苑外風和絃管下雲端長卿只解長門
賦未識君臣際會難

一字贯篇格、起联应照格、一意格、雄伟不常格、想象高唐格、抚景寓叹格及专叙己情格，主张作诗者要"思之切，虑之深，行于情性之正"，并每格选唐诗一首为例，逐句解释。《四库全书总目提要》著录有两江总督采进本，认为此书"其浅陋尤甚，亦必非真本"，故仅列于存目。或因此评语之故，此书被收入1998年黄山书社出版的《中国伪书综考》，称其"疑伪"。

吾藏之本为嘉靖间吴县沈辨之野竹斋刻本，序后有"野竹家"字样，跨栏而坐于书页右下角，殊别与常见牌记。沈辨之字与文，号野竹居士，喜藏书、刻书，所用水墨、纸张均为上品。沈氏刻书堂号除"野竹斋"外尚有"繁露堂"，因其初开刻书铺时，刻有董仲舒《春秋繁露》之故，之后两堂号并用，然多以"野竹斋"行之。野竹斋钞本亦极有名，叶德辉于《书林清话》中述明以来之钞本："明以来钞本书最为藏书家所秘宝者，……曰沈钞，吴县沈辨之与文野竹斋钞本也；曰杨钞，常熟杨梦羽仪七桧山房钞本也；……沈辨之钞本，格阑外有'吴县野竹家沈辨之制'九字。杨梦羽钞本，板心有'嘉靖乙未七桧山房'八字，亦有板心作'万卷楼杂录'五字者。"

吾时疑沈辨之与杨仪为知交，惜未见二人交游之记录。杨仪字梦羽，号五川，藏书大家也，室名"七桧山房""万卷楼"，与沈皆为嘉靖初年进士，常熟距离吴县亦非远，二人皆喜藏书、抄书，杨仪虽未开刻书铺，但亦曾印行铜活字本《王岐公宫词》。吾曾于多种书录上读到杨五川跋于野竹斋刻本之题记，可以想像彼时或许二人往来甚频，彼此借抄秘籍亦未可知。吾今所藏之野竹斋本《诗学禁脔》亦有杨五川朱笔题记："用孟子语作序，而失其意，甚可笑也，此必浅学小生语。嘉靖辛丑九日五川父记。"可见杨仪对范梈评价并不高。

此本之卷首尚有清末翁同龢朱笔题记一页："此册为吾邑杨五川先生旧物，题字其手迹也。先生晚年为仇家所龁，侘傺以死，万卷楼书一夕都尽，嘻！可悲矣。子孙不振，至以先世诰敕付诸酒家，余可知矣。余年十四，以钱一百买此于冲天庙前书摊，不意六十年后犹得展卷也。因记之。光绪癸卯六月，松禅，时年七十有四。"

一页硃砂所记，万卷藏书皆尽，令人唏嘘。翁同龢题记中之"仇家"乃嘉靖十一年（1532）进士钱籍，财货山积，家口千计，以至园林亭榭之美，歌童舞女之妖，画船骡马之盛，莫可殚述。其人初时甚属意杨仪，每有邂逅必恳恳求顾，然杨仪恶其家奴为剧盗，始终不相过从，钱籍母亲去世，仪亦不去凭吊。钱尝将自己诗文交付县令，请县令拿给杨仪看，杨仪起初佯作不识此人，拒绝看其诗文，俄顷又故作吃惊，谓："适才想起此人，乃吾邑之强盗头子也，何辱问焉？"钱籍多次请杨仪至其家，杨仪假装答应，待钱籍在家备好酒宴久候，却又闭门不出，钱始终不解杨缘何如此之绝，仍然再三邀请。某日杨仪终于答应赴宴，并备车起行，钱籍家仆见此飞奔而回报之，钱整冠以待，杨仪途中经过一老郎中家门时，又进去与之闲话家常，并告之钱氏家仆曰聊聊天即起行，家仆再告其主，钱籍出门肃候。未料老郎中突然邀之小酌，仪饮罢微醺，又坐车归去。钱籍闻之深恨，遂唆使乡里恶棍，以争田产为由将人打死，将杨仪之子锁于尸旁，污其杀人。杨仪读书万卷，却素不识门外事，猝遭此变，虽经众人居间调解，其子得归，终以忿悒而卒。

五川先生逝后，万卷楼藏书之精华为其外甥莫是龙所得，其余普通藏书半由家奴盗去，半由亲友袖藏，其子皆懵然不知。后有乡人见其子以绣囊裹宋代古墨供木工粗使，又将祖父敕命当作布料给家中女仆，见者无不为五川先生涕之。莫是龙亦藏书家，室名"城南精舍""石秀斋"，黄丕烈尝有"七桧山房万卷楼，杨家书籍莫家收"之句。莫是龙每得一书，似添一良友，言"蓄一古书，必须考校讹谬之后，方能入库。"莫是龙于五川先生殁后白其冤状于按部御史，钱籍素张扬骄奢，后数罪并发入狱，老死吴门婿家中。

《诗学禁脔》一书流传至今四百余年，如今刻本仅剩寒斋所存一部，即《中国古籍善本总目》著录上海图书馆藏者，文革后此书退还给原书主，至今书上尚有"上海图书馆退还图书章"。此书经上图退还之后，廿余年间在各藏家手中流传。2004至2006年间，

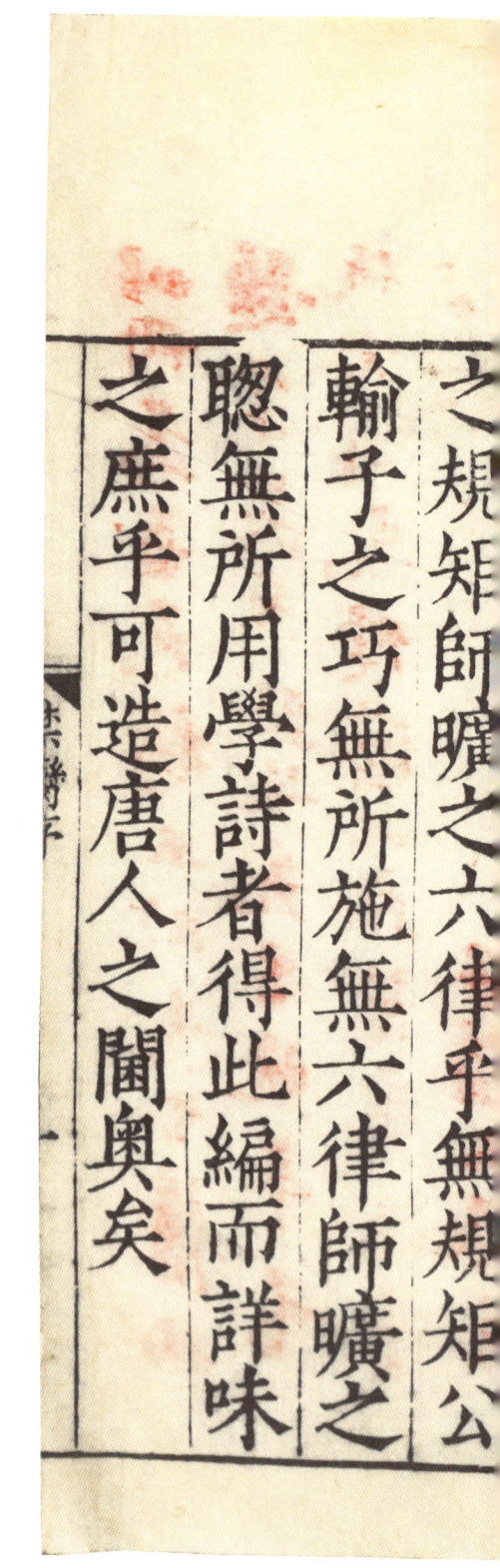

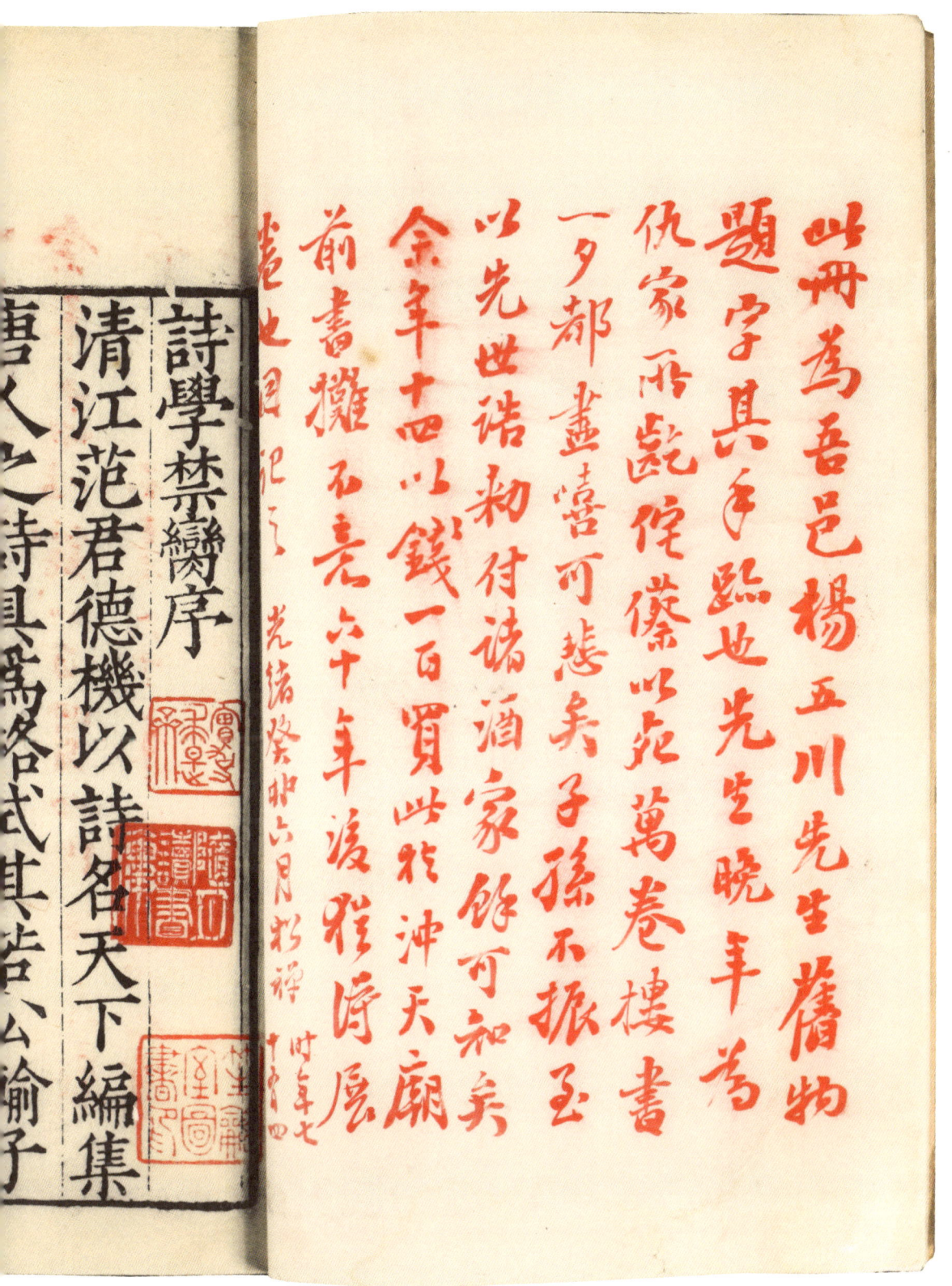

此冊為吾邑楊五川先生舊物
題字其手點也先生晚年為
仇家所詆偶儻以苑萬卷樓書
一夕都盡嘻可悲矣子孫不振玉
以先世詒籹付諸酒家飫可知矣
余辛卯以錢一百買此於冲天廟
前書攤石亳六十年後雅僊厔原
卷也因記之　光緒癸卯六月松禪　時年七
十有四

詩學禁臠序
清江范君德機以詩名天下編集
喜人之詩具為容武其告公諭子

中国书店等几家拍卖行同时出现一批焦阳旧藏，每书前后皆钤有焦氏藏印多方。后经打听，始知焦阳乃当今西安藏书家，因筹拍电视剧需要资金，故转让一批所藏。从拍品来看，焦氏所藏质量较佳，吾陆续得到数种，此为其中白眉。近闻焦先生继数年前转让所藏之后，又开始买书，可见古书之魅力实在让人难抵其诱。

江藩批校椒花吟舫刻本
《说文解字》十五卷

《说文解字》十五卷　　（汉）许慎撰

　　清乾隆三十八年（1773）朱氏椒花吟舫刻本　江藩朱墨通批　连史纸　一函四册

　　是书一函四册，乾隆三十八年（1773）朱氏椒花吟舫刻本，椒花吟舫乃清代顺天府大兴人朱筠（1729—1781）及其后裔室名。朱筠字竹君，一字美叔，号笥河，乾隆十九年进士，授编修，擢侍读学士、充日讲起居注官。其家富藏书，插架三万卷，都中旧家有书散出，多为其所收。其子朱锡庚字少河，能承祖志，读父书。弟朱珪早筠数年得中进士，为当时名士，有咏朱筠《题椒花吟舫图》曰：“椒花吟舫谁创修？笥河先生此息游。十年卉木手灌植，一时过从樊张俦。”复咏其子朱锡庚曰：“少河抱书志肯构，扫除三径芟芜菸。椒馨花开一俯仰，棠棣虽远尚可求。”

　　朱筠早年以诗文闻名，非汉学中先觉人物，然其接触汉学之后，立即将注意力由辞章转向考据，强调治经之重要，在写给好

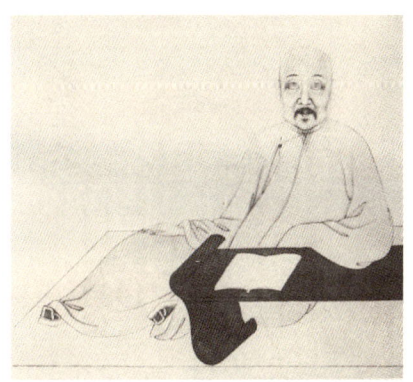

朱筠

江藩

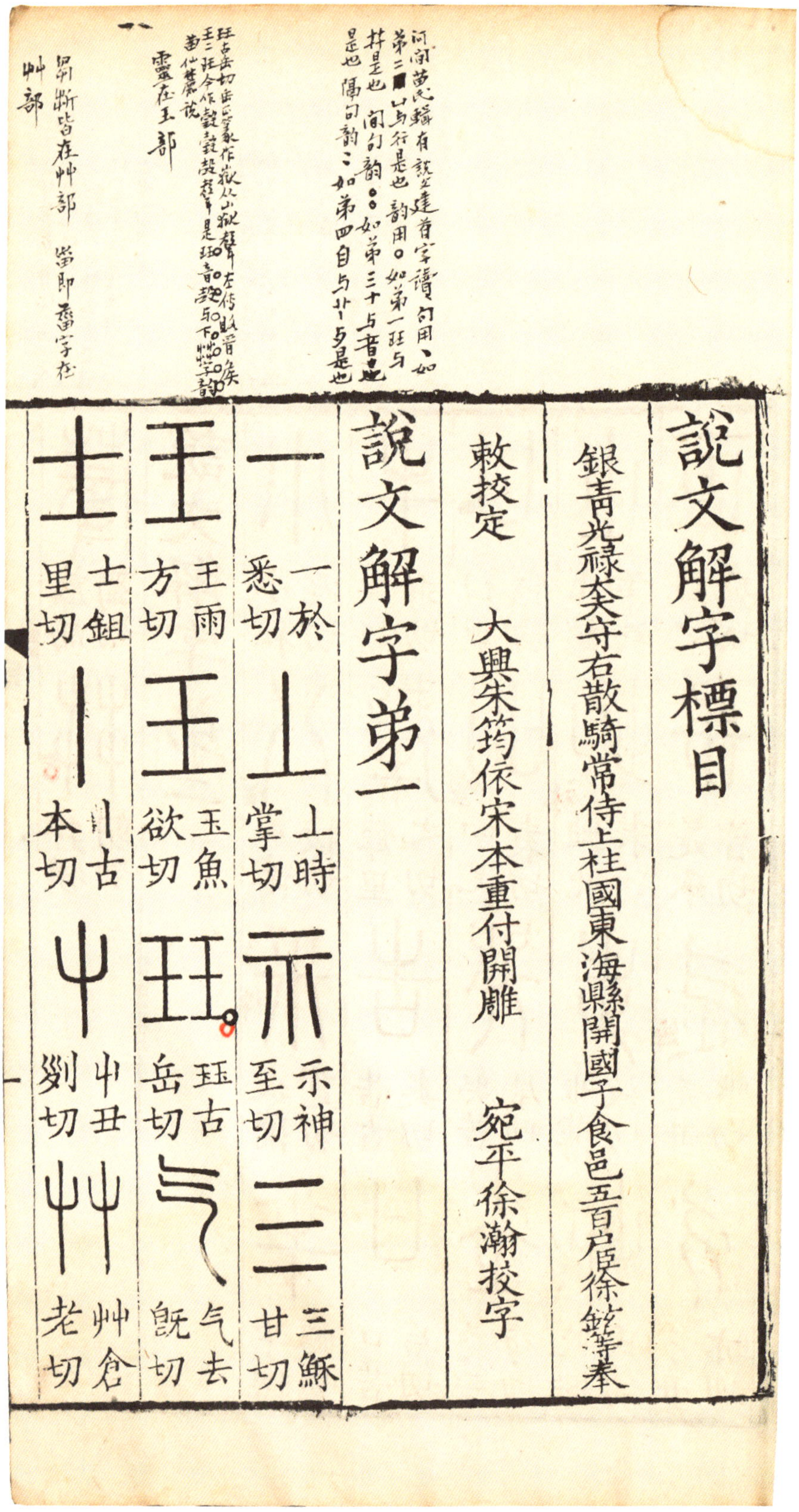

（天头朱墨手批）

河南萬民蠲有說文建首字一句用、如
第二□此句行是也□韻用□如第一班與
井其間的韻□□如第三十與音□
是也隔句韻二如第四目与音□与廿与音□是也

玨古岳切□篆作□从□□
王玨令□殼殼程□是□□□
□□農說□□□□韻
靈在玉部

艸部
吊斷皆在艸部　當即蕾字在

說文解字標目

銀青光祿大夫守右散騎常侍上柱國東海縣開國子食邑五百戶臣徐鉉等奉

敕挍定　大興朱筠依宋本重付開雕

宛平徐瀚挍字

說文解字第一

一 於悉切
丄（上）時掌切
示 神至切
三 穌甘切

王 雨方切
玉 魚欲切
玨 古岳切
气 去既切

士 鉏里切
丨 古本切
屮 丑列切
艸 倉老切

《说文解字》十五卷之卷首

友姚鼐诗中坦言自己曾与文友们"辄好奇""敢凿空",然觉今是而昨非,"如今读书渐趋拙,自谓汲古当饱瓮"。改弦更张后的朱筠尤崇小学,常劝人"为学先识字",其不仅自己研究汉学,兼关注学术,奖掖人才,庇护贫困学子以专心治学,最终成为汉学之栋梁,民国学者姚名达于《朱筠年谱序》中更直接尊其为"乾嘉朴学的开国元勋、朴学家的领袖"。

姚先生此言自然有其道理。清代朴学之昌盛,其中重要原因即清廷开四库馆以及由《永乐大典》中采辑佚书,此二事为当时学者营造出极好的学术环境及氛围,而提议开馆辑佚者正是朱筠。乾隆三十六(1771)年秋,朱筠出任安徽学政,一时学坛俊彦纷纷入幕,朱筠幕府成为当时著名学人幕府,叶衍兰于《清代学者像传》中言其"一时名士皆从之游,学者以不得列门墙为憾",江藩《汉学师承记》则云其"提倡风雅,振拔单寒,虽后生小子一善行,及诗文之可喜者,为人称道不绝口。饥者食之,寒者衣之,有广厦千间之慨,是以天下才人学士,从之者如归市"。与清代其他学人幕府相比,朱筠幕府虽无大规模校书刻书之举,其于清代学术的影响力却不可低估:首则大力提倡汉学,对汉学发展有相当大的推动作用;次则培养和造就一批一流汉学家,正是他们将乾嘉学术推向顶峰。当时朱筠几乎将乾隆中期最有名之汉学家尽数罗致幕下,为他们创造难得的相互交流之机会。孙星衍所撰朱筠《行状》云:"……邵学士晋涵、王观察念孙诸人,深于经术训诂之学,未遇时皆在先生幕府,卒以撰述名于时,盖自先生发之。"章学诚和邵晋涵亦是在朱筠幕中因学术交流而成为毕生好友,而汪中与洪亮吉更是入朱氏幕后始找到治学门径以及确定治学方向。

朱筠幕府唯一一次有影响的刻书之举,为乾隆三十八年开雕之《说文解字》十五卷,负责校正刊行者正是徽派朴学大师王念孙。传世《说文》素有"小徐本"与"大徐本"二种,南唐时徐锴所撰《说文解字系传》世称"小徐本",此为现存首部系统研究《说文》之著。而后至宋初雍熙三年(986)徐铉与葛湍、王惟恭、句中正等奉诏校正后,重新刊定,世称"大徐本"。现今流传之"大徐本"以汲古阁本为最早,乃明末毛晋据宋本翻刻,朱筠请王念孙所校正刊行之底本正是汲古阁所刊"大徐本"之初印本。正因为朱筠极力推崇,许氏之学由此大行,学者纷纷致力于斯,或校勘考证,或置疑匡正,或注释阐发,据近代藏书家丁福保统计,清代治《说文》者竟有203人之多,其中成就最大之"说文四大家"分别为:撰《说文解字注》之段玉裁、撰《说文解字义证》之桂馥、撰《说文通训定声》之朱骏声以及撰《说文解字句读》之王筠。

乾隆三十七年（1772）十月，清廷敦促各省督抚、学政购访遗书，十一月，朱筠奏报访求遗书情况，并建议开馆校书。其于《谨陈管见开馆校书折子》中言："……臣在翰林，常翻阅前明《永乐大典》，其书编次少伦，或分割诸书以从其类，然古书之全而世不恒觏者，辄具在焉。臣请敕择取其中古书完者若干部，分别缮写，各自为书，以备著录。书亡复存，艺林幸甚。"此折递上不久，清廷即于乾隆三十八年二月开馆校覆《永乐大典》，并确定他日采录成篇，题名《四库全书》，责成江浙地方官员收求散落于民间之《永乐大典》。同年闰三月，朝廷任命四库馆正副总裁及一应纂修人员，正式启动《四库全书》之编纂工程。四库馆开之后，朱筠虽在馆中未有官职，然四库馆之总纂官纪昀为其同年，陆锡熊为其弟子，总阅官朱珪是其胞弟，庄存与是其同年，提调官刘谨之、刘种之，协勘官如戴震、姚鼐、邵晋涵、周永年、翁方纲、曹锡宝等皆为其至友，分校官如王念孙、冯敏昌、温汝适等皆为其友人，朱筠对《四库全书》直接间接之功勋不可计数。其去世后，朱珪于《先叔兄墓志铭》中云："……时上方诏求遗书，公奏，

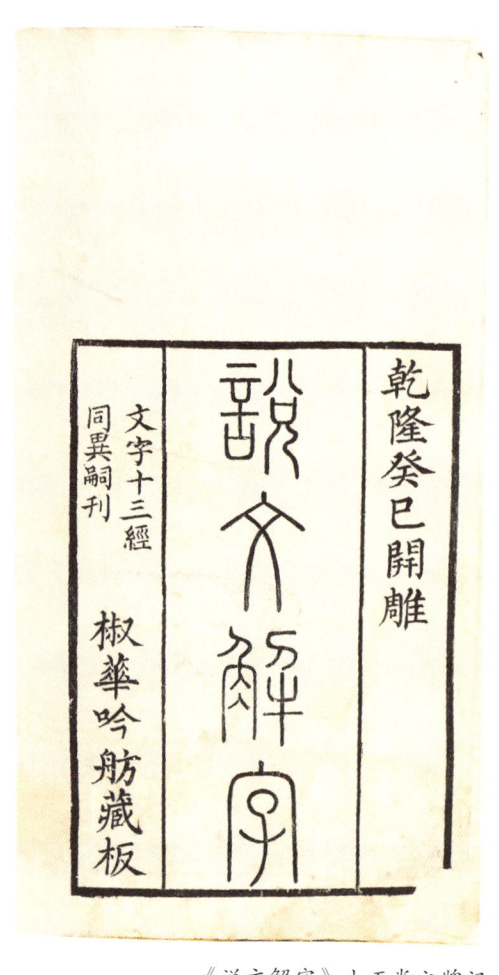

《说文解字》十五卷之牌记

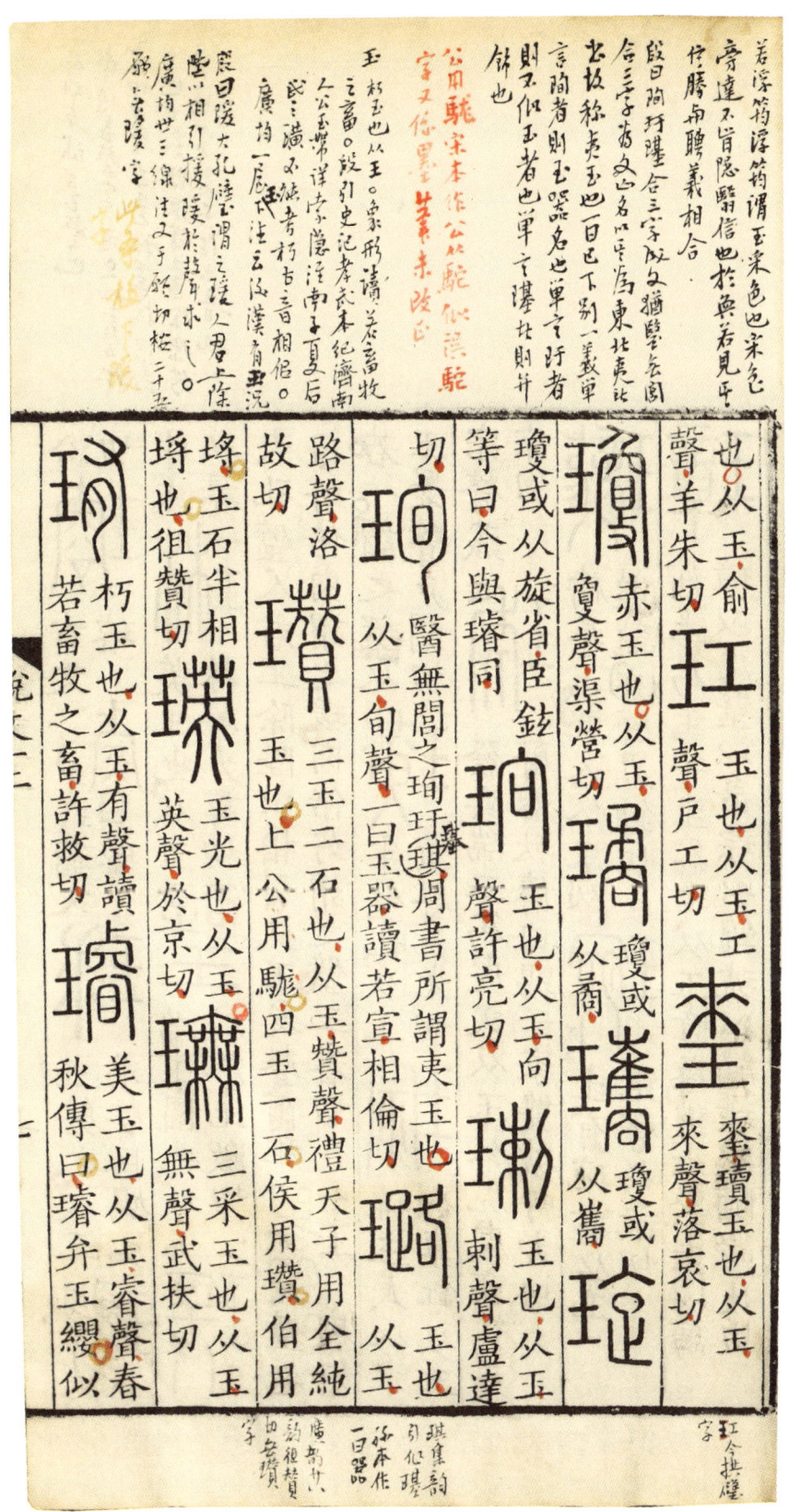

《说文解字》十五卷之江藩批校

言翰林院库贮明《永乐大典》中逸书，宜加采录，上览奏异之，下军机大臣议行。《四库全书》得之《大典》中者五百余部，皆世所不传，次第刊布海内，实公发之也。"

寒斋所收椒花吟舫刻《说文解字》十五卷正是朱筠乾隆三十八年于安徽开雕者，数年前得之于上海博古斋拍场，上有朱墨二色通校，然前后均无落款，仅卷中极不惹人注意处落有"江飘"二字。乍见此名，吾不知何许人也，暗揣或为江标（1860－1899）之别名？然笔迹又与江标迥然不同，后查字典始知，"飘"为"帆"之异体字，然江帆亦不知为何许人也，继而猜测或为江藩（1761—1830），亦苦无证据。后查之多日，偶于王大隆先生《蛾术轩箧存善本书录》中睹"江帆"一名，欣然大喜。《蛾术轩箧存善本书录》共著录善本一千余部，卷前除却大隆先生小像一帧外，仅附书影六帧，其中第四帧为《尔雅注疏》，书影下小字注明"《尔雅注疏》段玉裁、江帆手校本"。亟翻至内文，大隆先生曰："案帆字雨来，为江民庭之孙，子兰之兄弟行，与鲍渌饮、吴枚庵友善，其校多攻郭氏。……其语气大似惠松崖。民庭为松崖弟子，意录民庭所校与？是书粹两经师手校，可谓善之又善者也。"吾读罢，略有一丝怅惘，看来江帆即江帆，即非江标亦非江藩，乃另一位吾以前未知之经学家也。

然读书之妙趣往往即在曲径通幽处，别见一番风景。近日京城多雨，难以出行，向隅读《王芑孙年谱》，于小注中读到一段文字："按：江藩，初名帆，字雨来。后改今名，字子屏，晚字节甫，号郑堂，扬州甘泉人，安徽旌德籍。监生。著有《国朝汉学师承记》《国朝宋学渊源记》《炳烛室杂文》等。"读此文吾猛然想起大隆先生之案语，亟翻拣大隆先生原文，确信二人皆字"雨来"，惟大隆先生并未说明"江帆"即"江藩"，难道博学如大隆先生，亦不知此二者即一人欤？吾继而回忆往日已知江藩之资料，各处皆云江藩字子屏，号郑堂，未提及改名之事。惊喜过后，复想起专门研究江藩之漆永祥先生曾写过《汉学师承记笺释》，内中或有江藩之详细生平，遂寻来细读，果见其前言中写道："江藩，小名三多，初名帆，字雨来，或作豫来；后改今名，字子屏，一作国屏，号郑堂，晚字节甫，又自署竹西词客、辟支迦罗居士、炳烛老人等。其著书处曰蝇须馆、半毡斋、伴月楼、炳烛斋等。……十五岁，起栋（江藩父）馆余萧客于家，江藩始知《风雅》之旨。他不仅从余氏受经，亦从其诵《文选》，学词赋，江藩精于《选》学，基于此时。萧客卒，江藩又从惠栋的另一弟子江声学习，江氏教之读《七经》《三史》及《说文》，乃从其受惠栋《易》。藩之精于汉《易》，深通训诂，补惠栋《周易述》而成《周易述补》，其初轫即在这一时期。"

读此文吾又深服大隆先生矣！其未知江帆即江藩，自然亦未知其为惠栋再传弟子，却能于其校语中读出惠栋之余韵。惟博学如大隆先生，亦偶有失误，其言江帆为江艮庭之孙为谬，艮庭乃江声字，而江声非江藩之祖也，江藩之祖名曰宙，所遗资料甚稀。

江藩《汉学师承记》中有关朱筠尚云："藩年十六，即受知于先生，每酒阑灯灺时，尝谓藩曰：'吾侪当以乐死，功名利钝，何足介意哉！'先生之襟期磊落，萧然远矣。"虽早已有前贤考证出江藩十六岁时尚未进京，亦无以得识朱筠，此当为江藩著书时记忆有误所致，仍不掩江藩对朱筠怀念之情。江藩著《汉学师承记》时，朱筠已驾鹤三十年，往事历历，磊落在焉。每每探知书后渊源，皆令吾无法再将古书视为一物而已，朱筠刊书之深意，江藩批校之苦勤，前人心血先贤手泽，尽凝于此。

沈彤跋钞本
《京氏易传》三卷

《京氏易传》三卷　（汉）京房著　（吴）陆绩注

　　旧钞本　沈彤通批　尚秉和校　傅增湘题签　一函一册

　　钤印：藏园（朱方·大）、藏园（朱方·小）、增
湘（白方）、双鉴楼（朱方）、江安傅忠谟晋生珍藏（白
方）、双鉴楼藏书印（朱方）、忠谟继鉴（白方）

　　东汉初期，光武帝刘秀以"中兴
汉室"为号实施新政，竭力重振汉室雄
风，其于教育制度上之举措，首先为恢
复黄龙十二博士制度，并加以调整与
补充，设置建武十四博士，此举被后世
称为今文经学发展史之里程碑。设置建
武十四博士，标志今文经学达到顶峰之
同时，亦意味博士经学逐渐式微，自此
以后，原隶属于九卿之一太常官署的博
士，主要职责变为在太学里讲授经学，
之前阐发经义的重要作用渐渐消失。

　　建武十四博士中有关《易》者，
施、孟、梁丘三家为《易》博士之旧
制，京氏《易》博士则为新增。京氏
即京房（前77年—前37年），西汉元帝
时期一度立为博士，后因屡次上疏议
论时政得失，得罪权贵而下狱惨死，

《京氏易传》之函套，由傅增湘题签

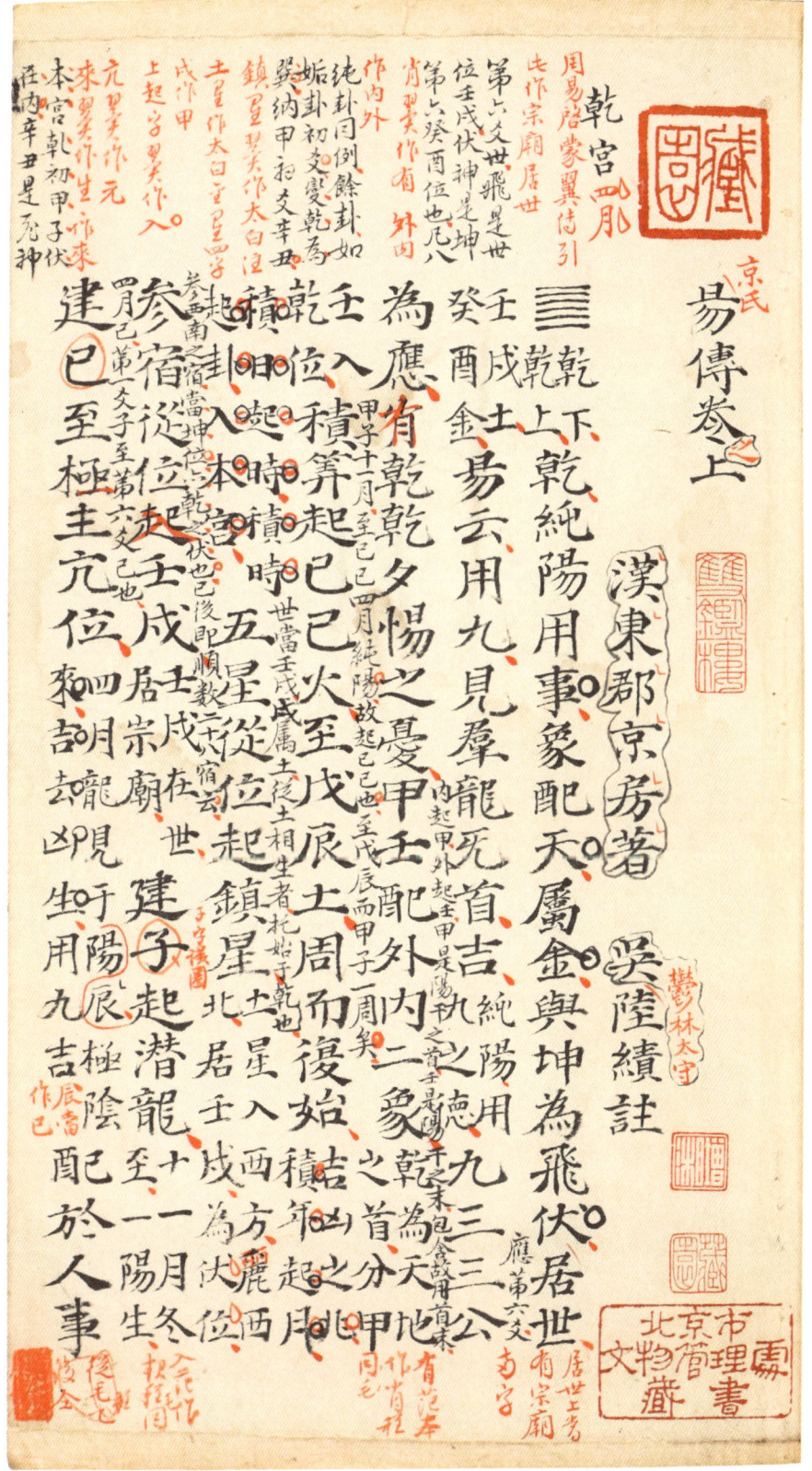

《京氏易传》之卷首

博士之官职亦从此被废。《汉书》卷七十五有其传曰："京房，字君明，东郡顿丘人也，治易、事梁人焦延寿。……房数上疏，先言其将然，近数月，远一岁，所言屡中，天子说之。……及房出守郡，（石）显告房与张博通谋，诽谤政治，归恶天子，诖误诸侯王，语在《宪王传》。初，房见道幽、厉事，出为御史大夫郑弘言之。房、博皆弃市，弘坐免为庶人。房本姓李，推律自定为京氏。死时年四十一。"其师焦延寿著有《焦氏易林》，内容尽为占验断语，文字通俗迥异于《系辞》，多有诗句望而即知其凶吉，然亦些隐晦难懂者，尝言："得我道以亡身者，必京生也。"后京房果以其说而亡。

东汉时期，光武帝尤喜图谶之说，京氏《易》以其好讲灾异及占筮之故深得上意，特地重新设置京氏《易》博士，京房唯一传世之作《京氏易传》自此大行其道。该书上、中两卷以六十四卦分八宫，运用阴阳、五行、天干、地支以及卦爻象、卦爻辞等理论，论述世事，以断凶吉；下卷则综合论述易学之象、数、理、占，成为易学体系中象数派之代表。

然此书虽以《易传》为名，内容却绝不阐释经义，而纯作占筮之语，京氏之《易》至此，已由哲学变为术数，是故《藏园群书经眼录》收《京氏易传》入子部而非经部，注曰："旧写本。清沈彤临叶树廉临冯班校本。"。芷兰斋所藏旧钞本《京氏易传》即藏园著录本，十余年前以一万二千元得自海王村拍场，名家名校，此价未为贵也。此本原函原笺，笺条注明："沈彤手校，双鉴楼藏"，书后尚有旧签注明"钞本《京氏易传》，沈果堂校"，开卷则朱墨两色涂乙满纸，前有沈彤题识，以及沈彤转录叶树廉题识，卷末复见沈彤朱笔跋语一段，详述是书渊源："此本从《汉魏丛书》钞

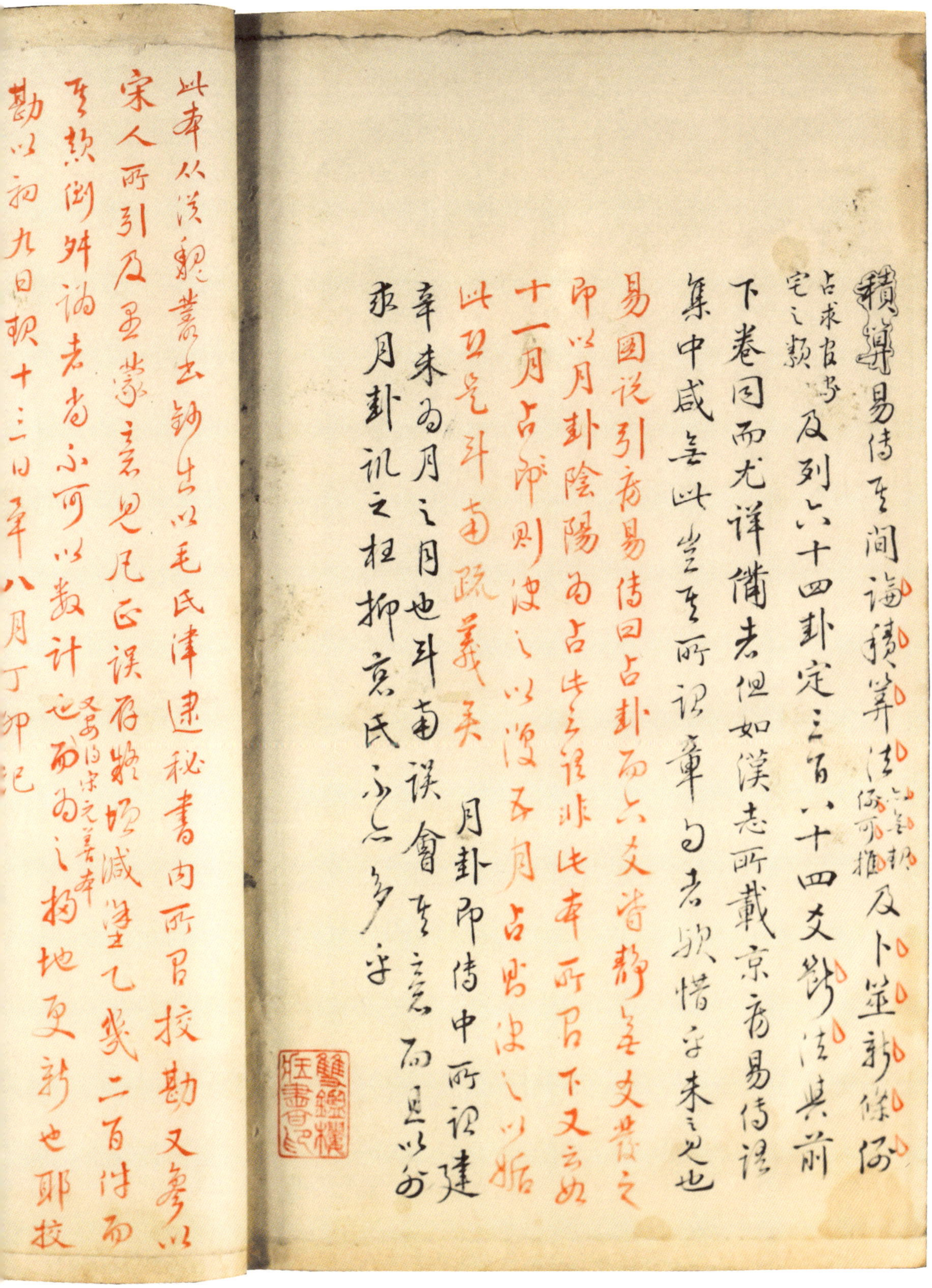

積算易傳至間誦積算法及卜筮新條何
占求宜多及列六十四卦定三百八十四爻數法其前
宅之額而尤詳備者但如漢志所載京房易傳語
下卷同而尤詳備者但如漢志所載京房易傳語
集中咸善此豈所識章句者歟惜乎未之也
易圍説引房易傳曰占卦而六爻皆静若爻發之
即以月卦陰陽而占生之說非比本所昌下又言如
十一月占卯則使之後至月占乎即使之以姤
此丑巳斗南疏義矣
月卦即傳中所識建
辛未為月之月也斗南誤會之言而遇以姤
來月卦訊之枉抑京氏矣不多年

此本從漢觀叢出動出以毛氏津逮秘書内所昌校勘又蒙以
宋人所引及五蒙言思尼匹誤存頗以減坐乙癸二百付而
至熟倒殊誤志為不可以教計也而為之搆地更新也耶校
勘以初九日既十三年八月丁卯記

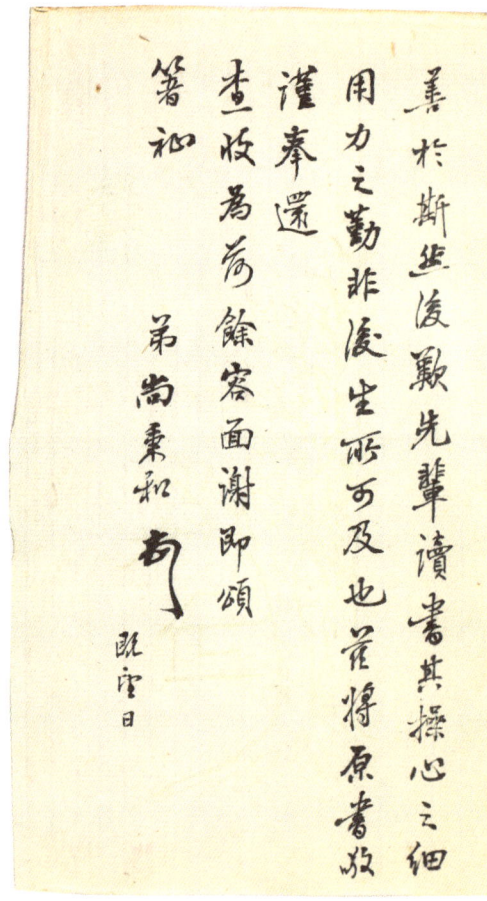

尚秉和致傅增湘书信

出，以毛氏《津逮秘书》内所录校勘，又参以宋人所引及《启蒙意见》，凡正误存
牾增减涂乙几二百件，而其颠倒舛讹者尚不可以数计也，又安得宋元善本，而为之
扫地更新也耶！校勘以初九日起，十三日毕，八月丁卯记。"

　　沈彤（1688—1752）字冠云，号果堂，江苏吴县人。康、雍年间，师从何义门
者多不胜数，有著录者四百余人，其中最有名者为陈季方、陈少章及沈彤，三人各
有所长，季方工文词，少章精史学，沈彤则独以穷经为事。《汉学师承记》载其小
传，称："彤独以穷经为事，核先儒之异同而求其是，为文章不贵词藻，抒心自得
而已。……彤述作矜慎，不轻意下笔，所著如《尚书小疏》《春秋左传小疏》，仅
有数十则，以视近日士大夫急于成书，蹈鲁莽灭裂之讥者，有霄壤之分矣。"江藩
对沈彤评价如此之高，难怪藏园对其手泽甚为措意，特意为该书制作函套，并亲笔
题写书签。

　　是书至可爱处，除沈彤手校之外，还夹有尚秉和致傅增湘书信一通，其内容
为："沇公道长：《易传》校毕，共校出讹误约百三十余则，真可喜也。惟其中间
有原本不误而误校者，亦有原本误而校仍误者，有疑其误而未能补出者，用小条书
出以备采择。至红墨眉笺皆易家纳甲、飞伏例言，不重要也。依其所校，虽仍未能

傅增湘

尽通，然讹误盖已去七八，世间《易传》本已莫善于斯。然后叹先辈读书其操心之细，用力之勤，非后生所可及也。兹将原书敬谨奉还，查收为荷，余容面谢。即颂。著祉。弟尚秉和顿首。既望日。"由此信及书中钤章，可知此本之递藏：先由沈彤至藏园，经尚秉和校过后再至傅忠谟，最后归于寒斋。

由此信内容亦知，藏园曾嘱托尚秉和代校是书。尚秉和（1870—1950）字节之，号石烟道人，晚号滋溪老人，河北行唐人，室名槐轩、无声诗室。光绪二十九年（1903）进士，曾任军机章京等职，其人不仅为晚清民国时期之著名易学家，且为象数派之代表人物。以象数易学之代表人物来校象数易学之名著，是书之学术价值可想而知矣。藏园一生校书一千多部，计一万六千多卷，为民国以来校勘古书最多之人，此《京氏易传》自己不校而请尚秉和校，以其自知为易学之外行，亦可见其对学术之尊重：外行校书无非死校字句之正误，内行校书则不仅正字句之错讹，尚能从义理之通弊来判定字句章节之正讹，此为活校也。

以吾度之，藏园对是书如此重看，用力之深处处可见，应该不会校过即罢。藏园一生参与影印、覆刻过大量古籍善本，此本或亦在刊刻计划之内欤？尚秉和校毕称"世间《易传》本已莫善于斯"，若就此归诸架上，未免太过可惜。

李宏信、费念慈、郑文焯跋泽存堂《广韵》五卷

《广韵》五卷　（宋）陈彭年等撰

清康熙四十三年（1704）张士俊刻《泽存堂五种》本 李宏信过录段玉裁批校并跋　郑文焯跋　费念慈尾题　竹纸　一函六册

钤印：小李山房图籍（白方）、周氏藏书（朱方）、游龙枝斋（朱方）、游龙枝籍（朱方）、伯述（朱方）、周道光印（白方）、味腴（朱方）、臣汤纪尚（白方）、实事求是斋（朱方）、随月读书楼藏书印（朱方）等

（一）

《广韵》五卷，全称《大宋重修广韵》，由陈彭年、丘雍等在《切韵》基础上增广而成，故名《广韵》，是现今保存最完整、最古老也最重要的一部韵书，完整而详细记录了中古语言系统。该书修订年代说法不一，有说成于大中祥符元年（1008），亦有说成于景德四年（1007），如王应麟《玉海》称"景德四年十一月戊寅，崇文院上校定《切韵》五卷，依九经例颁行。祥符元年六月五日，改为《大宋重修广韵》。"该书分繁注本与略本两种，繁注本有清初张士俊泽存堂本，是本依汲古阁所藏宋本及徐元文所藏宋本校订重雕，另有黎庶昌刻《古逸丛书》覆宋本、民国涵芬楼覆印宋刊巾箱本、涵芬楼所藏景宋写本等；略本有曹寅刻《楝亭五种》本、广雅书局重刊明经厂本等。

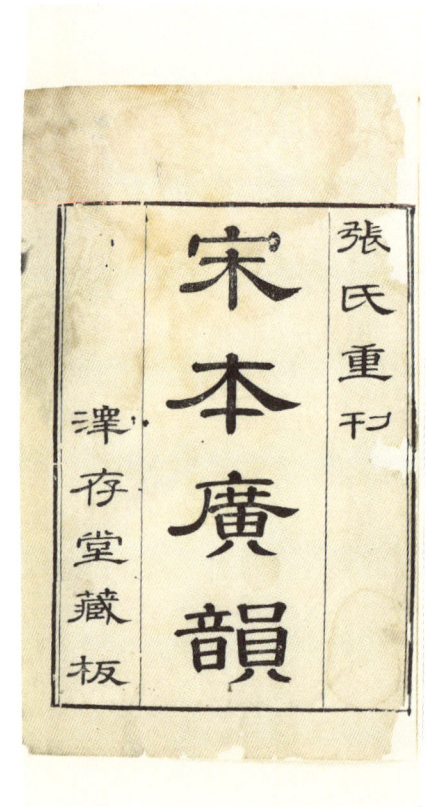

《广韵》五卷之牌记

　　该书清代刻本中，以泽存堂本为最善。张士俊别署查山子、半桥居士、六浮阁主人等，吴县人，生卒仕履皆不详，今仅知其拥厚资、富收藏、喜刻书，与朱彝尊、毛扆等交情甚厚，所刻《广韵》《玉篇》《佩觿》《字鉴》及《群经音辨》合称《泽存堂五种》，计五十五卷，皆据宋本翻刻，以精良著称。其中《群经音辨》附有张士俊跋语，详述刊刻此书经过，以张氏所存史料极稀之故，今摘录其跋于下：

　　"……次年秀水先生复以《群经音辨》七卷相授，云：'此书专辨字音，诸经所读及五方言语，字同音异，子能刊之以传世乎？'予唯唯。复向毛氏借南宋本，秘不宣，即就钞本订之，其传写之谬，了然者正之，疑者摘出之，考诸经传，质之前辈。三年之中，勤校者八。而毛氏另以钞本见示，复得正讹者九十二字，即鸠工镌之；然犹未敢遽出，遍访藏书家，知宋少司马骏业有北宋本，又远在都下。癸巳春，梁溪朱布衣襄为正八字；秋九月游常山，家德纯又正数字；适汪君泰来之潮阳任，遇于常山，予出示之，于后序复正一字；及归，见锡山华氏藏书目，有之，即询之华广文希闵，乃旧钞本，假之，再校一过，得正三十八字。家上舍云章又读一过云：可称善矣。呜呼，俊常叹好古之不易，憾秀水之长逝，不及见此书之复行，然修文之暇，必含笑于玉楼。因述其始末以志不忘云尔。康熙甲午上巳识于水周林半桥居士张士俊。"

　　由此跋语可知，张士俊为刻一书，费时十六载，再三校改不厌其繁，自明至清初，刻书者如此精研者极其稀见，其所刻《泽存堂五种》为后世称为善本，此"善"字可谓来之不易。是故叶德辉评价纳兰性德、曹寅与张士俊三人所刻之书时，称曹寅所刻固然胜于纳兰性德甚多，然远不如张士俊《泽存堂五种》之摹仿宋刻，极肖极精。

　　可以想像以朱彝尊为师，以毛扆、潘耒等文献大家为友的张士俊，于清初藏书界内应该极具名气，却不明何以在不足百年之内，以极快的速度被人淡忘，连邑志都不曾提到此人。至嘉道时期，黄丕烈于宋本《战国策》上见到泽存堂藏书印，尚云"不知何人"。以黄丕烈此等熟知书界掌故者，尚不敢肯定泽存堂即张士俊，可见张氏被世事纷纭湮没之深。

　　然而张士俊毕竟只是藏书家及刻书家，并非校雠家，故其所刻《广韵》在后世校雠家们看来褒贬不一，有人甚至认为张氏所刻虽然号称影刻，然而删改颇多，已非宋本原貌。王大隆在校是书后跋曰："不知张氏刻书好为点窜，如《玉篇》，如《群经音辨》，以旧本勘之，往往失真，非独《广韵》也。"影刻宋元古籍，固应

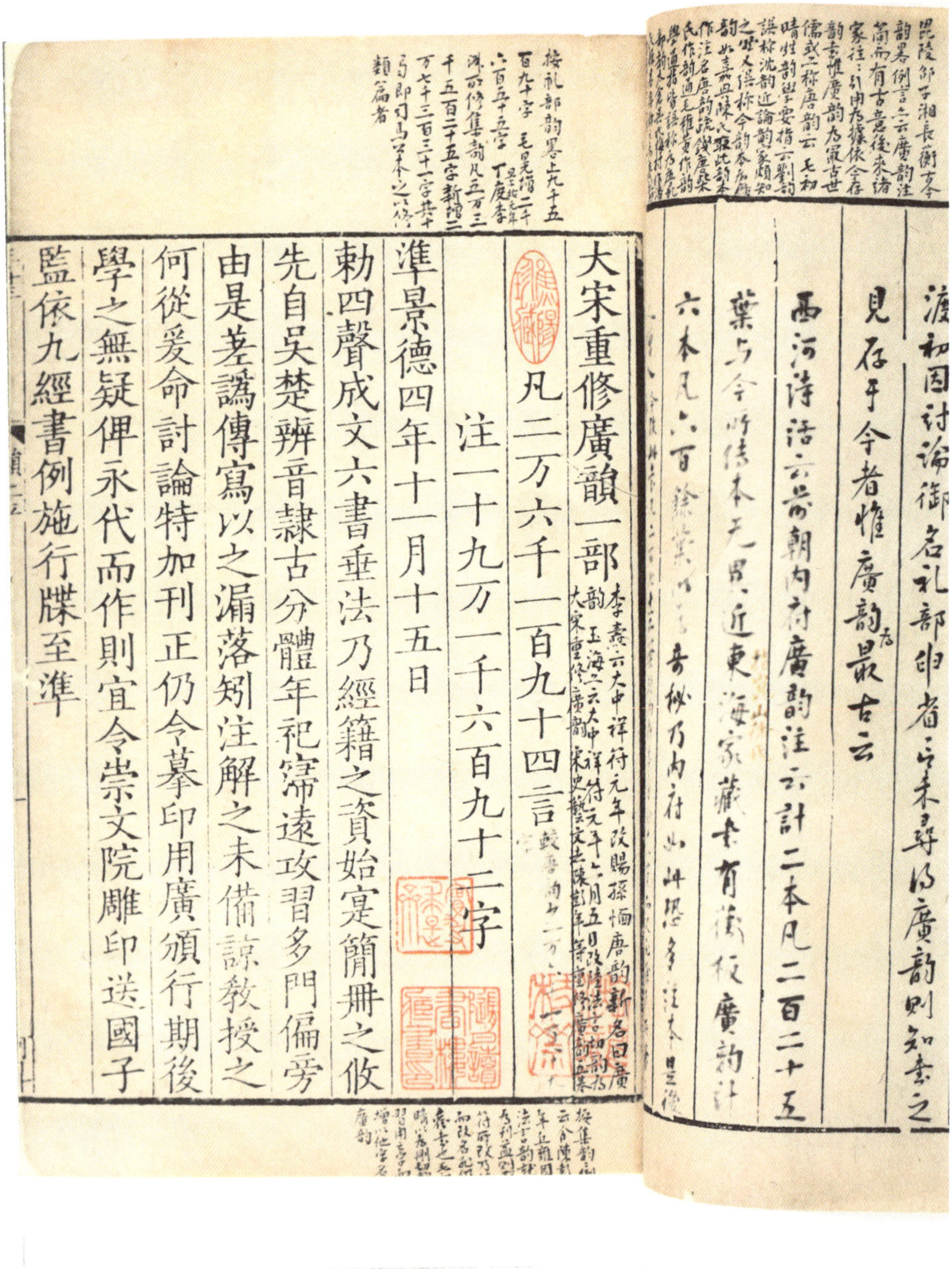

大宋重修廣韻一部

凡二万六千一百九十四言

注一十九万一千六百九十二字

準景德四年十一月十五日

勅四聲成文六書垂法乃經籍之資始寔簡冊之收

先自吳楚辨音隸古分體年祀寖遠攻習多門偏旁

由是差譌傳寫以之漏落剠注解之未備諒教授之

何從爰命討論特加刊正仍令摹印廣頒行期後

學之無疑俾永代而作則宜令崇文院雕印送國子

監依九經書例施行牒至準

《广韵》五卷之卷首

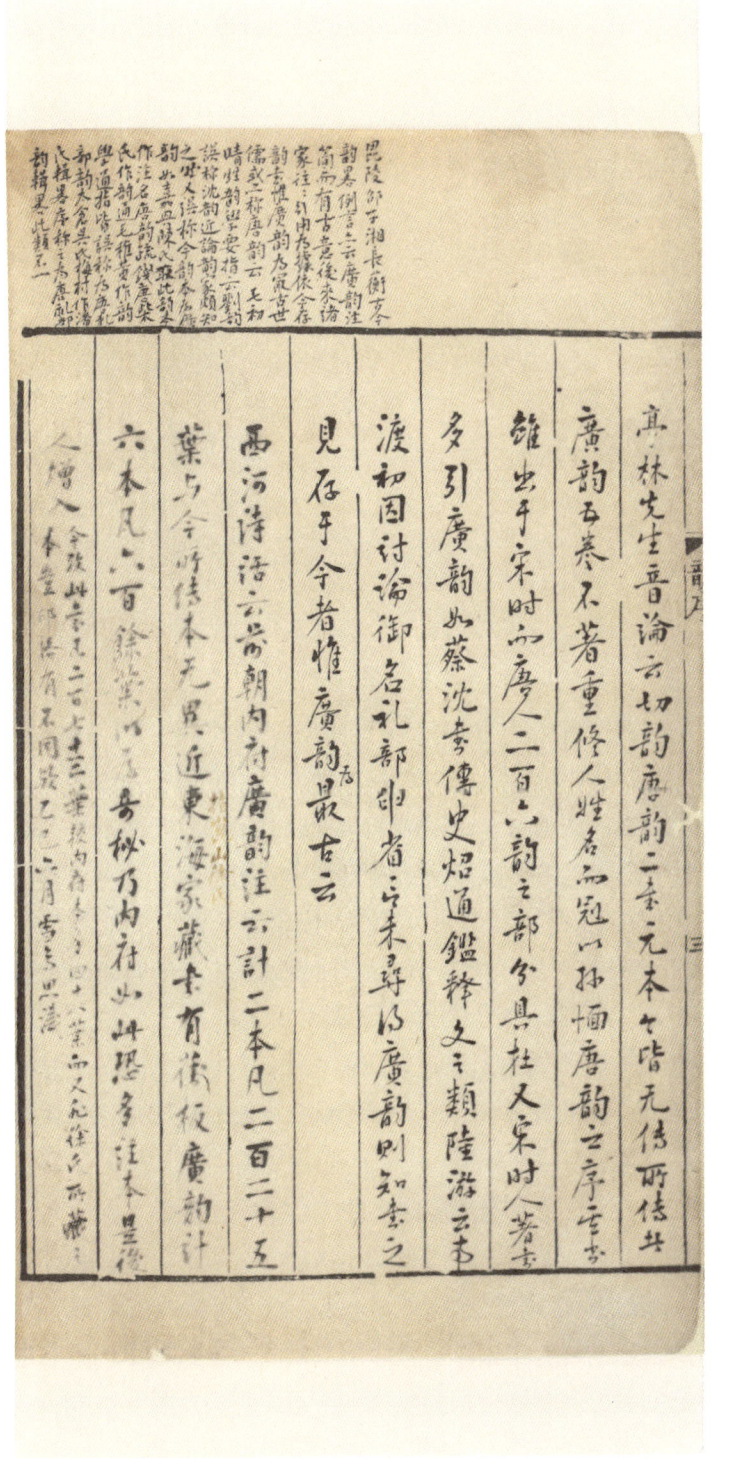

《广韵》五卷之批校

以形神俱肖者为上，然遇上宋元旧本亦有错讹时，当依原样，还是改讹为正，则莫衷一是。

光绪年间，杨守敬随黎庶昌赴日本，访到原为寺田望南所藏之北宋本《广韵》五卷，此即张士俊泽存堂刊本《广韵》所据底本之一，藏于町田久成架上。杨守敬欲购未得，黎庶昌欲假而重刻，町田亦不肯出。后来喜爱镌刻的町田久成见到杨守敬所藏《汉印谱》数种，垂涎不已，始商议换书。

得此书后，杨守敬与黎庶昌商议将此书刻入《古逸丛书》，然而此北宋刊本亦有错讹，张士俊依此刊本影刻时，虽经精心校改，仍有宋本不误而以为误以及宋本有误却未校出者，即后世校雠家所

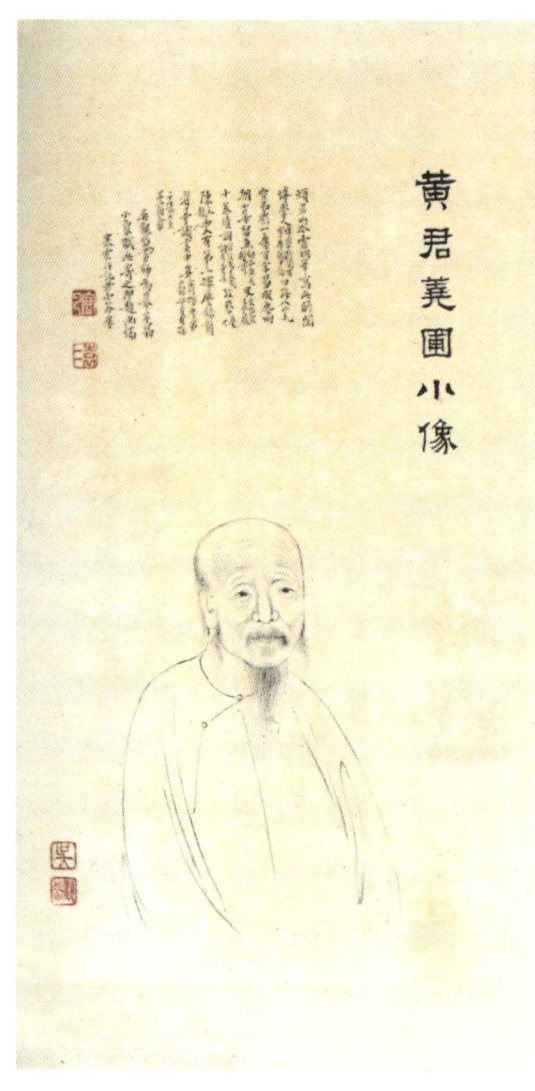

黄丕烈

郑文焯

诟病者。彼时杨守敬建议刻此书时尽从北宋刊本，明知其误亦不改，以明张氏校刻之功过，黎庶昌却定要依张氏校改为准，最后商议结果为依照黎庶昌之意执行。嗣后杨守敬记此事曰："《古逸丛书》皆守敬一手审定，唯此书及《老子》是黎公使据余校本自为《札记》，然往往有当存疑而径改者"。

（二）

寒斋所藏泽存堂《广韵》五卷后有李宏信、费念慈、郑文焯三人题识，其中李宏信朱笔跋曰："乙亥五月逭暑，寓带城桥船舫巷朱氏南槎，借段茂堂先生校勘本度之。时吴枚庵新移南仓桥，陈硕夫自段氏归南园，朝夕相从，通书亦广，致足乐也。廿三日柯溪识。"以及"乙亥五月廿一日上午借茂堂先生本度。信记"。费念

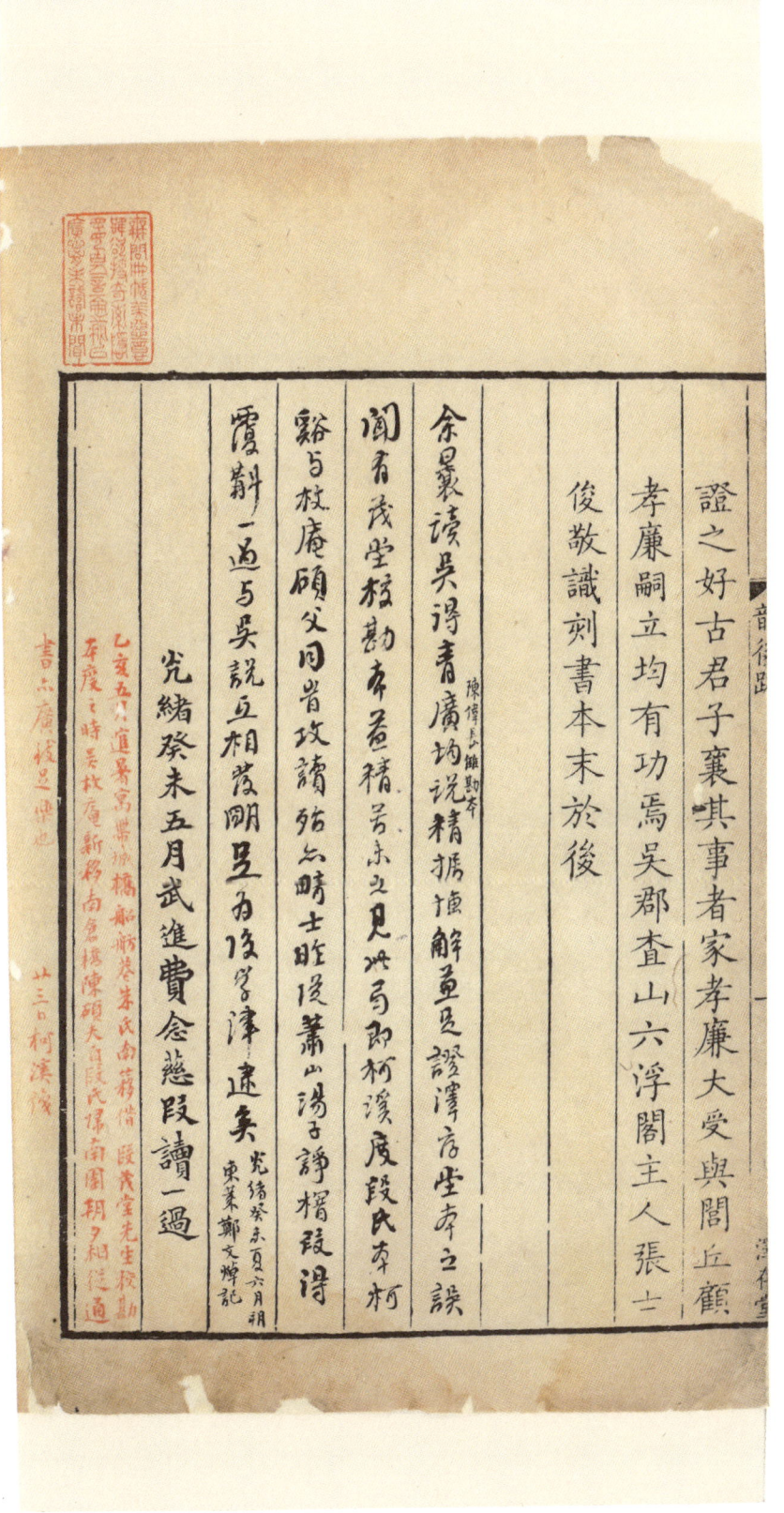

《广韵》五卷之费念慈、李柯溪题跋

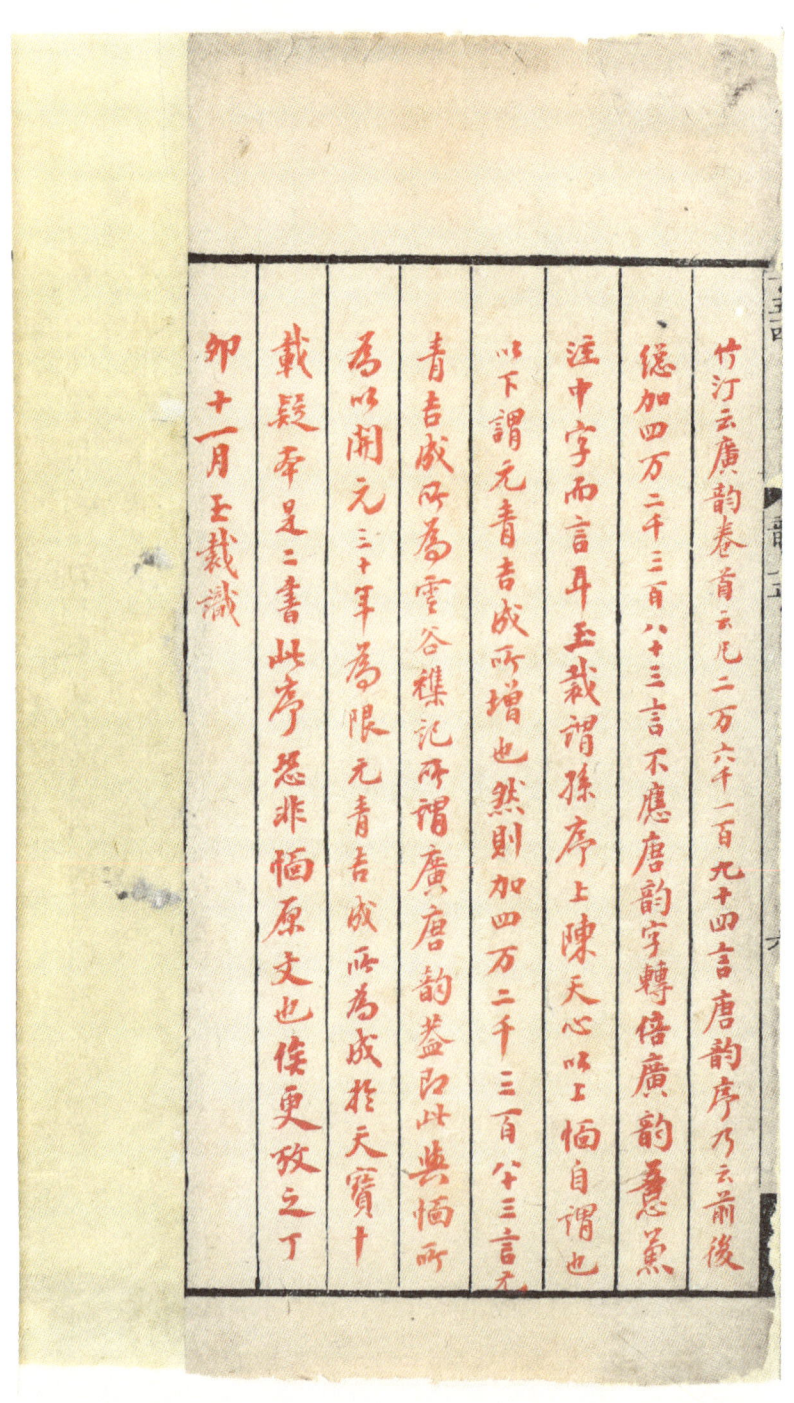

竹汀云廣韻卷首云尼二万六千一百九十四言唐韻序乃云前後

總加四万二千三百八十三言不應唐韻字轉偕廣韻意蕙薫

汪中字而言尹玉裁謂孫序上陳天心以上惝自謂也

以下謂无青吉成所增也然則加四万二千三百公三言无

青吉成兩為雲谷樵記所謂廣唐韻益陽此與惝所

為以開元三十年為限无青吉成兩為成指天寶十

戴疑本是二書此序恐非惝原文也俟更改之丁

卯十一月玉裁識

《广韵》五卷之李宏信过录段玉裁跋

慈墨笔尾题："光绪癸未五月武进费念慈假读一过"。郑文焯墨笔跋曰："余曩读吴得青《广韵说》（陈伟长雠校本）精据博解，并足证泽存堂本之误。闻有茂堂校勘本益精，苦未之见，此卷即柯溪度段氏本。柯溪与梅庵、硕父同时攻读，殆亦畸士。昨从萧山汤子诤口假得，覆校一过，与吴说互相发明，足为后学津逮矣。光绪癸未夏六月朔东莱郑文焯记。"。

除此三人题识外，该书尚有李宏信朱笔过录段玉裁批校及跋语："竹汀云：《广韵》卷首云凡二万六千一百九十四言，《唐韵序》乃云前后总加四万二千三百八十三言，不应《唐韵》字转倍《广韵》，意兼注中字而言耳。玉裁谓孙序'上陈天心'以上，恒自谓也；以下谓元青、吉成所增也。然则加四万二千三百八十三言，元青、吉成所为。《云谷杂记》所谓《广唐韵》，盖即此欤？恒所为，以开元三十年为限，元青、吉成所为，成于天宝十载。疑本是二书，此序恐非恒原文也。俟更考之。丁卯十一月玉裁识。"段玉裁字若膺，号懋堂，为清代著名经学家，其在小学方面的成就与李善兰之算学、杨守敬之地理学并称为清代三大"绝学"。小学大家于小学名著上之批跋，堪称经典，是故多被后人转录。吾亦曾于多处不同版本之《广韵》书跋上，见到后学者转录段氏批跋，皆认为段氏校语参用群书，时抒心得，无不确当。

以吾藏之本上三人题跋，可知此本递藏有序也，自嘉庆时期的李宏信，至清末费念慈、郑文焯，三人皆藏书大家。然李宏信之名，后世多不传，或因其无著作传世之故。李宏信字柯溪，有小李山房藏书，不亚于祁氏澹生堂也。吾初识柯溪之名乃读《荛圃藏书题识》："萧山李柯溪，侨居吴市，颇收古书。余友吴枚庵与之往还。枚庵云柯溪回家，属其以原本带出，俟其假到时，当更以原本勘之。乙亥端午后一日，复翁记"。又有："柯溪去官业贾，人本粗豪，余虽于枚庵座中一识其面，未敢与订交矣。其所收书，大概为转鬻计，盖萧山有陆姓，豪于财而喜收书。近日能收书者，大半能蓄财者。可慨也夫。戊寅初冬，复翁识。"

此段题记读来甚有趣。复翁不喜柯溪原因有二，一是以其"人本粗豪"故，不敢与之订交；二则以柯溪收书"为转鬻计"，且"能收书者，大半能蓄财者。可慨也夫！"读此段题记，似乎复翁颇不喜收书转鬻者，且暗忖柯溪已因收书而蓄财矣。然此段题记写后大约六年，复翁自己亦开滂喜园书肆，此时再不说收书蓄财之语，而大谈生意经。道光五年（1825），荛圃致信张蓉镜，信中言及宋刻《纂图互注荀子》二十卷。是书原为张家小琅嬛仙馆故物，早年因不得已散出，如今欲向荛圃回购，以承祖志。复翁言当日购书时并不知道此书缺卷，且重年世之好，故未还价，得书之后始知不全，惟自寻元本以抽补并加装潢，又多所费，所以如今再将书卖给张蓉镜，自然需要议价。言语之中，似还暗含"彼时售书，君知不全却故意不说"之意。复翁于信中言：

"此时自须议价。继思年世之好依然，而必断断于此，反近市侩之所为。然此时为长孙习业开设书籍铺，则举家之书皆铺中物也。铺中以市道待人，何妨议价乎，且计较多寡矣无已，拟直拾洋，合缗钱每册一六，不为多也。特送上，即希付价与来人。（来人系船户任姓，是老主顾，与之不妨也。）实缘今日乃挂牌吉日，取生意兴隆，得此十金是佳谶也。敢以实情奉告，谅允行矣。外附去元版《通考》一函，实直六洋，留则给直，否则还书可也。《吕衡州集》一时检不出来，容缓日带来一认。诸本中不知何本为旧所归也。上芙川大兄。丕烈启。"

读此信令人一乐，语至挂牌吉日之佳谶，身为年世之好的芙川尚还有何话好说，惟取十金交付来人耳，至于随信附去之《通考》，想必芙川亦不好意思不纳。若论做生意之技巧，以此信观之，复翁绝不输于柯溪。复翁究竟为何不喜柯溪，大概非为柯溪身为书贾之故，因为数年后荛翁自己亦成书贾。以吾度之，多数是佞宋主人有意购柯溪之书，以价昂未成交之故，故复翁于题识中言，"能收书者，大半能蓄财"，若书价不昂，如何蓄财？一如今日有好书入吾眼，而书贾索价甚昂，吾亦恨之也。

若不深究，仅以荛圃题记观之，后人视柯溪无非一书贩耳，此见实误会柯溪深矣！柯溪传世资料虽少，然仅其为桂馥刊刻《札朴》一事，足见其侠襟。柯溪曾以部供事出任云南吏目，在邓州与时任知县之桂馥深交。桂馥精通小学，晚年著有《札朴》十卷，嘉庆九年（1804）柯溪自滇回浙时，桂馥以书稿交付，言滇南无良工以付剞劂，嘱带至江浙间刻之，言罢不久便殁于任上。柯溪因资金缺乏，迟至嘉庆十八年（1813）始延得鲍渌饮校雠，将是书刊刻行世，即今时所见"小李山房校刊"者。是书前有王宗炎、段玉裁、翁广平三人序言，详述是书刊行经过，其中王宗炎称："桂君既殁，宏信不忘平生之言，锓板以广其传"；段玉裁言："未谷是年殁于官，而柯溪乃于十年后解囊刻之，不负郑重相托之意，是真古人之友谊，可以风示末俗者矣"；翁广平之序更是详述其源："（桂馥）以名进士出宰滇南，退食之暇，撰成是编，贫不能付梓，乃以草稿授同寅山阴李柯溪少尹。少尹风雅好古，敦气谊，重然诺，遂出己财，属浙西鲍渌饮先生校刊，时先生年八十余，终日不释丹铅，见此书以为得未曾有，乃潜心雠对，凡五阅月而剞劂奏功。"

斯人已逝十年，《札朴》终于付梓行世，不因付托之人辞世而失信，柯溪之义，足为今世之鉴。《荛圃藏书题识》中两段题记，前后相隔三年，以三年之期而不能了解一人，可谓识书者未必识人，而识人者亦未必识书矣。

岛田翰、董康、黄绍箕、田吴炤题记本《司马太师温国文正公传家集》八十卷

《司马太师温国文正公传家集》八十卷 （宋）司马光撰

明影钞宋本 岛田翰、董康、黄绍箕、田吴炤题记

竹纸 一函十二册

钤印：筼村岛田氏家藏图书（朱方）、岛田翰读书记（白方）、景伟楼印（白方）、荆州田氏藏书之印、黄绍箕印（白方）、课花盦（朱圆）等

《传家集》又名《司马文正公文集》《温国公集》，为北宋时曾主编《资治通鉴》之司马光所撰，计有赋一卷、诗十四卷、杂文五十六卷、题跋等一卷、策问一卷、志三卷、行状墓表一卷、祭文一卷、其他二卷。是书寒斋藏有三部，分别为明影钞宋本、明万历十五年（1587）司马祉刻本及清乾隆六年（1741）陈弘谋培远堂刻本，其中明影宋钞本上有董康、黄绍箕、田吴炤及岛田翰题跋。

此四者最早于明影钞宋本上题跋者为岛田翰，识于光绪二十六年（1900），内容为："是书出于宋嘉定甲申金华应谦之刊本。若绍兴婺州刻本，则题曰《温国文正司马公文集》。婺州本零本自首卷至卷第十二、十五卷欠失，是为可惜。今收在清国公使李君木斋架上，盖系黄荛圃百宋一

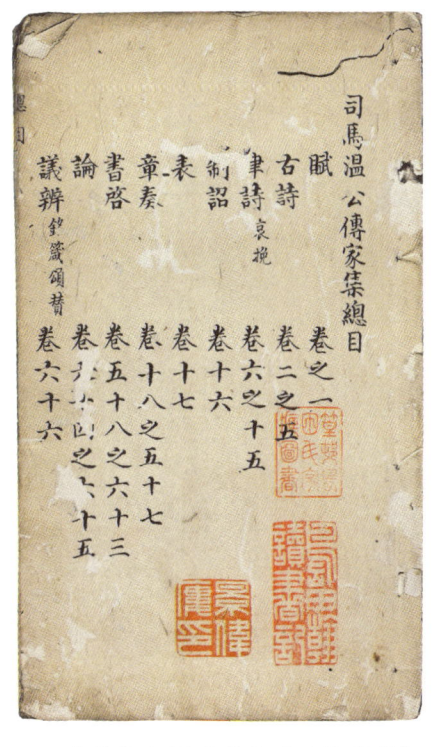

《司马太师温国文正公传家集》
八十卷之目录

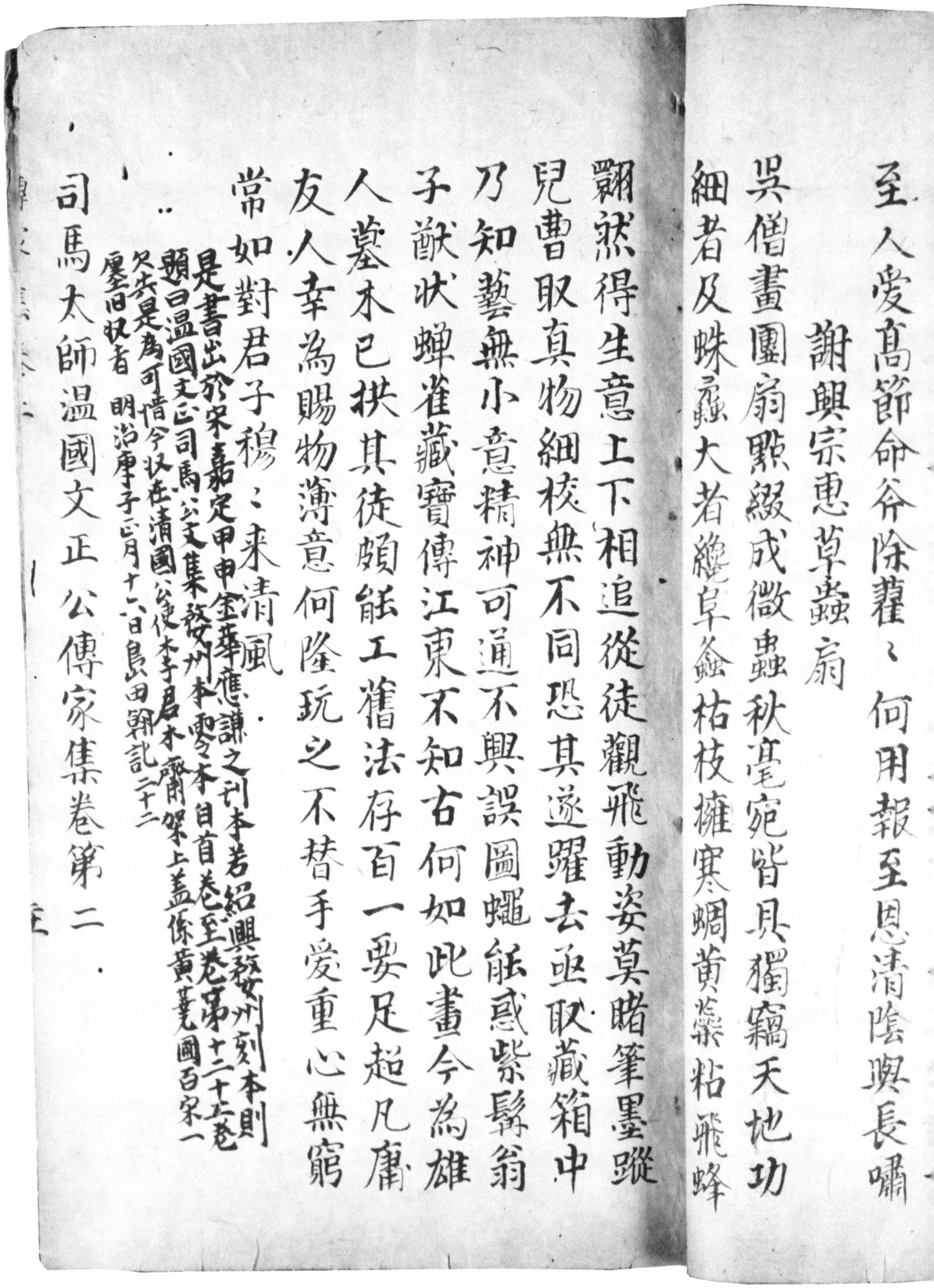

至人愛高節命爾除薙々何用報至恩清陰與長嘯

謝與宗惠草蟲扇

吳僧畫團扇顆綴成微蟲秋毫宛宛皆貝獨竊天地功
細者及蛛蟊大者纔卓錥枯枝擁寒蜩黃蘂粘飛蜂

翾然得生意上下相追從徒觀飛動姿莫睹筆墨蹤
兒曹取真物細校無不同恐其遽躍去巫取藏箱中
乃知藝無小意精神可通不與誤圖蠅艍惑紫髮翁
子獻狀蟬雀藏寶傳江東不知右何如此畫今為雄
人墓木已拱其徒頻艍工舊法存百一要足超凡庸
友人幸為賜物薄意何隆玩之不替手愛重心無窮
常如對君子穆穆來清風

司馬太師溫國文正公傳家集卷第二

是書出於宋嘉定甲申金華應謙之刊本若紹興婺州刻本則
顥曰溫國文正司馬公文集婺州本零本目首卷至卷第十二十五卷
久矣是為可惜今以在清國公使本李昌木齊架上蓋係黃蔑國百家一
墨曰奴者明治庚子三月十六日島田翰記三十二

《司馬太師溫国文正公传家集》八十卷之岛田翰题识

76

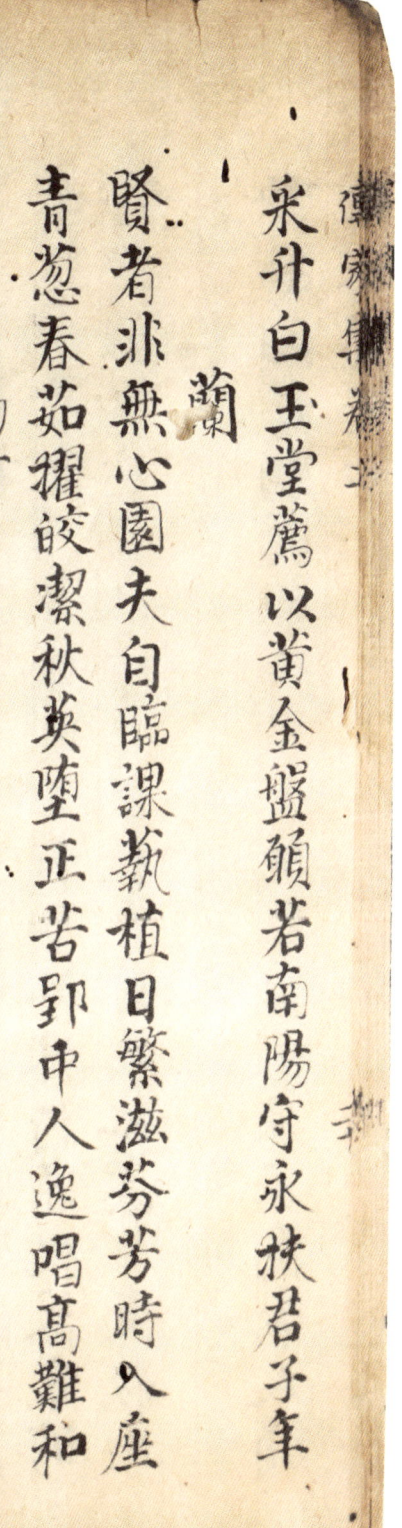

塵旧收者。明治庚子正月十六日岛田翰记。二十二"。其次为黄绍箕及董康，皆题于光绪三十二年（1906）冬，窃思当为彼时一同观书时所记。黄绍箕题曰："丙午冬日黄绍箕获观"，钤有白文"黄绍箕印"。董康题曰："岛田彦桢先生携所藏明钞本《传家集》见示，内'构'字注'太上御名'，盖从宋版景写。今北京厂肆求一万历椠本寥寥如星凤，则此帙更足宝贵矣。丙午冬日晋陵董康识。"钤有朱文"课花盦"圆印。

题识最晚者为田吴炤，宣统元年（1909）识曰："节录岛田翰所著《古文旧书考》，曰：公之集一刻于北宋，题曰《温国文正司马公文集》，淳熙十年正月再刻于泉州公使库，改题《司马太师温国文正公传家集》。嘉定甲申，公裔孙三刻之，而有门生文林郎差充武冈军军学教授陈冠及金华应谦之两跋，并云：公裔孙出泉本重刊，是嘉定时北宋刻本已佚，仅得淳熙泉刻，其寥寥可知矣。是篇则字体遒健，颇有姿态，与秘府《张说之集》相类，而惟明嘉、万文士乃有是风致，然则是明人所钞，亦一拱璧也。而于"构"字则曰'太上御名'，于"慎"字则曰'御名'，乃知其所原确乎是孝宗时刊本。泉州公使库本殆谓此也。且字句异同极精，与今行陈宏谋、刘绳远诸本不同，而与王伯厚《困学纪闻》所引公集字句符，其精审可知也。又可以见泉本是翻雕北宋本也。宣统元年十一月潜山录记"。

由题记可知，是书初归岛田翰所有，1906年冬日出示董康与黄绍箕，后辗转至田吴炤架上。岛田翰（1879－1915），字彦桢，日本著名汉学家，出生于日本汉学世家，其父岛田重礼，号篁村，为明治时期汉学家，曾受聘于东京大学中国哲学科，与竹添进一郎被誉为东京大学之汉学双璧。彦桢自幼喜好古文旧书，有"神童"之誉，1903年协助竹添进一郎完成《左传会笺》时，年

77

仅二十四岁。同年底藏书家德富苏峰斥资购入岛田翰所售家藏古籍后，因欣赏其学识，聘为顾问。1905年3月，岛田翰在苏峰资助下出版其汉文著作《古文旧书考》四卷，对52种日本所藏中国古籍珍本进行版本、源流、校勘诸方面考释，而此《司马太师温国文正公传家集》则著录于卷一《旧钞本考》。

《古文旧书考》一出，岛田翰于藏书界之地位顿时超然，岛田自己对此书亦十分自信："《古文旧书考》一书，私自幸其中所论，发前人未发之秘，决前人未决之疑者，十之六七。圣人复起而不易吾言，可预信于今日也。"是书出版后，德富苏峰特别留出一百五十部分赠公私各处，其中包括中国的杨守敬、张之洞、俞樾等人。当时俞樾已是八旬老人，仍提笔为之作序："余略一浏览，既叹其雠校之精，又叹其所见之富也。……皆吾人所未克寓目者，而先生博考之，而又加以慎思明辨之功，宜其为自来校雠家所莫能及矣。余闻见浅陋，精力衰颓，读先生书，唯有望洋向若而叹已矣。往者，曾文正公尝许余为'真读书人'，余何人斯？敢当斯语？请移此字为先生赠。"除俞樾之序外，该书尚有另一长序，序者即此书题记者之一黄绍箕，其曰："……至于考书册之源流变迁，辨文字之异同得失，表彰幽隐，申畅疑滞，皆确有据依，绝无臆说。……又每校一书，参考诸本，旁及他籍，于我中土校勘家之旧说，订讹补逸，符验灼然，使乾嘉诸老见之，当有入室操戈之叹。……非笃志劬学，好深湛之思，殆未能若斯之盛也。……他日覃精研思，网罗放失，整齐百家，镜学术之源流，定群言之得失，于以轶轨兰台，追踪都水，不难矣。"

黄绍箕（1854-1907）字仲弢，浙江瑞安人，光绪六年（1880）进士，"戊戌变法"失败后，曾冒险通消息予康有为，使康免于难。后遭荣禄所恶，辞官归里，不久又起用为湖北提学使。其人博学能文，精于金石书画，富藏书，曾著《汉书艺文志辑略》，藏书处曰"蓼绥阁"。其人毕生以教育为己任，清廷筹办京师大学堂期间，张元济为总办，黄绍箕为提调，许多计划皆出自其手。1906年仲弢率领各省提学使赴日本考察教育，归来后正欲大展鸿图，却壮志未酬死于任，各省学界闻讯，多有停课以志哀思。

董康与黄绍箕于是书上题记之时，为1906年冬日。是年，董康、黄绍箕、沈曾植等相继赴日考察，岛田翰周旋于众藏书家之间，引介往各处参观日本所藏之珍本古籍。董康于《刻皕宋楼藏书源流考题识》中言："时余卜居小石川，彦桢频来寓所，析疑质难无虚日。秋日相与访书于西京奈良间，纵观古刹旧家之藏，浃旬而返。岁杪回国，彦桢赠影宋钞足本《杨诚斋集》，并约余梓其《旧书考》，别以宋元板若干种相酬，复亲自送至小田原而别。"高野静子《鬼才书志学者岛田翰小传》中曾引黄绍箕题赠岛田翰曰："岛田先生雅鉴：时丙午冬日，将西归，与君同游西京，获见博物馆及藏书家珍籍，因录班孟坚《西都赋》语奉赠。黄绍箕奉并记。"因此二语故，吾猜想彦桢出示《传家集》时，当是董、黄二人同时在场，仲弢写此题赠日，亦是于《传家集》写下"丙午冬日黄绍箕获观"之日也。

今时遥想百余年前之丙午冬日，三人一同观书之时，缃缥牙签触手可爱，董、黄二人断想不到岛田已在暗中联系将皕宋楼藏书运往日本之事。1903年夏，岛田翰初次到访中国，其姐夫当时任教于京师大学堂，担任师范总教习，因此层关系之便，岛田渐与京城学界中人相交，1905年至1906年间，岛田由苏峰资助旅费，又往江浙地区结交藏书名家，拜访藏书楼，皕宋楼之劫由此始矣。岛田于《皕宋楼藏书源流考》中写道："乙巳丙午之交，予因江南之游，始破例数登陆氏皕宋楼，悉发其藏，读之太息。尘封之余，继以狼藉。举凡异日之部居类汇者，用以饱蠹鱼。又叹我邦藏书家未有能及之者，顾使此书在我邦，其补益文献非鲜少。遂怂恿其子纯伯观察树藩，必欲致之我邦。"

皕宋楼藏书东渡之事，早已既成事实，吾等亦无话可说。惟想像丙午冬日三人观书之时，皕宋楼东渡之事正紧锣密鼓，董、黄二人却浑然不知，而作伐者即眼前之人。此番小聚之后数月，皕宋楼藏书永归异域，董

黄绍箕

董康

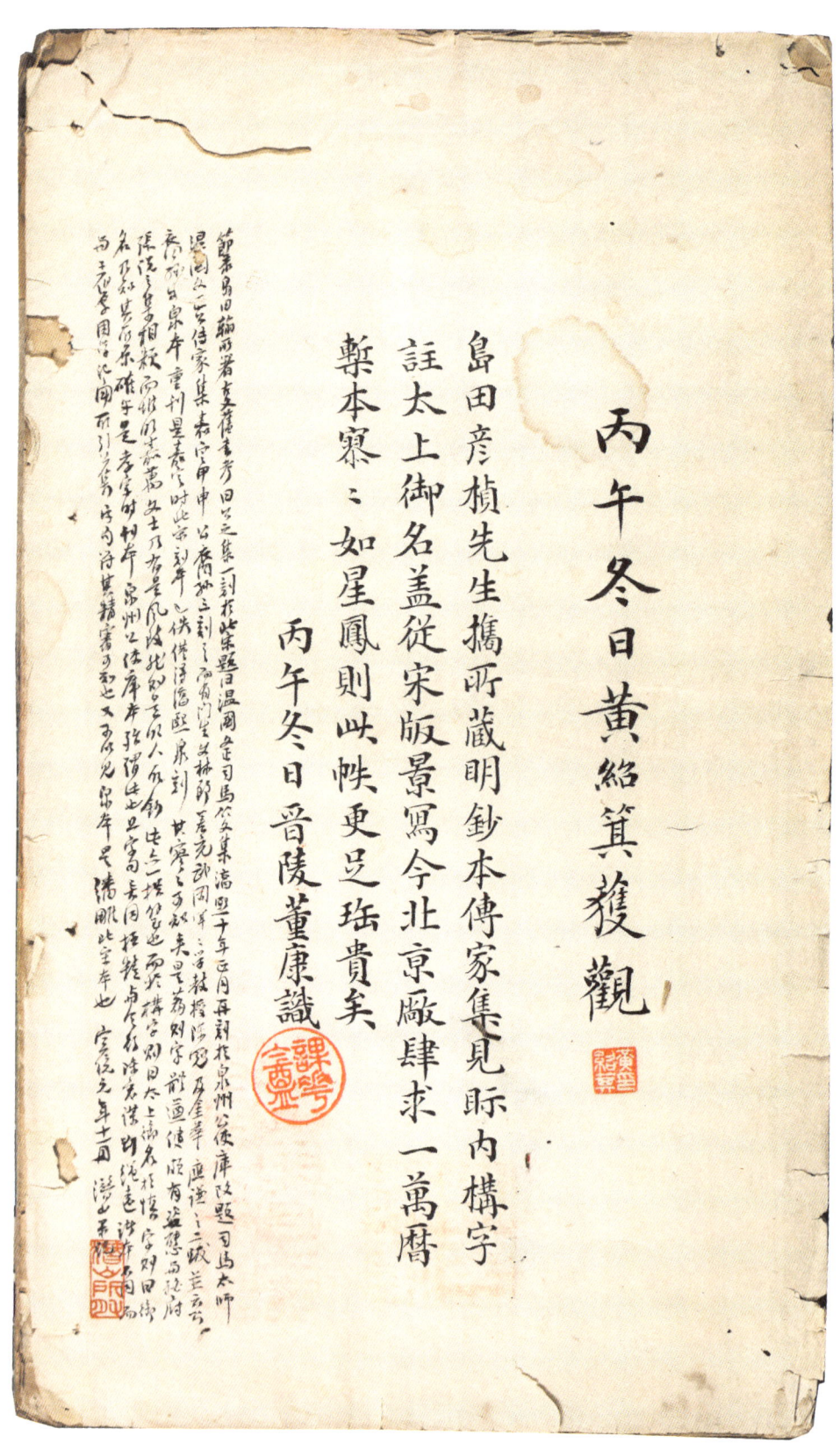

丙午冬日黄绍箕获观

島田彦楨先生攜所藏明鈔本傳家集見眎内構字

註太上御名蓋從宋版景寫今北京廠肆求一萬曆

槧本寮之如星鳳則此帙更足珤貴矣

丙午冬日晉陵董康識

《司马太师温国文正公传家集》八十卷之董康、黄绍箕、田吴炤题识康极其伤感："古芬未坠，异域言归，反不如台城之炬，绛云之烬，魂魄犹得长守故都也。"董康者，亦吾深喜爱之藏书家也，后世评价虽对其莫衷一是，其气度之宏却令吾极其心服。"不如台城之炬、绛云之烬"，此语可见其对斯事痛心之甚，亦可想像其人对岛田此举之恨，然所允之诺不因人而废，丙午冬日曾应承岛田梓其《古文旧书考》一事，最终于民国十六年（1927）年为其刻于藻玉堂，并延梁启超题签，此时岛田已殁十二年矣。

岛田之殁，一如其引书东渡，令人扼腕，才学卓越而不修细行，致书林异种韶华早逝，并且以其死非常之故，日本书界至今仍以为耻，不肯过多提及。1915年5月日本《报知新闻》报道岛田翰参与盗卖称名寺金泽文库书籍文物，再次被刑事起诉一事，至同年7月28日，岛田在得知自己将被拘押之前，于寓所开枪自杀。在此之前，岛田因书犯事，已不下数遭，而其始终不以为戒，最早助其成名的苏峰对此惟叹息不已："翰，篁村老儒二子，弱冠才气焕发，颇通校勘之学，挥翰如飞，用笔代舌，其博辩鸿辞，使人惊服叹服也，但意志薄弱，品性卑下，竟毙非命，可悼夫！"

今时以藏书角度视之，岛田仅为汉学家及版本目录学家，而非藏书家。其父曾对其家藏珍本甚为骄傲："我家藏书之丰无与伦比，能胜于吾家者，或仅足利学校矣。"然父亲刚刚去世，岛田即售书予苏峰，其后彦桢售书之记载于各笔记、信札屡屡可见，称其为书贾亦无不可。然不明为何，其经手如此之多珍本，却始终家境艰难。1914年彦桢写给岩崎信中曰："自仆罢静嘉文库，十年流落，炊烟屡绝，奔走南北，衣食是图，八口一身，悲光血缕，渍于仆之旦暮。"彼时唯衣食是图，案上旧藏或早已别架，如今庋于寒斋之《传家集》料亦彼时散出，而由田吴炤携归吾土。

田吴炤（1870—1926）字小钝，笔名潜山、郎庵等，藏书处曰宋荆州田氏七万五千卷堂、景伟楼、后博古堂，光绪二十三年（1897）入两湖书院，得张之洞、梁鼎芬赏识，次年留学日本成城学校，归来后充任湖北自强学堂教习，后多次前往日本，还曾担任留日学生监督及使署参赞，宣统三年（1911）年任满回国。吾曾于国图经眼田吴炤旧藏，有题跋言其宣统二年（1910）年于京都购书事，彼时以彦桢之窘，散书不足为奇，《传家集》或为潜山此番东渡携归，亦未可知。

今观吾架上《司马太师温国文正公传家集》八十卷，一函十二册，而百余年前诸位先贤音容宛然，吾无法无动于衷。尤其于董康、岛田二君，二者在藏书界之地位无可质疑，而或因家国之变，或因细行未修，多为后人讳及。对此二君，吾每有痛心之感，无论于学术界抑或藏书界，二君皆应获得其应有之地位。

章钰跋《韩内翰香奁集》三卷《韩翰林诗集》一卷

《韩内翰香奁集》三卷《韩翰林诗集》一卷 （唐）韩偓撰
清康熙席氏琴川书屋刻本 章钰批校并跋 竹纸 一
函四册
钤印：式之（朱方）、章式之手校书（白方）、于怀
之印（白方）、莲客（朱方）、于莲客（白圆）、莲客身
外物等

    是书名《韩内翰香奁集》，然是否
确为韩偓所作，自宋以来素有争议。韩偓
（842—923年）字致尧，一字致光，小字冬
郎，号玉山樵人，京兆万年（今陕西西安）
人，唐昭宗龙纪元年（889）进士，累迁至
谏议大夫、翰林学士，后因忤触权臣朱温，
被贬为濮州司马，再贬荣懿尉，后弃官南
下，流寓长沙、醴陵。朱温弑昭宗后，唐名
存实亡，自此韩偓写诗作文，只记甲子不书
年号。其人少有才华，十岁时在为姨父李商
隐饯行宴上即席赋诗，语惊四座。李商隐
《韩冬郎即席为诗相送因成二绝》即为韩偓
而作："十岁裁诗走马成，冷灰残烛动离
情。桐花万里丹山路，雏凤清于老凤声。"
    沈括《梦溪笔谈》载，和凝（898—
955）亦有《香奁集》，其词颇艳。凝后显
贵，既欲讳其名又欲使后人知其作，遂嫁

章　钰

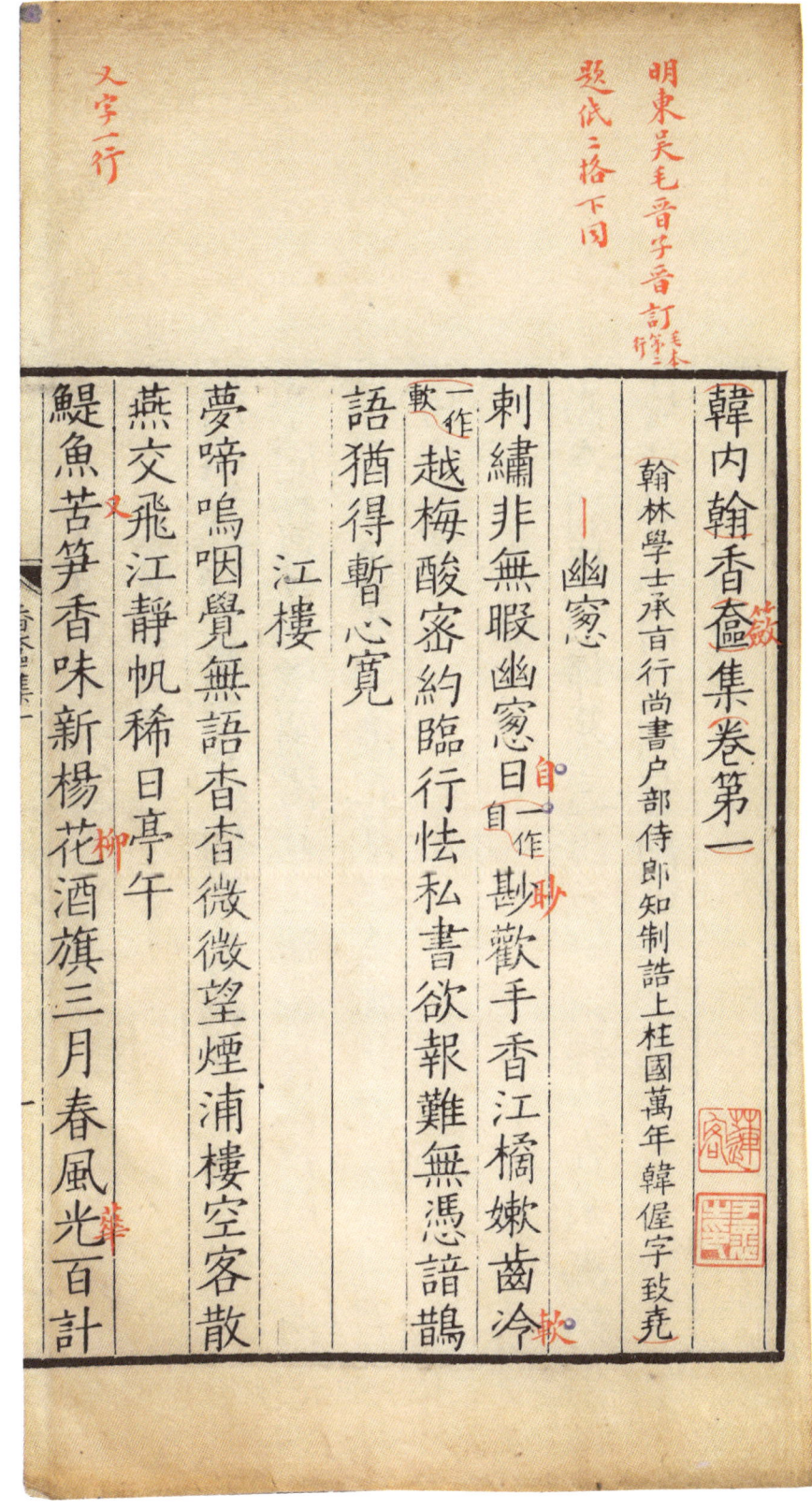

韓內翰香奩集卷第一

翰林學士承旨行尚書戶部侍郎知制誥上柱國萬年韓偓字致堯

一 幽窻

刺繡非無暇幽窻日〔自一作羞〕勘歡手香江橘嫩齒冷〔軟〕

〔一作軟〕越梅酸密約臨行怯私書欲報難無憑誚鵲

語猶得暫心寬

江樓

夢啼鳴咽覺無語杳微微望煙浦樓空客散

燕交飛〔又〕江靜帆稀日亭午〔柳〕

鰮魚苦笋香味新楊花〔華〕酒旗三月春風光百計

名韩偓，其为己作《游艺集》作序曰："予有《香奁》《籝金》二集不行于世。"沈括认为和氏是故意在《游艺集》序中留下蛛丝马迹，以便后人追寻，复言曾于秀州亲见和氏后人家中藏有这几部书，可见《香奁集》确为和凝所作。《四库简明目录》则指《香奁集》为韩偓游戏之笔，故不著录。除此二说之外，亦有和凝、韩偓二人皆有《香奁集》，日久混为一谈之说。

吾所藏本为清代席氏琴川书屋刻本，卷末牌记为"东山席氏悉从宋本刊于琴川书屋"。琴川书屋为康熙间吴县洞庭山人席启寓室名，除《香奁集》外，还刊刻过《十三经》《十七史》《唐人百家诗》及陆陇其《三鱼堂文集》等。康熙四十三年（1704），玄烨南巡曾驻跸其家，席启寓进呈新雕之《唐人百家诗》，康熙甚喜，奖勉有加。

此本有清末民国学者章钰（1865—1937）题识两篇，一为朱笔，写于民国二年（1913）年九月；另一为蓝笔，写于同年十一月，内容皆为考证《香奁集》版本。蓝笔题识曰："校毛本后，从傅沅叔许又见一旧写分体本，经何梦华藏过，亦分两集，一题《玉山樵人集》，无《翰林集》旧名，一题《玉山樵人香奁集》，而附于后，前有传略，未审何出。复加比勘，字有异同，悉注字侧，与毛合者，则加圆围识之，篇目出入注明两目之下。写本固有失录之篇，而有逸诗四首，为席、毛二刻所无。照录卷后。沅叔云南中尚有宋本，当设法借校也。十一月十四日。"

章钰（1865—1937），字坚孟，别署蛰存，晚号霜根老人，江苏长洲人，光绪进士，曾任京师图书馆编修。言及章钰，于吾印象至深者有二：一为其室名"四当斋"，缘自南宋时期江苏大藏书家尤袤之书癖："饥读之以当肉，寒读之以当裘，孤寂而读之以当友朋，幽忧而读之以当金石琴瑟"；二则为其藏书至十二箧时，在箧面标以"得此书，费辛苦，后之人，其鉴我"，正好每箧一字。此十二字原是嘉庆年间向山阁陈仲鱼之藏书印文，章钰因早年家贫，得书不易，故深知个中辛苦。而吾自购得首部线装书，三十年来亦每叹得书辛苦，个中滋味难以为道。

日前再读叶景葵《卷盦书跋》，看到有关章钰之旧事数则，以前未为留意，今番对其手迹再读，颇生感慨。民国二十五年（1936）初冬，卷盦入京访章钰于病榻，时霜根老人于榻前出示手定《四当斋集》，卷盦言愿出资依照原稿付之影印，霜根老人谦逊而止，谓此稿仅可存之家塾，岂堪问世。当时卷盦只好安慰："姑迟数年，俟续有选定，一并付刊尤佳。"孰料次年春再入京，霜根老人已病情转深，问疾七八次之后，已言语模糊，"阅数日即骑鲸西逝"。

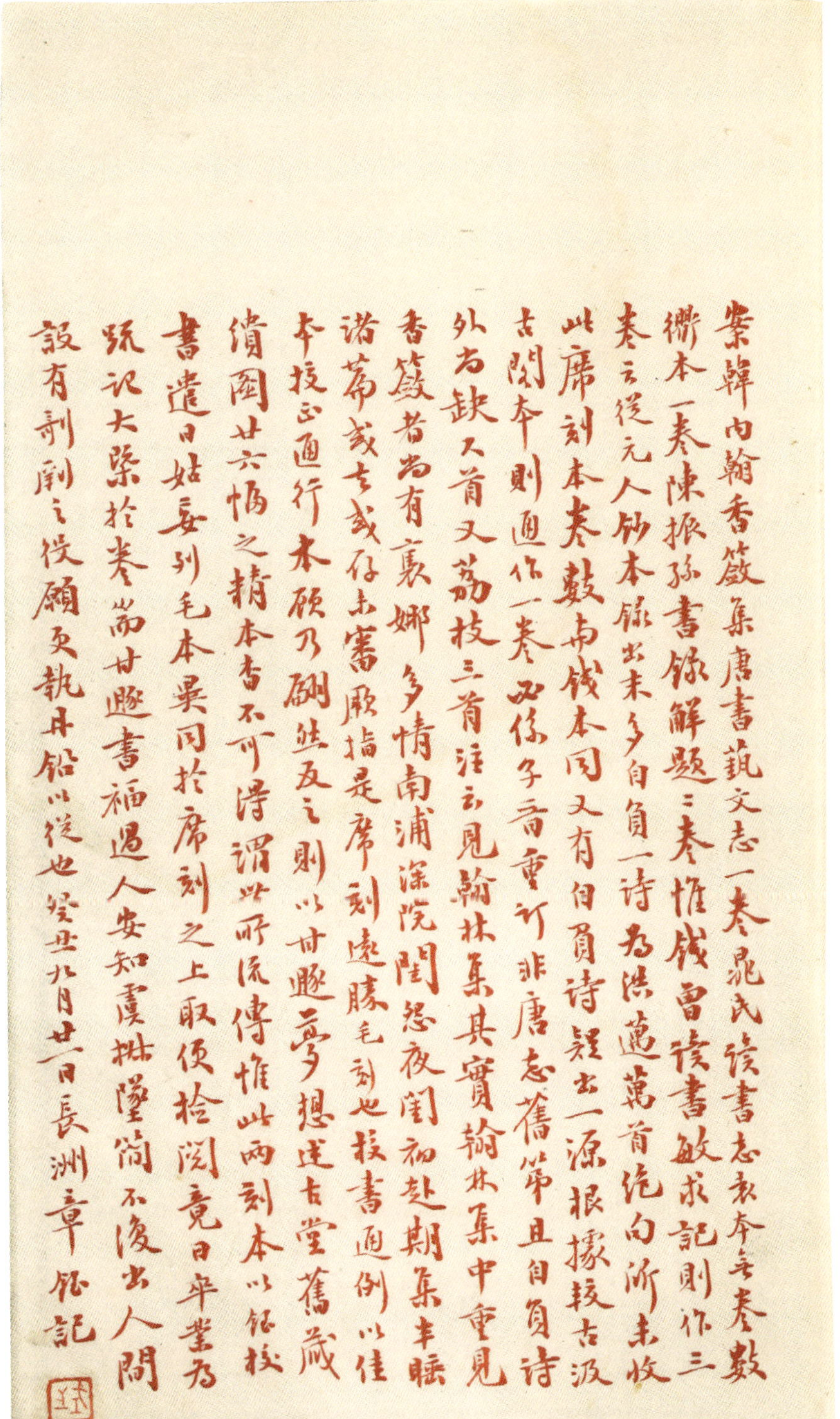

案韓內翰香籨集唐書藝文志一卷晁氏後書志敦本云卷數
衢本一卷陳振孫書錄解題三卷惟錢曾後書敏求記則作三
卷云從元人鈔本錄出未多自負一詩為洪邁蒐首絕句浙未收
此集刻本卷數與錢本同又有自負詩疑出一源根據眞古汲
古閣本則通作一卷四庫子書重訂非唐志舊第且自負詩
外右缺入首又荔枝三首注云見翰林集其實翰林集中重見
香籨者尚有襄娜多情南浦深院閣怨閨初趁期集丰睡
諸篇或去或存未審顧指是席刻遠縢毛刻也按書通例以佳
本校正通行本顧乃刪然及之則以甘邈夢想迷古堂舊藏
儅閣廿六幀之精本香不可浮謂此昕流傳惟此兩刻本以鈺校
書遣日姑妄列毛本晏同於席刻之上取便拾閱竟日平蕫為
玩況大榮於卷尚甘邈書福過人安知覆摳墜簡不後出人間
設有剗剧之俟顧炙執丹鉛以從也癸丑九日廿一日長洲章鈺記
[印章]

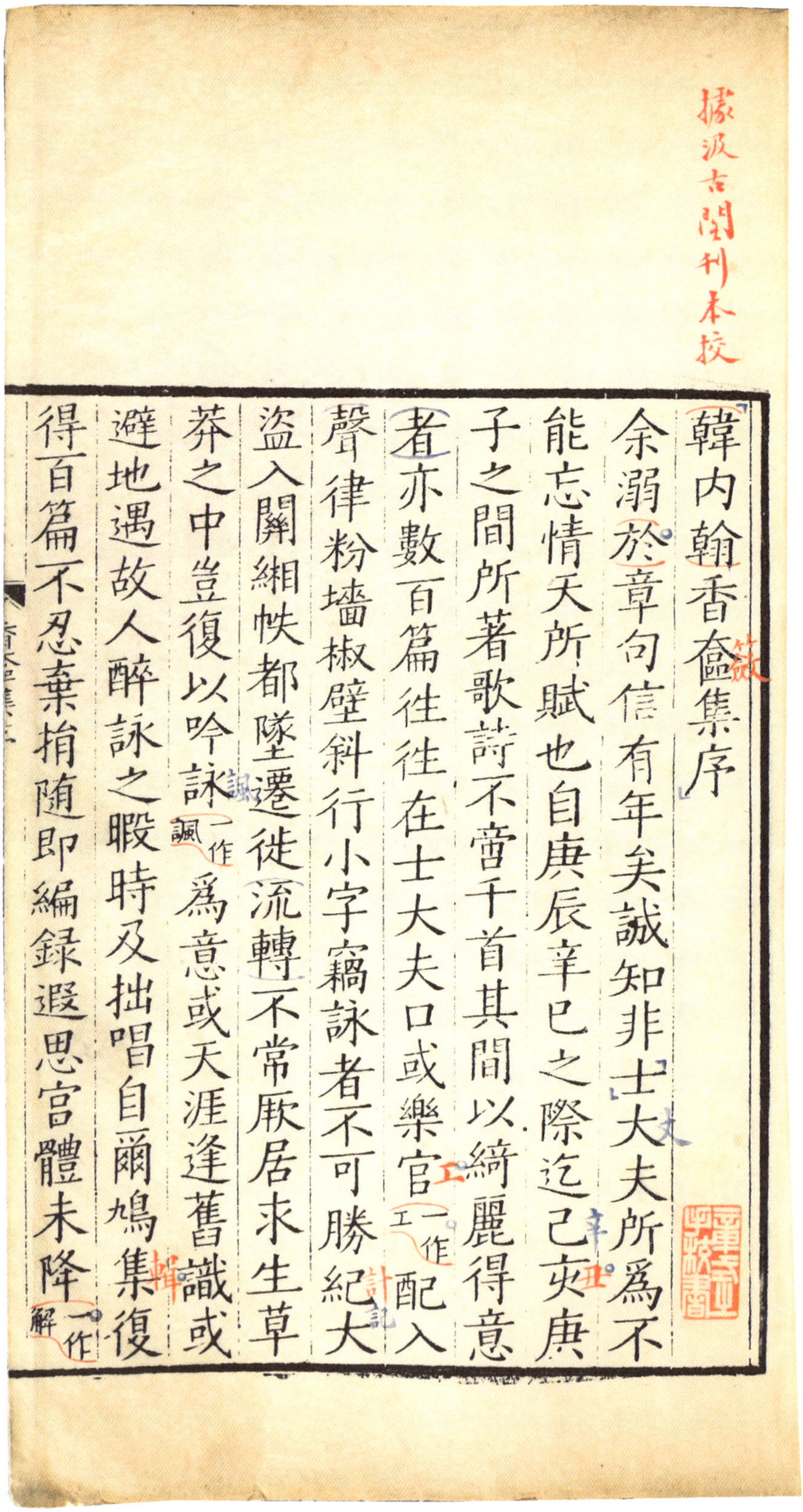

韓內翰香奩集序

余溺於章句信有年矣誠知非士大夫所爲不
能忘情天所賦也自庚辰辛巳之際迄己亥庚
子之間所著歌詩不啻千首其間以綺麗得意
者亦數百篇往往在士大夫口或樂官配入
聲律粉墻椒壁斜行小字竊詠者不可勝紀大
盜入關緗帙都墜遷徙流轉不常厭居求生草
芥之中豈復以吟詠爲意或天涯逢舊識或
避地遇故人醉詠之暇時及拙唱自爾鳩集復
得百篇不忍棄捐隨即編錄遐思宮體未降

　　"骑鲸西逝"乍入眼帘，颇觉触目。霜根老人室名除"四当斋"外，尚有"算鹤量鲸室"，未知此室名之出处及典故，但想来彼时"量鲸"，绝非为他日"骑鲸"而备。读罢《卷盒书跋》，复视《韩内翰香奁集》卷末，四当斋主手迹斑斑，且录其所录逸诗四首于下，以志长思：

访明公大德

寸发如霜袒右肩，倚肩节杖貌怡然。
悬灯深屋夜分坐，移榻向阳斋后眠。
刮膜且扬三毒喻，摄心徐指二宗禅。
清凉药分能如味，各自胸中有醴泉。

大酺乐

泪滴珠难尽，容殊玉易销。
傥随明月去，莫道梦魂遥。

思归乐

晚日催弦管，春风入绮罗。
杏花如有意，偏落舞衫多。

寄禅师

从无入有云峰聚，已有还无电火销。
销聚本来皆是幻，世间闲口漫嚣嚣。

王闿运、谭宗浚、史念祖跋稿本《成山庐稿》七卷

《成山庐稿》七卷　（清）唐炯撰

　　清唐炯稿本　谭宗浚、史念祖、王闿运批校，齐之彪题签　蓝格稿纸　一函二册

　　钤印：秋草（朱方）、景苏堂藏（白方）、齐之彪（白方）

　　临架翻细缥，见稿本《成山庐稿》一函两册，前后有谭宗浚、王闿运、史念祖三人题跋，封面签条为"愚姪齐之彪敬署"。是书作者唐炯（1839—1909）字鄂生，晚号成山老人，室名成山庐，道光二十九年（1849）举人，著有《援黔录》《四川官运盐案类编》及《成山庐稿》，寒斋所藏即《成山庐稿》之原稿。是书上下两册，上册蓝格，下册墨格，均系棉纸，为唐炯于成都养病期间所辑，共收古今体诗六百三十五首。此稿本前后及卷中处处皆见题识，为王闿运、谭宗浚、史念祖手迹。

　　唐炯一生如坐过山车，几擢几罢，最后一次几乎问斩，然每次皆化险为夷，杖朝之年尚加太子少保衔，冥冥中似有庇佑。其二十岁中举后并无官职，约二十八岁始捐资知县赴四川，署理南溪期间，因抗匪平判有

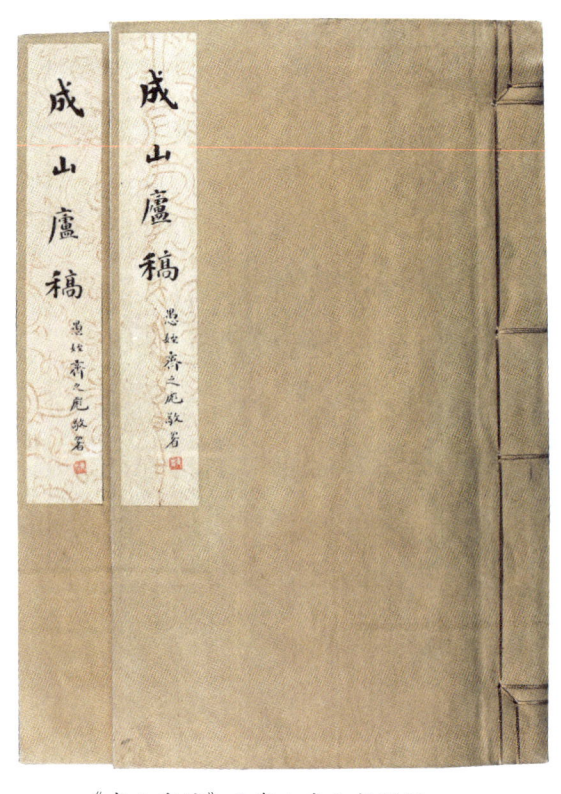

《成山庐稿》七卷之齐之彪题签

唐　炯

王闿运

功，升为绵州知府。不久后绵州亦被叛军所困，之后虽由骆秉章率领湘军解围，但因无钱犒赏湘军，被骆秉章上奏弹劾而罢官。然仅隔数月，唐炯再次受命统兵与石达开接仗，得胜，数年后又赴陕西协助抗击捻军，又数年，炯率川军被派往贵州北部镇压苗民起义，捷报频传，获赐巴图鲁之号，然复因得罪小人而遭弹劾。

光绪三年（1877），时任四川总督之丁宝桢召其重返官场，改革四川盐政，废除少数盐商专卖制度，税收由此大增。五年后经张之洞奏荐，唐炯被擢升为云南布政使，时值法国入侵越南北部，其受命协助总督岑毓英加强防务。中法战争开打，其受命赴开化防守，孰料途中闻知将议和，未到开化即打道回府，致朝廷大怒，判斩监候。然三年过后，唐炯复得赦，受命戍云南，次年赏巡抚，负责督办矿务。惟经营十五年，成绩甚微，为时论所讥，遂辞归。

以上唐炯之生平，吾由众史料、笔记中哀集而出，或有出入，然其一生处处曲径通幽、时时柳暗花明则无疑。列传通常言其大，笔记则录其微，吾于查找唐炯资料过程中，读官场实录之余，亦频见趣事点缀其中。如其与石达开一役中，鄂生与两名同僚迫于军令，不得不向太平军开战，然皆不敢从正面进攻，只好以拈阄决定。拈阄打仗，真可谓千古奇谈。好在这一役终究是得胜，否则后面的药店无法开

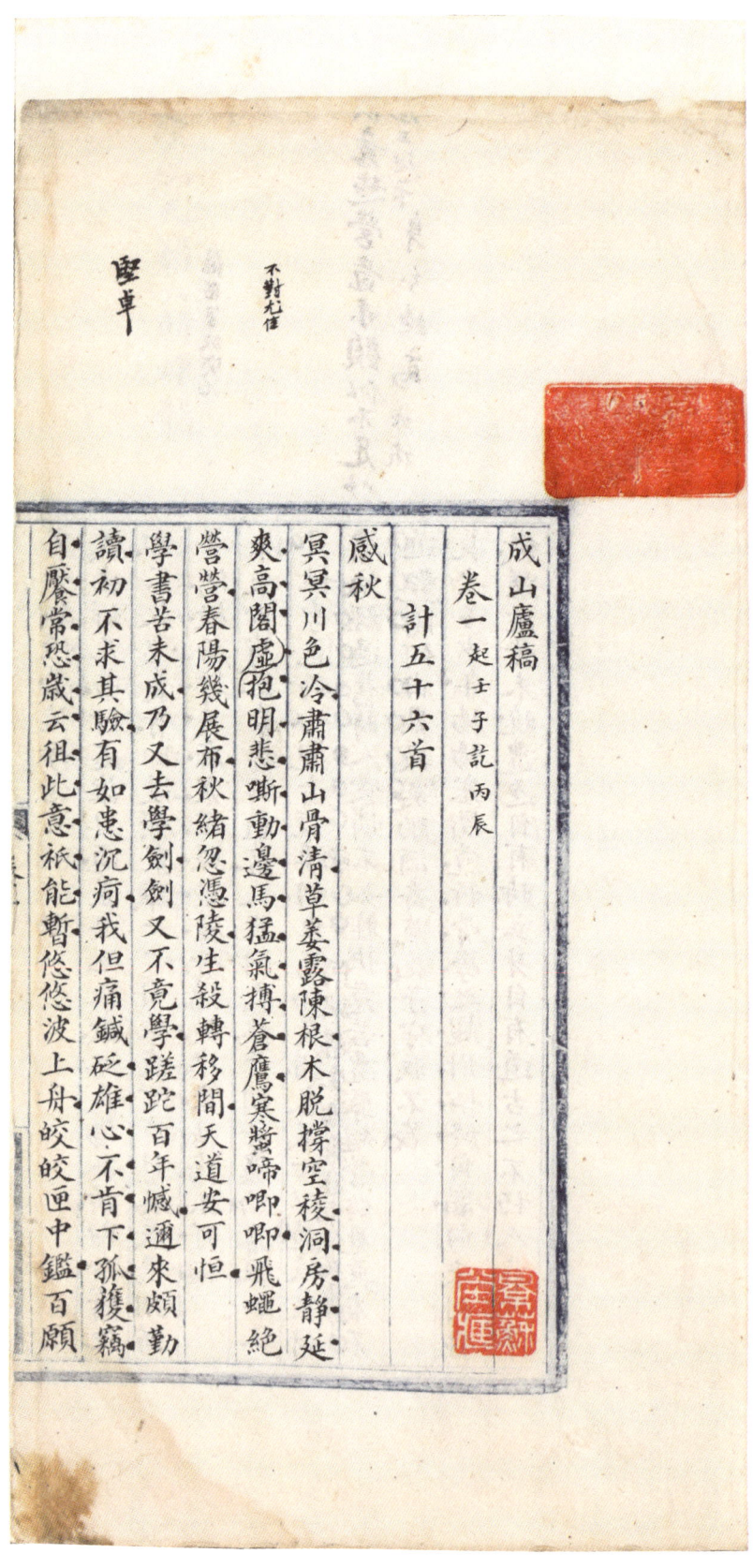

不對先隹

堅卓

成山廬稿

卷一 起壬子訖丙辰

計五十六首

感秋

冥冥川色冷蕭蕭山骨清草姜露陳根木脫撐空稜洞房靜延
爽高閣虛抱明悲嘶動邊馬猛氣搏蒼鷹寒蟄啼唧唧飛蠅絕
營營春陽幾展布秋緒忽憑陵生殺轉移間天道安可恒
學書苦未成乃又去學劍又不竟學蹉跎百年憾通來頗勤
讀初不求其驗有如患沉疴我但痛鍼砭雄心不肯下孤獲竊
自歲常恐歲云祖此意祇能暫悠悠波上舟皎皎匣中鑑百顧

《成山廬稿》之卷首

张。唐炯督办云南矿务期间，政绩虽微，副业却极成功，光绪十四年，鄂生与知县于德楷合资开办同济堂药店，如今百余年过去，云南矿务早已与其无任何关联，贵阳同济堂却成为至今尚存的百年老店。

于《成山庐稿》上题识之王闿运、谭宗浚、史念祖皆为鄂生同时代人。除随处可见之简单批语外，尚有谭宗浚于卷首题识云："大著取径于韩、苏，刻苦坚苍，峭拔生硬。于近贤甜俗风气中得见此等体格，如啾啾百鸟群忽见孤凤凰矣。间有一二率意之作，辄以鄙见妄为删汰，此正犹丁敬礼之定陈思文字，或常不罪其狂僭也。光绪五年己卯十一月既望，南海谭宗浚读。"王闿运于卷尾题识云："刊落浮华，自然坚卓，运精力以回复，探杜韩之实际。于近代作者宜不屑较工拙矣。惟使笔间伤直，致或有词意俱尽之弊，标其瑜则瑕见，当许我为启予。乙丑日夕当西窗更题。闿运。"旁边钤有朱文小印："秋草"。史念祖于卷中眉批曰："东坡入狱诗仅于哀迫，未敢畅言。明末诸忠间有传作，亦复不多。惟国初钱牧斋狱中三十律，称引赡富，惜才多掩意，情致转减，视此四十八首，激昂沉痛，悉出至诚，真伪判然矣。且钱诗多引不祥掌故，尝疑后来补作以示旷达，当时未必肯言，即此亦可见人品之不同矣。念祖。"

此三者不仅皆为有趣之人，其趣乃甚唐炯多矣，趣中之趣者当数王闿运，其之周妈以佣妇之老身得大宠幸，运筹红绡帐内，操纵清史馆中，而湘绮先生自得此妇后，睡非周妈不香，饭非周妈不饱，头上小辫非周妈侍弄不爽。周妈亦坦然受宠，随君赴宴，任湘绮先生为之布菜，出入京城随身携湘绮亲笔所书名片：王氏侍佣周妈。除周妈外，湘绮之奇事多不胜数，其女遇人不淑，写信哭诉，湘绮于信旁批道："有婿如此，不如为娼。"此等言语，恐唯湘绮先生能为之。

谭宗浚之趣事与唐炯开药店有异曲同工之妙。宗浚字叔裕，性好游，谙掌故，喜蓄书，著有《辽史记事本末》《晋书注》《两汉引经考》等，尝言："余又以能文章负声誉，为大官所麟蚙，俾不得潜心载籍。吾之负书耶？书之负吾耶？天下莫秽于聚财，莫雅于聚书，然而今之大官聚财得其利，余以聚书受其害，不至于率天下以牟利而不读书不止也。"谭宗浚曾于同治十三年（1874）得中榜眼，然而令其传名至今者，非为锦绣文章，而是由其所创之"谭家菜"。其一生嗜书之余，酷爱珍馐，兼喜宴客作雅集，常亲自督点，谭家菜遂成清末民初北京最著名之官府菜，时人称之为"仕林榜眼，食界状元"。

史念祖与唐炯经历颇似，以捐官入仕，几起几伏。念祖字绳之，号弢园，

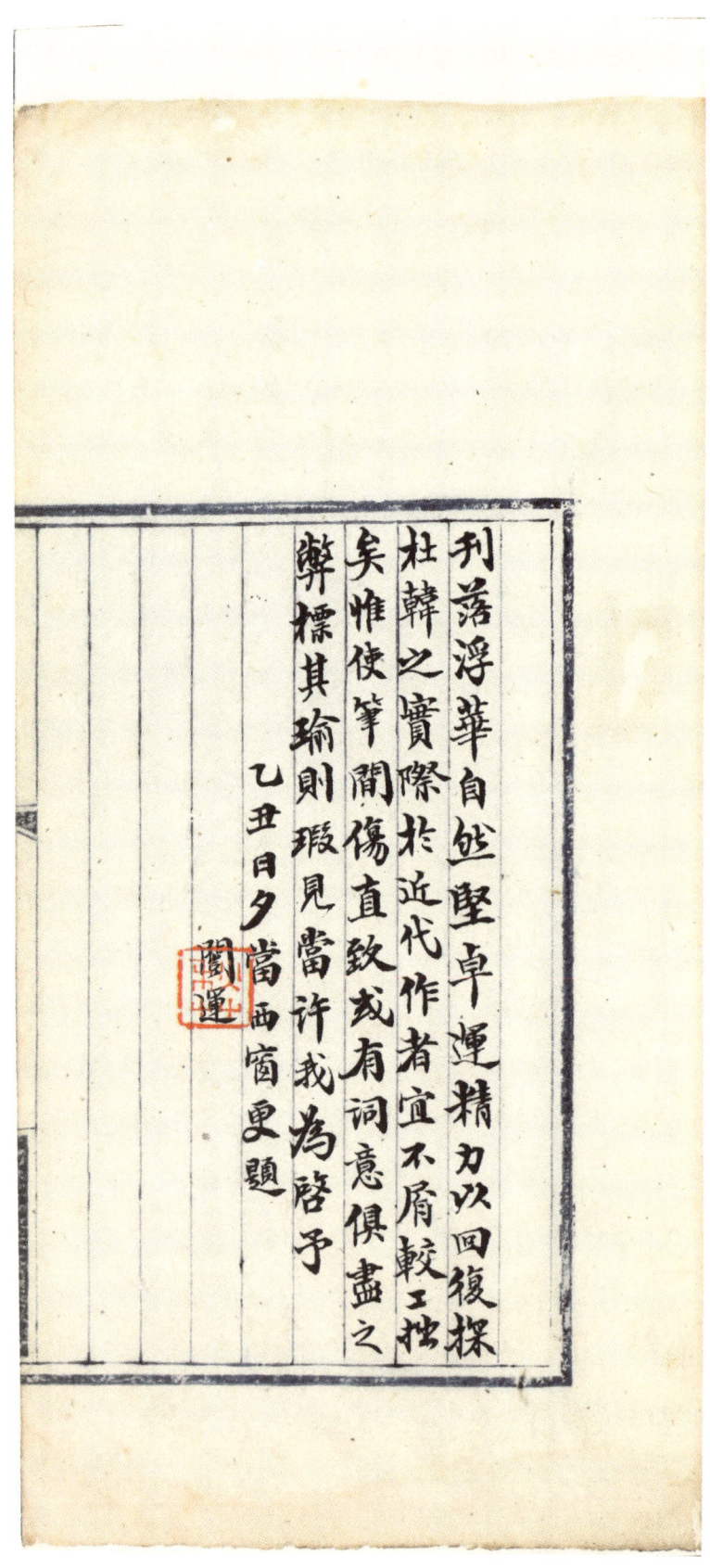

刊落浮華自然聖卓運精刀以回復探
杜韓之實際於近代作者宜不屑較工拙
矣惟使筆間傷直致或有詞意俱盡之
弊標其瑜則瑕見當許我為啓予
乙丑日夕當西窗更題

《成山庐稿》之王闿运题跋

卷盒有《弢园随笔》一文，述其行状："公性好胜，极诙谐，文思亦极敏锐。正月间，署外有以灯虎为市者，每携幕客同往，非将各题全数猜中不止。会大风极寒，未毕猜，即返寓。途遇友人，劝其少休，公奋然曰：'汝不劝则已，既劝我必再往。'又入场，全猜中乃返。"一部手稿，四位趣人，可谓"物以类聚，人以群分"。此四者仕途政绩皆一般，生活里却有滋有味，可见读书人中活色生香者亦众矣。

　　另，此文草就约两月后，收到沈津先生所赠《哈佛燕京中文善本书志》，煌煌六大册，细细翻阅之，偶于集部得见《成山庐稿》，其标注为"稿本。两册。半页十行二十四字，蓝格。"与寒斋所藏核之，著录竟完全相同，颇疑该书何以有两部稿本，细看书志，其又题为"遵义唐炯鄂老著"，然此题吾稿中却未有。惜《书志》未附该稿书影，无法两稿相较，以意度之，吾所藏者乃该书之草稿本，而《书志》所载或为誊清稿，暇当向沈先生请教之。

鲍廷博批校知不足斋钞本《灵棋经》二卷

《灵棋经》二卷　（晋）颜幼明注　（刘宋）何承天注
（元）陈师凯解　（明）刘基补注

　　清知不足斋钞本　鲍廷博批校　知不足斋黑格纸　一
函二册

　　《灵棋经》是一部完整而系统记述古代占卜之书，传说最早由黄石公授于张
良，后由东方朔掌握其术，始流传于世，亦有称该书为淮南王刘安所著，然学界指
此书实为六朝人伪托。此书出现之前，中国卜筮所用器具皆为龟甲、蓍草等民间认
为天然带有灵气之物，惟棋子为非天赋灵气者，因古人认为此占法极其灵验，故尊
称为"灵"，然此"灵"已非为卜具之灵，而特指占法之灵。其占法以《易经》为
理论依据，以十二颗单面刻字之棋子为具，随意一掷即可成卦，卦有繇辞，然后根
据书中繇辞和注解判断吉凶。

　　《正统道藏》收有该书，名为《灵棋本章正经》。是书于唐代以前皆称《灵
棋经》，道教中人往往为示尊重，将一些主要经典冠以"正经"或"真经"字样。
《灵棋本章正经》有署"唐会昌九年秋九月，尚书司门员外郎李远"序："夫《灵
棋经》者，不知其所起。或云汉武帝命东方朔使之占兆，无不中者。朔之术，用此
书也。或云黄石公以此书授张子房。又有客述淮南王神秘之事，亦此书也。盖好事
者倚声借价，以重其术，岂尽数公之为乎?虽然，余闻之久矣。以其非经史之书，不
以留意。"《四库全书》亦收录有《灵棋经》，入子部术数类，其内容文字与《正
统道藏》本《灵棋本章正经》略有出入，惟《道藏》本更为久远。《四库全书总目
提要》则进一步考证此书为六朝以前即存在："考《隋书经籍志》即有《十二灵棋
卜经》一卷。而《南史》所载客从南来，遗我良材，宝货珠玑，金碗玉杯之繇，实

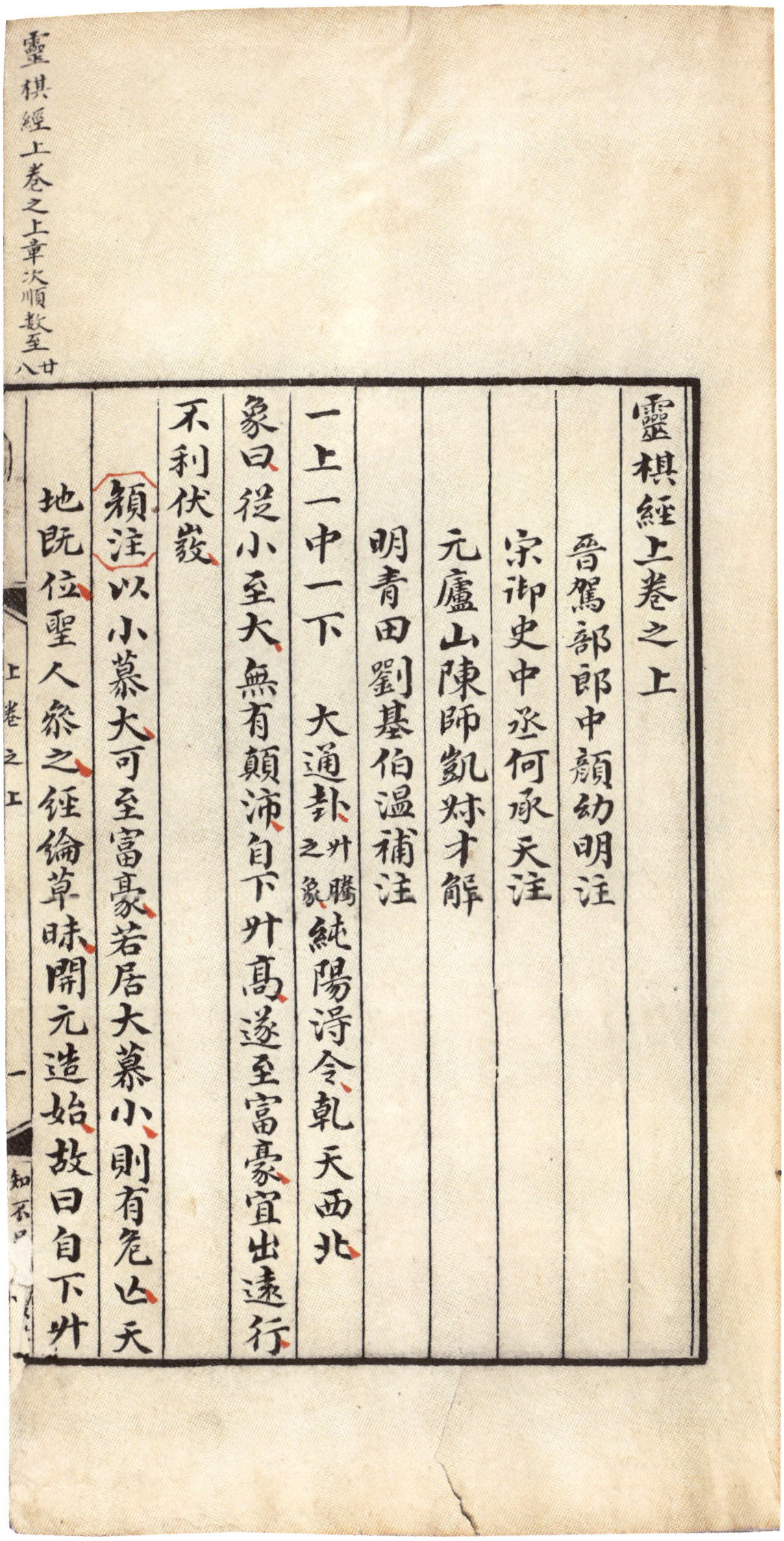

靈棋經上卷之上章次順數至廿八

靈棋經上卷之上

晉駕部郎中顏幼明注

宗御史中丞何承天注

元廬山陳師凱㕘才解

明青田劉基伯溫補注

一上一中一下　大通卦升之象騰純陽得令乾天西北

象曰從小至大無有顛沛自下升高遂至富豪宜出遠行

不利伏藏

以小慕大可至富豪若居大慕小則有危亡天地既位聖人㕘之經綸草昧開元造始故曰自下升

上卷之上

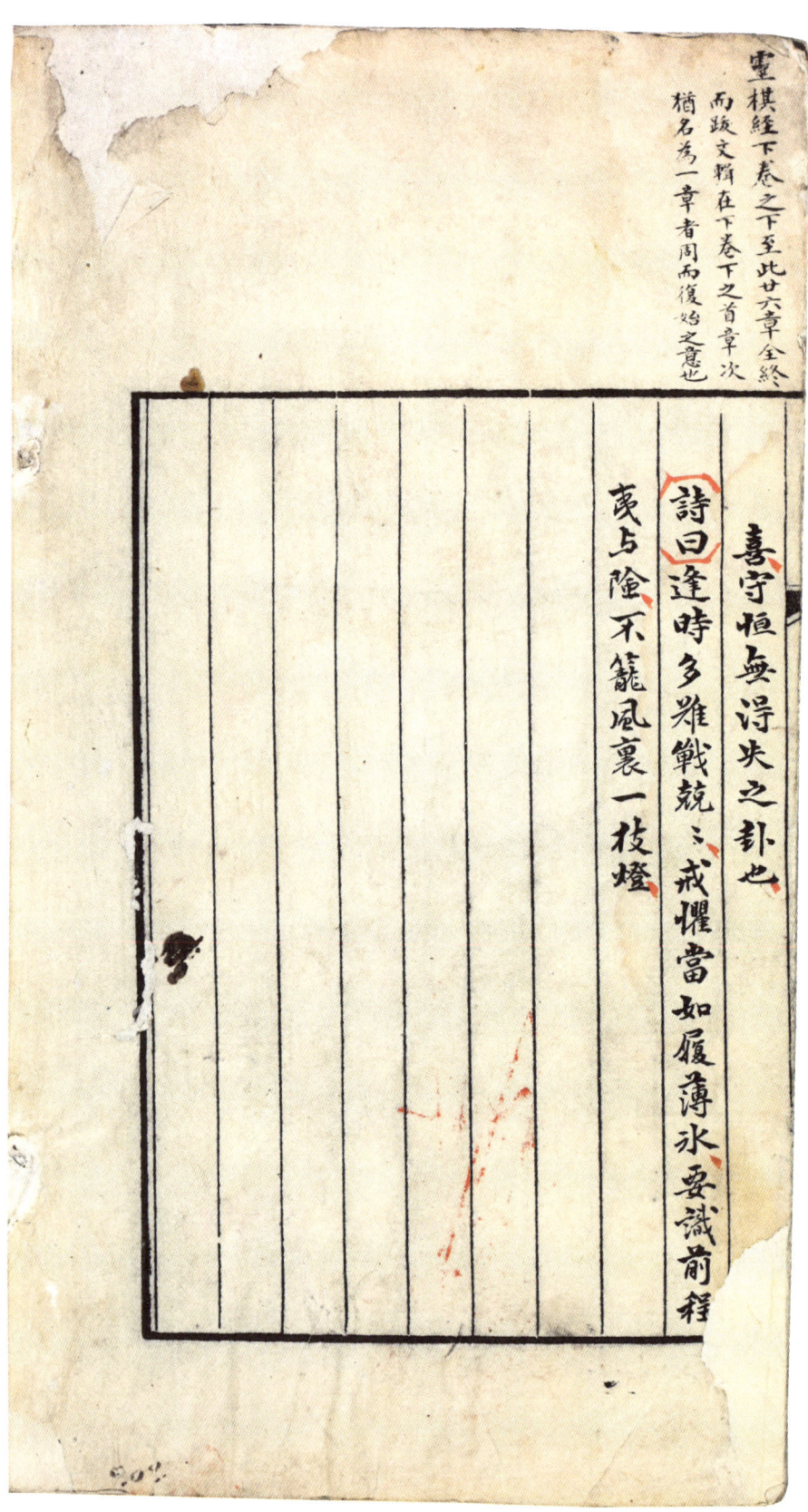

靈棋經下卷之下至此廿六章全終
而跋文皆在下卷下之首章次
猶名為一章者周而復始之意也

喜守恒無得失之卦也

詩曰逢時多難戰競三戒懼當如履薄冰要識前程

夷占陰不寵風裏一枝燈

《灵棋经》二卷之鲍廷博批校

为今经中第三十七卦象词。则是书本出自六朝以前，其由来亦已古矣。"检《四库大辞典》，知是书尚有《四库全书》本、《墨海金壶》本、《仿知不足丛书》本、《丛书集成初编》本等。

吾藏之本为清代知不足斋黑格钞本，版心下刻有"知不足斋丛书"字样，兼有鲍廷博批校，其中卷首书眉处写道："灵棋经上卷之上章次顺数至廿八"，卷末书眉处写道："灵棋经下卷之下至此廿六章全终，而跋文辑在下卷下之首，章次犹名为一章者，周而复始之意也。"查《知不足斋丛书》三十集子目，未收有《灵棋经》，鲍廷博以丛书专用稿纸抄录此书，且予以句读及批校，然在刊刻丛书时却未及之，不知何以故。鲍廷博刻此丛书可谓呕心沥血，每收录一种书皆以多部善本仔细校勘，务使该丛书臻于完美。而《灵棋经》早期善本稀见难得，或许是其无由觅得善本而无法校之，终而放弃。当然，此不过是吾臆度而已。然该书毕竟是出自大藏书家之手，于今而言，亦是难得之物。

吾对此书之喜爱，尚有另一原因则为该书之旧主为台湾学人严一萍先生。大约七、八年前，嘉德上拍一批藏书家旧藏，其中有十一部书合为一小版块，名曰"严氏旧藏"。初不知此严氏系何人，然其旧藏均很精整，几乎部部皆有特色，如洪武六年（1373）庐陵李氏明经堂本《详明算法》、明万历四十四年（1616）武林刊本《青楼韵语》、元至顺四年（1333）集庆路儒学刊本《修辞鉴衡》、明天启元年（1621）闵氏朱墨套印本《唐诗艳异品》等，吾勉力举之，仅得其四种，此其一也。后经打听，知严氏为台湾学人严一萍，几年前病逝于美国，旧藏尽数归其太太，因严氏在美国的旧居在山里面，交通颇为不便，而其藏书有很多大部头者，难以运出，故嘉德前往征集时，所得皆为版本上佳而部头不大者。事后两年，台湾吴兴文兄来寒斋叙话，谈及严氏，告吾此人为台湾艺文印书馆老板，并简述其经历，吾始知严一萍为台湾出版界名人，此书局以影印书见长，出版过大量文史书，在台湾学界尤其是大学界广为流传。吴兄言严太太亦很能干，如今整个艺文印书馆运转都由其一手操办。又过两年，吾偶读一文，叙述严一萍在台湾的女儿几乎全身是病，却仍然以乐观向上之心态生活，严氏生平及家世慢慢在吾印象中变得深刻及清晰，遂开始有心寻找与其相关之信息。

《嘉兴县志》载有严一萍简介，其生于民国元年（1911），1987年去世，原名城，又名志鹏，字大钧，以号行。东亚大学法科政治经济系毕业，抗战时曾任浙江省政工队二队中队长及嘉兴县政府主任秘书等职，抗战胜利后曾任国民党上海市党部总干事、总务科长，1949年去香港，次年由香港去台湾。《县志》载其专治甲骨，在台湾创办艺文印书馆，任经理并编辑《中国文字》杂志，著有《殷墟医徵》《殷商史记》《陆宣公年谱》及《新塍新志初编》等。

据说严一萍离开大陆时，有意跟随董作宾治甲骨文字学，其在香港期间获赠友人王梓良在台湾主编的《大陆杂志》，意外发现杂志发行人正是董作宾，遂由王梓良与另一友人谈益民具保至台湾。到台湾后，严一萍持书稿《殷墟医徵》谒董作宾，得其赏识，由此而出入台湾大学董作宾之研究室，进而至"中央图书馆""中央研究院""故宫图书馆"，而艺文印书馆的成立正是源于董作宾。

当时台湾几家知名出版社如商务、世界及中华等，都是大陆之老牌店家移驻台湾，艺文只是一家台湾本土成立小出版社，其成立初期目的很简单，仅仅因为甲骨研究文章无处出版，只好在董作宾鼓励下自己印书。此种冷僻书虽然在业界叫好，实际销售情况却极惨淡，为变通求存，严先生开始以其精到的版本学眼光，精选古书予以影印出版，以供当时满目荒芜之书市。当时的苦心经营，正好造就日后艺文在学界之地位。

前些年读台湾傅月庵兄出版的散文集《生涯一蠹鱼》，其中有篇《我馆风雨飘摇之中》，叙其异国结识严氏后人，聊及艺文出版社近况，对方回答："我馆风雨飘摇之中"。傅兄言一句话唤醒内心多少记忆，并悚然惊觉，如艺文印书馆主人一样，因着文化使命与个人兴趣，以翻印古籍丛书为主的出版社，似乎越来越少。在吾而言，此叹亦何尝无之。

陈运彰跋人境庐钞本
《桐花阁词》一卷

《桐花阁词》一卷　（清）吴兰修撰

　　清黄氏人境庐钞本　民国陈运彰跋　人境庐写书绿格

纸　一函一册

　　钤印：陈彰经眼（白方）

　　一夕酸心话。问平生、说犹未忍，那堪图画。阿母昔兼师与父，储取缥缃满架。将旧日、钗钿都舍。一盏寒灯亲口授，有缫车、伴尽啼乌夜。衣絮冷，寺钟打。　而今白首悲亲舍。哭秋风、树根读竟，泪涔涔下。剩有缁帷常入梦，犹侍残机未罢。算此种、深恩难写。任说马周当富贵，痛泉台、何处频封鲊。我亦是，伤心者。

　　此词为李佳《左庵词话》录吴兰修《乳燕飞》，前有评语称："吴兰修，岭南词人，新著桐花阁稿，多清新可爱。"《乳燕飞》即《贺新郎》别名，此调始见苏轼《贺新郎》，因首句为"乳燕飞华屋"，故后人亦称《贺新郎》为《乳燕飞》，后又有称为《金缕衣》《金缕词》《风敲竹》《雪

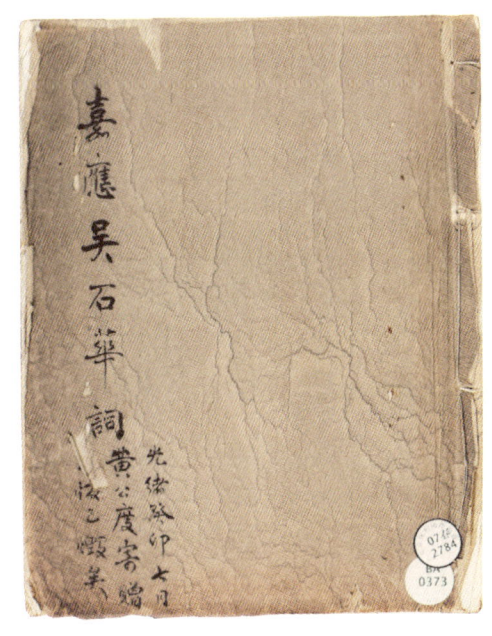

《桐花阁词》之封面

月江山夜》等。吴兰修（1789—1839）字石华，号荔村，广东嘉应（今梅县）人，嘉庆十三年（1808）中举，官信宜训导，曾为学海堂学长，工倚声，著有《荔村吟草》《桐华阁词》《方程考》《南汉纪》及《宋史地理志补正》等。《文献家通考》载其"家富藏书，四部丛焉。尝构书巢于粤秀讲院，藏书三万余卷，枕经葄史，自榜其门曰'经学博士'。尝云：'岭南地湿，易长蠹鱼，藏书无至二百年者。吾家守经堂藏本多于勉士（曾钊），而旧椠不及焉。'"其藏书处有守经堂、书巢及桐华阁，有藏书印曰："石华藏书，子孙永宝，鬻及借人，是皆不孝。"

吴兰修

　　吴兰修一生好学不倦，博览群书，于经学造诣甚深，人称"经学博士"。阮元任两广总督时，赏识其才，延其为学海堂第一任学长，当时学海堂课业以经为主，以史为辅，二者皆由吴兰修亲自授课。道光年间（1821-1850），其曾纂修广东《封开县志》，并参与阮元主修的《广东通志》总校勘，因有感于当时五代十国之史书惟南汉佚而不传，矢志撰写南汉史书，竭十年精力写成五卷，考据精详，矫正吴任臣《十国春秋》多处讹误，被史学家称为"十国纪事之书之冠"，之后又撰《南汉纪》《南汉地理志》《南汉金石志》及《考定南汉事略》等书，成为研究南汉史最著名之学者，惜天不假年，五十岁即积劳成疾，病逝于学海堂，阮元痛惜英才，派人将其棺木运回家乡厚葬。

黄遵宪

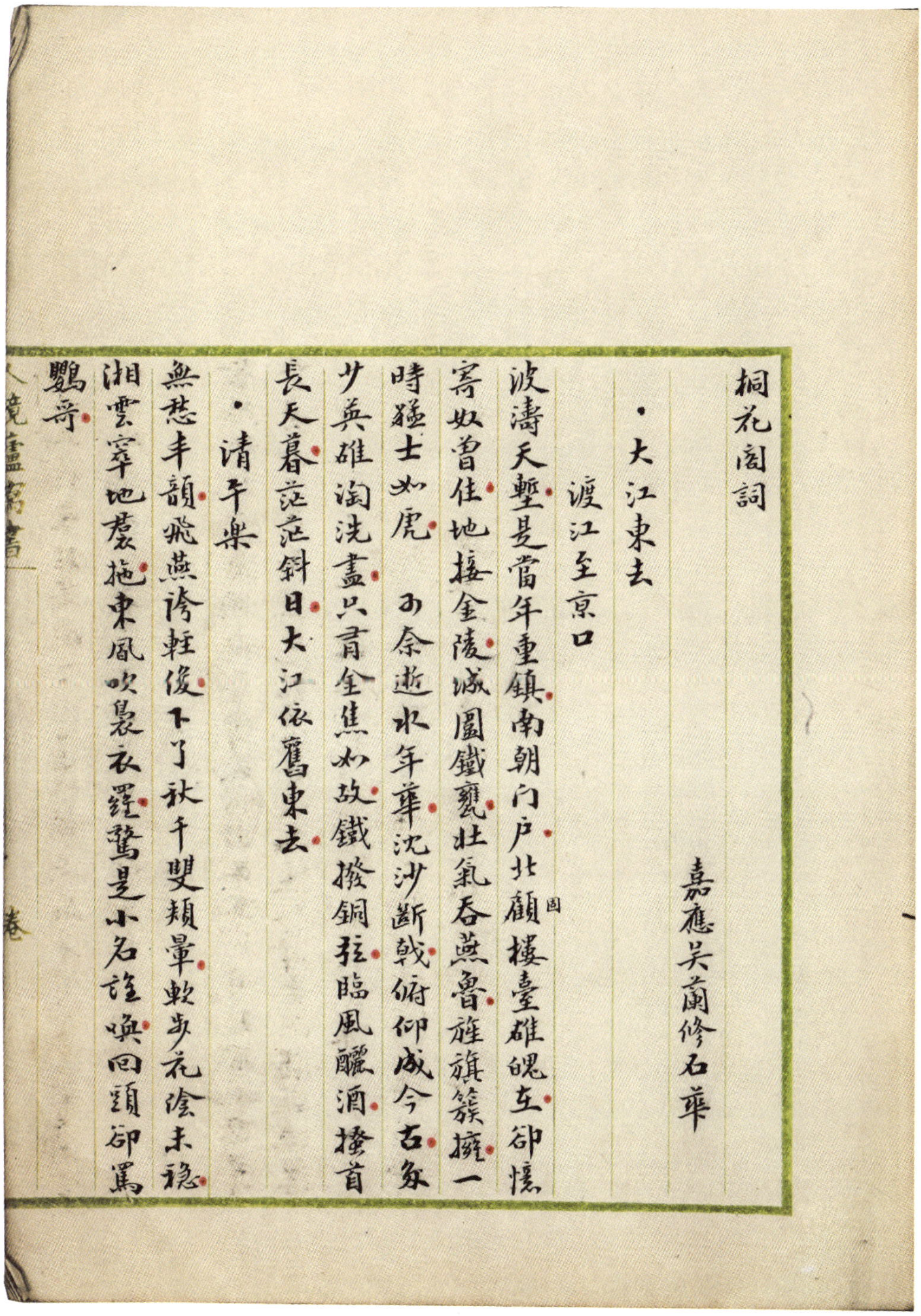

桐花閣詞　　　　嘉應吳蘭修石華

•大江東去

渡江至京口

波濤天塹是當年重鎮南朝門戶北顧樓臺雄覷左卻懷

寄奴曾住地接金陵城圖鐵甕壯氣吞燕魯旌旗簇擁一

時猛士如虎　而余逝水年華沈沙斷戟俯仰成今古象

少英雄淘洗盡只青金焦如故鐵撥銅弦臨風釂酒搔首

長天暮靄范斜日大江依舊東去

•清午樂

無悲丰韻飛燕誇輕俊卜了秋千雙頰暈蹴步花徑未穩

湘雲牢地蔥拖東風吹裊衣羅驚是小名誰喚回頭卻罵

鸚哥

　　石华一生精通经史，却被词名所掩，时人多以词人视之，石华每以为大恨，伍崇曜跋其《南汉纪》谓："自云唤做词人，死不瞑目。"其意近于顾炎武所引《宋史》之句"一命为文人，无足观矣"。石华虽以"词人"为恨，却挡不住后人研究清代词学尤其是岭南词坛时，必举其名。后人点评其词之语，除李佳《左庵词话》，尚有陆以湉《冷庐杂识》，谓："嘉应吴石华学博兰修，酷好倚声，所著《桐花阁词》，清空婉约，情味俱胜，可称岭南词家巨擘"；徐世昌《晚晴簃诗汇》则称其瓣香浙派："宗白石、玉田，婉约轻灵，天然雅韵"；浙派名家郭麐评其《桐花阁词》亦云："跌宕而婉，绮丽而不缛，有少游之神韵而运以梅溪、竹山之清真者也。"石华对自己的词作颇为自信，甚至有意比肩浙派前辈，尝言："钱葆酚有《雪狮子》咏猫词，竹垞、樊树、縠人并和之，征引故实，各不相乘，后有作者，难为继矣。余用白描，亦击虚之一法也。"

　　寒斋所藏吴兰修《桐花阁词》为人境庐绿格钞本，版心上方刻有"人境庐写书"字样，封面题为"嘉应吴石华词"，下注"光绪癸卯七月黄公度寄赠口版已毁矣"，前有道光八年（1828）郭麐小序及嘉庆二十一年（1816）石华自序。其自序曰："余隐桐村，素有词癖。春声秋绪，固不在残月晓风也，乃草草出山，十年万里，边笳惊梦，江雨怀人，声音所触，感慨系之矣。近捡吟囊，残佚殆尽，篝灯坐忆，叹息弥深。爰取近草若干首刻之，虽非凤昔称心之作，亦留此误弦以博周郎一顾云尔。嘉庆二十一年九月十九日吴兰修自序。"卷末有陈运彰尾跋："丙寅九月潮阳陈彰借钞一过。"钤有白文"陈彰经眼"小印一方。

　　是书2007年春得于保利拍场，拍卖图录上注明书后有跋，并有解释："陈章，浙江钱塘人，乾隆初举鸿博不就，工诗，善楷书，客小玲珑山馆，为一时名士领袖。"此语实大谬矣，试想黄遵宪为晚清之人，乾隆时人如何能在其钞本上书写题跋？盖编写图录者误将陈章与陈彰混为一谈。陈彰亦为清末岭南著名词人之一，原名彰，后改为运彰，字君谟，亦字蒙父、蒙庵等，原籍潮阳，长居上海，生平活动亦多在沪上，其词师从况周颐，传世有《纫芳簃词》《蓬斋脞记》《证常印藏》等。蒙父亦富藏书，其藏书处有证常盦、华西阁、五百本兰亭室、玉延楼、须曼那阁、思无邪斋、纫芳簃等，其中"五百本兰亭室"之名缘自其人极喜《兰亭序》，生平竭力搜集《兰亭序》拓本，所得甚多，其行书尤其得力于此，婉媚遒逸，扑面书卷之气。其室所藏除碑拓外，以词集为最，多有考订题跋，颇为精详。

　　彼时图录注明此书底价仅三千元，吾自然欲得之而后快。然拍卖当日竟有多

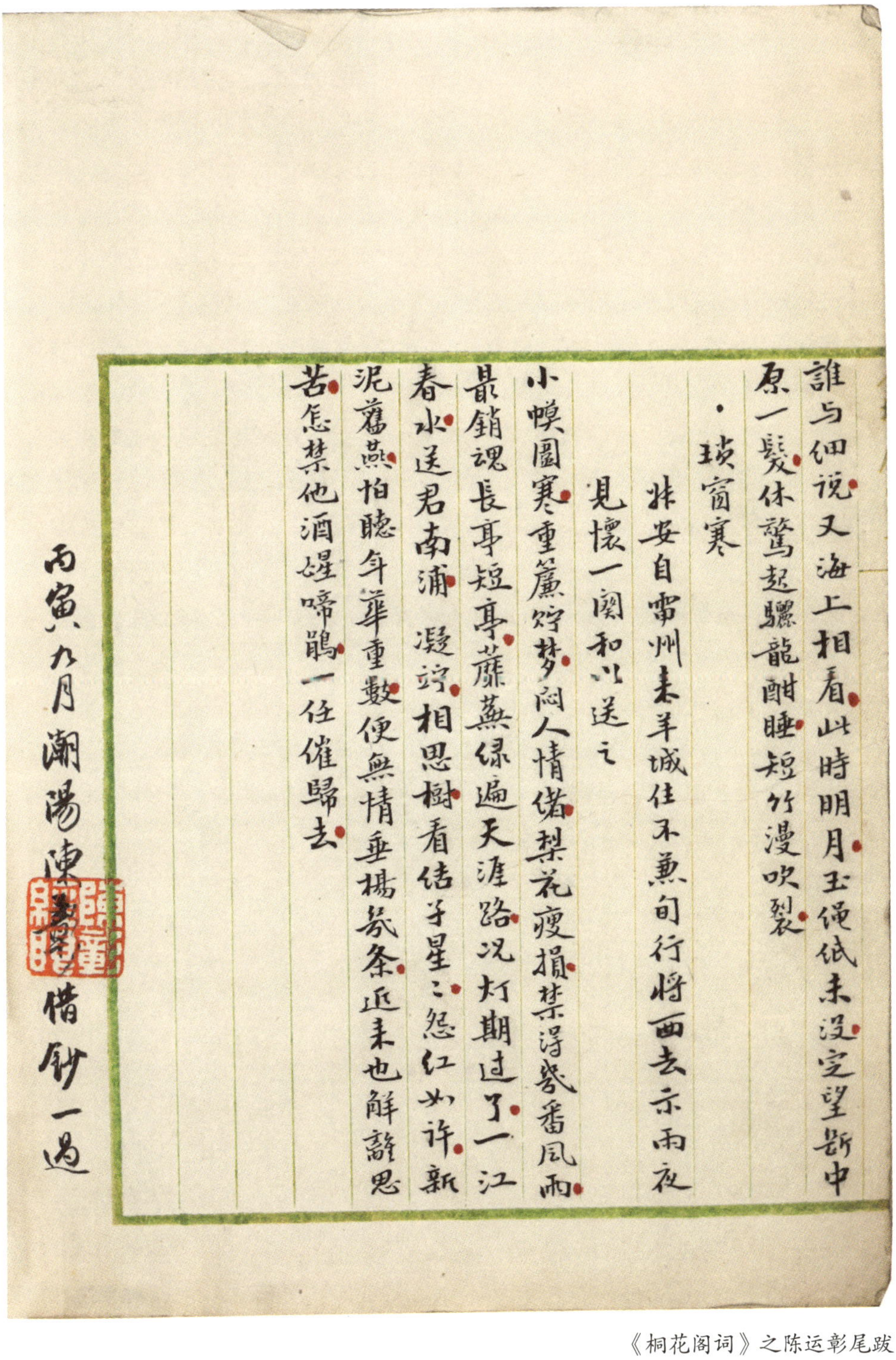

誰与細説又海上相看此時明月玉繩低未没定望斷中

原一髮休驚起驪龍酣睡短竹漫吹裂

・瑣窗寒

胜安自雷州未羊城住不熏旬行將西去示雨夜
見懷一闋和以送之

小幘圍寒重簾婷梦闷人情偖梨花瘦損禁浮營番風雨

景銷魂長事短事蘼燕綠遍天涯路况灯期过了一江

春水送君南浦　凝竚相思樹看結子星二怨红如許新

泥落燕怕聽年華重數便無情垂楊蒸条近未也解離思

苦怎禁他酒煋啼鵑一任催歸去

丙寅九月潮陽陳運彰借鈔一過

人争抢，几口之后价格即升到五万仍有人争之，吾见此状正欲放弃，恰杨成凯先生坐吾旁，语吾此书难得，吾再举之，遂以六万元落槌得之。携归后寻思众人争抢原因，或为此书乃人境庐黄遵宪之故物，而人境庐钞本毕竟市面所见不多，即以此论，其值亦不止六万元矣。

黄遵宪（1848—1905）字公度，号人境庐主人，别署东海公、水苍雁红馆主人等，与吴石华同为嘉应人，光绪二年（1876）举人，官驻日本参赞等职，曾助陈宝箴推进新政，有"诗界革新导师"之称，著有《人境庐诗草》《日本国志》《日本杂事诗》等。梁启超《饮冰室诗话》有云："公度集中，诗多词少，然亦曾为数十首。其原稿昔在余箧中，戊戌之役，同成灰烬，平生一撼也。"黄遵宪填词不多，亦不以词名世，却是近代广东词坛上，为填词之创作思路与表现技法寻求突破的先行者之一，曾尝试借鉴"诗界革命"经验，以带动词界革新，是故钱仲联于《近百年词坛点将录》中将其点为"天孤星花和尚鲁智深"，在点评黄遵宪词《双双燕题兰史〈罗浮纪游图〉》云："清末词坛，堆砌华藻成风，这词有别开疆宇的作用。作者是晚清诗界革命的旗帜，这词也可作词界革命观。"此词颇豪迈，有遗世独立之风，亦为吾所喜，今录其词如下：

罗浮睡了，试招鹤呼龙，凭谁唤醒。尘封丹灶，剩有星残月冷。欲问移家仙井。何处觅、凤鬟雾鬓。只应独立苍茫，高唱万峰峰顶。　荒径，蓬蒿半隐。幸空谷无人，栖身应稳。危楼倚遍，看到云昏花暝。回首海波如镜。忽露出、飞来旧影。又愁风雨合离，化作他人仙境。

杨守敬校、王欣夫题记
红印样本《樊川文集》二十卷
《别集》一卷《外集》一卷

《樊川文集》二十卷《别集》一卷《外集》一卷　（唐）
杜牧撰

清光绪二十二年（1896）宜都杨氏影宋朱印校样本

杨守敬批　王欣夫题记　一函六册

钤印：欣夫（朱方）、书龙（朱椭）、杨博文印（白方）

作者杜牧（803—约852）字牧之，号樊川，晚唐京兆万年（今陕西西安）人，先后出任校书郎、江西按察史、刺史、吏部员外郎等。牧之自幼博览经史，好习兵书，著述宏富，尤以诗歌最为突出，与李商隐并称"小李杜"。其古诗受杜甫影响，多涉社会政治，格调豪健；七律情致俊爽，含蓄清丽；七绝则韵致深远，极富艺术感染力。其认为"凡为文以意为主，以气为辅，以辞彩章句为之兵卫"。《四库全书总目提要》称："牧诗冶荡甚于元、白，其风骨则实出元、白上。其古文纵横奥衍，多切经世之务。"

樊川为西汉名将樊哙封地，唐代多豪贵者聚居于此，杜牧祖父杜佑亦有别墅在焉，牧晚年移居于此，嘱文集之事

杨守敬

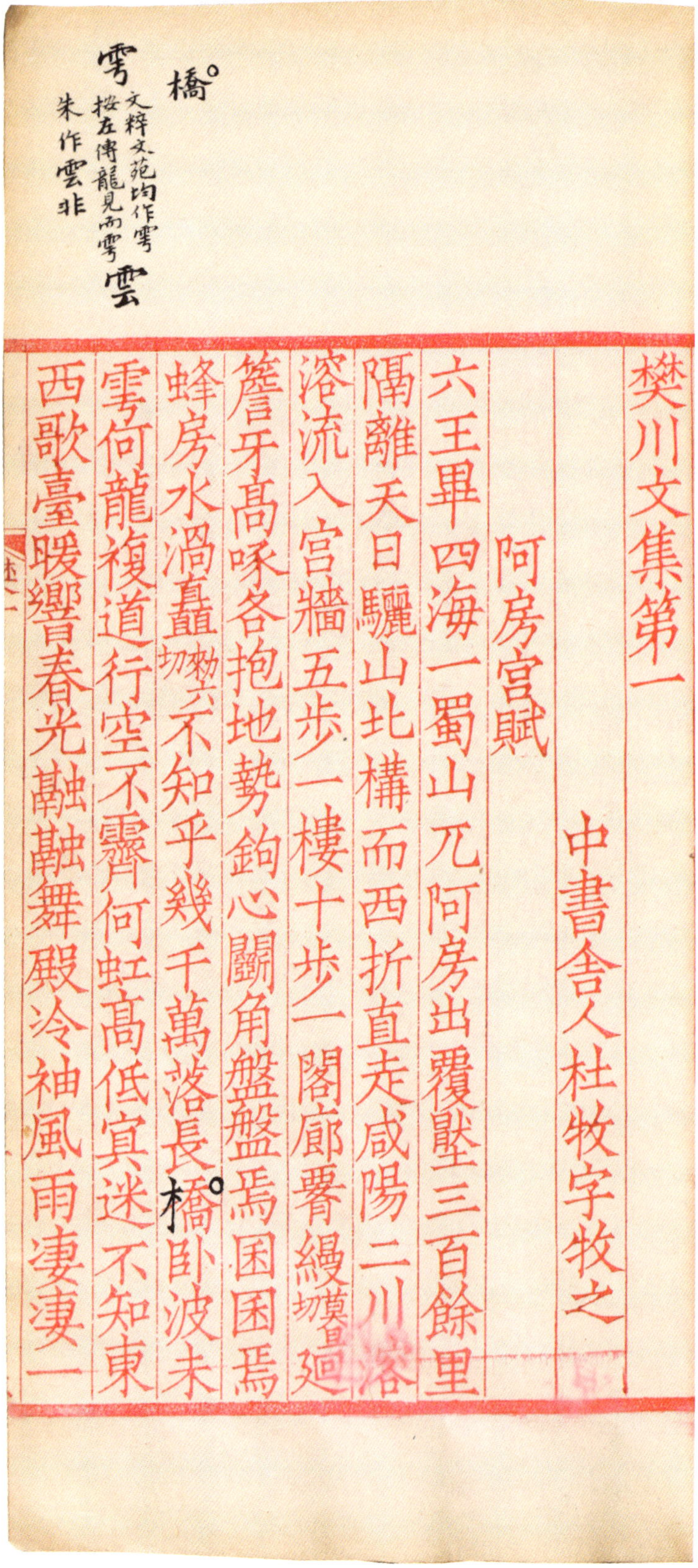

雲
橋。
文粹文苑均作雩
按左傳龍見而雩
朱作雲非
雲

樊川文集第一　　　　中書舍人杜牧字牧之

阿房宮賦

六王畢四海一蜀山兀阿房出覆壓三百餘里

隔離天日驪山北構而西折直走咸陽二川溶

溶流入宮牆五步一樓十步一閣廊腰縵迴

簷牙高啄各抱地勢鈎心鬬角盤盤焉囷囷焉

蜂房水渦矗不知乎幾千萬落長橋卧波未

雲何龍複道行空不霽何虹高低冥迷不知東

西歌臺暖響春光融融舞殿冷袖風雨淒淒

《樊川文集》之卷首

以外甥裴延翰，并预为命名为《樊川集》。其殁后，裴延翰编次成《樊川文集》，序曰："'……要有数百首文章，异日尔为我序，号《樊川集》，如此顾樊川一禽鱼、一草木，无恨矣。庶千百年，未随此磨灭耶。'明年冬，迁中书舍人，始少得恙，尽搜文章，阅千百纸，掷焚之，才属留有十二三。……以是在延翰久藏蓄者，甲乙签目，比较焚外，十多七八，得诗、赋、传、录、论、辨、碑、志、序、记、书、启、表、制，厘为二十编，合四百五十首，题曰《樊川文集》。呜呼！虽当一时戏感之言，孰见魄兆而果验白耶。"

自宋以后，《樊川文集》之不同版本纷纷现出，晚出之《外集》《别集》鉴别不精，多有他人诗作杂入其间，亦有他人赠杜之作误入杜集。是书今传世者主要版本有明嘉靖本，然查《中国古籍善本总目》所标《樊川文集》多种版本中未著录有嘉靖本，该书最早版本均标注为明刻本，《四部丛刊》影印《樊川文集》所用底本标明为明嘉靖间翻宋刻本，暇时吾将比勘之。

余外则是光绪二十二年（1896）杨寿昌景苏园影宋本，然此本亦有著录为光绪三十二年影宋本，万曼于《唐集叙录》中持此说："光绪丙午（1906）成都杨寿昌（字应南，号葆初）景苏园影宋本出，系杨守敬使书手就日本枫山官库中藏本影摹的。"《四库大辞典》谈及此书版本时称："此书传世者主要版本有明嘉靖刻本、《四库全书》本、《四部丛刊》本、清光绪三十二年（1906）成都景苏园杨寿昌据宋本影印本。"另2003年北京万隆古籍拍场有一部版本标为"明崇祯昭质堂刻本"，为二十卷外集一卷别集一卷本，前有路工藏印，该版本未见著录，为九行二十二字，白口无鱼尾四周双边无界线，版心下刻"昭质堂"，今此本不知所终。彼时该书为新做金镶玉，估价六千至八千元，因其破坏原装，不为藏家所喜，致使流拍。今日思之，若当时不为识见所宥，拍得此本，则可与吾本比勘异同，亦为善事。时至2005年，该书又现身上海嘉泰拍场，估价为一万五至两万，或是主拍者虑及市场不好，故以免一头佣金方式开拍，以一万二低于底价成交。此场拍卖吾因事未能参拍，今思此事略有怅然。二十余年来，杨守敬所刻该书之墨印本吾见过不下十部，均有序言落款及牌记，序言末行为"光绪二十有二年秋八月成都杨寿昌撰"，牌记则明确标为"光绪丙申景苏园影宋本"，而光绪丙申为光绪二十二年无疑。故此吾认为该书确实应当著录为清光绪二十二年刻本，而他书所标之三十二年，吾颇疑乃"二"字误植为"三"之故。

傅增湘曾于《藏园群书题记》中评价景苏园影宋本："光绪中叶，吾乡人杨君

若全唐詩馮本俱注云作苦是
小文苑唐詩馮本俱作小
舊註作少

裂舊珪作坼　文苑作裂
云文苑作言　有文苑作知
秋夜文苑作仲秋○是
銅文苑作鈞注集作鑾銅不應
門舊注文苑作關
殿文苑作衙全唐詩馮本俱作殿
馮本俱作猛
猛文苑作疾　全唐詩
滋文苑作茲

自
潦倒看汝爭翱翔惣語諸小道此詩不可忘
語懍喜入心腸大明帝宮闕杜曲我池塘我苦
買百樹桑稅錢未輸足得米不敢嘗願爾聞我
勸穡音一語不中治筥筆身滿瘇瘖官罷得絲鬂好
才臣孕飤項　雞谷僵牙軍虽鼎原壓土蘓臥斸

李甘詩

大和八九年訓注極驅虎潛身九地底轉上青
天去四海鏡清澄千官雲片縷公私各閒職迺
遊日相伍豈知禍亂根枝葉潛滋莽九年夏四
月天誠若言語烈風駕地震狰獰雷駛猛雨夜於
正殿階挨去千年樹吾君不省覺二凶日威武
操持北斗柄開閉天門路森森明庭士縮縮循
牆鼠平生負名節一旦如奴虜指名為銅鐺以
跡誰告訴喜無李杜誅敢憚髡鉗苦時當仲秋
月日直日庚午喧喧皆傳言明晨相登注尋時
與和鼎官班各持斧和鼎顧予云我死有處所
當庭裂詔書退立須鼎俎君門曉日開赭案橫

《樊川文集》之杨守敬批校

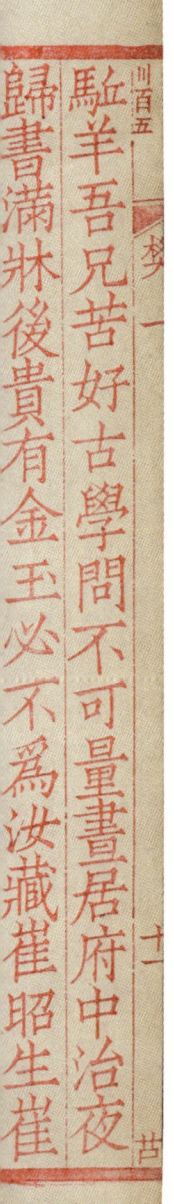

葆初曾取此本翻雕于鄂，颇为精雅，其初印本竟可乱真，第今亦稀觏矣。"傅氏所见当为景苏园光绪二十二年刊本，然此言与事实略有不符，翻雕此书版者并非川人杨寿昌，而是清末民初之藏书大家杨守敬。王欣夫先生《蛾术轩箧存善本书录》中有文详述此事，其文曰：

唐京兆杜牧撰，清光绪丙申宜都杨氏景苏园影宋刊红印样本。杨守敬手校。

宋椠藏日本枫山官库，星吾于癸未四月影摹一本而跋之，丙申交黄冈陶子麟镂版。是年成都杨寿昌宰黄冈，以版归之，加一序於首，言为其所刻，而扉叶则仍题"景苏园景宋本"。寿昌字应南，号葆初，先为星吾刻《景苏园帖》，盖亦好古士。此为朱印样本，星吾精心校勘，卷六至卷十，手迹宛然，亦有他人代书者，所据为牧之自书《张好好诗》墨迹，明朱一是本、景宋本、旧本《唐文粹》《文苑英华》《唐诗纪事》《通鉴考异》，《唐音戊签》《全唐诗》、冯集梧注本等，于显然谬误者，已用墨笔描改。如裴延翰序末阙'至於裁判风雅'以下两行，据《文粹》补完。余则遍识眉端，几近千条，似当时欲为校勘记附后者。今传本不但无校记，并描改者亦未剜补，虽曰影宋，实未尽善，而星吾研核之功，悉存此本，幸未沦失。……

今查杨寿昌资料甚稀，仅知其曾于光绪十六年（1890）出任黄冈知县，杨守敬则自光绪十年起两度任黄冈教谕，并于光绪十四年在黄冈建起"邻苏园"用以藏书，取与东坡相邻之意，杨守敬自号"邻苏老人"殆始于此。两人交情大约起自杨寿昌来黄冈任县令之时。杨寿昌亦景仰东坡，酷嗜苏书，常恨世无苏书之善本，而黄冈乃东坡故地，故有意于黄冈重辑东坡书帖。后两人合作，由杨守敬精选、杨寿昌出资，延请名工以年余之时刻就126块东坡法帖，嵌于杨葆初之景苏园。杨守敬《日本访书志》中谈及《文馆词林》一书时，亦略有提及杨寿昌："吾宗葆初大令见而爱之，并为是正文字，精写而刻之。"

由此两事可知杨寿昌确为大隆先生所言"盖亦好古士"，二杨之交情似乎亦颇厚。然世事常怕深究，前些日读《杨守敬学术年谱》时，意外于光绪三十年邻苏老人致柯逢时信中读到杨葆初之名："守敬自日本携古书归，满拟择尤墨诸版，以饷学者，而口焦唇干，卒无应者。仅杨葆初刻两种（《脉经》《樊川集》），而缄秘不印行，令人愤懑。何意来书间阊于此，乃知真知笃好，因自不同也。"大隆先生题记曰书版乃由杨守敬交陶子麟镂版，书版后归杨寿

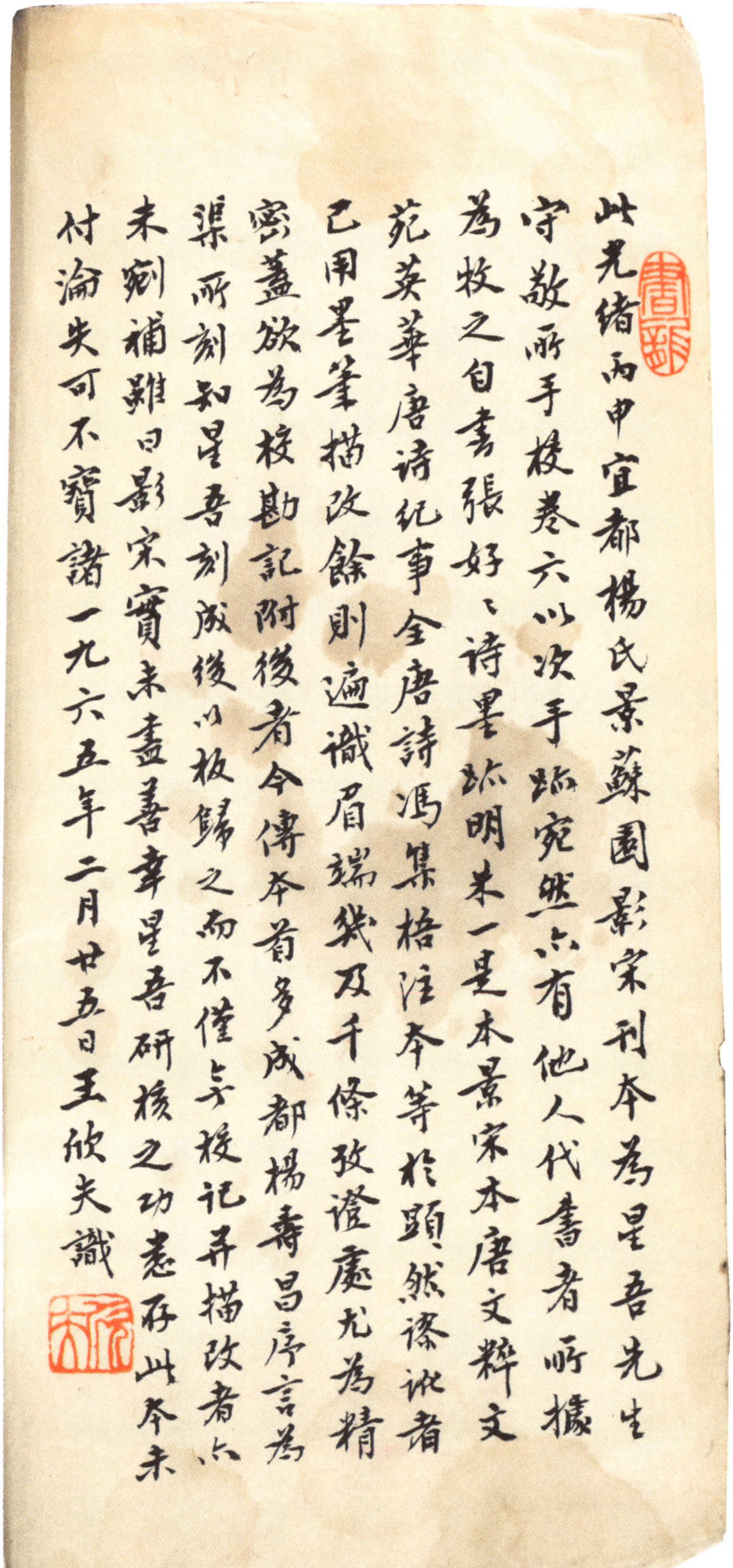

此光緒丙申宜都楊氏景蘇園影宋刊本為星吾先生
守敬所手校卷六以次于臨宛然六有他人代書者听攄
為牧之自書張好、诗墨玼明未一是本景宋本唐文粹文
苑英華唐诗纪事全唐诗馮集格注本等作題然詧訛者
己用墨筆描改餘則遍識眉端裝及千條玫證處尤為精
密蓋欲為校勘記附後者今傳本首多成都楊壽昌序言為
渠所刻和星吾刻成後以板歸之而不僅与校記并描改者以
未刻補雖日影宋寶来盡善幸星吾研核之功意存此本未
付渝失可不寶諸一九六五年二月廿五日王欣夫識

《樊川文集》之王大隆题记

昌，邻苏老人信中却言"仅杨葆初刻两种"，综而思之，或者是书乃由杨守敬校正、杨寿昌出资而成？

邻苏老人于信中言及对杨葆初之不满后，旋即称赞柯逢时，言其"真知笃好，自不同也"。民国笔记《世载堂杂忆》却曾载杨、柯二人一段小掌故，柯之为人远不如邻苏老人信中所赞。《杂忆》称邻苏老人当年居武汉长堤时，与柯逢时相近。杨得宋刻《大观本草》，视为孤本，柯许重价代售，请阅书一昼夜即还。当时柯新自江西巡抚归，吏人甚多，尽一昼夜之力分而抄之，全书无遗漏。次日将书还给邻苏老人时，谓："闻坊间已有刻本。"未久，坊间果有《大观本草》出售，杨深恨之，至移家避道。乡人谓："杨一生只上过柯巽庵大当"。吾读至此，想起钱曾著《读书敏求记》后密不示人，收之书箧随身而行，直到后来朱彝尊于秦淮河大宴友朋，以黄金美裘贿钱曾书僮窃得《敏求记》原稿，着抄书生多人半宵抄出副本，始有钞本流传一事，二者有异曲同工之趣。

寒斋所藏《樊川文集》即《蛾术轩箧存善本书录》著录之红印校样本，2006年得之于嘉德春拍。近年来民国精刻本于拍场大受追捧，红蓝印本更是买家追逐之尤物，市值年年看涨。十余年前红蓝印本市场价平均为五百元一册，而今飞升至万元，若是特殊稀见之品种，更是数万元一册。此本底价五万元，于当时而言已是极昂之价，未承想以如此高之底价上拍，现场仍有识货者与吾力争，令吾举至八万元方到手。然于吾而言，好书到手之后即与价钱无关，令吾捧卷而喜者，除邻苏老人墨笔题识遍布眉端之外，卷前尚有大隆先生墨笔题记一页，其内容与《蛾术轩》所录略有不同："此光绪丙申宜都杨氏景苏园影宋刊本，为星吾先生守敬手校，卷六以次手迹宛然，亦有他人代书者，所据为牧之自书《张好好诗》墨迹，明朱一是本、景宋本、《唐文粹》《文苑英华》《唐诗纪事》《全唐诗》、冯集梧注本等，于显然谬讹者已用墨笔描改，余则遍识眉端，几及千条，考证处尤为精密，盖欲为校勘记附后者。今传本首多成都杨寿昌序言，为渠所刻，知星吾刻成后以板归之，而不仅无校记，并描改者亦未剜补，虽曰影宋，实未尽善，幸星吾研核之功，悉存此本，未付沦失，可不宝诸。一九六五年二月廿五日王欣夫识。"文末有钤"欣夫"朱文小印。

核对卷前大隆先生手泽与《蛾术轩箧存善本书录》正文，可睹大隆先生修改之痕迹，考订之精细，掌故之详实，皆为我等望尘。

周嵩尧、梁天民、郭培元题记《管子》二十四卷

《管子》二十四卷　（唐）房玄龄注

明万历十年（1582）赵用贤刻管韩合刻本　周嵩尧、梁天民、郭培元题记　竹纸　一函十四册

钤印：周嵩尧印（朱方）、周嵩尧印（白方）、沙隐（白方）、芝叟、玉笋斋图书记（朱方）、夏鼎商彝之室（朱椭）、光厚堂印（白方）、梁氏伯子（白方）

《管子》二十四卷，传世宋本有浙刻及蔡潜道墨宝堂本两种，二者各有底本。黄荛圃曾藏有墨宝堂本，前后经文衡山、王雅宜、季振宜、汪士钟、瞿秉渊等递藏。藏至汪士钟时，王念孙曾嘱陈奂向其假抄，陈奂校记曰："北宋《管子》向藏黄荛翁家，旧缺自十三卷之十九卷，影钞补足。荛翁殁，其书尽归汪君阆源家。己丑九月，王怀祖先生属钞，乃向汪氏借录。奂对勘之余，作《辨误》一卷，与《杂志》复者削之，得六十余则。因自过录于明刻刘绩本。明刻错误极多，乃知宋本之足贵。今为兰邻先生之属，录于此本，其误希少，盖此本亦胎于善本者矣。"陈奂所跋之本为明万历十年（1582）赵用贤刊本，邵亭先生评价此本曰："此万历壬午赵氏刊，明本之最善者。"光绪二年（1876）浙江书局所刻《管子》二十四卷，即以赵用贤本为底本，《四库

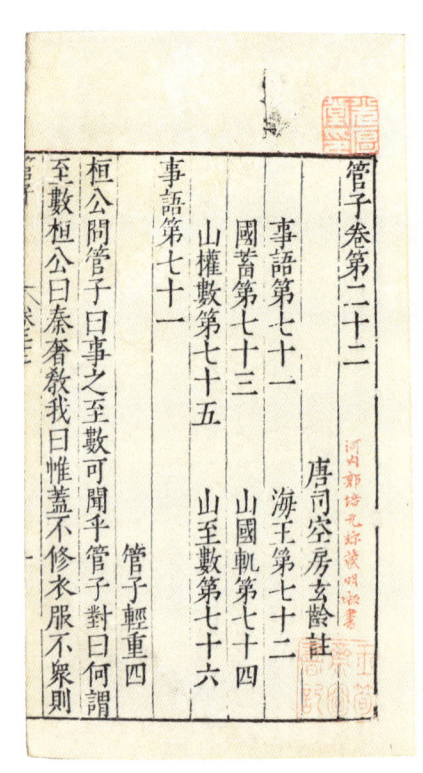

《管子》之郭培元题识

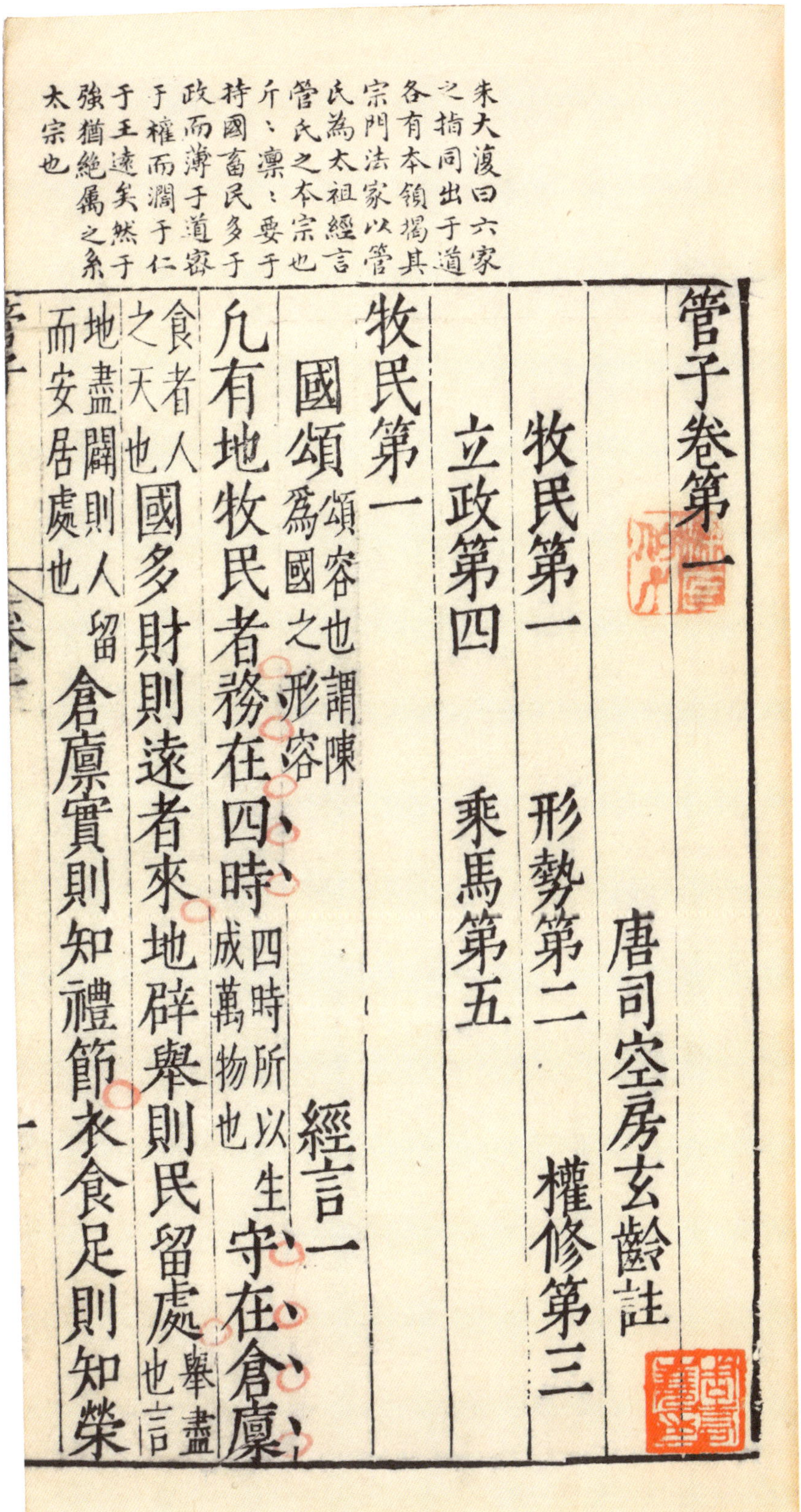

管子卷第一

唐司空房玄齡註

牧民第一　形勢第二　權修第三

立政第四　乘馬第五

牧民第一

經言一

國頌　頌容也謂陳形容也

凡有地牧民者務在四時　四時所以生成萬物也　守在倉廩

國多財則遠者來地辟舉則民留處　舉盡之言也

倉廩實則知禮節衣食足則知榮

朱大復曰六家之指同出于道各有本領揭其宗門法家以管民為太祖經言管民之本宗也斤斤凛凛要于持國畜民多于政而薄于道寡于權而潤于仁之天也食者人之天也地盡闢則人留于權而潤于仁遠矣然于王強猶絕屬之系而安居處也太宗也

《管子》之卷首

全书》所著录者亦赵用贤本。

寒斋藏有赵用贤本《管子》三部，其中一部有周嵩尧、梁天民、郭培元三人题记。赵用贤（1535－1596）字汝师，号定宇，江苏常熟人，明隆庆五年（1571）进士，万历间官至检讨，以吏部侍郎终。家富藏书，室名松石斋，与子赵琦美开常熟藏书风气之先，传世有《赵定宇书目》《松石斋集》《三吴文献志》及《因革录》等。其人性刚直，嫉恶如仇，常议论大臣得失，后以党争罢官。一生爱书成癖，精于校刊，刻印过《管子》二十四卷、《韩非子》二十卷等，还曾以木活字印行《十子》，其校刻最精善者当属《五经》白文，可乱宋本。

此本得于2009年嘉德四季场中，前因却可溯至2004年嘉德春拍。彼时嘉德上拍一组唐人写经，多为不长之残段，细观之确为敦煌所出者，而非近年常见之日本写经。彼时七段残经以一个标的上拍，图录所印估价为二十万元，然彼时唐人写经价格尚未大涨，约定俗成之价约为每米一万元人民币，远未如2009年后之价昂，故此二十万元之底价显得略高于行市，关注者不多，后仅以十八万元成交。图录注明此批残经为兰州收藏家郭培元旧藏，此为吾首次得闻其名，询嘉德主管此何人哉？其告吾，郭培元以前似乎任商务印书馆驻兰州代表，除收藏古籍外，另对古钱、金石等亦有关注，因身处兰州近水楼台，故收得一些敦煌藏经洞之残余。至2009年，嘉德又征得一批郭培元旧藏古籍，约有二十部，多为普通古籍，并无精品，故嘉德将其放入四季拍场中，吾拍得其中五部，此为其一也。

是书一函十四册，虽标为明万历十年（1582）赵用贤刻本，实则有两册（卷九至卷十二）为花斋版补

前清同光間明板書猶未甚貴至于光緒之
末收買者多東洋人渡重之而書價乃日漲矣
小戶寒舊族子孫知寶者或欲覓一明板書而
不可得之則終喜過望是豈非吾國國粹東
漸西被之故邪夫書價善是之貴收書者善是之
多宜乎讀書者必衆且盛然區區觀吾國文學日

散酒儒比肩駢至後生小子不識之無達恨高徑不
習經傳則所謂收藏家鑒賞家徒以舊書為骨

《管子》之周嵩尧题记

配。花斋为明天启间杭州人朱养和室名，其字元冲，尚刻印过《鹖冠子》《春秋繁露》等书。然花斋又有称为朱养纯堂号者，孰为是，吾不能确认。关于《管子》一书，寒斋虽书囊浅陋，无缘收得宋刻，然自明、清至民国，各种不同版本约有十余部，赵用贤本及花斋本均已有藏，再买此配本，所重者乃上有周嵩尧之题记也。

周嵩尧（1873—1952）原名贻良，字循之、峋芝，晚号芝叟，光绪二十三年（1897）举人，后以内阁中书久居漕运总督署、江淮巡抚署、江北提督署，后擢侍读，先后掌路政司，查办沪杭甬路桥工。民国初年，先后为江西、江苏督军公署秘书长，督军李纯屡荐其才堪胜省长任，未获简放。民国九年（1920）年李纯身故后，周嵩尧遂隐居淮安城内地藏寺刘鹗故居，以诗酒自娱，晚年则寓居北京。单看此段简介，或仍对周嵩尧不甚清晰，然若点明其"周恩来六叔"之身份，则面目骤然清晰矣。

芝叟于是书之题记有两段，首段于民国十年（1921）年题于卷首，内容为："前清同光间明版书犹未甚贵，至于光绪之末收买者多，东洋人复重之，而书价乃日涨矣。非巨家旧族子孙知宝者，或欲觅一明板书而不可得，得之则矜喜过望。是岂非吾国国粹东渐西被之故邪？夫书价若是之贵，收书者若是之多，宜乎读书者必众且盛。然返观吾国文学日敝，陋儒比肩，驯至后生小子不识之无，达官高位不习经传，则所谓收藏家、鉴赏家，徒以旧书为骨董之一种，而孜孜为牟利计耳。嗟乎。书亦牟利，又何怪上下交争利而无贵贱长幼，咸以市道为应世之具邪？中国称中华民国之十年，太岁在辛酉十一月晦日，时寓苏州申衙前，闲居多暇，偶书于此。周嵩尧。"末钤白文"周嵩尧印"。次段于1945年题于卷末，中间相隔二十四年，内容为："此明吴郡赵氏原刊本，而以花斋版补之者也，不可多得，前清局板《管子》皆从此出。予藏之有年，卷末失二叶，匆匆鲜暇，未得钞补，今乃得《图书集成》局本补成完书云。芝叟识。时年七十有二。"钤另一白文"周嵩尧印"及朱文"芝叟"小印。

除芝叟题记外，是书于卷首尚有梁天民及郭培元题记，一述得书之感慨，一评版本之优劣。梁天民题记曰："此书自南而北，流于海陵故书肆，嵩儿购得，移苏以献老人。丁亥长夏幽居苦暍，日展一二册，以驱睡魔。念坑灰之余烬，觉瓿口之丛残，弗禁悲从中来，匪仅与周君抱有同感正也。越周君所记之二十有六年，太岁在丁亥秋七月双星节前一日，侯官老布衣梁天民沙隐父记于吴下槃水居，时年六十六矣。"郭培元则随后以红笔识曰："明赵用贤刊《管子》，其时在万历十

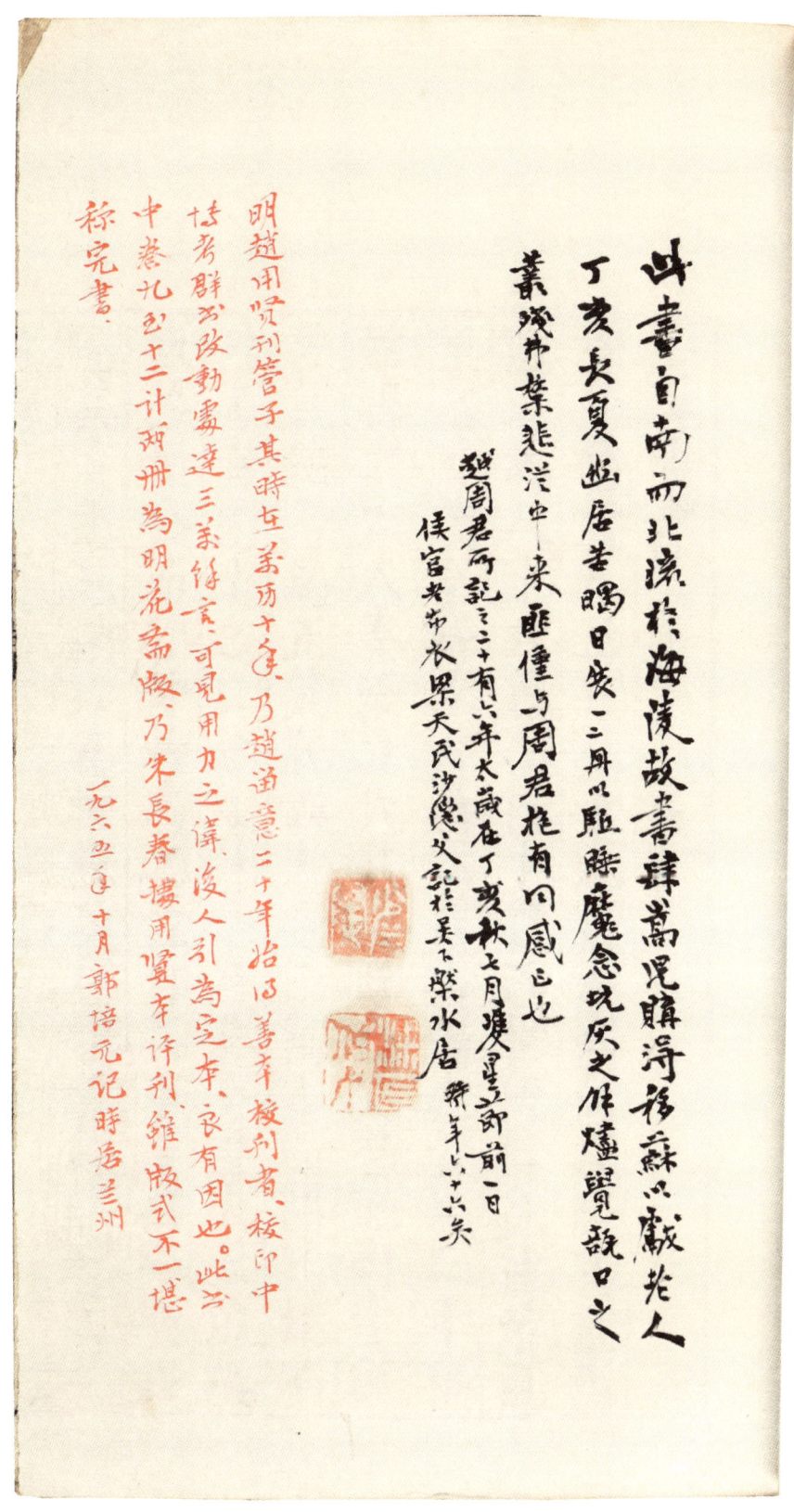

《管子》之梁天民、郭培元题记

年，乃赵留意二十年始得善本校刊者。校印中博考群书，改动处达三万余言，可见用力之伟，后人引为定本，良有因也。此书中卷九至十二计两册为明花斋版，乃朱长春据用贤本评刊，虽版式不一，堪称完书。　一九六五年十月郭培元记。时居兰州"。

　　骤看梁天民题记，初误以文中"嵩儿"即周嵩尧，细看时间及年龄，推知此"嵩儿"当为梁天民之晚辈，然梁天民为何许人也，吾遍查无所得。复审其书法读其用语，当饱读诗书之士，而今却半点踪迹都无，可谓只在人海中，云深不知处，当真"隐父"也。四段题记陈于眼前，是书之递藏清晰如昨，其所经历之烟云亦隐约可见。自明至清再至民国，孰人将两册遗之，孰人将之补齐，又如何暂停于郭培元架上？追其踪迹，吾只寻到梁天民得书之大概因由。周嵩尧最后一段题记识于1945年，梁天民得于1947年。而1946年周恩来率中共和谈代表团抵南京时，周嵩尧曾变卖家当以凑川资，前往南京晤周恩来，以时间推断，此书或即彼时售出以换川资者欤？

翟云升稿本
《隶样外编》八卷

《隶样外编》八卷　　（清）翟云升撰
清道光年间翟云升稿本　蓝格纸　一函八册

　　翟云升（1776—1860）字舜堂，号文泉，山东掖县人。嘉庆五年（1800）中举，选黄县教谕，不久告归，道光二年（1822）中进士，授粤西知县，以母亲年迈不仕。其性淡泊，一心著书，认为"经语惟汉儒能解，汉儒语惟国朝通儒能遍解，"时人评价其谓："说文拟严（可均）、段（玉裁），音韵比顾（炎武）、江（永），训诂等郝（懿行）、王（引之）"。因收得晋代徐广"岁读五经"铜印一方，故颜其斋曰"五经岁遍斋"，著述有《古韵证》《说文辨异》《隶篇》《校正古今人表》《覆校穆天子传》及《焦氏易林校略》等。

　　翟云升为桂馥弟子，无论学问抑或书法皆深受其影响。桂馥（1736—1805），字冬卉，号未谷，山东曲阜人，乾嘉时期著名经学家，与段玉裁、王筠、朱骏声并称"说文四大家"，其最著名之著述《说文解字义证》五十卷乃垂四十年光阴而成，曾请罗聘精绘许慎、江式、颜之推、张有、徐铉、徐锴、吾邱衍、李阳冰八人为《说文统系图》，复请张埙、卢文弨、王念孙题词，因此而题其室名曰"十二篆书精舍"。著书同时，未谷亦精于金石，工篆刻，擅隶书，其书法结字严整，笔力雄劲，蕴有金石之气。翟云升事师多年，亦擅隶书，笔底气韵与未谷一脉相承，友人叶名沣曾在信中谓："自我朝桂未谷先生萃汉之华，专心复古，可称绝学，先生实得其传。桂君之后，当推先生为第一人。"然叶名沣之言毕竟有些夸大，同为书法家的杨守敬在《学书迩言》评价翟云升曰："翟云升……学

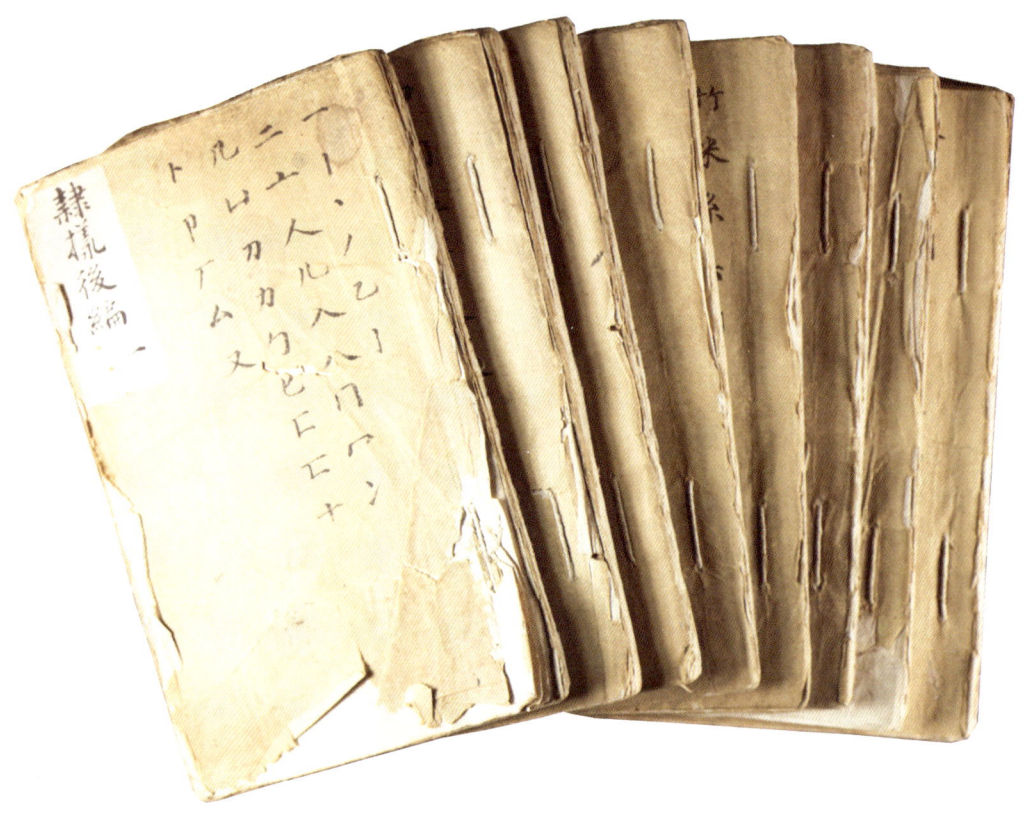

翟云升稿本《隶样外编》八卷

《孔宙》，而气质稍粗。"

　　或许受天资所限，舜堂先生之书法未臻化境，然其成就与努力尽为世人所见，北京出版社1997年出版之《隶书大字典》即根据翟氏五经岁遍斋《隶篇》全帙影印。《隶篇》计有正编十五卷，续十五卷，再续十五卷，采取汉魏以来金石砖瓦等器物上隶字，各依其偏旁，按照《类篇》体例分部编次，详注其字义、正借别体、驳文，并参以各家所释，至为精审。舜堂尚撰有《金石目》于卷首，载其建造之年月日及出土之地、收藏之人、重摹之本，又撰《偏旁》及《变隶通例》于卷末，前者为篆同而隶异者，后为隶同而篆异者，篆隶对照一目了然。《隶篇》之正编十五卷完成后，由于金石文字不断有所发现，故续之再续。然而书成后，舜堂却无力刊刻，后陈介祺之父陈官俊得知，为其奔走筹资，终在道光十七年（1837）于五经岁遍斋开雕，至道光十九年（1839）陆续刊成。卷前有杨以增序曰："予同年友翟君文泉，性耽六书，寝食于中者四十余年，近取所得金石、选字双钩，区分部类，汇为一书，编字概准《类篇》，凡与《类篇》依违离合，皆由精识，靡不适宜。"多年以来，吾一直以为翟氏为隶书而撰者仅《隶篇》而已，不意2008年底友人告知，网上出现一部翟云升稿本《隶样后编》，以朱、墨两色书于蓝格稿纸。吾甚起疑，

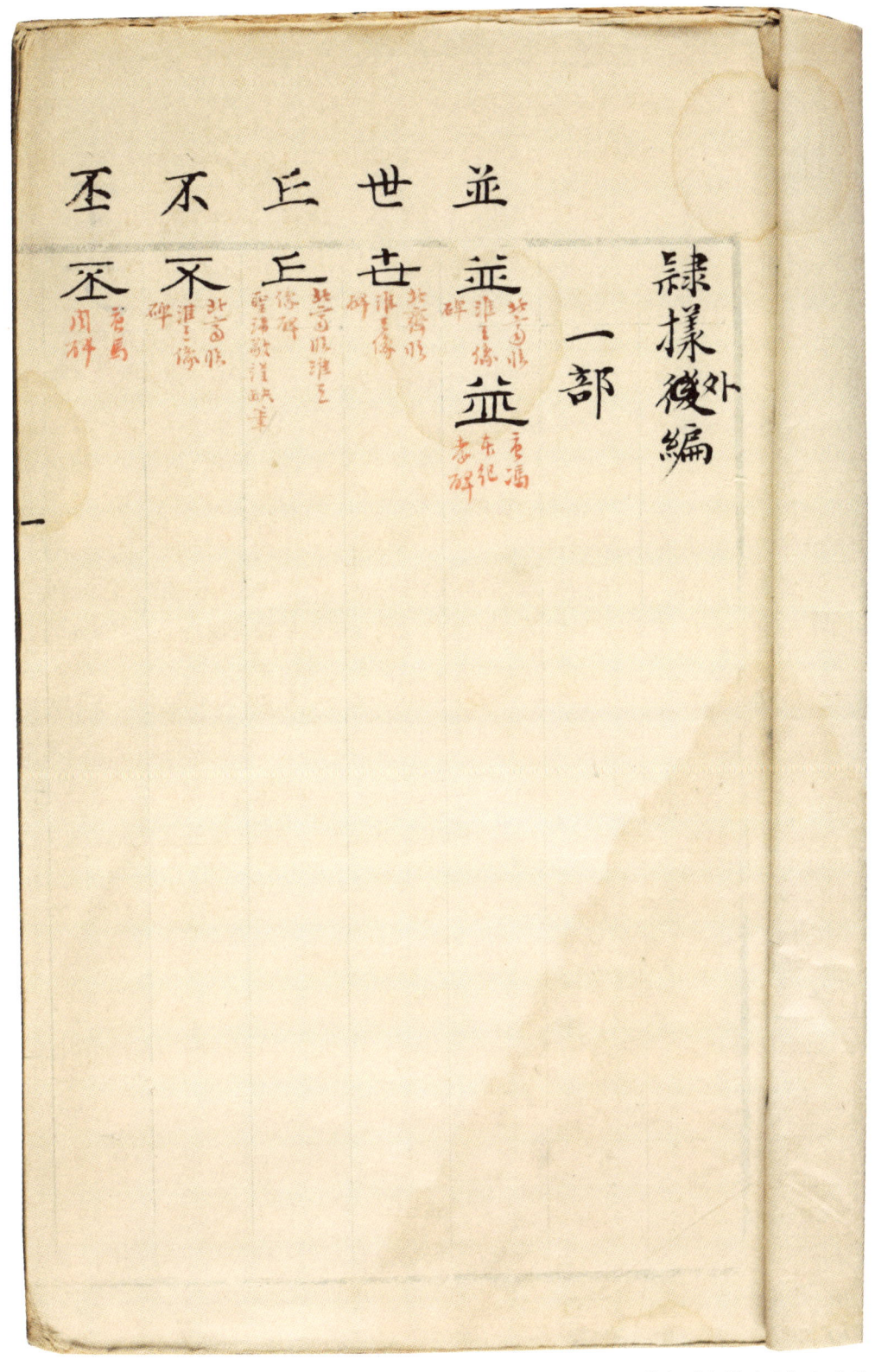

寒斋藏有《隶篇》三部，每部新书归来寒斋，吾皆会为其编目，查阅相关资料，翟氏资料已阅过数回，却不知其尚撰有《隶样》。后查北图《善本书目》，著录的确有翟云升所撰《隶样八卷》，吾即刻去电赵前兄，告其欲查书号（第10766号），四十分钟后赶到国图善本特藏部，此书已调出，为两函十六册旧装。开卷视之，从用纸到笔迹、行格等完全与吾在网上所见之图相同，原来此二者为同一部稿本，自道光至今，于递传中不知何时流散，惟北图所藏为正编，网上所示为外编。另网上所示之图中为毛装八册，吾猜测网上图片所示为原装，而国图所藏为由八册改装而十六册者。看来舜堂先生于《隶篇》之后不仅有续编、再续，的确又作此《隶样》，推想其著《隶篇》之续编、再续之因由，为不断有金石文字被发现，未知此《隶样》之出是否亦同此理。

彼时走出北图，心绪颇佳，盖因又知晓一件前所未知之事，并未想到网上所见之书日后会与吾有段因缘。两年后，网上所示之《隶样后编》现身于南京某拍场，底价八万元，既是未刊之孤本，吾何犹哉，当即委托南京友人代吾举牌，一举纳入囊中。书到之日，吾躲进书房翻阅半天，又有小发现：是书封面虽题为《隶样后编》，卷首第一行之"隶样后编"四字书名，却被墨笔将"后"字圈去，旁边改为"外"字，看来舜堂先生原订之题为《隶样后编》，书成后思虑再三，又改成《隶样外编》。按照古书书名依卷首书名之惯例，吾于芝兰斋书目中亦著录此书为《隶样外编》。

笪重光跋明刻本
《陶靖节集》十卷

《陶靖节集》十卷　（晋）陶潜撰　（明）何孟春注
　　明正德刻本　笪重光跋　一函五册 钤印：白鹿堂（白方）、许焞收藏（白方）、个是醇夫手种田（朱椭）、江上外史（朱方）

　　整理藏书至第五架，上下两层各有一部《陶靖节集》，一为民国七年上海中华书局石印六卷本，一为明正德年间十卷本。翻开正德本，首页序言下有"白鹿堂"白文大方印一方，上跟白文小方印"许焞收藏"，右上角有朱文章"个是醇夫手种田"，翻至卷首，亦钤有"个是醇夫手种田"及"许焞收藏"，卷末还有笪重光朱笔跋语一页，尾钤"江上外史"朱文小印。对此种种，吾居然头脑一片空空：既想不起此书何时得入寒斋，亦想不起此书从何而来，只依稀记得此书流传稀见，鲜有著录，忍不住将是书取出，试图再查证一番。

　　陶靖节即东晋陶潜，字元亮，入刘宋后更名潜，字渊明，号五柳先生，谥号靖节，著有《陶靖节集》，亦称《陶渊明集》，其中《桃花源记》《归去来兮》等

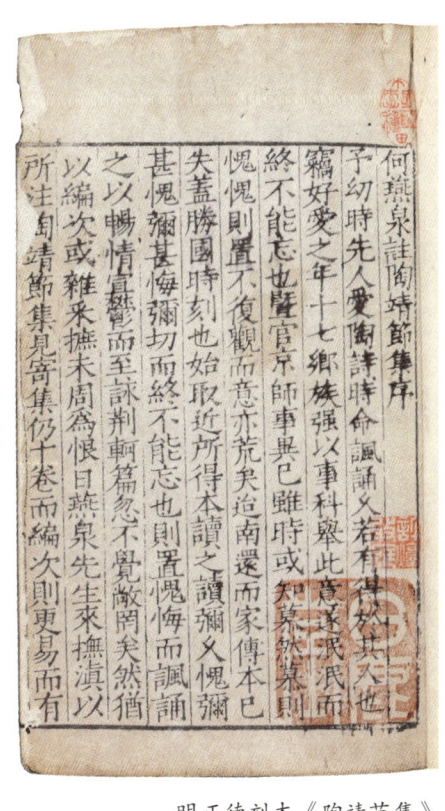

明正德刻本《陶靖节集》

123

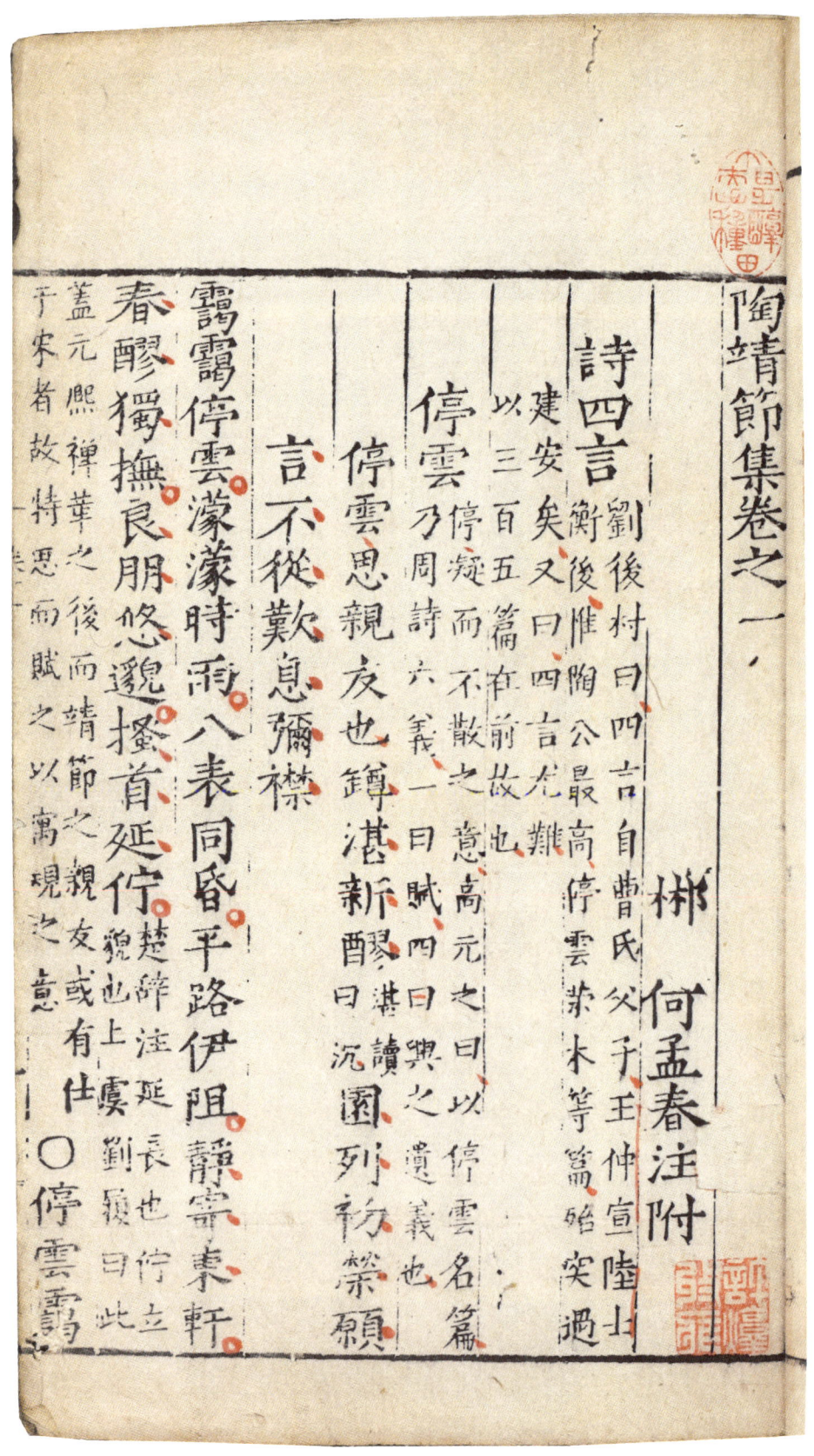

陶靖節集卷之一

郴 何孟春注附

詩四言

停雲

停雲思親友也罇湛新醪日沉園列初榮願

言不從歎息彌襟

靄靄停雲濛濛時雨八表同昏平路伊阻靜寄東軒

春醪獨撫良朋悠邈搔首延佇

停雲乃周詩六義一曰賦四曰興之遺義也

停疑而不散之意高元之曰以停雲名篇

劉後村曰四言自曹氏父子王仲宣陸士衡公最高停雲茆木等篇始突過

建安矣後又曰四言尤難以三百五篇在前故也

楚辭注延長也佇立也佇云劉瑗曰此

盖元熙禪革之後而靖節之親友或有仕

于宋者故特思而賦之以寓覬觀之意 ○停雲靄

《陶靖节集》十卷之卷首

名篇为吾上学时最喜诵读之文，二十余年过后仍能背诵。南朝梁昭明太子萧统曾于《陶渊明集序》中曰："余爱嗜其文，不能释手，尚想其德，恨不同时。故更加搜求，粗为区目。"可知萧统为陶集最早编定者。晁公武《郡斋读书志》载，萧统本《陶渊明集》为诗文七卷并以序、传及颜延之诔置卷首，共八卷，然是书流传过程中卷数时有增减，及至明清两代，笺注本纷出，版本亦不一。

由书上所钤藏章可知，此本曾归许焞架上。许焞字醇夫，又字纯也，号慕迁，浙江海盐人，生卒年不详，仅知为雍正元年（1723）进士，官编修，不久即乞归，闭门读书，致力于诗古文辞，曾与张莘皋、陈古民等讲论道学，一言一行皆准先民矩矱。许氏自其祖父许汝霖起即富藏书，至许焞则更甚，其藏书处有叙楼、慕迁斋及学稼轩，编有《学稼轩书目》，藏书印有"许焞收藏""个是醇夫手种田"及"许焞考藏"等。其人尤喜搜拾遗文，故所藏宋元未刻诸集多至百余种，兼"手自丹黄而甲乙之，可谓勤矣。"《海宁州志稿》还载其曾汇辑汉唐以下迄于清代之诗文各五十卷，每卷百页，名曰《文海》《诗海》，所著则有《慕迁斋诗文集》及《学稼轩诗文集》。

许焞于《陶靖节集》上钤印时，书上已有"白鹿堂"之印，然"白鹿堂"为何人，吾茫然不知，及至翻到卷末笪重光草书跋语时，更是苦不得解。吾一向不谙书法，对此草书跋语仅能勉强辨识出笪重光称此书为元刊，余则云隐雾遮。于书法释文方面吾最服膺者为艾君俊川先生，每遇不可解者，均向其求教，艾君亦有求必应，令吾多生感激。此番又有不解，正欲向其求助时，又觉自己如此频繁为其增添麻烦，颇有歉意，遂转向另一位从事拍卖之刘君求助。刘君旗下有几名干将，其中吾甚属意谭兄，几次提及可否割爱，然其为刘君最得意者，立拒，且动之以情，晓之以理，更以"君子不夺人之爱"为说辞。吾思之再四，亦觉此种行径非丈夫所为，只好做大度状。

图片以电邮方式发去未久，刘君即以手机短信告吾释文："陶渊明集十卷，余得于吴门。虽非初印及纸张稍红，然究是元版佳本，较之汲古阁所翻宋本，相余之远何啻天壤耶？康熙甲寅春仲江上外史笪重光"。笪重光（1623—1692）为清代书画家，字在辛，号君宜，亦号逸叟、蟾光、江上外史、郁冈扫叶道人等，江苏句容人。顺治九年（1652）进士，曾巡按江西，后以劾明珠去官，隐居茅山潜心修道。其人工书善画，精古文辞，与姜宸英、汪士鋐、何焯并称为"清初四大家"，亦称"帖学四大家"，著述有《书筏》及《画筌》。其中《画筌》以骈体文写成，由于行文流畅，章辞至妙，兼近如歌诀，故便于欲学者记诵。是书大约成于康熙十九年

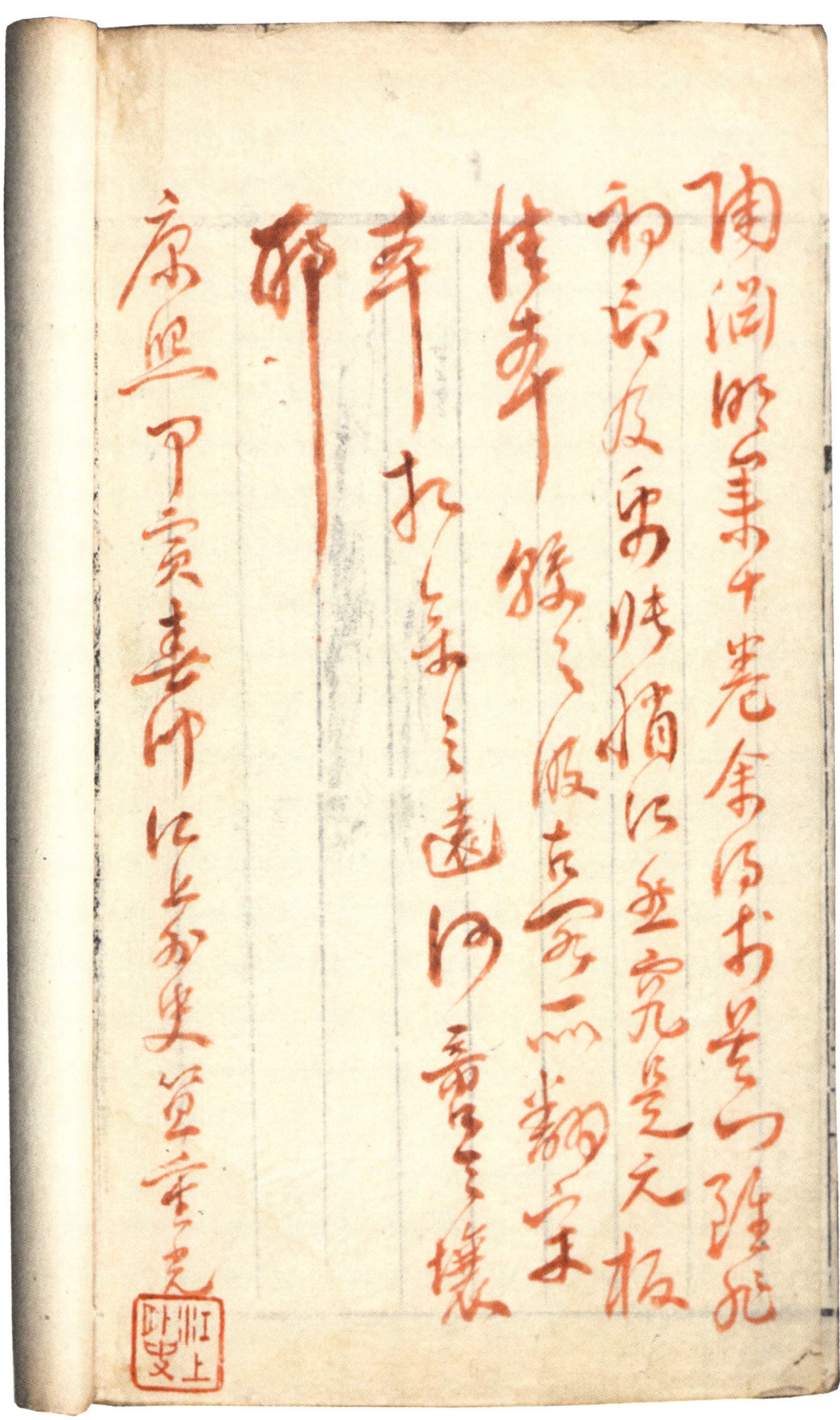

《陶靖节集》十卷之笪重光跋

（1680）之前，据说为病后索居深山时所作，还曾与当时著名画家王翚、恽格讨论是书，二人皆赞之。近人余绍宋亦曾评价此书，称其"所论画法俱极精微透澈，实为习画者不可不读之书"。

笪重光于书画造诣甚深，于藏书却见识有限，其言是书为"元版佳本"委实错矣。是书卷首第二行写明"郴　何孟春注附"，何孟春（1474—1536），字子元，号燕泉，湖南郴州人氏，明弘治六年（1493）进士，《明史》列传称其"少游李东阳之门，学问该博"。试问明人所注之书，如何会是元刊。是书十行二十字白口四周单边，查《善总》著录为明正德刻本。吾遍查案边各家书目题跋，著录此本者极少，仅《邵亭知见传本书目》中载有一行"明正德刊本，十行二十字，白口，四周单栏。有陈察、何孟春序，又何氏自跋。"另叶德辉《郋园读书志》略有记载："《陶靖节集》十卷，明何孟春注，正德癸未刻白口本。半叶十行，行二十字。《四库全书总目》集部别集类未著录，亦未存目，盖当时馆臣未见，疆吏亦未採进也。此书自来藏书家书目均不载，近惟莫友芝《邵亭知见传本书目》有此本。又有嘉靖癸未刻本。盖前明两次校刻，不知流传何以如此之稀，岂当时印本均不多耶？……是不独四库馆臣不知有是集，即修《明史》诸臣均不知有是集也。"

读此段义字吾疑惑更深，叶德辉据何以判断此书刊于正德癸未年间？然明代正德自丙寅至辛巳十六年，中间并无癸未，当是郋园笔误。而笪重光跋本中又何以称此书为"元版佳本"，笪氏或是按序言落款为依据者。此书前有张志淳序，落款"大德庚辰八月"，目录后有何孟春第二序，落款为"大德戊寅阳月"，卷十后刻有何孟春跋，落款亦为"大德戊寅"，然元成宗铁穆耳大德年号计有十一年，其中并无"戊寅"年，再细审三处年款，均钤有藏印，此种钤印方式非合制式，用放大镜观其细部，终于看到破绽：三处"大"字均为剜后填改者。再查历史年表，恰明正德十三年为"戊寅"年，斯事至此大明：书商为将此书射得高价，故将明代正德年号之"正"字，一律剜改为"大"，以此冒充为元版，不知以何等高值售于笪重光。而笪氏或以得此不见著录之本，甚为高兴，而作跋语一篇，一时疏漏，未核年号，而受书贾之愚。

但笪氏书法作品吾见过多幅，均与此字迹不类，以往吾所见者均为臂窠大字，此草书小字吾为首次得见，不能确定是否确为重光真笔。以此书请教数友，言真言假各半，终不能定，或为书贾一并作伪亦未可知。然无论笪重光跋语真伪如何，此陶集之正德本于今日而言，亦属难得之物，虽为剜改作伪之本，然查得此书之原曲，亦可为得书之一乐。

陈壿、陈浴新跋知不足斋钞本《宣靖备史》四卷

《宣靖备史》四卷　（明）陈霆撰

　　清知不足斋钞本　陈壿、陈浴新跋　一函一册

　　钤印：知不足斋钞传秘册（阴阳印）、湘隐草堂（朱方）、西畇草堂藏本（朱方）、仲遵（白方）、仲遵（朱文连珠印）、秘本（白方）、西畇居士（朱方）、陈壿私印（白方）、山光塔影楼（朱方）、西畇耕者（白方）、村南烟舍（朱方）、陈浴新印（白方）、安化陈浴新氏收藏金石书画（蓝方）、安化陈浴新藏（白方）、浴新之印（白方）、安化陈氏（朱方）、陈氏家藏（白方）、恩林之印（白方）

　　徽宗皇帝崇宁元年秋七月，以蔡京为尚书右仆射兼中书侍郎。京，闽人。父准，少时每出入，则见二人于马首或肩舆之前，问之从者，皆无所觐，甚骇焉，久之亦不复惧。庆历四年京生，而一人灭；又二年生卞，乃俱不见。元符末都城童谣有"家中两个萝卜精"之语，指京、卞也。士大夫因以卜二人用世，必为国祸。及是相京。制下，中外大骇。是日赐坐延和殿，命之曰："神宗创制立法未尽施行，先帝继之两遭帘帷变更，国是未定，朕欲上述父兄之志，历观在廷无可任者，今朕相卿其可以教朕。"京顿首曰："愿尽死"。

　　此为《宣靖备史》卷一之首段，述北宋权相蔡京之升迁，兼叙以民间传言。是书记载北宋宋徽宗崇宁元年（1102）至宋钦宗靖康二年（1127）之事，盖以拾宋史之遗，摭宣靖之详也。其内容大率有方士奸臣之误国、女

蔡京

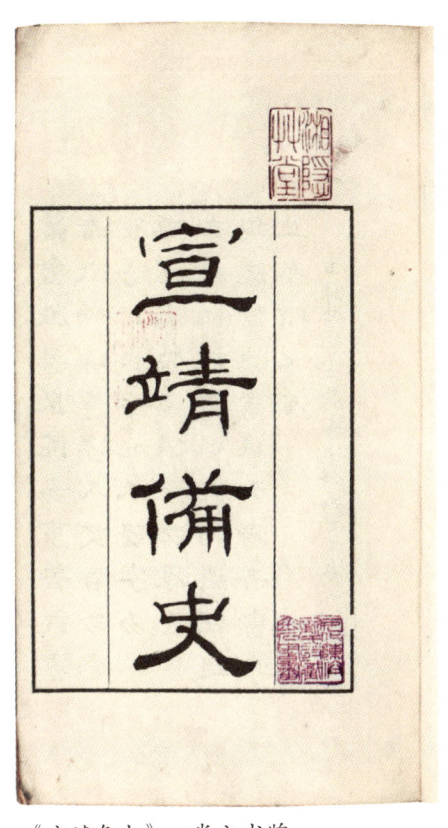

《宣靖备史》四卷之书牌

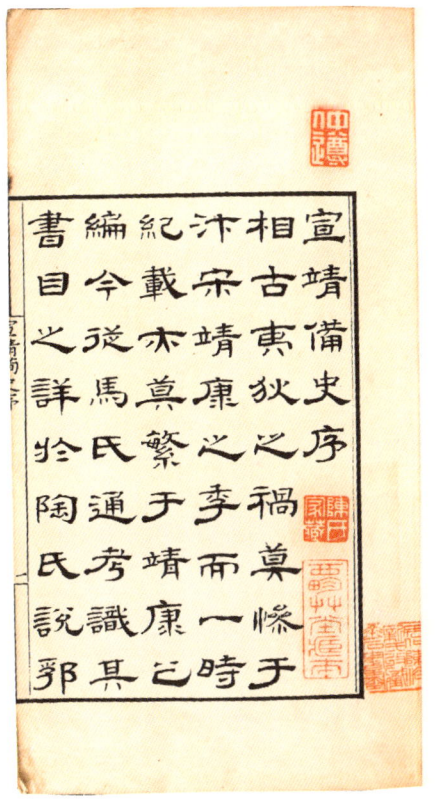

《宣靖备史》钤有陈增藏印多方

真入侵及北宋灭亡之惨痛，书名则取自"宣和""靖康"之年号，卷前有作者陈霆自序，言"嘉靖癸卯秋八月吉旦，陈霆声伯书于水南书院"，以说明成书时间及地点。陈霆字声伯，号水南居士，浙江德清县人，弘治十五年（1502）进士，致仕后归隐渚山约四十载，曾为水南书院山长，为人耿直，著述颇丰，其中《渚山堂词话》为明代词学著作之佳作。《宣靖备史》，《四库》未收，其他藏书家目录亦鲜有提及，手边资料仅查至《续四库提要三种》杂史类略有记载："明陈霆撰。霆有《唐余纪传》，《四库》已列《存目》。是编以祸变莫惨于靖康，纪载亦莫繁于靖康，而《南烬纪闻》《窃愤录》《宣和遗事》诸书，或失之野，或失之诬，因蒐罗散佚，略仿《纲目》，别为编次，起徽宗崇宁元年，讫钦宗靖康元年，凡二十有六年，据事提纲，列条疏目，附以论断，大旨为北狩之张本。……此江南图书馆所藏钞本，前有嘉靖癸卯自序，盖成于二十二年也。"

从写作方式来看，是书开篇即奠定全书氛围，满纸怪力乱神之语，一卷未终而地涌灵芝、红光照室、鬼媪出没以及画像流泪等迭出，称其为野史中的野史，未为过矣。《续四库提要三种》尚有评价陈霆著述之语："霆书如《唐余纪传》及《两山墨谈》，诗论每涉偏驳，故《提要》俱入《存目》。此书（指《宣靖备史》）较平允，而《提要》未收，殆未之采及耳。"《宣靖备

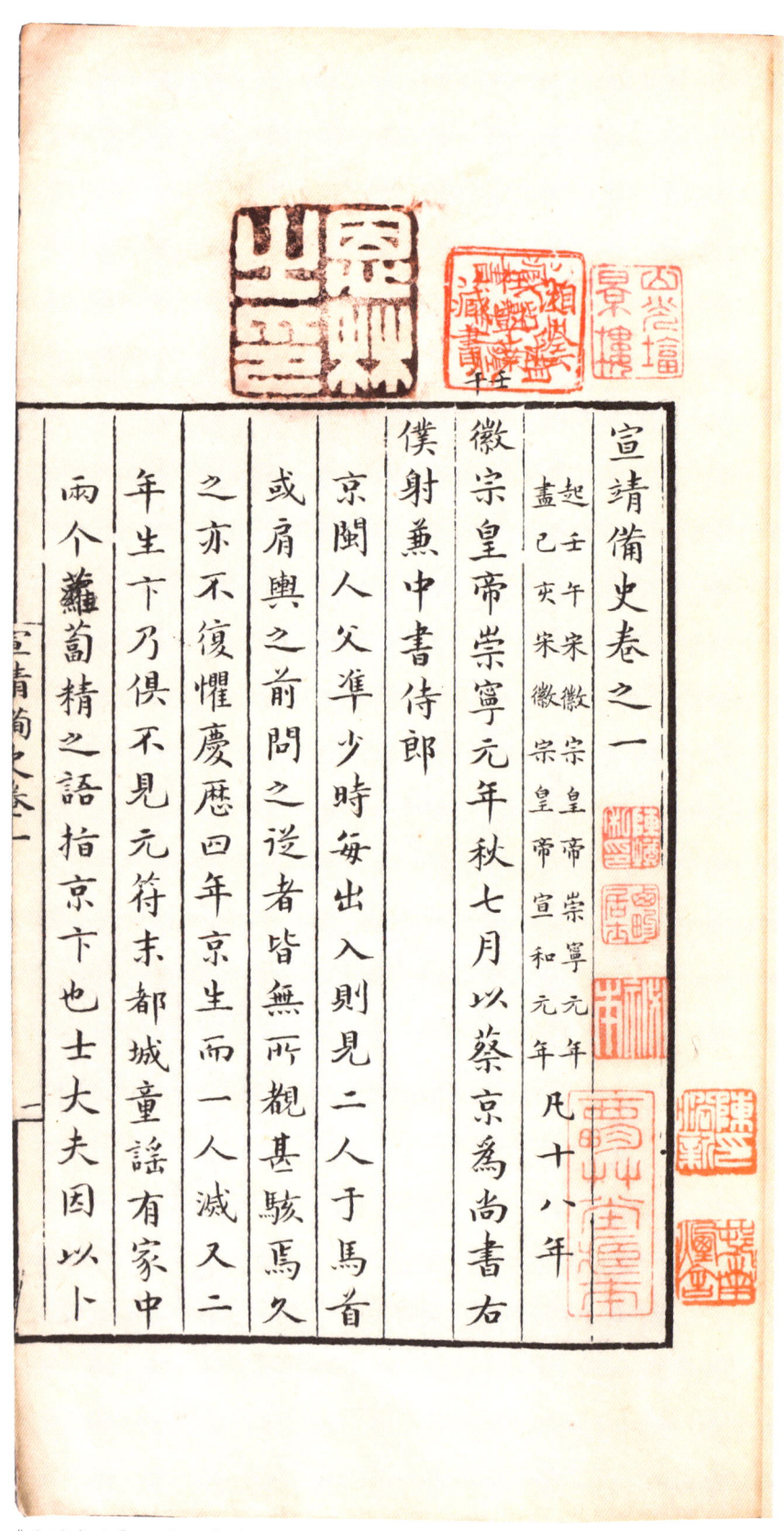

宣靖備史卷之一

起壬午宋徽宗皇帝崇寧元年
盡己亥宋徽宗皇帝宣和元年凡十八年

徽宗皇帝崇寧元年秋七月以蔡京爲尚書右
僕射蒹中書侍郎

京閩人父準少時每出入則見二人于馬首
或肩輿之前問之說者皆無所觀甚駭焉久
之亦不復懼慶曆四年京生而一人減入二
年生下乃俱不見元符末都城童謠有家中
兩个蕭薔精之語指京卞也士大夫因以卜

《宣靖備史》四卷之卷首

史》一书如此神烟道氲尚得"平允"之判词，可推见前二书偏驳之甚。

该书自陈霆著成以来，向以钞本流传，民国二年（1912）南昌胡氏问影楼曾将之付梓，然今亦鲜见。查《善本总目》，计有五家公馆收藏，皆为清钞本。吾之所藏虽亦为清钞本，然是知不足斋钞本，兼有陈墫及陈浴新题跋，实可宝也。是书2010年11月现于泰和嘉成拍场，戋戋一册而底价十五万元，可见卖家以其为知不足斋精钞本及陈墫跋语故，对是书颇有信心，故叫价如此之高。

跋者陈墫为清中期藏书家，字复初，又字古衡、仲遵，号苇汀、西畇，别署南湖花隐，江苏吴县人，生卒年不详。工山水，嗜古书，与当时藏书家多有交游。《荛圃藏书题识》中多处记载其与黄丕烈之过往，《清稗类钞》则见其与张廷济之过往，傅增湘、王文进、缪荃孙等人题跋中亦散录仲遵跋语，载其与当时藏书家借书抄书校书之事。其著述非多，有《西畇寓目编》十一册，以稿本流传。此稿曾归嘉业堂，缪荃孙识曰："白隄花隐手集。长洲陈仲遵所藏也。仲遵名墫，号苇汀，所居曰西畇草堂，嗜古书，复爱书画。此其手稿，未分卷，起宋元，讫国初，名人皆备焉。"

仲遵藏书处为西畇草堂、晚翠轩、山光塔影楼，藏印亦多。寒斋所藏此本前后钤有陈墫藏印有："西畇草堂藏本""陈氏家藏""仲遵""秘本""西畇居士""陈墫私印""山光塔影楼""西畇耕者"，其跋曰："此书世鲜传本，渌饮先生从水南氏手稿录出见赠，自当宝之。嘉庆纪元壬申王正。西畇誌。"此跋志于是书最后一页，跋前尚有"知不足斋钞传秘册"藏章一方。鲍廷博精钞此书却不刊入《知不足斋丛书》，实有因也。盖此书多载女真暴行，而清朝乃女真后裔，此书于鲍氏当时应属禁书，故鲍氏惟有精钞而不敢印行。《续四库提要三种》指此书"《提要》未收，殆未之采及耳"，恐当时亦无人敢进呈矣。

是书卷首尚有陈浴新蝇头行书长跋两页有余，其跋叙及该书内容、评论，以及作者、跋者之生平，文末言："是书钞本外间所未见，而水南陈氏之原稿，现亦不知尚在否，故此钞本，意可视为希世之珍。至其钞法，确为藏书家之所钞，板心有黑口白口两式，而黑口尤为美观，此书可称为黑口本，于其中间详书书名及卷数，而于其下则又详著口数，与精本无异。现时影印盛行，如将此书影印流布，无须再以钞校，且原本亦无损碍，书林乐乎？愿与藏家商之。……公元一九五〇年十一月三日安化陈浴新识于长沙南极里二号。"文末钤有"浴新之印"及"安化陈氏"。

陈浴新（1893—1971）之名吾乃首次寓目，查手边资料一无所得，不得已上网

《宣靖备史》之陈鳣题记

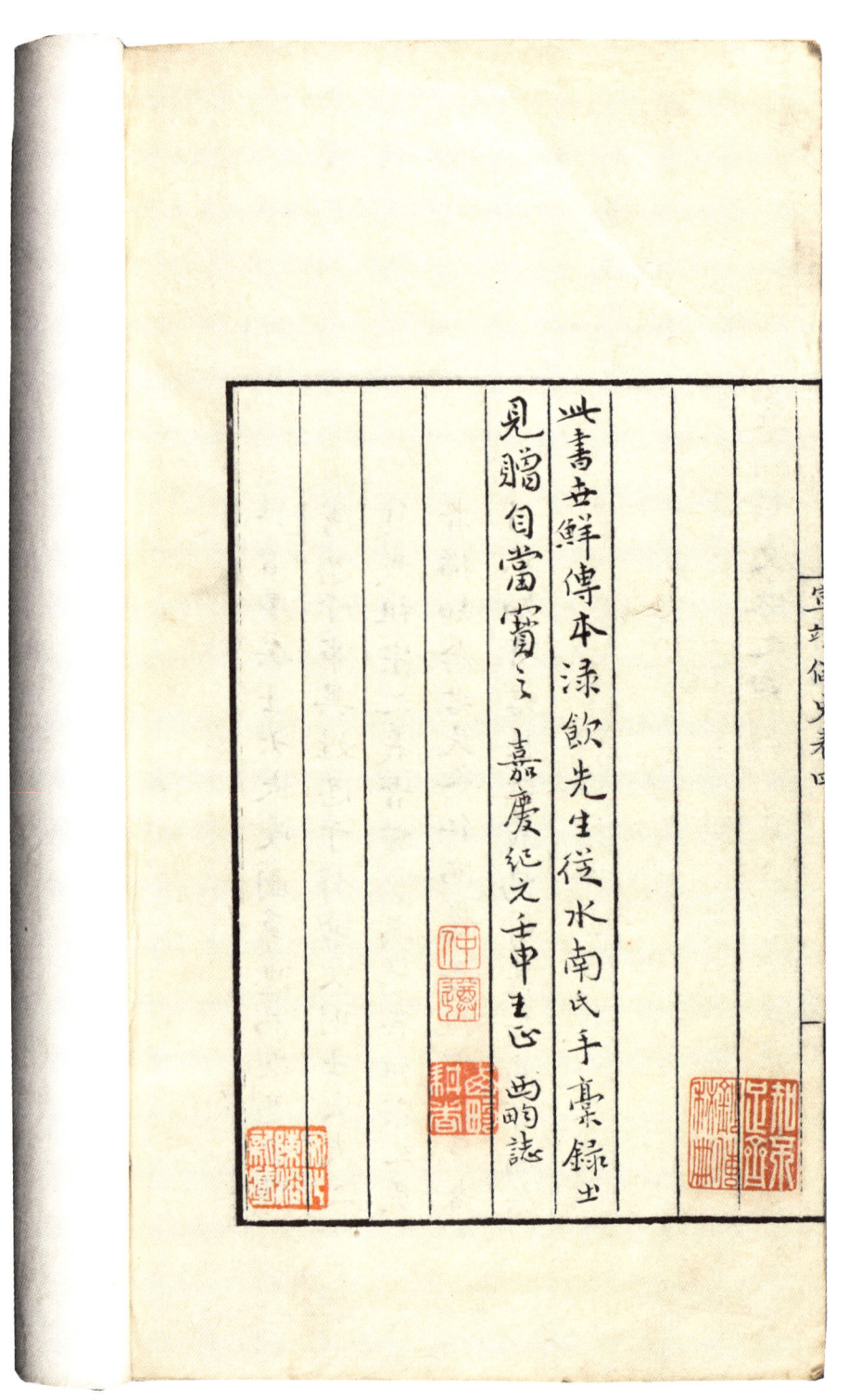

此书岳鲜传本漆饮先生徙水南氏于栗录出见赠自当宝之 嘉庆纪元壬申正月西眙诚

《宣靖备史》之陈鳣题记

不得斋钞本《宣靖备史》之陈浴新题记……

《宣靖备史》之陈浴新题记

搜之，始知为湖南安化人，幼读乡塾，课诗书，兼习武，后为黄埔军校战术教官，国民党陆军中将，曾参加两次东征。1949年之后，陈浴新参与长沙和平解放，被聘为湖南人民军政委员会顾问、湖南军区高参，协助四十七军解放湘西。虽从军多年，其内里却是位文人，通晓日文及德文，酷爱藏书，精通版本目录，晚年将所藏书籍分装三大船，由安化老家运至长沙，全数赠予湖南大学图书馆，后由湖南大学图书馆调拨至湖南师范大学图书馆。1950年至1957年之间，其任湖南省文物管理委员会副主任，不仅派人员至各地征集文物，还派专人驻守造纸厂、冶炼厂及废品仓库，抢救被人视为"破铜烂铁"之文物，据不完全统计，此段期间所保存之线装书约一百万册，古代及近代文物资料七千余件。

今时于互联网上搜索陈浴新资料，泰半为"亦文亦武为报国"之怀念文章，且多冠以"革命党人"之称，仅角落里透出一丝异音——《文物》1957年第八期目录显示，最后一篇四人合写之文章名为《揭露文物工作队伍中的右派分子陈浴新的丑恶面目》，此文虽无法详阅内容，却可由此略窥其文物征集工作为何至1957年即告停止。一位贫寒家庭出身、向往革命、由国民党转为共产党的军人，在1957年6月反右开始之后经历过什么，吾无由得知，只知其1959年国庆日曾写下一首七律略述心怀："神州赤县今才赤，战血玄黄不可言。星火燎原开世界，倚天抽剑截昆仑。过时人物大江水，此日劳模众妙门。飞跃十年登衽席，每依北斗感殊温。"可见，陈先生仍然相信那个世界。

林佶跋绿玉斋钞本
《宋纪受终考》三卷

《宋纪受终考》三卷　（明）程敏政撰

明崇祯绿玉斋钞本　林佶跋　一函一册

钤印：晋安徐兴公家藏书（朱方）、鹿原林氏藏书（朱方）、郑氏注韩居珍藏记（朱方）、云轮阁（朱方）、徐兴公（白方）、徐𤊹之印（白方）、珍藏宝玩、郑杰之印等

《四库全书总目提要》卷八十九著录有《宋纪受终考》，为汪如藻家藏本，曰："明程敏政撰。敏政有《宋遗民录》，已著录。其《篁墩集》中有《宋太祖太宗授受辨》一篇，专辨僧文莹《湘山野录》诬太宗烛影斧声之事。末自注云，犹恐考核未精，故别成是书。然观文莹所言，实无所确指，徒以李焘《长编》误解文莹之言，遂成疑案耳。宋濂、黄溍始首辨其诬，敏政是书，又博采诸书同异，一一为之辨证，然仍宋、黄二家之绪论也。"

此提要述及程敏政成此书之缘由，未为详也。程敏政（1445—1500）字克勤，中年后号篁墩，安徽休宁人，成化年间（1465—1487）进士，由编修历左谕德，后任东宫侍讲。《明史》称其"才高负文学，常俯视侪偶，颇为人所疾。"著有《明文衡》

《宋纪受终考》之徐𤊹、林佶、郑杰藏书印

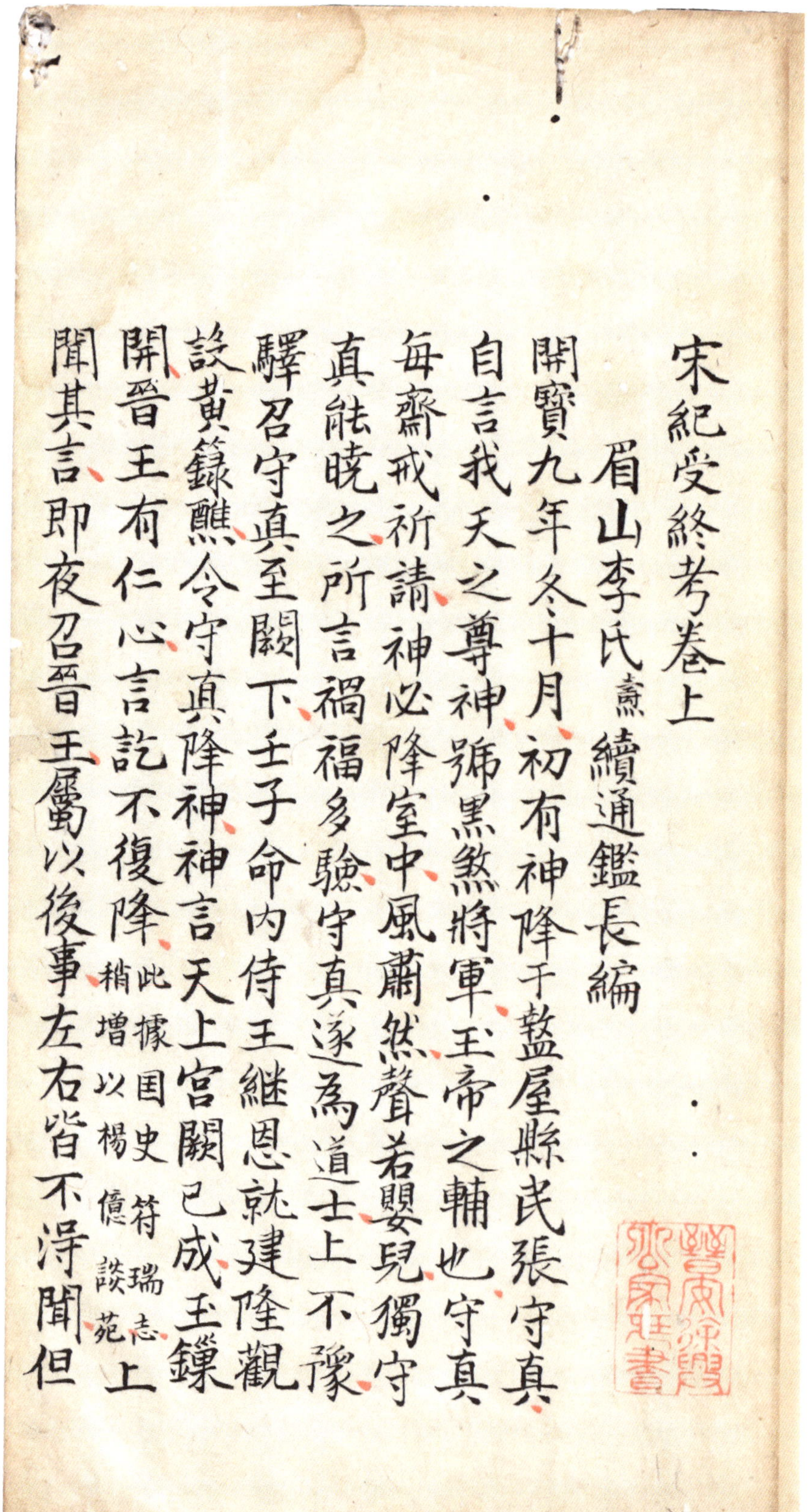

宋紀受終考卷上

眉山李氏齋 續通鑑長編

開寶九年冬十月初有神降于藍屋縣氏張守真
自言我天之尊神彌黑煞將軍玉帝之輔也守真
每齋戒祈請神必降室中風蕭然聲若嬰兒獨守
真能曉之所言禍福多驗守真遂為道士上不豫
驛召守真至闕下壬子命内侍王繼恩就建隆觀
設黃籙醮令守真降神神言天上宮闕已成玉鑕
開晉王有仁心言訖不復降稍增以楊億談苑上
聞其言即夜召晉王屬以後事左右皆不得聞但

《新安文献志》《宋遗民录》及《篁墩集》等。此《宋纪受终考》内容分上中下三卷，前有程氏自序，落款为成化十三年（1477）。该书内容多为抄撮《续资治通鉴长编》《湘山野录》《史纂通要》等书中有关宋史部分，以证其言。末有弘治四年（1491）程敏政门生戴铣所书"书后"，其内容详述程氏成书之起因，故特录原文如下："唐临湖之举，宋烛影之传，盖两朝大事也。要之，亲同位同而迹异，简策具载，本无可疑。然临湖事至《朱子纲目》而定。我朝成化初诏续《纲目》，篁墩先生实预纂修于宋烛影事，有不得尽白者，因别为一编，羽翼正论，名曰《宋纪受终考》，援据辨析，凡胡、陈、杨、贝之说一洗而空之，数百年公案判于一旦，先生之与先正盖异论而同功矣。然考太宗之御家，较之文皇，殆无甚远，而才不及焉，其负太祖良多，后来之过，先生固不谓无也。编成既久，家居，复汇正如右，授铣读之，铣因请而锓梓，且借识末，简以谂观者云。弘治四年岁次辛亥春三月朔旦门生婺源戴铣拜书。"

查《善本总目》，是书著录有清味书轩钞本，以及明弘治四年（1491）戴铣

徐㷆、徐熥读书处荆山精舍旧址新建

刻本，该刻本为十行十九字黑口四周双边有刻工。今清味书轩
钞本藏于中科院考古所，戴铣刻本则仅国图与福建省图两家有
藏，流传可谓稀见。吾之所藏为旧钞本，卷末有墨笔"崇祯癸
酉年阳月绿玉斋抄录"一行，钤"徐𤊹之印""徐兴公"白
文印两方，可知其为明末藏书家徐𤊹之家钞本。徐𤊹（1570—
1645）字惟起，一字兴公，自号鳌峰居士、绿玉斋主人、读易
园主人等，福州人氏，其父徐子瞻曾为校官，亦为藏书家，插
架万卷有余，徐𤊹受其父影响，十余岁即学写题跋，以读书
为乐，室名红雨楼、绿玉斋、汗符斋等，尝云："得一僻书，
识一奇字，遇一异事，见一佳句，不觉踊跃，虽丝竹满前，绮
罗盈目，不足喻其快也。"其一生藏书七万余卷，中多宋元秘
本。张燮曾于《寿徐兴公先生六十一序》中云："君于书无所
不蓄，凡古来篇目，世间所不甚经见，而君饶收之，有携旧书
求鬻者，君即乏甚，必典衣以偿，故献书者辄归君。"其著有
《鼓山志》《易旁通》《武夷志》《榕城三山志》《闽南唐
雅》及《笔精》等十余部，然流传皆不多，其中最著名者，当
为仿郑樵《通志·艺文略》、马端临《文献通考·经籍考》体
例而成之《红雨楼书目》，是书以四部分类，多载集部，行文
生动活泼，真情与痴态并露，如跋《丁鹤年诗》云："万历戊
戌岁，偶得寒疾，乍起栉沐，体犹委顿，忽有持《丁鹤年诗》
来售，余捐药债购之。据床吟诵一过，倏然病已，因记之。"

　　吾喜徐𤊹，不仅因其爱书之痴，亦因其开明之举，主张
"传布为藏"。其之所藏虽不外借，却允许士子前来阅览，并
备茶以奉。其言："贤哲著述，以俟知矣。其人以借书来，是
与书相知也；与书相知者，则亦与吾相知矣，何可不借？"
又言："来借者，或蓄疑难，或稽异同，或补异简，或搜奇
秘"，此皆为善事也，遂乐为借阅。兴公一生布衣，家境亦非
富有，七万余卷藏书既有家传、搜购、友赠者，亦有传抄及自
己刻印者。彼时与兴公来往者，皆藏书大家也，如钱谦益、毛
晋、谢肇淛等。其中谢肇淛为其外甥，常举书相赠；毛晋如有

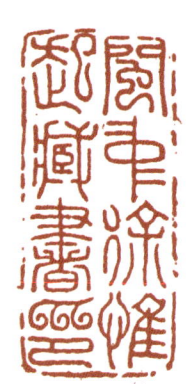

徐𤊹藏书印

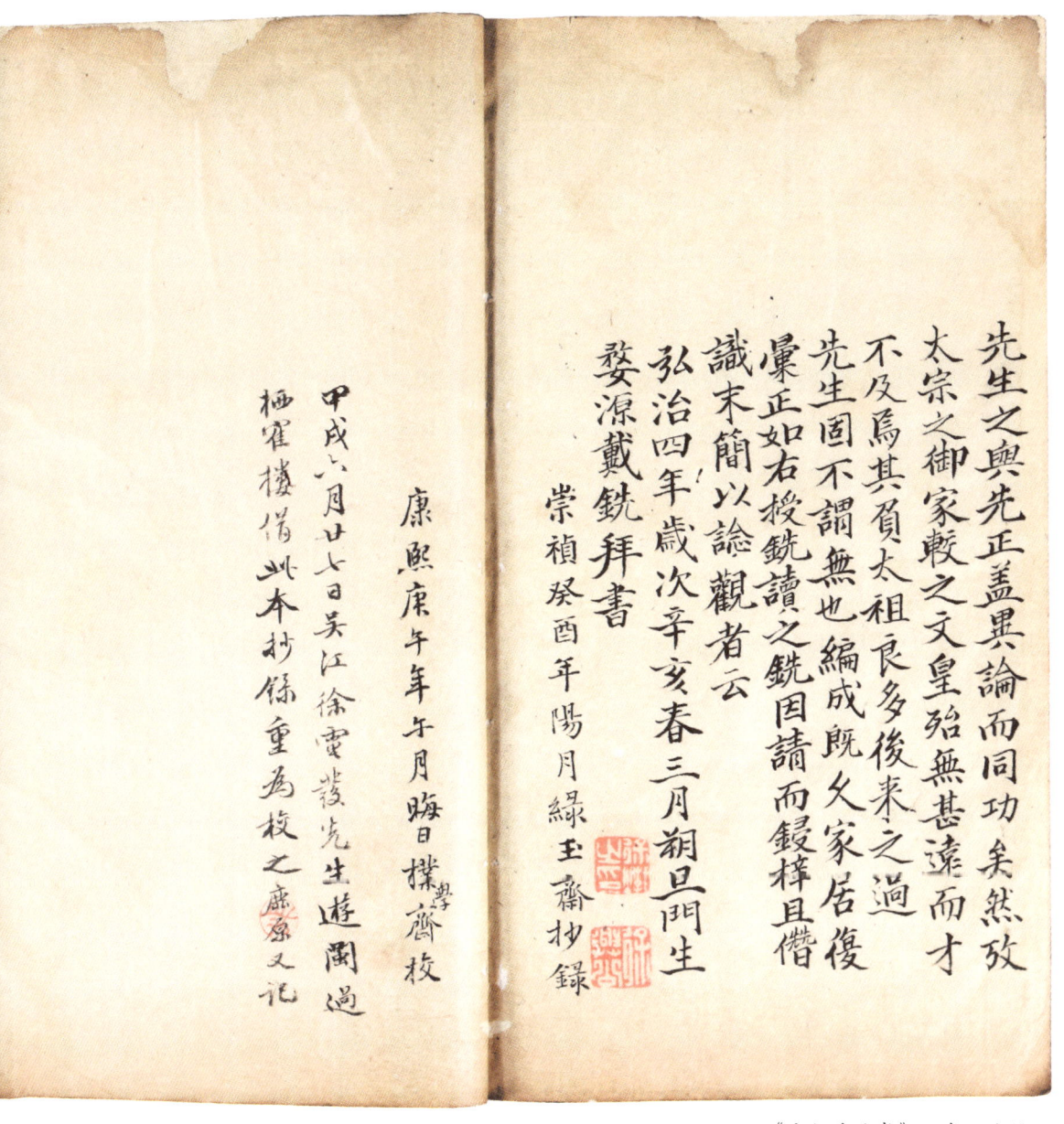

《宋纪受终考》三卷之林佶跋

新刻之书，亦常寄赠；钱谦益《历朝诗集小传》则曰："崇祯己卯，燉偕其子访余山中，约以暇日，互搜所藏书，讨求放失，复尤遂初、叶与中两家书目之旧"。兴公所钞之书多讲究底本，或为江浙故家之秘籍，或为稀见之古本。此《宋纪受终考》当即抄自明弘治四年戴铣刻本，盖因其行格为十行十九字，与戴铣刻本相同也。

　　今人知徐燉之名多因《红雨楼书目》，其藏书楼亦以红雨楼最为知名，绿玉斋则知者略少。红雨楼为其父所筑，乃徐燉与其兄徐熥少时读书、作画、吟诗之所。绿玉斋又名绿玉山斋、绿玉山房，最初由徐熥下第还乡所建。徐熥字惟和，号幔亭，与燉俱擅才名，享誉乡里，著有《幔亭集》《晋安风雅》等，其中《幔亭集》中有《陈伯孺兄弟水明楼春宵听雨歌》提到："我家有斋名绿玉，斋前种得千竿竹。君家亦有水明楼，半亩方塘山影流。"徐熥虽才高性爽，却惜其不寿，三十九岁即病卒他乡。徐熥过身后，绿玉斋归徐燉所承。徐燉故后，藏书尽归其次子徐延寿，及后清军攻陷福州，徐家尽被清军所占，徐延寿自此居无定所，藏书亦逐渐散出。康熙元年，徐延寿于贫病交加中去世，所藏之珍本秘籍散失殆尽。昔日之藏书楼绿玉斋经清军侵占若干年后沦为尼庵，最后并入鳌峰书院考棚。

时隔三百余年，戴铣刻本已属罕见，徐燉钞本更是难得，吾流连拍场近廿年，徐燉钞本亦仅遇此一回，二美并于一身，岂可不收乎！2010年秋，此书于嘉德拍场以八万元底价上拍，彼时未见原书仅观图录，吾已意属之，待预展时细审此书，观其前后钤印累累，计有晋安徐兴公家藏书、徐兴公印、徐燉之印、鹿原林氏藏书、郑氏注韩居珍藏记、云轮阁、珍藏宝玩、郑杰之印等，知其曾经林佶、郑杰、缪荃孙等名家递藏，卷末除徐兴公墨笔尾跋，尚有林佶跋语二则，一为"康熙庚午年午月晦日朴学斋校"，二为"甲戌六月廿七日，吴江徐电发先生游闽，过栖鹤楼，借此本抄录，重为校之。鹿原又记。"待归家再查资料，于傅增湘《藏园群书经眼录》卷四、史部二查得该本，其著录云："明写本。有程氏自序，戴锐（韦按：此处应为"铣"）后序。后有林佶跋。钤有明徐燉、清林佶及郑氏注韩居各印。（缪荃孙遗书。壬戌）"。凡此种种，皆令吾欣喜不已，必欲得之而后快。林佶与郑杰皆为福建籍藏书家，二者之藏书精神皆深受徐燉影响，是书之递传不仅为书籍本身之递传，亦是藏书精神之递传，于吾而言，前贤光照，二者皆当延之。

林佶字吉人，号鹿原，别署麓子、鹿原学者、紫微内史等，生于顺治十七年（1660），卒年不详，康熙五十一年（1712）进士，授内阁中书，善篆隶楷法，文师汪琬，诗从陈廷敬、王士祯，室名朴学斋、鹿眠庵、荔水轩、长林山庄等，著有《朴学斋诗文集》《朴学斋小记》。鹿原先生本为清初著名校勘家，然今人知其名，却多因"林佶四写"而非藏书及学问。所谓"林佶四写"，即其为汪琬《尧峰文钞》、陈廷敬《午亭文编》、王士祯《渔洋山人精华录》及《古夫于亭稿》手书上版者，此四书写刻印俱佳，能传林佶小楷之精妙，尽展清初写刻本之气度，为清代写刻本中最著盛名者。鹿原极仰慕乡前贤徐燉，不仅尽一切所能收集徐燉旧藏，其藏书观亦与徐燉相同，绝不闭楼死守，若有需者，皆开架请观之，徐乾学刻《通志堂经解》及朱彝尊选编《明诗综》皆曾前往林家查阅、传抄。康熙二十九年

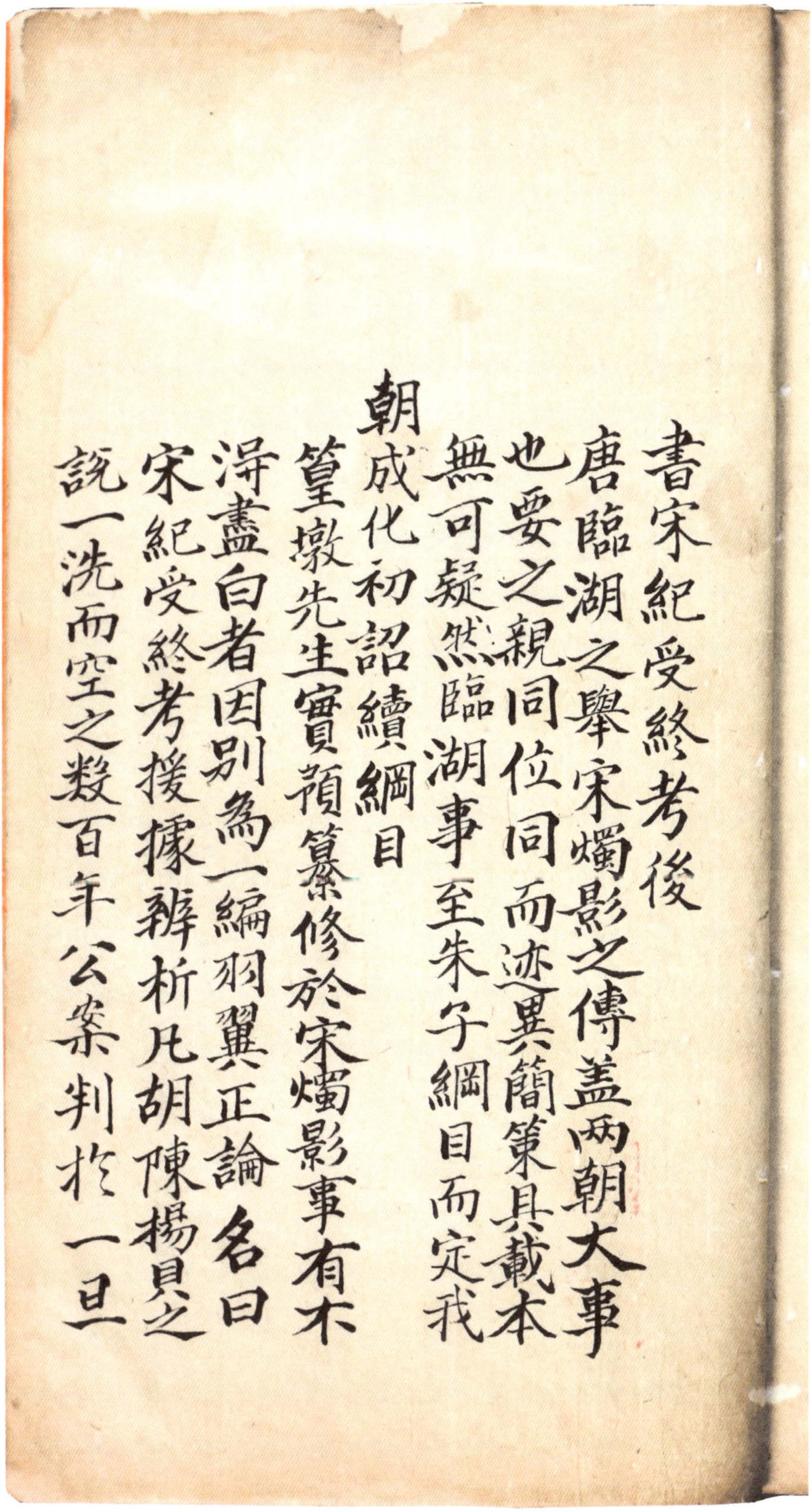

書宋紀受終考後

唐臨湖之舉宋燭影之傳蓋兩朝大事

也要之親同位同而迹異簡策具載本

無可疑然臨湖事至朱子綱目而定我

朝成化初詔續綱目

篁墩先生實預纂修於宋燭影事有木

浮盡白者因別為一編羽翼正論名曰

宋紀受終考援據辨析凡胡陳楊貝之

說一洗而空之數百年公案判於一旦

（1690），其书法盛名传遍巷陌，有人欲向其索书法，鹿原开出之条件居然是请索字者购徐𤊹旧藏《礼经》以为润笔，足以见其喜爱徐𤊹之甚。在其影响下，其子正青亦喜藏书，某日购得徐氏红雨楼藏书五十余种两千余册后，抄录书目及题跋寄至京城，鹿原先生得讯大喜，当即洋洋洒洒写下四百字之长诗寄语正青。为使乡先贤之旧藏不致散失，鹿原先生还不惜变卖家产以充资，《朴学斋稿》中有载曰："某海陬贱士，荒学无状。年来过不自量，购求儒先集录，毋虑数千卷，几复鳌峰徐氏之旧，而家亦缘愈贫。荔水庄池，半属他姓。"

然而藏书总为聚散事，鹿原故后，所藏亦于身后逐渐散出，其中一部分被同为福建藏书家郑杰所得。郑杰字昌英，又字人杰，一字亦斋，生于乾隆年间，潜心稽古，无意科举。因自幼喜读韩愈诗文，郑杰于乾隆四十五年（1780）合邑人方崧卿、魏仲举诸家，对所藏韩愈之诗文广为辑注，注就《昌黎文集》二卷，凡易五寒燠尚未脱稿，故颜其斋曰"注韩居"，自号"注韩居士"。其对书之痴迷，于鳌峰书院受业期间即展现无疑，曾将父亲素日所给之零用钱，以及书院发给优等生之膏火银，全部用于翻刻家藏之《尔雅郑注》《说文字原》及《隶书正讹》等七种善本。而在科举盛行之清代，大多数书院学子皆将功名视为首任，郑杰之举颇令时人不解。

郑杰藏书极为在意乡贤故物，于闽中文献尤为珍视，每获一碑版卷轴有标题可识者，皆曰："此吾乡先辈物也，呜呼，几亡之矣！"每获一诗文集，或书版漫漶不恒见，或稿完而未付梓者，则曰："此吾乡先生之著述也，呜呼，几湮没矣！"与林佶相类者，郑杰亦极推崇徐𤊹，称徐𤊹"善聚善读，同心精勤。"在郑杰看来，藏书之事既为流传，亦为读书，而图籍乃传播文化之器，应该让有需要者阅读，以期更多人能得到知识，凡爱读书者向其借书，其皆尽力满足。故有向其借书之邑人言，每次向郑杰借书，"未尝不倒庋相付也"。

对乡邦文献痴迷如郑杰者，于徐𤊹旧藏更加措意，尽心搜求，更遍寻徐氏藏书中有题跋者，从中抄得八十七篇，辑为《红雨楼题跋》一卷，嘉庆三年（1798）刊入《注韩居丛书》，并前加小序，尽述心意："……如陈一斋季立、邓参政汝高、谢方伯在杭、曹观察能始、徐兴公惟起，皆有书嗜是。陈尽毁夫人之手；邓装演整饬，触手如新；谢锐志搜罗，不施红墨；曹丹铅满纸，枕藉沉酣，究之秘本奇编，连床充栋，参讹订异，并题后跋；惟兴公先生搜讨为最也，又幸有器之、存永二后人维持保护，故虽辗转流遗，仍皆存之吾闽乡先辈家，终未湮没也。不佞仰企前人，潜心购觅，几废寝食，得徐氏汗竹巢、绿玉斋、宛羽楼、红雨楼藏本，什有二三，不啻如当日闽先辈之于陈、马、林、王四先生所宝藏之书也。独是兴公先生善聚善读，用主精勤之处，余欲与天下人共知之，遂搜录题跋若干首，先付梨枣，则为初编云。"

然《红雨楼题跋》最早为康熙五十八年（1719）林佶所辑，计一百四十余篇，皆自《红雨楼全集》中选辑而来。郑杰辑录之时未得见鹿原先生之书，故虽辑于后，所录却少于前。缪荃孙于光绪初年向费氏抄得林佶本，再隔三十年又借得郑刻，将两家辑本合校分类编定，定名《重编红雨楼题跋》，上卷录四部载籍，下卷录碑帖书画，共计二百二十四篇，于宣统二年（1910）由赵诒琛刊入《峭帆楼丛书》。关于林佶辑录《红雨楼题跋》的时间，各种说法多岐，有称是林氏辑于顺治年间者，然吉人生于顺治十七年（1660），绝无可能孩童时即有此作。后见马泰来先生之文《红雨楼题跋十则》，其称："徐𤊹《红雨楼题跋》辑录者四家：康熙五十八年林佶手抄一百四十余条，惜未刊行，仅有传钞本；嘉庆三年郑杰据手藏徐𤊹手稿刊印《红雨楼题跋》，收入《注韩居丛书》……。"惜马先生文中未提及康熙五十八年之出处。然马先生为业内专家，所言应有据，吾从此说。查《东北联合目录》，史部目录类有《红雨楼题跋二卷》，作者注明为"明徐𤊹、清郑杰辑"，版本项标为"清嘉庆三年刻本，吉林大学一家有藏"。吾猜想此即是注韩居所刊者之一，然未睹吉大所藏原物，不能确认。

如此一部集徐𤊹、徐熥、林佶、徐钒、郑杰、缪荃孙及傅增湘于一身之书，吾岂能与之擦肩而过。近年来吾已极少亲自上拍场举牌，因极易成为目标被人盯上，而与吾力争。试过有人与吾力争拍下某书后，复以价过昂而后悔，旁人劝曰："你连韦力都干掉了，还有什么好后悔的。"吾闻此言甚无语，他人之意气，令吾白白失去好书若干，纵有所得，亦多数为惨胜。然吾挣钱之艰难，如鱼饮水冷暖自知，几年争锋过后，知拍场大力者甚众，非吾辈以举鼎绝膑之力能与之恒争者，渐转为以电话委托形式参拍，避过直面交锋，省钱而息气。

是书拍卖当日，吾端坐书房静待电话响起。好书人人皆欲得之，何况此乃经傅增湘著录之本，知者甚众，便宜实无可能，吾已做好竞价之准备，果然听见电话里一口接一口叫上去，直到吾叫出二十万元，方才落槌，吾心亦落地。隔日前往嘉德取回原书，重新细翻，始注意到此书前后有万年红衬纸，说明是书曾在南方待过，然封底略有蜿蜒虫蛀，再看包角处较他处痕迹稍新，遂知其在福建录就之始，曾有宣绫包角，后经人携至南方。因宣绫包角需上浆糊，而包角之书在南方一则易受潮后脱落，二则浆糊为蠹鱼之美味，故有人将其重新装池，去掉包角而添上万年红。是书底部尚附有火漆，复知其为海外征集归来者。如此种种，令吾遥思，三百余年来，是书从福建出发，何时由何人将其带至广东，又何时由何人将其携出国门，又是何人将其自海外征集回来，期间山山水水，而最终归于寒斋，岂非吾之幸乎！

附：林佶《青儿得鳌峰徐兴公遗书五十余种，录其目与跋，寄至京邸，喜而有作，并示研儿》

平生爱书癖，垂老未能释。譬如饕餮人，流涎嗜肥炙。
又如聚敛者，铢锱务掊摭。自哂炳烛暮，时光如驹隙。
何苦獭祭劳，甘此蠹龁册。结习顾难除，把卷欣然适。
每尝语儿辈，胸次勿迫窄。学当贯古今，义须本经籍。
圹观前辈贤，孰不典坟索。吾乡海滨隅，见闻终扦格。
若非事《诗》《书》，何由展寻尺！囊哲谢与徐，勤录肆探颐。
精骑裒万余，秘本购千百。市朝忽改移，签帙旋遭厄。
瓴覆固堪虞，部分亦足惜。予时丁盛年，志欲奋六翮。
念惟富缥缃，始足恣论核。适有宛羽遗，许以十城易。
巫脱汝母钏，佐以古玩剧。煌煌二千本，奕奕充余宅。
贫儿暴得富，匹夫竟怀璧。环堵古香丛，插架文光射。
终藉此先资，乃竟成丽泽。廿年客京华，不至迷阡陌。
策勋固在兹，诒谋讵用敡。儿能绳父志，好尚无颇僻。
所敦在芸编，光阴恐虚掷。每当寄书来，老父尝哑哑。
昨复致二纸，快意说新获。书是徐氏遗，字是鳌峰迹。
圆印识收藏，题跋详绅绎。四十七种书，百十年间隔。
一旦归书囊，如揖重来客。老夫闻之喜，欢酌双浮白。
遗金纵满籝，何如万卷积。久宦辄伤穷，颖秃不耐画。
惟有教儿孙，冀永书香脉。儿解藏书好，自受读书益。
长林蔚松楸，藤䂬纷萝薜。老夫怀归来，展书乐晨夕。

何星文未刊稿本《黄石公素书明解》一卷

《黄石公素书明解》一卷　（明）何星文撰　（周）刘世长
校阅

周二年（1675）何星文清稿本　朱希祖旧藏　一函一册

钤印：敬士（白方）、振伯（白方）、竹松子章（朱方）

　　《黄石公素书》一卷，旧题秦黄石公撰，宋张商英注，计六篇，分别为《原始》《正道》《求人之志》《本德宗道》《遵义》及《安礼》。全书围绕"道德仁义礼五者一体"，主张"潜居抱道，以待兵时"；于军事方面主张重视权谋、民意及人才。是书前有张商英序，略述是书之来源："黄石公圯桥所授子房《素书》，世人多以《三略》为异，盖传者误也。晋乱，有盗发子房冢，于玉枕中获此书，凡一千三百廿六言。上有秘戒：'不许传于不道、不神、不圣、不贤之人，若非其人，必受其殃；得其人不传，亦受其殃。'呜呼，其慎重如此。黄石公得子房而传之，子房不得其传而葬之，后五百余年而盗获之，自是《素书》始传于人间。"明胡应麟谓此书实为张氏伪撰，书中所称仁义道德，皆剽拾老庄之语，傅合周孔之言，《四库提要》亦指其为张商英所伪撰，然因其言颇切理，故亦有可借鉴之处。

　　是书于宋之后颇多翻刻，流传甚广，吾得之本为明末何星文所注之未刊誊清稿本，名《黄石公素书明解》，此外何星文尚著有《道德经赞颂》《何氏琴谱》等。云南浪穹（今洱源）何氏家学渊源，世称"一门五代六诗人"，其曾祖何思明为嘉靖癸卯举人，历官通判；祖父何邦渐万历年间选贡，曾任知府，著有《世纪录》《初知稿》及《百咏梅诗》等，《滇南诗略》引方志云："浪邑诗学，实自公倡之"；其父何鸣凤为万历间举人，历任知县、知州，著有《半留亭稿》《嵩寮集》

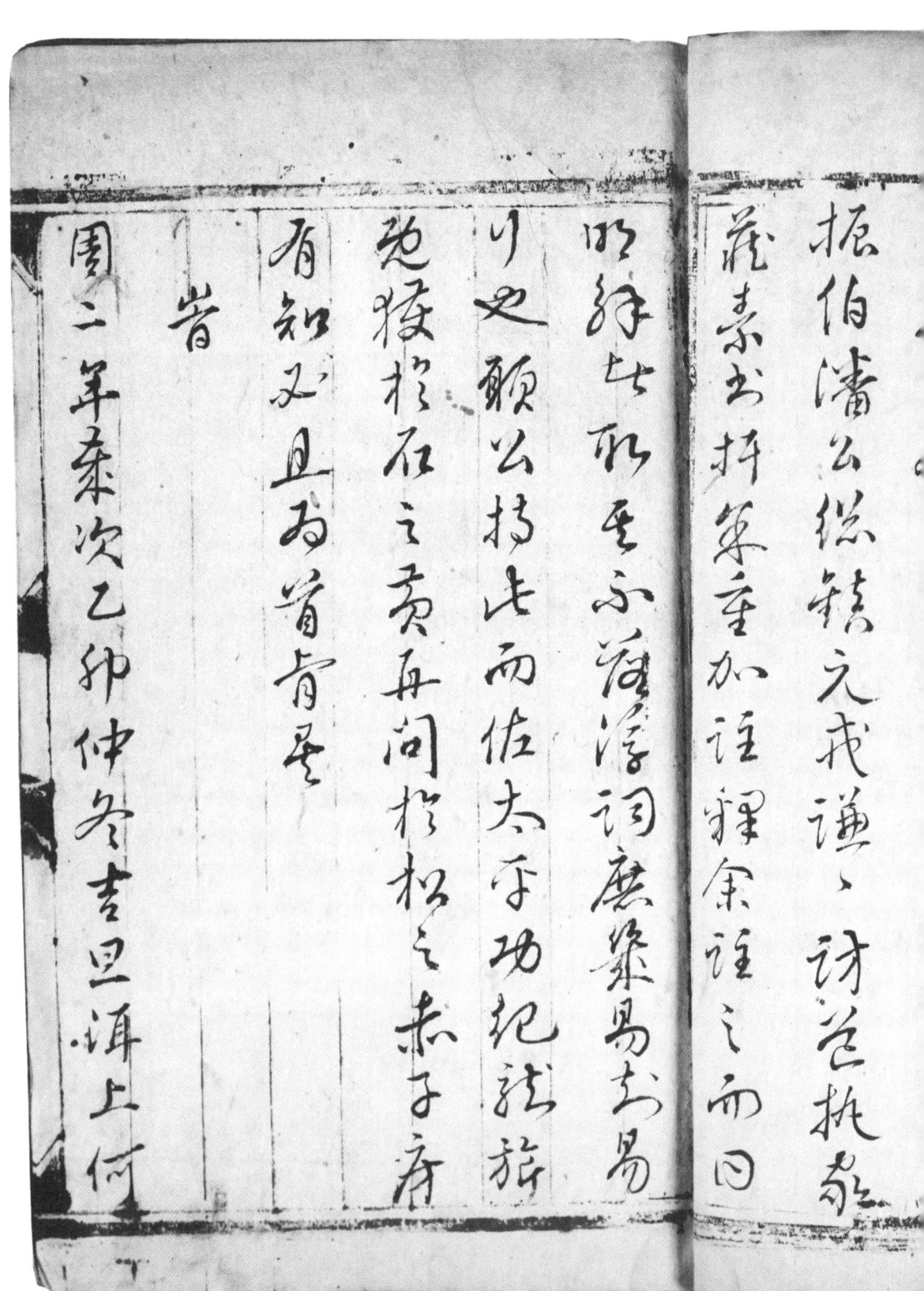

据伯潘公总籍元戎谍，讨岂抚彰

庶素出拼笨垂加详释余诬之而曰

明纤七邢至不藏淳词康柴易去易

时史颜公揚北而佐太学功纪就旗

范狻松石之贵丹问於松之亦于府

有知又且为省肯至

岂

围二年来次乙卯仲冬吉旦谌上何

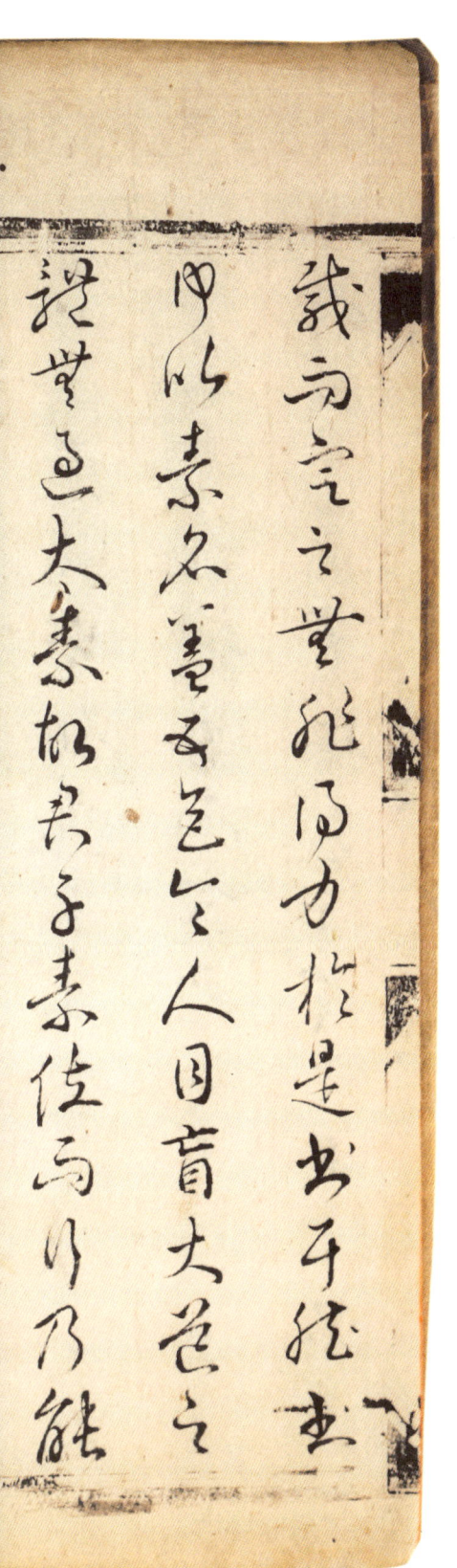

等；其弟何蔚文为永历间举人，著有《年谱诗话》《缅瓦十四片》《浪楂稿》等，《滇南诗略》载其"志称邑人能诗，自邦渐始。然邦渐以文名，今观蔚文之诗，殆较胜于邦渐云"；其侄何素珩亦有诗名。何星文历崇祯、永历、康熙三朝，为三藩事变之亲历者，南明灭亡后，与弟何蔚文隐居不仕。

此稿本之目录注明"（明）何星文注，（周）刘世长校阅"，前有宋张商英旧序及何星文《素书明解序》，其中何星文序言落款为"周二年岁次乙卯仲冬吉旦洱上何星文撰"，此年款正是该书之亮点。康熙十二年（1673），清廷下令撤藩，吴三桂闻讯后叛清，自称"周王"，并于康熙十七年称帝，定国号为"大周"，然国祚极短，康熙二十年即被清廷平叛，大周自建国至灭亡前后仅三年半时间，期间战乱频频，而历史上大多数战乱时期之文化活动皆有所停缓，故与此相关之刻书、抄书皆少于太平时期，带有"周"之年款者则更为稀见。

何星文之序言落款"周二年"者，吾初以为是吴三桂称帝后之第二年，即康熙十八年，直至近日读到滕绍箴先生《三藩史略》，始知如此理解有误：此"周二年"应为康熙十四年（1675年），而非康熙十八年。清廷下令撤藩后，吴三桂于康熙十二年十一月二十一日命令官兵蓄发易冠更旗，自号为"周王"，以明年为周元年。至康熙十七年初，清、周两军战局变化，吴三桂败局已定，却于三月初一日仓促之间登基称帝，设坛于衡山，举行郊天即皇帝之礼，命百官入贺，定国号为周，并改元昭武，改衡州为定天府，册封其妻吴氏为后，立吴应熊之庶子吴世璠为皇太孙。又制新历，铸新币"昭武通宝"，八月举云、贵、川、湖乡试，取七十三人。登基之举并未挽

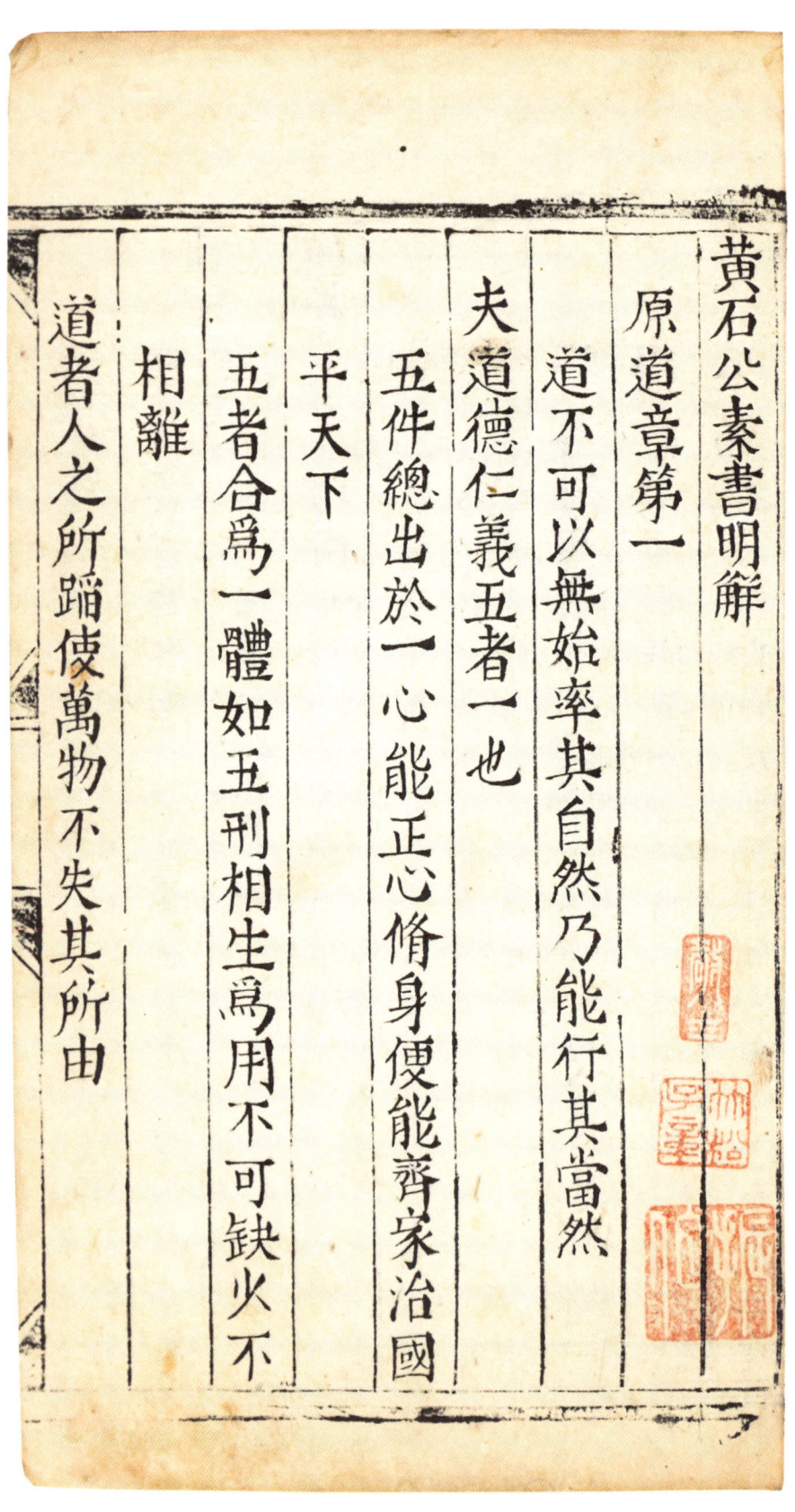

黄石公素書明觧

原道章第一

道不可以無始率其自然乃能行其當然

夫道德仁義五者一也

五件總出於一心能正心脩身便能齊家治國

平天下

五者合爲一體如五刑相生爲用不可鈌火不

相離

道者人之所蹈使萬物不失其所由

《黄石公素书明解》之卷首

朱希祖

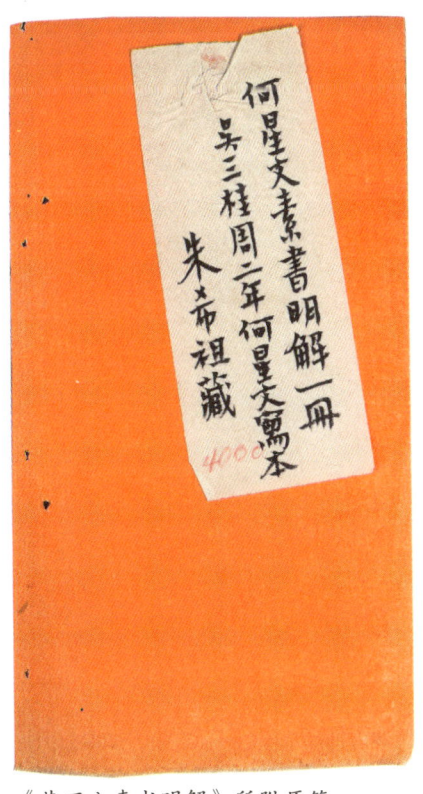

《黄石公素书明解》所附原签

回衰运，吴三桂登基仅五个月即染怪病身亡，有人评此段历史为"窃帝号自娱"，以其匆忙行事，"卤簿仪仗，污秽不堪"也。吴世璠继位后，改元洪化，退居云南，然其帝祚亦未能久享，于康熙二十年十月清兵破城之日自刎而死，年仅十六，皇后郭氏随殉，吴三桂之子孙全部被杀，三藩之乱始告平定。

自南明至三藩之乱，为中国历史上较为复杂之期，既是群雄争霸之期，亦为明清交替之际，前后四十年间的社会变迁、文化兴衰一直为史学家及社会学家研究重点，然《明史》与《清史稿》皆对此一段历史有着诸多回避，故研究该段历史之意义更显重要。自晚清民国以来，研究该段历史最为精透者为朱希祖，而此书正是朱希祖先生之旧藏。朱希祖字逷先，浙江海盐人，生于光绪五年（1879），师承章太炎，二十六岁考取官费留学日本，入民国后曾历任北大史学系主任、中央研究院历史语言研究所所员，并发起成立中国史学会。希祖先生为著名史学家，尤擅长治晚明史，所藏南明史籍公认为全国公私第一，达七百余种，曾作《自嘲》诗曰："不与人物接，不为山海游。终生伏几案，天地一书囚"。伦明亦曾述其买书之勤："希祖购书力最豪，遇当意者不吝值。尝岁晚携巨金周历书店，左右采掇，悉付以现；又尝预以值付书店，俟取偿于书，故君所得多佳本，自大图书馆以至私家无能与君争者。君所得乙部居多，尤详于南明，兼及万历以后诸家奏议、文集，遇古本及名人稿本亦未尝不收也。"其研究南明之成果亦公认为全国最多，先后撰有《南明之国本与政权》《南明广州殉国诸王考》《明广东东林党传》及《屈大均传》等，为国内治南明史之权威。

希祖先生藏书之特点除多南明史籍之外，尚重稿钞本，此《素书明解》兼及二点，当是希祖先生至爱之物也。其成书之时间地点人物，皆与南明、三藩息息相关，不言而喻为研究该段历史之重要史料，更何况何星文以明朝遗民、一介隐士之双重身份，于明清交替之际为一部兵书做注，其出发点更令人深思。想当日希祖先生收得此书时，定早以窥得其中奥妙。是书于2010年秋拍出现于嘉德拍场，该场当时上拍希祖先生旧藏一批，约二十部，其中既有先生收藏之书，亦有先生之手稿，《素书明解》则为该批朱氏旧藏之白眉。吾自收书至今，带有吴三桂"周"之年款者此为仅见，查公私书目亦未见有著录，可见带此款之书极其罕见。然或许为本场亮点太多，令人如入宝山目不暇给，此书并未引起买家关注，如此一部集传说、史料、研究及递藏于一身之佳本，居然令吾以底价得之，反观其它受方家热捧之白棉纸、殿版书等概念版块，吾得此书，定为方家所哂。

陆贻典批校、刘苍润跋
《范德机诗集》七卷

《范德机诗集》七卷　（元）范梈撰　（明）毛晋订

明崇祯毛氏汲古阁刻《元四大家诗集》本　陆贻典批校、刘苍润跋

钤印：汉阳刘氏文房、复盦善本（朱方）、刘苍润翻辑疏录之书（朱方）、复盦（白方）、焕廷（朱方）、田文烈印（朱方）、孝慈楼藏、刘苍润读书记等

《荛圃藏书题识》卷四有跋宋本《管子》二十四卷者，复翁过录陆贻典跋语云："毛斧季以善价购得锡山华氏家藏宋刻《管子》，钱遵王贻余此本，竭十日之力校勘一过，颇多是正。时赋役倥偬，愁闷填胸，当研朱点笔时，大似奕秋诲奕，一心以为鸿鹄之将至，抚已为之一笑也。康熙五年四月二十有六日，常熟陆贻典识。"又云："古今书籍，宋版不必尽是，时刻不必尽非。然较是非以为常，宋刻之非者居二三，时刻之是者无六七，则宁从其旧也。余校此书，一遵宋本，再勘一过，复多改正。后之览者，其毋以刻舟目之。康熙五年丙午五月七日，敕先典再识。"读此跋语，陆贻典之藏书观点尽出，以黄荛圃眼力之高，尚处处过录陆贻典批校，即可略窥陆氏批校之精道。

陆贻典（1617—1686）为明末清初之藏

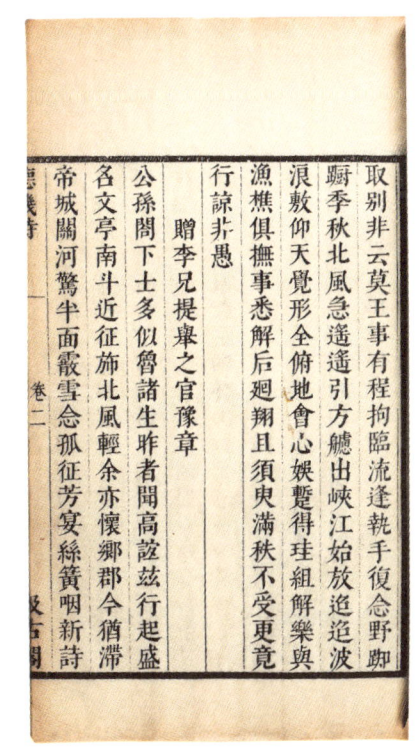

《范德机诗集》版心刻有"汲古阁"三字

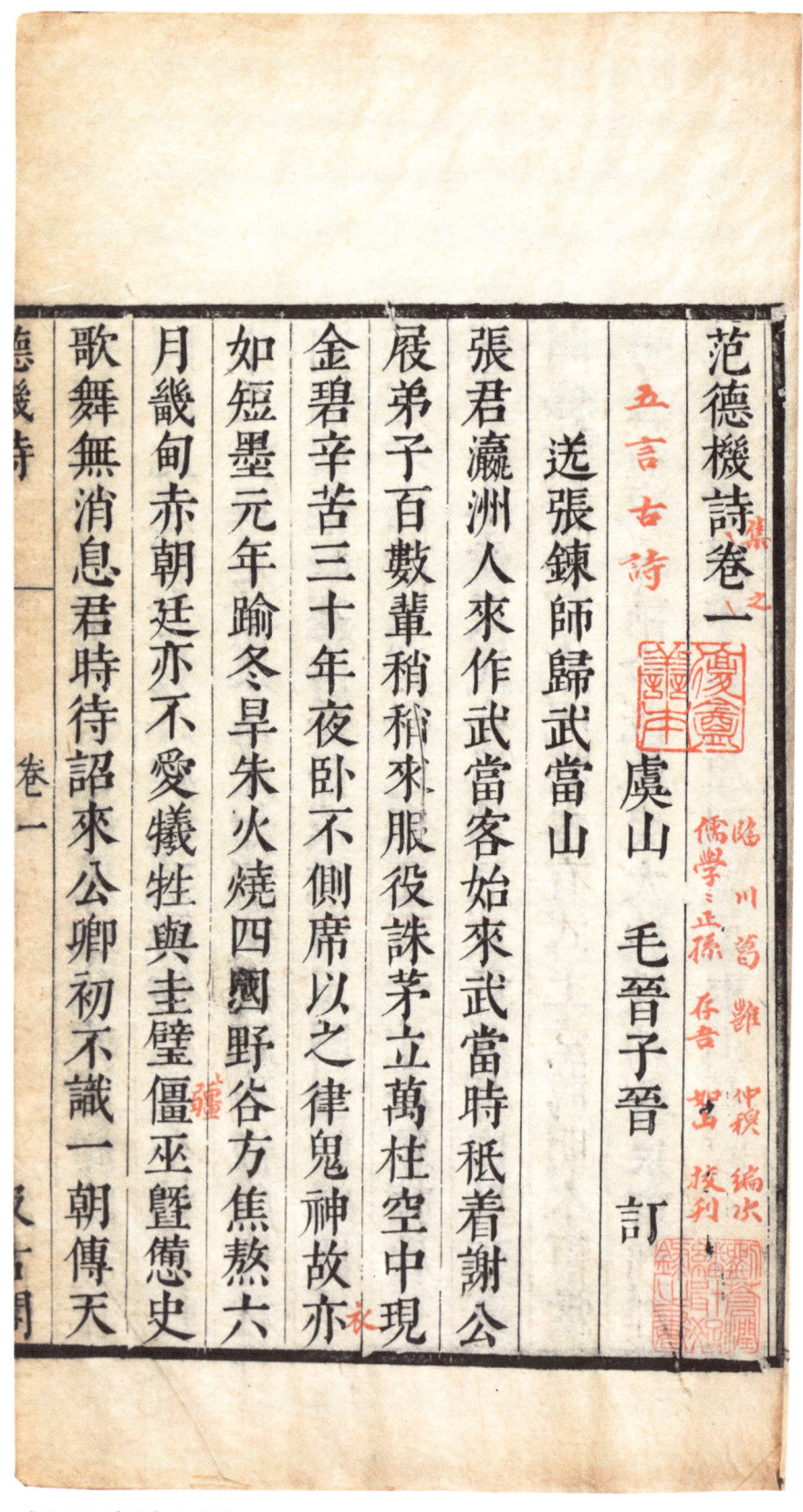

范德機詩卷一

虞山　毛晉子晉　訂

送張鍊師歸武當山

張君瀛洲人來作武當客始來武當時祇着謝公

展弟子百數輩稍稍來服役誅茅立萬柱空中現

金碧辛苦三十年夜卧不側席以之律鬼神故亦

如短墨元年踰冬旱朱火燒四鄰野谷方焦熬六

月幾旬赤朝廷亦不愛犧牲與圭璧僵巫曁憊史

歌舞無消息君時待詔來公卿初不識一朝傳天

《范德机诗集》之卷首

书家，一名陆典，早年名陆行，又名陆芳，字敕先，号觌庵，江苏常熟人。自少年时即笃志坟典，醉心藏书校书，其藏书处曰颐志堂、山泾老屋及玄要斋，著有《玄要斋集》及《渐于集》。彼时海内藏书以常熟为最，常熟则以钱牧斋、毛子晋二家为最，四方珍籍纷纷聚于绛云楼、汲古阁两家，而敕先以钱牧斋为师，以毛斧季为婿，以二冯、叶石君等人为友，自然得寓目秘籍珍本甚多，以其校跋之精绝，人人得而宝之。王大隆先生曾于诸散篇中搜辑其书跋成册，是为《觌庵书跋》，并识云："至其生平事迹，叶菊裳先生《藏书纪事诗》搜罗已不能详，藉此一二卷帙，得留姓名于后世，亦可以不负当日萤窗雪案，勤劬一世矣。"

敕先博学工诗，为虞山诗派形成初期之重要人物，曾集里中诗人之诗刻为《虞山诗约》，并请序于钱牧斋。彼时敕先与冯班、冯舒同游于牧斋门下，为牧斋晚年之得意门生，牧斋曾在《陆敕先诗稿序》中称："余老矣屏居，为人世之长物。而敕先回翔记存，若昆弟亲戚之謦欬于吾侧者。昔人梦中相寻，再三却反，何以异此？敕先盖斯世之有情人也，其为诗安得而不工？"敕先与冯班交游尤笃，冯班诸多著作中以《钝吟杂录》最为著名，除被采入《四库全书》外，尚被多种丛书辑入，而《钝吟杂录》正是冯班殁后数年，始由敕先付梓刊行者，并于《钝吟馀集》序中称："定远诗，潜在及余既订而行世矣。……辛亥孟冬，（定远）老病卧床，命令子补之辈录成副本，余与窦伯过榻前，出以示余，郑重谆谆，属加订定。而窦伯、补之复贻余廿章。因僭为评骘，存之如右，目为《钝吟馀集》。"为驾鹤故友刊行遗著之事，敕先并非仅此一回，另一友人孙岷自殁后，其遗稿亦为敕先编辑付梓。及至敕先归道山后，所遗诗稿亦为友人之子付梓，可谓善有善报也。

芷兰斋另藏有陆贻典朱墨通批之《唐人选唐诗》一部，为明汲古阁版，开卷钤印累累，颇令人喜，不意去年陌上相逢，复得敕先先生所校之书一部，携归以为双璧。新得之书为元代范梈所著《范德机诗集》七卷，亦明汲古阁版，前附揭傒斯序言，后刻毛晋跋语，版心下有"汲古阁"三字。范梈者，字德机，一字亨父，与虞集、杨载、揭傒斯并称为"元诗四大家"，所著有《燕然稿》《东方稿》及《豫章稿》等，揭傒斯评其诗曰"如秋空行云，晴雷卷雨，纵横变化，出入无朕。"是书现存最早版本为元至元六年（1340）益友书堂刻本，此本刊行不久即传入日本并出现翻刻本，所录作品与编排次序悉依旧貌，写刻版式亦依汉籍，与后世汉字旁标注假名之和刻本迥然不同。日本翻刻本有"延文辛丑仲春命工刊行"一行，即元至正二十一年（1361），与益友书堂付梓仅隔二十一年，由此可见范梈当时名气之盛，以及元末中日文化交流之频。

新收之《范德机诗集》除卷中有敕先朱笔批校外，前后尚有识语两则，其中目录后识曰："钞本无序，止有总目，目后标云至元庚辰良月益友书堂新刊"，卷末一则识曰："丁巳嘉平三日何慈公家钞本校。觊庵陆贻典"。识语后尚有刘润苍先生跋语一篇："敕先精校雠之学，为汲古阁毛扆外舅，与叶石君、二冯昆季辈相友善，于苏、常诸藏家秘笈多得寓目，所校古籍亦极精审，素为士林所重，蒐圃跋识固屡及之也。此本假何慈公藏仿元至元十七年益友书堂钞本对勘，赖存元椠面目。慈公即偕二冯怀炊饼、乘舴舟，冲风雪、入支硎山，迳造寒山赵氏庐、呵冻钞宋刊《玉台新咏》之何大成也。大成亦癖书，室名娱野园，今影元钞已景印，人人得见。此则以敕先校笔，堪为后人所当珍视者也。辛未五月初八，刘苍润记时六逢羊年矣。"细品此识语及跋语，所包含之信息可谓多矣。陆氏卷末识语之年款为"丁巳嘉平三日"，即康熙十六年（1677年）十二月初三，明朝已经灭亡三十三年，自视为遗民之陆贻典拒以大清年号为纪，故仅记甲子，以避直面亡国之痛。

而刘苍润先生之识语则令吾生疑，其言敕先所对勘之本为何慈公所藏仿元至元十七年益友书堂钞本，且此影元钞本已影印行世，然益友书堂为元后至元间孙如山之家塾，后至元前后仅六年，后接至正元年（1341），直至明初洪武。《范德机诗集》之初印为后至元六年，次年则改年号为至正，何来至元十七年之说。读此跋语之后，吾甚遗憾未曾得见以何慈公钞本为底本之影印本，未知其中可有痕迹可寻，抑或此仅为苍润先生之笔误耶？吾于古书素有痴性，遇有不明者，必辗转以求之，后细审此书再三，复翻年表，忽悟到苍润先生此说何来：元代年号变更中，"至元"年号曾前后出现两

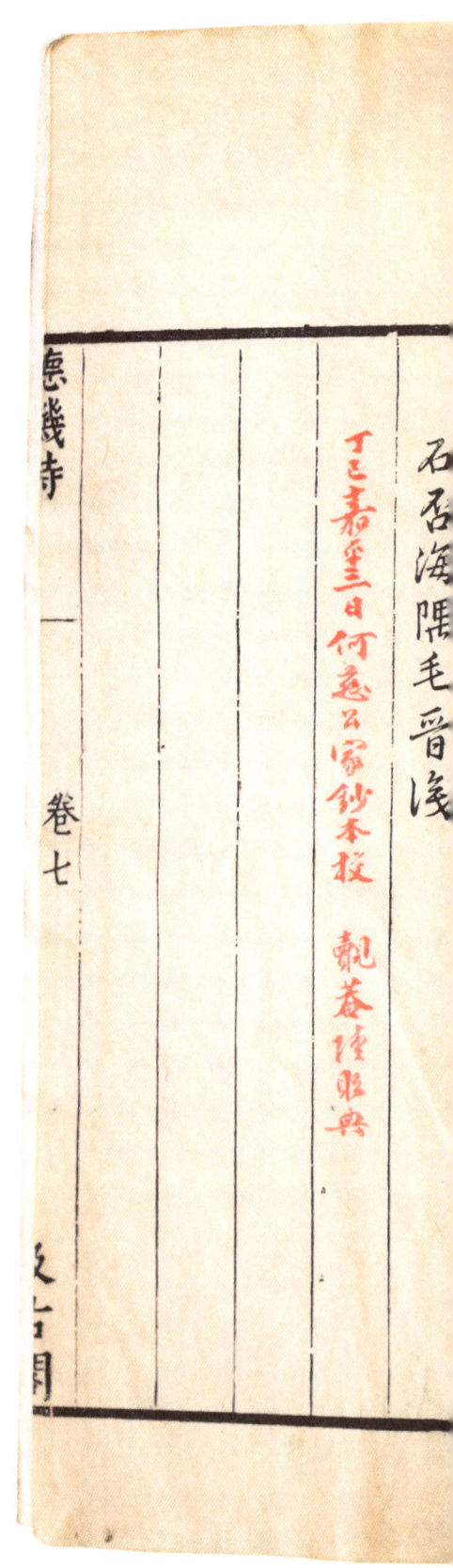

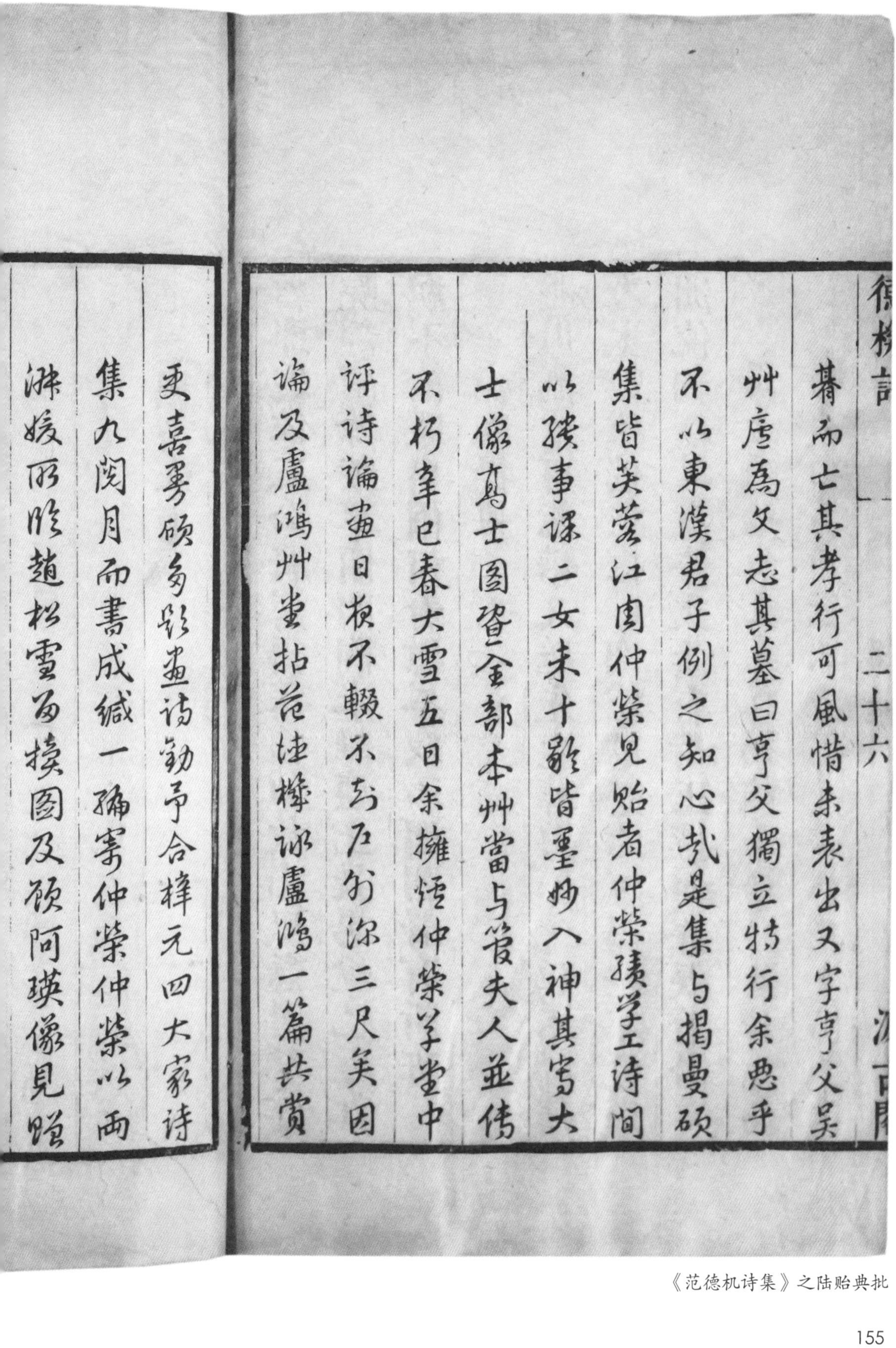

德機詩 二十六

幕而亡其孝行可風惜未表出又字亨父吴
州彦爲父志其墓曰亨父獨立特行余惡乎
不以東漢君子例之知心扗是集与揭曼碩
集皆芙蓉江國仲紫見貽者仲紫積學工詩間
以獎事課二女未十歊皆墨妙八神其寫大
士傚爲士圖瓷全部本州當与管夫人並傳
不朽辛巳春大雪五日余擁爐仲紫學堂中
評詩論畫日夜不輟不去尒涂三尺笑因
論及廬鴻州堂拈芭垤橡詠廬鴻一篇共賞

更喜夢碩勾影畫詩勸予合梓元四大家詩
集九閲月而書成縅一孫寄仲紫仲紫以兩
淋媛丽眙趙松雪爲摸圖及頃阿瑛儼見照

敕先精校讐之學為汲古閣毛晨外舅與葉石君二馮昆季
輩相友善於蘇常諸藏家秘笈多得寓目所校古籍亦極
精審素為士所重覽圖諗識固屢及之也此本段何慈公藏
仿元皇元十七年益友書堂鈔本對勘頼存元槧面目慈公即偕
二馮懷坎餁乘艖舟衝風雪入支硎山逕造寒山趙氏廬呵凍鈔
宋刊玉臺新詠之何文成也大成永癖書室名媄野圖今影元
鈔己景邛人、得見此則以敦先校筆堪為後人所當珍視者也
辛未五月初八劉蒼潤記時六逢羊年矣

范德機詩卷七 終

德機詩 二十七 汲古閣

《范德机诗集》之刘苍润跋

次，首次为元世祖之年号，计三十一年，次则为元惠宗之年号，亦称"后至元"，益友书堂之印书活动即存在于后至元间，书中陆贻典朱笔识语言何慈公钞本目后标注"至元庚辰良月"，而前至元十七年正好对应为庚辰，是故苍润先生或以此而一时误会。

十余年来，刘苍润先生珍藏之本陆续现身嘉德，其藏本均钤有"复盒"之印，兼有其跋语，读其题跋知其亦是深邃于版本者，惜未能当面请益。其所藏多为通行之本，皆非今日买家所看重者，书品亦一般，再加上估价非廉，致使大多流拍。然此批书并未如其他流拍之物，退还给卖家，而是此后逐年重复上拍，其价亦随市场变化而年年上涨，以今日视之，其原标价反而略低于行市。至2010年，此批旧藏尚有数部徘徊拍场，此为其一。近年来古籍大热，北京各拍卖公司争相开辟古籍专场，而大拍时间往往集中于春秋两季，每逢拍卖季，五六家拍卖行竞相于十天之内拍完，以方便外地书友一眼看尽长安花，无须在京等待月余而耗时耗力。虽然按照拍场惯例，每次拍前均有两至三天预展，以供买家比勘审定，然十余天内看完每家数百件拍品，几无可能，而吾以在京之便，每次拍前两三个月即陆续至各家逐一查对拍品，致拍卖当日，则从容多矣。

吾于是书初时并未在意，某日路过嘉德顺便上去翻书时，偶翻得陆贻典所批之朱笔，甚为惊疑，当即拍照后回家细查两岸相关文献，果真为敇先手笔无疑，大为高兴。及至开拍时志在必得，然现场有两位行家亦知此书之妙，与吾相争至十一万元方落槌。次日上海王德兄来电话，聊到此场拍卖，问吾所得，吾提及拍得此《范德机诗集》，其称绝不知本场有陆贻典批本，吾告其图录编号，其看后大叹遗憾，称自己未曾留意："这么好的书，再加几倍我也要争，绝不能这么便宜让你到手！"闻此语，昨日得是书觉其价昂之感顿时云散，心大宽畅。

卢见曾题识
《杜子美诗集》二十卷

《杜子美诗集》二十卷 （唐）杜甫撰 （明）刘辰翁评
点

明刻本 清卢见曾批校并题识 竹纸 一函四册

钤印：张元夫（阴阳印）、桑园珍藏（朱方）、张道
彭、东郡杨氏海原阁藏等

　　杜甫诗集经千年流传，后人不断为之
校勘、疏证、注释及评点，各种版本层出不
穷，已然成为一种专门之学问。其中评点本
始自南宋刘辰翁，其子刘将孙于元大德七年
（1303）为刘辰翁所评点之《集千家注批点
杜工部诗》二十卷作序，云："先君子须
溪先生每浩叹学诗者各自为宗，无能读杜诗
者，类尊丘垤而恶睹昆仑。平生屡看杜集，
既选为《兴观》，他评泊尚多，批点皆各有
意，非但谓其佳而已。高楚芳类粹刻之，复
删旧注无稽者、泛滥者，特存精确必不可无
者，求为序以传。……是本净其繁芜，可以
使读者得于神，而批评標掇，足使灵悟，固
《草堂集》之郭象本矣。"

　　此《杜子美诗集》二十卷即刘辰翁
评点本，九行二十字，小字双行同，检《善
本总目》并无著录，审其字体风格及纸墨

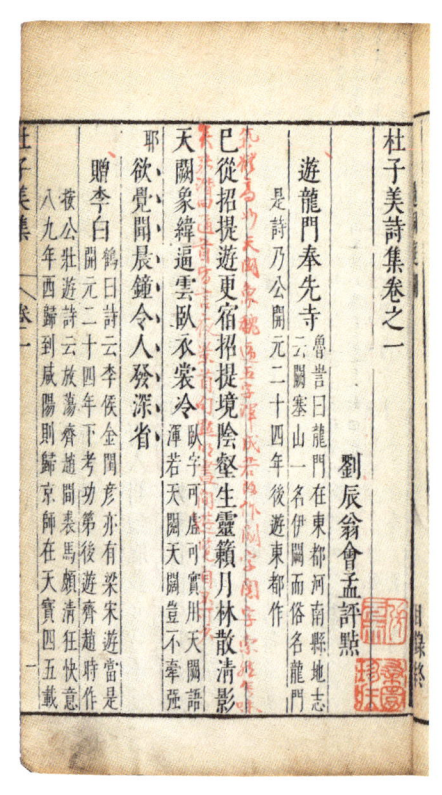

《杜子美诗集》二十卷之卷首

气象，知其为明末刻本。前有《杜诗旧序》，即刘将孙大德七年（1303）序，次为《刘须溪杜诗总论》，卷首注明"刘辰翁会孟评点"。此书之亮点不仅在于鲜有著录，还在于其有卢见曾清雍正十一年（1733）朱笔题识："余录各家评语，并参以鄙意，逾时三月始竟。时癸丑九月雅雨山人见曾识于邗江官廨"。时年雅雨山人四十三岁，尚未开始刊刻《雅雨堂丛书》。

初逢卢见曾之名，始自二十余年前收得柯逢时旧藏一批，其中有何逢时通批《大戴礼记》十三卷，乾隆二十一年（1756）《雅雨堂丛书》本。《雅雨堂丛书》为清代乾隆间卢见曾所辑，计十三种一百三十八卷，所收汉、魏经说以及唐、宋笔记，多以名家钞校为底本，每种前有卢见曾序，后有名人题记，为清初校刻具精审之丛书。卢见曾（1690—1768）字澹园，又字抱孙，别号雅雨山人，又号道悦子，山东德州人。康熙六十年（1721）进士，先后任四川洪雅知县、滦州知州、永平知府等，并两度出任两淮盐运使各数年，因其曾任洪雅县令，故以雅雨自号，其著有《雅雨堂集》《出塞集》。李斗《扬州画舫录》载："（卢见曾）工诗文，性度高廓，不拘小节，形貌矮瘦，时人谓之'矮卢'。官两淮转运使，筑苏堤于使署，日与诗人相酬咏，一时文讌，甲于江南。乾隆乙酉，扬州北郊建二十四景。丁丑，修禊虹桥，作七言律诗四首，其时和者七千余人，编次得三百余卷。"

《清史列传》载"见曾勤于吏治，所至皆有殊绩，然爱才好士，官监运时，四方名流咸集，极一时文酒之盛"。卢见曾不仅勤于吏治，尤喜兴建书院，如洪雅之建雅书院、六安之赓扬书院、永平之敬胜书院以及天津问津书院，还改建过扬州安定书院。在"爱才好士"盛名之下，幕府宾客之多亦极一时之冠。因其所处时期正值汉学兴起，以及其对汉学家之敬重，使得惠栋、戴震、沈大成、卢文弨、王昶、厉鹗等汉学家数十人皆先后入幕为宾，卢见曾幕府亦因此成为乾嘉时期最早出现的重要学人幕府。

当时卢氏幕府最重要的两项活动，一为诗酒酬唱，二为校书刻书，前者使雅雨山人成为引领江南文坛之盟主，后者使其成为推动学术发展之帅将，令其名扬后世之《雅雨堂丛书》正是此时刊刻而成，而校勘者正是汉学大师惠栋，以及戴震、卢文弨。除《雅雨堂丛书》外，卢见曾还特别注意本朝先贤著作之刊刻，如王士禛《渔洋山人精华录》、朱彝尊《经义考》、黄宗羲《金石要例》以及万斯大《经学五书》等，对于同时代学人之著作，其亦倾力以助付梓。

然而如此主持东南风雅之人，死况却颇为凄惨。乾隆二十七年（1762），卢见

臨邑縣屬齊州

野亭逼湖水歌馬高林間鼉吼風奔浪魚跳日映山

暫遊阻詞伯却望懷青關蔦蔦生雲霧唯應促駕還

行次昭陵

夢弼曰唐太宗陵在醴泉縣西鶴馬按天寶五載詔天下通一藝名蕭京師公

舊俗疲庸主羣雄問獨夫有則讖歸龍鳳質威定虎

狼都天屬尊堯典神功協禹謨風雲隨絕足日月繼

高衢子間意文物多師古朝廷半老儒直詞寧戮辱

賢路不崎嶇往者災猶降隆生嗟未蘇指揮安率土

溫滁撫洪鑪壯士悲陵邑幽人拜鼎湖玉衣晨自舉松柏瞻虛殿塵沙立

鐵馬汗常趨上句寂寥下句清爽皆玄思入窅矣

殯途寂寥開國日流恨滿山隅

飲中八僊歌陽王璡崔宗之蘇晉張旭焦遂爲酒八仙

按唐史李白自知不爲親近所容益驚放不修與賀知章李適之汝

杜子美集卷一

九

得兼梁甫吟

附北海太守李邕詩吾宗固神秀體物寫謀長形
制開古跡曾冰延樂方太山雄地理巨壑聊雲莊
高興邰泊煩促永懷清典常含弘知四大出人見三
光頼邰喜梗稻安時歌吾祥邕詩殆不可曉三

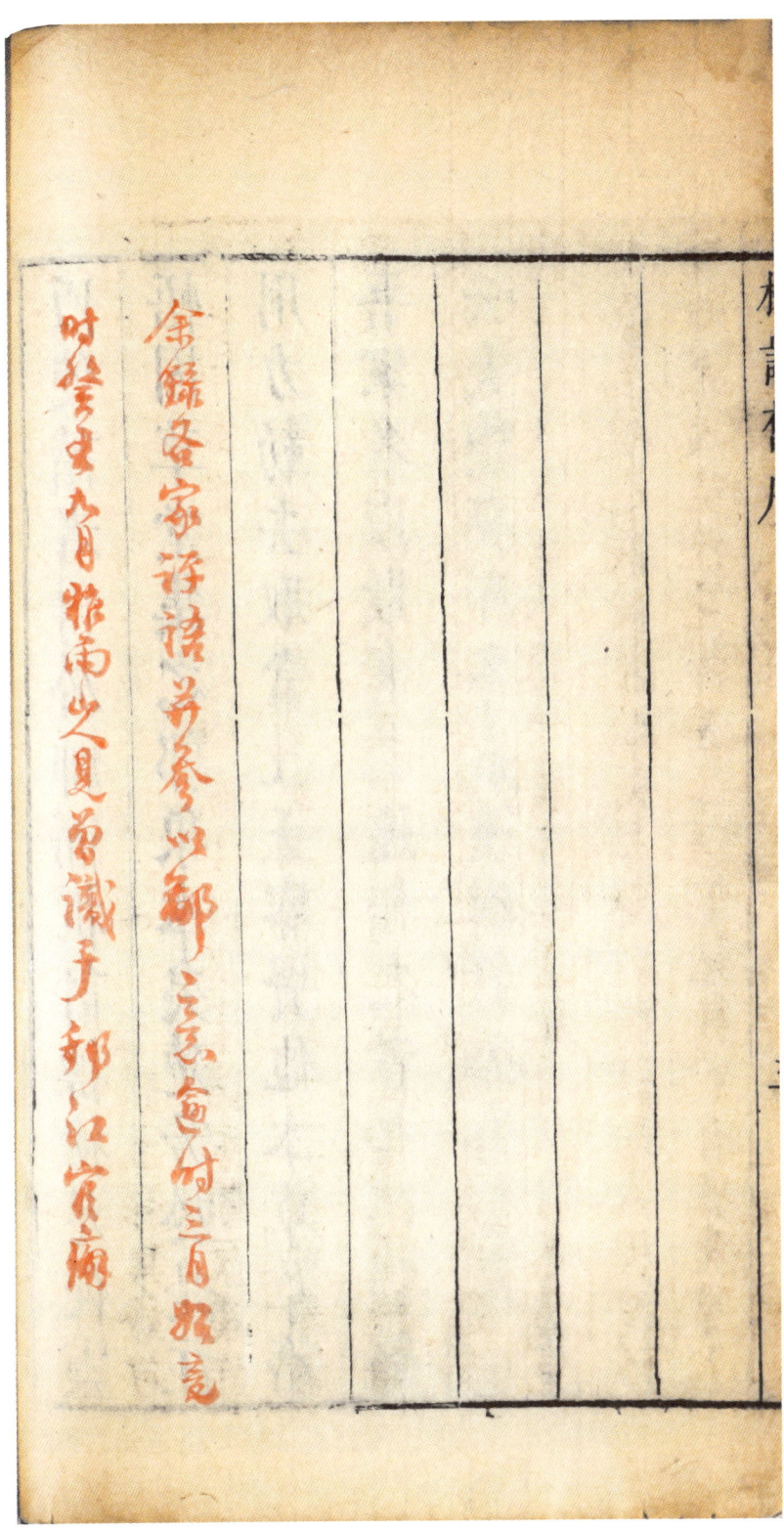

余錄各家評語并參以鄒之意凡付三百條竟

時維丁卯九月粃雨之夜曾識于邗江官廨

曾以老病告归，时年七十二岁，三年后高宗南巡，尚赐以御书"德水耆英"匾额，皇恩深眷，风光一时无两。未料复三年，两淮盐引案发，卢见曾牵涉在案，竟卒于狱中，临死前惟有一孙儿在侧，所有家产尽数籍没。倾巢之处，无复完卵，卢氏十万余卷藏书亦被有司所毁，仅存寥寥于人间流传，今寒斋所藏之《杜子美诗集》即当时之劫余也。今阅此书，除卷前有雅雨山人朱笔题识外，卷中尚有朱批满乙，为卢氏过录各家评语，细审有钱谦益、黄庭坚、王嗣奭、卢元昌、胡应麟、仇兆鳌、李因笃、王士禄、浦起龙、吴昌祺、申涵光等等，皆为于杜诗深有心得者，可见雅雨山人对此书喜爱之深、用力之勤。

对此手泽，吾甚好奇山人既对是书如此用心，缘何日后刊刻《雅雨堂丛书》时，却未将之纳入其中。山东德州卢氏为明清两朝名门望族，素有"一门八进士，文坛两宗匠"之称，此两宗匠即卢见曾与其五世祖卢世㴤。卢世㴤（1588—1653）字德水，一字紫房，号杜亭亭长，明天启五年（1625）进士，官户部主事、监察御史，与钱谦益齐名。降清后起复原官，以疾不赴，日以书酒自娱，著有《尊水园集》《春秋闲说》《杜亭近草》及《读杜私言》等，辑有《杜诗胥钞》。其人生而有书癖，自述"见古集善本，必斋戒以将之，危坐而进之，鼓歌而舞之，流略摩挲，不啻彝鼎"。又云"自幼及老，几无时不以抄书为课。其生平心力，几悉耗于此，拳拳嗜书之心，直与性命为轻重"。其藏书处有尊水园、画扇斋、匿峰庵、杜亭等，"杜亭"之号则来自其深慕杜甫，不仅数年间读杜诗四十余遍，还专门建造杜亭一座，自称"杜亭亭长"。《杜诗胥钞》中，德水先生自跋曰"盖生则资以忘年，死则用以殉葬，浸假而藉手以见古人，抗言以对今人，意在斯乎？小子何敢让焉？噫，子美启佑之恩，无以报也，惟持此心奉板本耳。"又有《胥钞役竣祭告少陵》诗云："钞杜为新本，誊镌惜未精。十年曾有约，三岁始能成。尚觉留遗憾，还期毕此生。焚香重下拜，一片古今情。"

德水先生于杜诗之注解，至今仍是后学读懂杜诗之门匙，一如牧斋所言："（德水）奋起而昌杜氏之业，殆将箴宋元之膏肓，起今人之废疾，使三千年后，焕然复见古人之总萃乎？"数十年后，卢见曾亦以诗闻名于当时，日与诗人相酬咏，雍正十一年雅雨山人详批是书、题识于官廨时，或许半为喜爱杜诗，半为遥思先祖以承志乎？

左塘稿本
《云根山馆诗集》三卷

《云根山馆诗集》三卷　（清）左墉撰

　　清乾嘉间左墉清稿本　姚鼐、赵翼书序；鲍之兰、鲍之蕙、王倩等袁枚女弟子题诗；王文治绘小像 白棉纸　一函一册

　　钤印：姬传（朱方）、得五楼（白椭）、含德堂（朱方）、椿萱书屋藏书（朱方）、文治（朱文连珠印）、鲍之兰印（白方）、畹芳（朱方）、之蕙（朱方）、莲香（白方）、瓯北（朱方）、赵翼之印（白方）、木公辛亥以后所得（朱方）、槃斋珍秘（朱方）、集虚草堂（长朱）、集虚草堂（朱方）、勉之读记（白方）、李国松藏（白方）、慎远堂（白圆）、合肥李国松印信长寿（朱方）、合肥李氏集虚草堂藏书印（朱方）、李国松（白方）、李国松（长朱）、木公（朱方）、净莲之印、韵香、香草、山阴女史等

　　《随园诗话》曾言"雪芹撰《红楼梦》一部，备记风月繁华之盛，中有所谓大观园者，即余之随园也"。此语确否后世考证者极多，难以一言蔽之。袁枚友人思元主人裕瑞又言："闻袁简斋家随园，前属隋家者，隋家前即曹家故址也。约在康熙年间。书中所称大观园，盖假托此园耳。其先人曾为江宁织造，颇裕，又与平郡王府姻戚往来。"此语简述随园与隋家、曹家故址之递传，多少可窥其中渊源。近年又有人考证出随园应是隋家（亦指曹家）旧址中的一部分，然而即使是"一部分"，亦有两百余亩，内中则"奇峰怪石，重价购来；绿竹万先竿，亲手栽培。又颇能识古，器用则檀梨文梓，雕漆饯金；玩物则晋帖唐碑，商彝夏鼎；图书则青田黄冻，名手雕镌；端砚则蕉叶青花，兼多古款，为大江南北富贵人家所未有也。当

袁 枚

时结撰，一片精心，谈何容易！"（摘自袁枚《遗嘱》）。

如此随园，购之多金，建之耗财，经营维持之资更是不可小觑，对于自幼家贫、三十余岁即退隐官场的袁枚来说，不禁令人好奇其何来资金经营诺大一座名园。答案早已有人考证出来，其收入来源有五：一曰田租，二曰卖书，三曰卖文，四曰授徒，五曰赠与。田租一事无需多解，古人历来有购置田产之习惯。卖书一事则说明袁枚颇有生意头脑，其所集、所刻书除最著名之《随园诗话》《小仓山房诗集》外，尚有《袁太史稿》这类有助士子举业之参考书，每年销量极大。姚鼐《袁随园墓志铭并序》言："随园诗文集上自朝廷公卿，下至市井负贩，皆知贵重之。海外琉球有来求其书者。"可知随园老人之书极受时人喜爱，以至其孙辈出门远游，只需随身携带一部《随园诗话》书版，即可换回所有路费。

随园于诗提倡"性灵说"，为乾隆时期诗坛领袖之一，曾有"随园弟子半天下，提笔人人讲性情"之说。然而作为诗坛盟主，编选诗集诗话时有收费之举，却或许是国中第一人。《随园诗话》有谓："求入选者，或三五金不等，虽门生寒士，亦不免有饮食细微之敬"。虽说是"三五金不等"，事实却是有亲王世子寄诗求能入选《续同人集》《随园诗话》，并求序一篇，随诗附来"珊瑚手串一挂、赏佩汉玉拱璧一件、家制荷包一双"。另有盐商求序一篇，随园仅以"乾

姚鼐

王文治

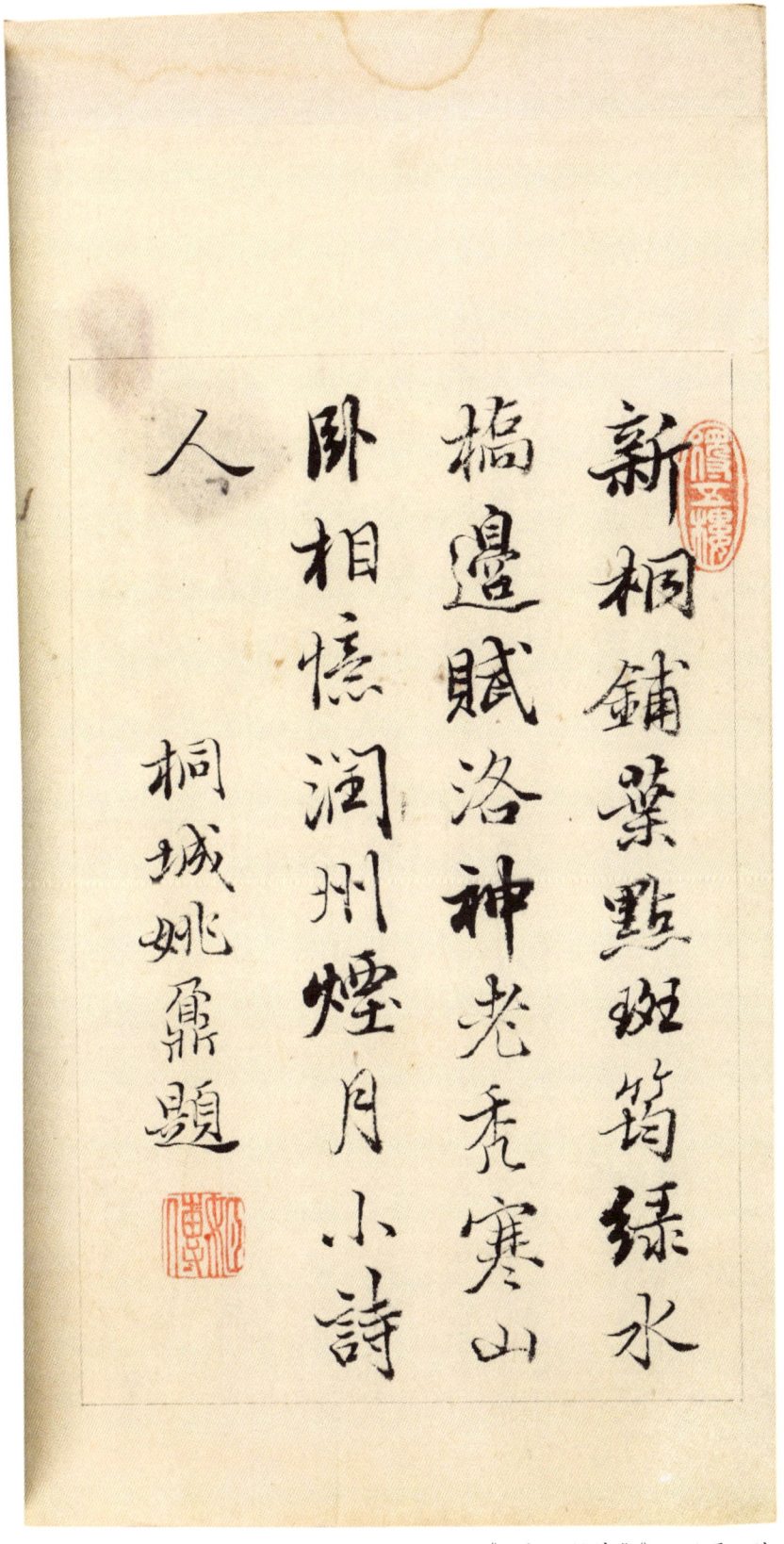

新桐鋪葉點斑筠綠水

橋邊賦洛神老秃寒山

卧相憶潤州煙月小詩

人　桐城姚鼐題

《云根山馆诗集》之姚鼐题诗

侍〻絶人蕭閒林下蕭閒無衣食奔走
之累又無急功近名之心鄴架曹倉恕
意漁獵探源沂流日進不已要烏能閒
其所至我因尊使不能久留恐大集別
無副本仍封固奉還並附拙詩一部敬呈
是正至題跋尊集來何多聊尔命筆
另日再為續寄春杪擬往揚州看苟藥
踩過京江當拉佩香夫人奉訪也
蘭成學兄先生　　弟趙翼頓首

《云根山馆诗集》之赵翼书序

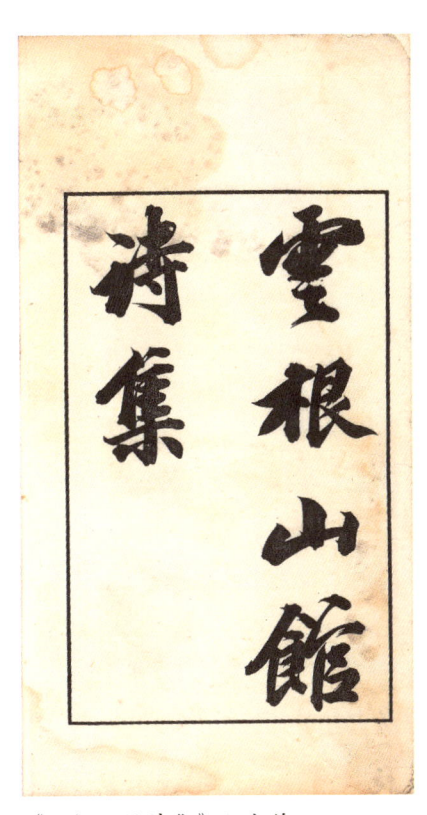

《云根山馆诗集》之书牌

《云根山馆诗集》之卷首

隆五十七年某月某日，随园袁某印可，时年七十有七"一句话打发，润笔之资却是两千两白银。除却序言，随园尚为人撰写墓志、传记及行状等八十余篇，其中多为富贵人家，笔墨之资常有一篇值千金者。

至于随园弟子，则故事更多，其中尤为人津津乐道者，为其晚年所收众多女弟子。这些女弟子多为当时官员富商之妻妾或掌珠，其中有四川按察使孙嘉乐之女孙碧梧、尚书钱塘徐潮孙女徐裕馨、满人明保妻妾以及两湖总督毕沅妻妾等，汉学家江藩之妹江珠对袁氏推崇至极，称其"当代论风雅，公推第一流。名高光四海，松老阅千秋"，江珠虽亦蒙袁氏传语，许厕弟子之列，却以病弱之故，未遑修礼。这些女弟子们虽有诗集传世，真迹保存至今者却极少，寒斋有幸，得藏《云根山馆诗集》誊清稿本一部，内中恰好有数名随园女弟子亲笔题咏。

是书2008年秋现于嘉德拍场，以袁枚名气之盛，众女弟子亲笔题咏之韵，兼有姚鼐、赵翼等大家亲笔作序，起拍价即高达二十二万元。然此年正逢金融危机，拍场一片萧条，应价者寥寥，令吾几乎以底价得之，心下甚喜。是书作者左塘字兰城，号云根山馆主人，江苏丹徒人氏，与表姐骆绮兰同拜随园门下学诗，兼一起问学于书法家王文治。尝遍查左塘资料，皆云其"著有《云根山馆诗集》，未传"，每睹此语，总有丝丝小得意，复更珍爱此书也。是书为左塘诗集之未刊誊清稿本，前有袁枚、王文治所作

《云根山馆诗集》作者左墉小像

序言，其字迹与诗集内文一致，无钤章，当是左氏转录原文，后接姚鼐、赵翼亲笔所书序言，以及赵翼为此诗集所作四首题词。四篇序言及四首题词过后，便是随园女弟子之题诗，计有：畹芳鲍之兰、茝香鲍之蕙、宜秋女士汪玉轸、丽卿爱叔芳、梅卿女士王倩、竹溪女史沈璐、醉茗金俊、素君范玉及净莲韵香。所作诗篇或七言，或五言，每篇字迹不同，皆娟秀可人，且多钤有小印，一如主人停韵含芳。随园女弟子名气虽盛，流传诗作亦多，然而至今手泽如此集中者，当属此书无疑。此书之出，顿将两百多年前之韵事拉来眼前，丽影翩翩，笔墨含香，段段佳话溢纸而出。

是书于众芳笔墨过后、诗集正文之前，尚有王文治所绘白描左墉小像一幅，题为"云根山馆主人小像"，钤有"文""治"联珠小印，人物仅占画面三分之一，左墉双手拢袖默然静立，神态冲淡。此页背后为姚鼐所题诗句："新桐铺叶点斑筇，绿水桥边赋洛神。老秃寒山卧相忆，润州烟月小诗人。"末钤"姬传"朱文小印，姬传者，姚鼐字也。姚鼐前面一篇序中则曰："兰城为梦楼同邑弟子，因梦楼识余。三人尝同往摄山般若台，论文字累日夜。其为人孤清远俗，真诗人性情也。所为诗，法梦楼，得其风韵。余尝语梦楼：'以兰城之年而才志若此，积功至吾辈之年，安知不跨越吾辈乎？'梦楼曰：'然。'今梦楼往矣，思北固、金焦，烟景冥茫，但增凄怆，尚有兰城吟咏其间耳。近阅兰城集，因题其卷，愿兰城终如吾言，亦足慰梦楼于地下矣。嘉庆癸亥冬十一月十六日桐城姚鼐于皖中题。"此文尝收入姚鼐《惜抱轩文后集》之卷二，题为《左兰城诗题辞》，当时编定《惜抱轩文后集》时姚鼐定未曾想到，此文手迹将保存二百年仍完好无损。姚鼐文中所称梦楼者，即王文治也，其女孙玉燕，字玳梁，善绘事，后嫁于左墉为室。

卷前赵翼之序颇长，其中言到："集中诸作……皆在十余年前，计是时尊齿不过二十左右，其才力之清丽固属天分，而措词稳惬、玉润珠圆，则又工夫之老成也。翩翩少年已能如是，足觇天才、学力件件绝人。兼闻林下萧闲，无衣食奔走之累，又无急功近名之心，邺架曹仓，恣意渔猎，探源泝流，日进不已，吾乌能测其所至哉！……春杪拟往扬州看芍药，路过京江当拉佩香夫人奉访也。兰成学兄先生。弟赵翼顿首。"下钤朱文小印"瓯北"，后附《读云根山馆诗集题词》四首，此四诗皆收录于《瓯北集》第四十五卷，吾尝取嘉庆寿考堂本《瓯北集》比对，与吾所藏之原稿略有修正，其中第二首吾藏之本为"绮丽才华出水莲，工夫那更似珠圆；只疑数十年成就，谁识安仁正少年"，《瓯北集》中首句改为"绮丽清才出水

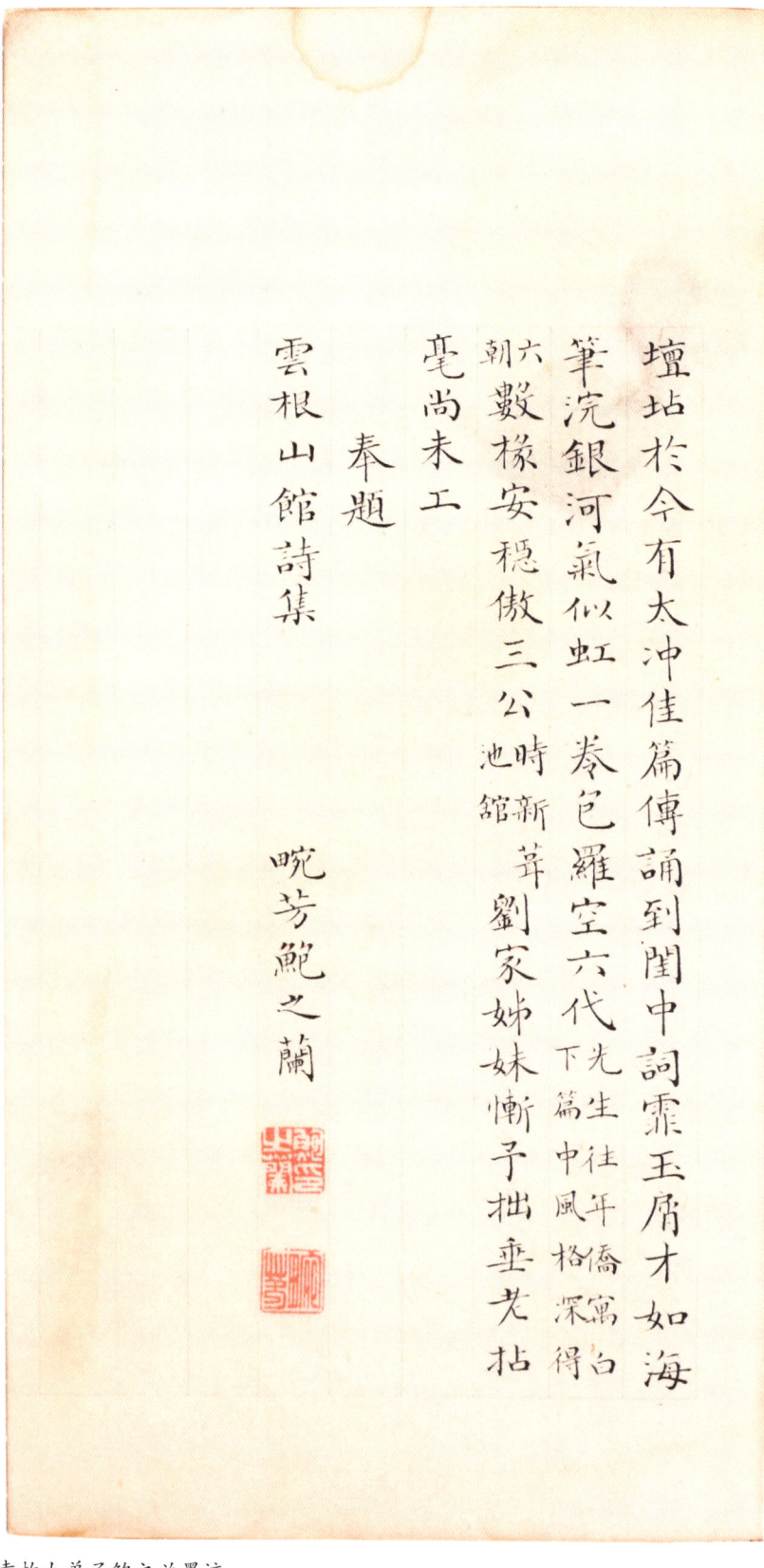

壇坫於今有太冲佳篇傳誦到閨中詞霏玉屑才如海

筆浣銀河氣似虹一卷包羅空六代先生往年僑寓深得白

朝數椽安穩傲三公時新葺劉家姊妹慚予拙垂老拈

毫尚未工

奉題

雲根山館詩集

宛芳鮑之蘭

袁枚女弟子鮑之兰墨迹

莲"；第三首中小注稿本为"君出子才、梦楼两公之门"，《瓯北集》则为"尝受业于子才、梦楼之门"，余皆同。

序中所言"佩香夫人"者，即左埔表姐、袁枚著名女弟子骆绮兰也，其字佩香，号秋亭，江苏句容人，传为骆宾王后裔，适金陵龚世治，早寡无出，抚螟蛉义女，尝作《秋灯课女图》，一时名家题咏殆遍。除袁枚外，伊人还曾问业于王文治、王昶，著有《听秋轩诗集》。其性豪爽，广交游，在当世可谓奇女子也。袁枚为《听秋轩诗集》作序，开篇即言"庚戌之秋，京江骆夫人佩香走币来曰：'兰幼读先生诗而爱之，且学为之，顾私淑之不如亲炙之益也，先生其许之乎？'余念孺悲无介，而闯然以至，殆奇女子耶！"王文治序《听秋轩诗集》则曰："绮兰读书明大义，具卓识，无世俗儿女子态，亦不沾沾为资生计。亲族间有大事，群谋不决，绮兰一言而众辄伏。家虽贫，常能以财贿缓急人，扶危济困，有烈士风。所为诗忼爽高迈，丈夫之雄杰者不能过也。"佩香与兰城姊弟情深，酬唱频频，《云根山人诗集》中每隔数页即可见"佩香表姊"字样，《听秋轩诗集》中亦频见和"兰成表弟"之咏，且多见与随园其他女弟子之唱酬。此外《瓯北集》《随园诗话》以及时人诗集中亦频见"佩香夫人"，可知其时骆绮兰与诗友往来之密，彼时诗坛盛况亦可窥一二矣。

袁枚与王文治为《听秋轩诗集》作序时在乾隆六十年（1795）夏，为《云根山馆诗集》作序则为同年冬，时隔半年。袁枚于佩香诗集序中有言："余今年八十矣，明知佩香之学问后进无涯，而余则暮景颓光，前途有限，故劝其板而行之，以及于吾身亲见之也。"窃思当时兰成睹表姊诗集得二师作序，心生羡慕，兼为随园暮日无多之叹而感，遂于半年间整理出诗作一百五十篇，亦乞序于二师，此或为《云根山馆诗集》成书之起因，而王文治、随园主人于兰成诗集序中亦言及此，或为旁证也。

其中王文治序曰："左生埔少时不喜习举子业，故不求仕进，然独喜为诗，师事随园先生及余。尝谓余曰：'随园之诗以奇为正者也，先生之诗以正为奇者也。埔一向为诗，苦不得门而入，今游两先生之门，得所归矣。'……左生操一二卷诗乞序，近于欲速成者，然窥其意，以余辈马齿已长，诚恐大成之后不复见元宴，先生故有此过虑之举，此亦何忍却之，然余辈之衰老，亦因之自慨也已。乾隆六十年岁在乙卯嘉平月既望友人王文治撰"。

随园老人之序曰："余尝思得一古豪，专精于诗，其力充然不藉经训为生，其鬓青然不为日月所限，若而人者，迢迢难得。不料行年八十竟得左生兰城焉。生家本素封，俯仰饶裕，以常情相测，其上焉者慕科名、工帖括，次焉者谋高爵显位、入赀为郎，其下焉者好饮、好博、好声色狗马，生视之如鹤立云中，夷然不屑，平素寡交游，躭书史，手一卷掩扉覃思，若嗜欲之切于身。学诗于余三年矣，得诗一百五十余篇，读之藻思芊绵，足掩群雅，无心摹唐而得唐之章节，无心拒宋而绝宋之瑕疵。……目论者疑生诗不多、乞序太早，余晓之曰：昔成王冠，周公命祝雍祝王曰'达而勿多也'；刘彦和曰'夸目者尚奢，惬心者贵当'。生之诗已达于口而惬于心矣，少亦何嫌？且生之诗正多而余之年已少，故急哀所作，欲及于吾身亲序之而亲书之，其志可哀而取也。……乾隆乙卯十月十二日随园老人袁枚撰于小仓山房之绿净轩。"

由此二文可知，当时二序另有原迹在焉，兰成珍而宝之，将其另置佳处，此处则另笔副录列于卷首。随园老人"亲序亲书"之物今流落何方不得而知，或许哪日如此卷诗集再现人间亦未可知，只可惜昔日名园毁于太平军，如今旧址无存，永无再现之日。如今无论大观园是否为假托随园而作，大观园以及《红楼梦》都与袁枚有着彼此渗透之关系，袁枚临终前立下遗嘱曰："至于诵经、念忏、做七、营斋，我生平最厌者。汝可告诸姊妹，来祭我一场，我必享受；哭我一场，我必悲伤。倘和尚到门，木鱼一响，我之魂灵必掩耳而逃矣，于汝安乎？"作此言者，大观园里与众姊妹吟诗诵月之贾宝玉乎？率众弟子敲字炼句之随园老人乎？吾莫之辨也。

沈钦韩批校
《昌黎先生诗集注》十一卷

《昌黎先生诗集注》十一卷　（唐）韩愈撰　（清）顾嗣立删补

清康熙三十八年（1699）秀野草堂刊本　沈钦韩批校
许玉瑑题识　竹纸　一函二册

钤印：文起手校（白方）、刘千里所藏金石书画（朱方）、传经堂印（白方）、刘驹贤印（白方）、别裁伪体亲风雅（白方）

　　秀野草堂本《昌黎先生诗集注》十一卷，为顾嗣立采择魏仲举本、王伯大本及东雅堂本等诸家笺注，参以己见删补而成，刊于康熙三十八（1699）年。顾嗣立（1669—1722）字侠君，人称闾丘先生，江苏长洲人氏，康熙三十八年举人，四十四年被召至京师，五十一年中进士，五十三年荐入武英殿，纂辑《鸟兽虫鱼广义》，传世有《秀野集》《闾丘集》及《诗林韶濩》等。《清史列传》云其"性嗜书，尤耽吟咏。……尤擅诗，始得力于遗山、虞、杨诸家，而其后渐近于雄伟变化，有昌黎、眉山之胜。"其藏书处曰秀野草堂，取自苏轼诗句"青山在屋上，流水在屋下。中有五亩园，花竹秀而野"，位于苏州闾丘坊巷依园之东。据说秀野园在明代曾为戚氏藏书室，后为顾嗣立所得，"爱谋卜筑书舍，为十年读书之计"，

顾嗣立

昌黎先生詩集注卷第一　吳　沈欽韓記注

長洲顧　嗣立　俠君　刪補

○

古詩三十一首

○元和聖德詩 并序

嗣立補注舊唐書憲宗皇帝紀帝順宗長子永貞元年八
月詔立為皇太子即皇帝位壬寅
嗣立補注舊唐書順宗紀八月庚子詔冊皇太子即皇帝位壬寅
閏自稱留後十一月壬申夏綏銀節度留後楊惠琳反
元和元年三月辛巳惠琳伏誅九月辛亥克成都十月
戊子闢伏誅二年正月己丑朝獻于太清宮
庚寅朝享于太廟辛卯有事于南郊大赦

臣愈頓首再拜言曰字臣伏見皇帝陛下即位已來誅
流姦臣

嗣立補注舊唐書順宗紀八月庚子詔冊皇太子即位為開州司馬前戶部侍郎度支臨鐵轉運使
王叔文為渝州司戶憲宗紀八月即位九月貶韓泰等為
諸州刺史十一月賜中書侍郎平章事韋執誼為崖州司馬

朝廷清明無

有欺蔽外斬楊惠琳劉闢以收夏蜀東定青徐積年

秀野艸堂

《昌黎先生诗集注》之卷首，沈钦韩题识、钤章至康熙二十四年落成，次年始以"秀野"颜之。朱彝尊有《题秀野草堂诗》云："秀野草堂曲径通，巡檐始信画图工。小山巢石屋高下，清露戎葵花白红。已许糟丘成酒伴，不妨蠹简借邮筒。入秋准践登舻约，吟遍江桥两岸枫。"

秀野园内水木亭台错落有致，有"秀野草堂""大小雅堂""因树亭""野人舟""闾丘小圃"等建筑，内中插架以储书，叉竿以立画，置酒以娱宾客。顾侠君居此其乐淘淘，以致赴京会试期间，虽然亦往来名士，诗酒酬唱，但终究难免乡愁，遂将京城住处命名为"小秀野草堂"。后来居京十年，屡迁住所，皆以"秀野"名之。其所刻之书，除牌记上注明"秀野草堂藏版"之外，版心下方亦刻有"秀野艸堂"字样，此《昌黎先生诗集注》即如是。除却堂号，是书版心下方尚有刻工姓名，计有曾唯圣、缪际生、邓子佩、顾有恒、邓玉宣、邓芃生、张公化及唐元吉，上记字数。然此书凡例最后一页之最末行刻有"吴郡邓明玑初骧开雕"，版心下右侧却又同时刻有"曾唯圣"，一页书同时有两刻工留名，此不多见，不过邓明玑或许为刻字铺主人，曾唯圣则为此刻字铺所请之刻工，亦未可知。

此书芷兰斋收有两部，一部钤有"希贤藏书"，初未知希贤何人，曾疑为吴希贤老先生，然苦无证据，且名叫"希贤"兼好藏书者有数人，吾不敢断定此"希贤"即吴老先生。不久后于另一部书上同时见到"希贤藏书"及"吴希贤印"，始敢确信此为吴老先生旧藏。另一部牌记页钤有两枚大印，其一为直径七、八公分之圆形双龙印，中有"御览"二字，钤于牌记正中上方，另一白文大方印"别裁伪体亲风雅"钤于右下，此二印不知为何人所钤，甚为霸气。钤大印者，为沈钦韩批校本也，卷首首行下有墨笔题"吴　沈钦韩记注"，并钤有"文起手校"白文方章，卷十末有"乙卯岁三月八日竟此卷　钦韩"，卷中则眉批处处，笔法老道，批校内容有议论，有训诂，有考证，长短不一。卷十一末有另一笔迹题"甲子三月廿一日赓飏读一过竟"。初时未识赓飏者何人，后查对资料，始知为沈钦韩好友许兆熊之子许玉瑑。

沈钦韩（1775—1832）字文起，号小宛，为学甚勤，三伏天读书苦蚊虫滋扰，置两足于瓮，所著除《幼学堂集》，尚有《两汉书疏证》《水经注疏证》等。许兆熊字凫舟，吴县人，好收藏金石，兼精医术，所撰有《药笼手镜》《两京名贤印录》及《凫舟诗稿》等。沈、许二人相交甚契，许兆熊著《药笼》《印录》时，小宛为之搜集佐证，《凫舟诗稿》成篇，小宛为之序。而小宛之所以撰《水经注疏证》，则出自凫舟之请。是书写定于道光元年（1821），时小宛四十六岁，与凫舟信中言："《水经注》经杜佑、李吉甫尽情排击，宋、元以来，遂日晦没。明时稍稍流布，钟、谭之徒大都耽玩文采，以为独得妙趣，为简牍钞括之用。惟郁仪氏为笺，廓清摧陷，比于披草莱、立城邑之功矣。然《水经注》仍不可读者，以水道脉络，支分条割，古今异名，或有或无，学者目不知《史》《汉》为何物，况能尽通六代之史及山经地志乎？此其流行而能通之者，绝无仅有也。国初则胡渭、阎若璩、黄仪稍有得于此，即纷然以舆地名家，初未有发明于郦氏也。赵一清之为此注释，其考订甚勤，蒐采甚富。然毛举细故，务欲掎摭其短，而夸奇征奥，乃短于目睫之视，翻为谬论，供人抚掌，亦不可枚举，而读是书者益泛滥炫耀而无可凭。钦韩惜之久矣，聊因足下之请，取《元和志》《寰宇记》以下，至本朝《一统志》以证郡县之沿革、山川之显晦。而秦、汉以来诸子百家正史稗乘为郦氏所采取者，亦悉订其得失，撮其本末。名曰《水经注疏证》。"

可惜小宛著成是书之后一直未付剞劂，以致后来研究郦学之杨守敬等皆未得寓目。是书著就而未刊，或为窘困故，小宛为《凫舟诗稿》作序不久即归道山，身后由郁松年资以敛葬，遗稿悉归其所有，此亦在焉。之后人事更迭，此稿一度归嘉业堂架上，缪荃孙撰写《嘉业堂藏书志》时，称此书"事事核实，惜未刊行耳。"再后王大隆以其为乡贤遗著故，斥巨金借抄一部，令世上多传一本。今检《善本总目》，著录此书有"稿本"两部，分别藏于国家图书馆及南京图书馆，吾不知此两部中，孰为沈氏原稿，孰为大隆先生所抄者。

小宛通批《昌黎先生诗集注》为嘉庆二十四年（1819），时年小宛四十四岁，卷末许玉瑑题识为同治三年（1864），时隔四十五年。未知此书为小宛生前即赠之凫舟，复由凫舟传至玉瑑，抑或身故后此书随其所藏尽数归于郁松年，复由郁松年散出，辗转再归玉瑑架上。尝检数书，皆未查得郁松年及许玉瑑生卒年，不禁慨叹天地逆旅，光阴如寄，万物皆带不走，亦留不下。郁松年当年实为沪上大藏书家，不仅收得周锡瓒水月亭、顾之逵小读书堆、袁廷梼五砚楼等数家旧藏，连黄丕烈百宋一廛旧物亦多归之。其身故后，子幼妇弱，一门孤寡难以守业，旧藏尽被权势者瓜分殆尽。丁日昌、陆心源为争购郁家旧藏而闹得满城风雨，并永为绝交，成为当年书界一大公案也。以郁氏生前如此之盛，殁后竟无人记其详，令人颇生炎凉之感。

玉瑑原名赓飏，字起上，号鹤巢，改名后原字为号，生卒年亦不详，仅知其曾于同治三年（1864）中举，亦即题记此书之年。其人受业于冯桂芬，晚与端木埰、

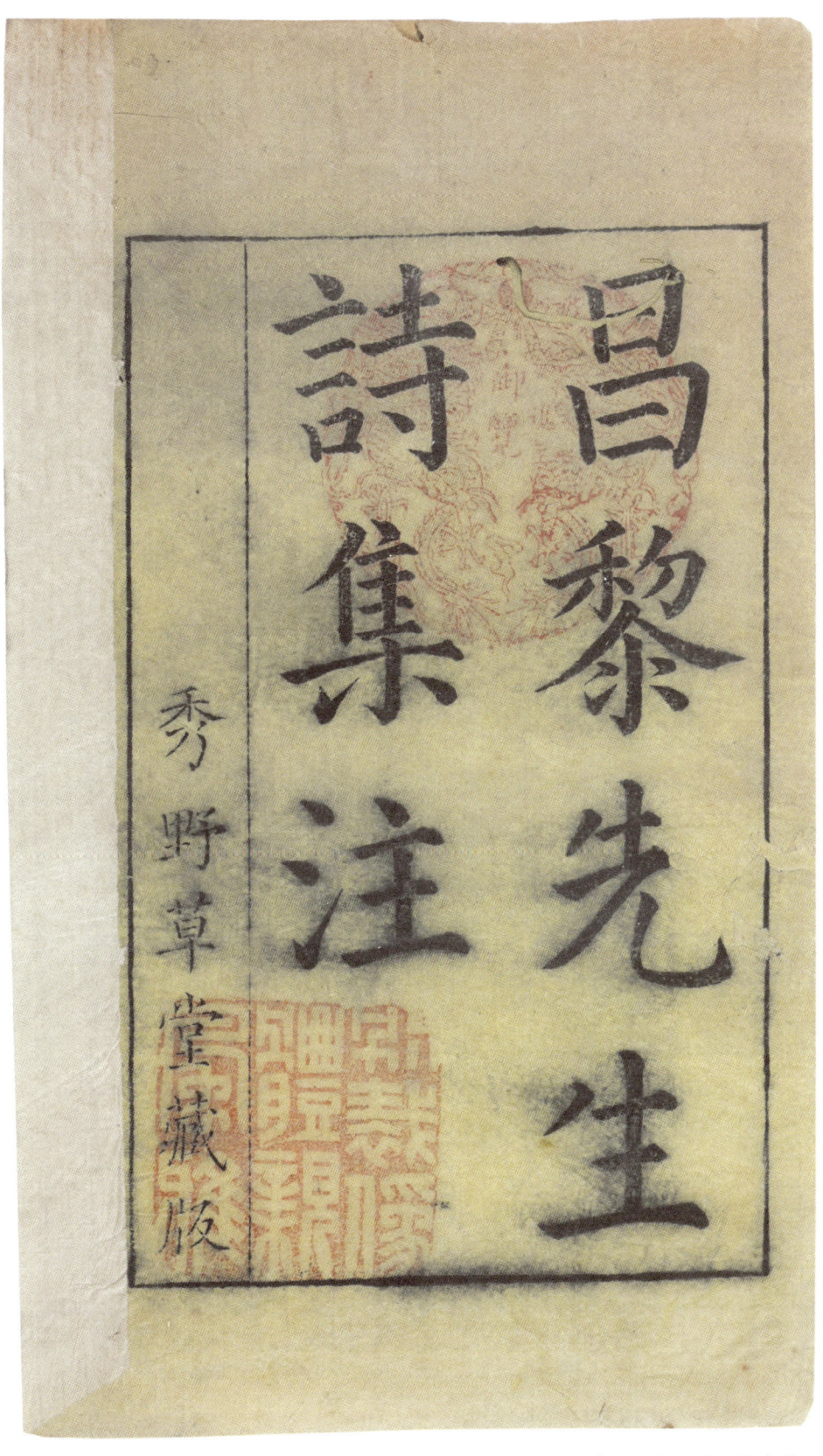

《昌黎先生诗集注》之秀野草堂牌记

王鹏运等酬唱，有诗集《诗契斋诗钞》传世，由门人潘祖年于民国元年刊行。许兆熊有藏书室曰"石契斋"，未知赓飏诗集以"诗契斋"名之，是否有追思先人之意。其未刊之著尚有《骈体文稿》六卷，为女婿胡玉缙所辑校。叶昌炽《缘督庐日记》中屡有提及与"鹤巢"书籍往还之事，《藏书纪事诗》中未载其人，然叶氏自序有云"旧例不录生存，断自蒋香生太守止"，可知《藏书纪事诗》撰成之日，赓飏尚在生。《景邃堂题跋》略记玉琢事云："许鹤巢则只知其为光福人，迨迁吴下。去春游邓尉，访其故居，家已中落。累世所藏书籍、稿本、字画、古玩，于数年前为骨董商捆载以去。文人身后，不幸莫大于是，爰抄图之题咏，以存鹤巢父子韵事。"吾读至此，惟掩卷耳。

陆时化跋
《钝吟老人遗稿》二十卷

《钝吟老人遗稿》二十卷 （清）冯班著

　　清康熙汲古阁刻本　陆时化跋　竹纸　一函六册

　　钤印：红豆树馆（朱方）、莫友芝图书印（朱方）、

莫绳孙印（白方）、陆时化印（阴阳印）、陆时化字润之

（朱方）、继卿（朱方）、曾藏太平苏氏补读轩、静异堂

印等

　　从来富贵似仙家，弱水昆山路较赊。

　　今夕湖中催画艇，何如岭上驻余车。

　　行云入暮方为雨，皎日凌朝莫上霞。

　　若把千年当一夜，碧桃明旦合开花。

　　此诗为冯班作于明崇祯十四年（1641）六

月初七，是日钱牧斋于茸城湖上以彩船迎娶

柳如是，并作《合欢诗》四首，一时唱和者

云集。冯班亦作四首以和，此为其一也，翻

开《钝吟老人遗稿》之《冯氏小集》，上卷

第三首即是。

　　冯班（1602—1671）字定远，号钝吟，江

苏常熟人氏，与兄冯舒并称"海虞二冯"，

时人多以"狂""痴"二字目之，今人提起

二冯，则往往涉及钱谦益及虞山诗派。虞山

诗派为明末清初时期，以常熟虞山命名的诗

派之一，其特点学古而不泥古，核心人物为

钱谦益，余则有二冯、瞿式耜、钱曾、钱陆

钱谦益

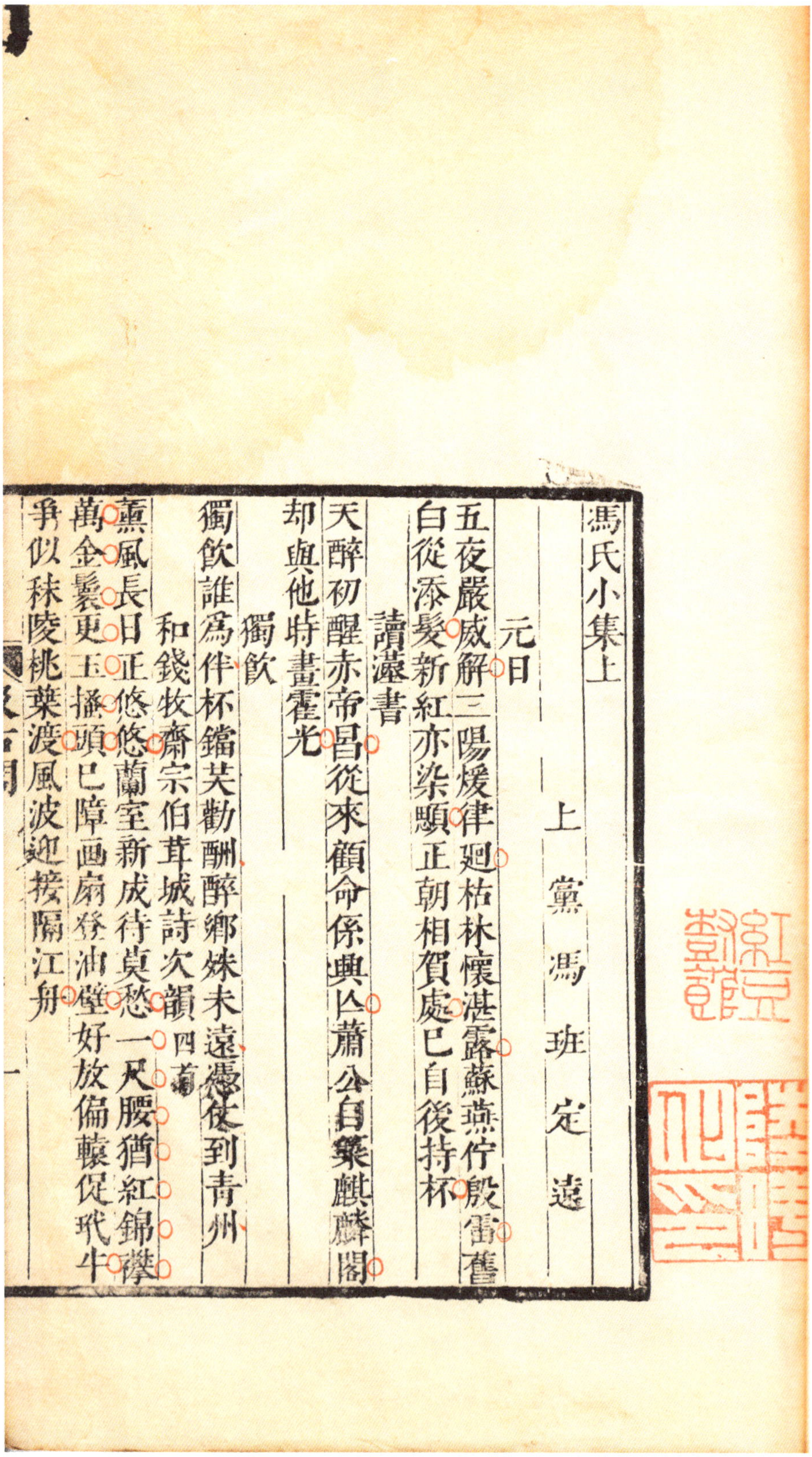

馮氏小集上

上黨馮班定遠

元日

五夜嚴威解三陽煖律廻枯林懷湛露蘇燕佇殷雷舊
白從添髮新紅亦染顋正朝相賀處巳自後持杯
天醉初醒赤帝昌從來顧命係興亡蕭公自櫽麒麟閣
却與他時畫霍光

獨飲

獨飲誰爲伴杯鎗芙勤酬醉鄉殊未遠憑使到青州
和錢牧齋宗伯葺城詩次韻四首
正悠悠蘭室新成待嵠愁一尺腰猶紅錦襪好放偏襄促玳牛
薰風長日
萬金鬖更玉搔頭巳障畫扇絲油壁
爭似秣陵桃葉渡風波迎接隔江舟

灿等。冯氏一门三代皆与牧斋有缘。二冯之父冯复京与牧斋为好友，二冯则随牧斋学诗，二人诗集皆由牧斋作序，彼时二冯之成名，亦有得于牧斋之盛赞。及至牧斋晚年，还为冯班之子行贤诗集作序，曰："冯子无咎，吾故人定远之子也。余于定远为父行，亲见定远羁角裹头，以迨斑白，而今复见其子之能诗。"

此《钝吟老人遗稿》一函六册，其中一册卷末有陆时化跋语两段，其中墨笔题识为："王阮亭云定远博雅善持论，著《钝吟集杂录》六卷，论文多前人未发，其诗以《才调集》为法。朱竹垞云启、祯诗人善言风怀者，莫若金沙王次回，定远稍后出，分镳并驱。次回以律胜，定远以绝句见长。"朱笔题识则为："气味不能深长，总由思致浅故，笔少神韵。义山浑厚而不俗，在得比兴。此学义山，惟学其多涉闺事。"下钤有朱文方印"陆时化字润之"。

此两段题识，墨笔为王渔洋、朱彝尊对冯班之评价，朱笔为陆时化对冯班之评价，由内容可见陆时化不甚喜冯班。陆时化（1714—1779）字润之，号听松，江苏太仓人，性喜聚书，其藏书处有听松山房、翠华轩及啸云轩，常手自校雠，以贻其后裔。黄丕烈跋旧钞本《耕学斋诗集》云："适书友以东仓陆时化手抄唐宋元明人集数种求售，内有是集，留之校对一过。"可见陆时化"贻其后裔"之愿并未得偿。然使陆声名更盛者，则在其书画收藏，此由其著《吴越所见书画录》六卷可窥一二。是书所记书画，多为润之三十年来游历江、浙期间，所遇故家遗族、高僧韵士所示，起自唐，迄于清初，以明代为多，每卷依时代为序，详记尺寸、绢楮、题款及藏家。此书初刻于乾隆四十一年（1776），由其子陆愚卿刻于陆氏怀烟阁，全书由润之亲自手书上版，延名手汤士超开雕，写刻皆工，墨如漆灿。然而此书六年后即被朝廷列入禁毁书目，一部书画著录之书亦遭禁，清廷文网之怪、之密可见一斑。吾与听松老人缘浅，无缘收得此本，仅得光绪年间以木活字印行之本，版心下印"怀烟阁"三字，可知陆氏一脉书香，历经乾、嘉、道、咸、同直至光绪，古风犹存。

陆润之不喜冯班，自有喜冯班之人。康熙时期重要诗论家赵执信于当时作文论诗者多有訾謷，惟独折服于冯班。赵执信（1662—1744）字伸符，号秋谷，晚号饴山老人，自十八岁初睹《钝吟集》，立即对冯班佩服至五体投地，瓣香私淑，《清史列传》载其"一见班所著，即叹为至论，至具朝服下拜。尝谒班墓，以'私淑门人'刺，焚于冢前，倾倒甚至"。冯班殁后，次子冯行贞、侄冯武收拾所遗著辑，镂板行世，赵执信序曰："先生既殁，其友人陆贻典辑其诗为七卷，其《钝吟杂

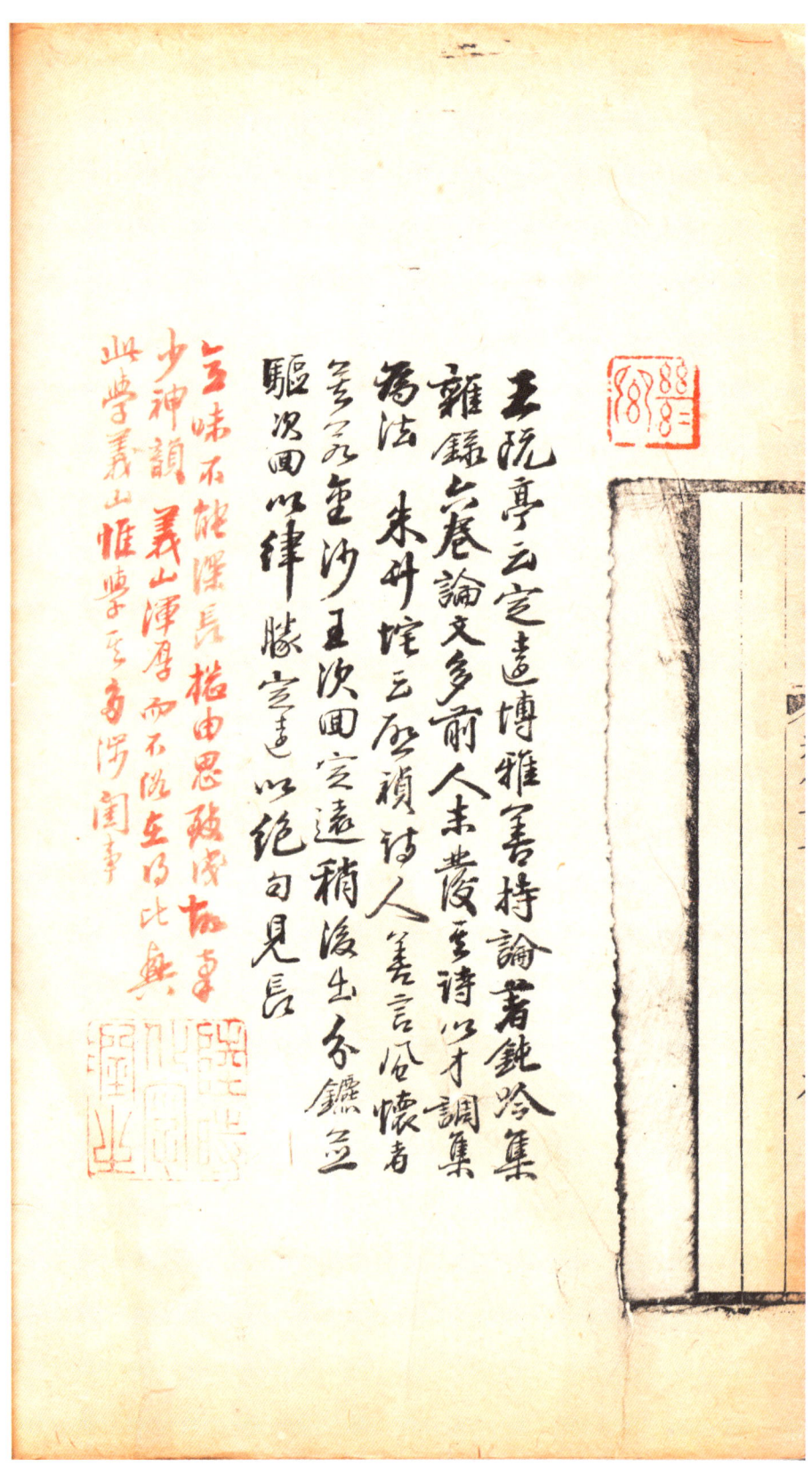

《钝吟老人遗稿》之陆时化跋语

赵执信

录》八卷，先生长子行贤尝携以入都，大为时流惊怪。中间《严氏纠谬》一卷，尤钜公所深忌者。执信与先生邑子陶元淳独手录而讲习之。今行贤与元淳亦已谢世，执信学之三十年，未能窥万一，然后之宗法先生，莫有先焉者矣。……康熙丙戌秋分日，益都私淑门人赵执信谨序。"

彼时诗坛极具影响力之诗评家，除赵执信外尚有王士祯，亦即陆时化题识中所称"王阮亭"。王士祯（1634—1711）字贻上，号阮亭，别号渔洋山人，论诗提倡"神韵说"，著有《带经堂集》《渔洋山人精华录》及《池北偶谈》等。王士祯长赵执信二十九岁，与赵之祖父为忘年交，其妹嫁给赵执信叔父赵作肃，作肃之子又聘王家女，赵执信妻子则为王士祯外甥。如此世交兼多重姻亲，按说王、赵两人应当关系极厚，事实上"王赵交恶"却是当时诗坛一段公案。究其原因，二者于诗学理念不同固然是根本，而冯班则是不可避过之重要原因。王氏诗学宗司空图、严羽，赵氏宗冯班；王氏尚清远，赵氏重人烟；渔洋曾对冯班有所微辞，秋谷则意气难消。陆时化题识所摘录王渔洋评冯班诗文，尚为中肯，未有贬意，然渔洋"论文多前人未发"原文后尚有一句"但骂严沧浪不识一字，太妄。"同卷又有评论严羽曰："（严沧浪）乃不易之论，而钱牧斋驳之，冯班《钝吟杂录》因极排诋，皆非也。"凡此种种，秋谷闻之，皆愤而不平，故行文作述，几不放过任何机会以奚落渔洋。

秋谷如此护卫冯班，只惜生不同时，无以把酒。冯班在世时交游甚广，其中最厚者当数陆贻典，《钝吟老人遗稿》之行世，亦多亏陆氏。陆贻典（1617-1686）字敕先，号觌庵，明诸生，小冯班十五岁，亦为虞山诗派之中坚，与二冯同游于牧斋门，为其晚年身边得意门生。彼时往来频频者，尚有毛晋、毛扆父子，其中毛扆为陆贻典之婿。传世最早、最全之《钝吟老人遗稿》，即由陆贻典、毛扆、冯武等人于康熙年间汇刻。毛晋因为抄书、刻书之故，遍交文坛与书界，其五十岁生辰时，冯班作诗相赠："余英溪畔省当年，膏火终宵共一编。日月过头君似长，雪霜生鬓我惭先。仲雍山下侵窗草，尚父湖边扑棹烟。两地景光无远近，遥倾尊酒祝华颠。"此时冯班四十七岁，正值壮年，虽然言及雪霜生鬓，言语间仍然意气风发，颇见壮怀。及至毛晋六十岁，冯班复吟："沧桑世事漫悠悠，尊酒相看两白头。好事也知同古昔，名人几个与风流。翻书夜永宜无倦，种秫年丰合倍收。待得春天光景好，湖头应许泊渔舟。"此时冯班亦近花甲，两白头去泊渔舟，淡远冲和，万事已不强求，与时人所称之狂、之痴，皆昨日矣。兔走乌飞，岁月锻人处或许即在此不知不觉之间。此诗吟罢未久，毛晋即过世，未知春日湖头，白头之约有否相践。

陆贻典康熙七年（1668）为《钝吟老人遗稿》作序云："先生（钱谦益）序成于崇祯之岁，刻之《初学集》，迄今垂三十年。天下之读其词者，莫不想望定远之人与诗。而其诗刻，仅《冯氏小集》百余首，其友毛氏潜在实任梨枣之役。今潜在不可作矣，好事寥寥。……"可知此集中惟《冯氏小集》三卷为毛晋所刻，余则由毛扆陆续开雕。是书全集为二十三卷，计有《钝吟杂录》十卷、《冯氏小集》三卷、《钝吟集》三卷、《游仙诗》二卷、以及《钝吟别集》《钝吟余集》《集外诗》《钝吟文稿》和《钝吟乐府》各一卷。其中《钝吟集》与《钝吟杂录》命运有如霄壤。《四库全书总目》评介《钝吟杂录》云："故班诸书之中，诋斥或伤之激，然班学有本源，论事多达物情，论文皆究古法。虽间有偏驳，要所得者为多也。"《钝吟集》则列入《清代禁毁书目》，坐以"悖逆诞妄，语多狂吠"之罪。

《钝吟杂录》十卷为定远殁后八年，由侄儿冯武编辑成书，后有冯武跋语，详述各卷搜集经过："公著书无定所，或书友人斋头，或书旁行侧理，以故殁后多散佚。武竭蹶求之，数年于兹矣。仅得九种，编成十卷，题曰《钝吟杂录》，以公尝自号钝吟老人云尔。《读古浅说》，病中嘱黄子鸿授武者；《家戒》则得之于家补之；《正俗》系女弟子董双成所寄；《日记》乃得于僧饮章行囊中；《严氏纠缪》，参见诸本，今另为一卷。《诫子帖》散见于小启。编成后，家履中缄寄《纲目纠谬》五则暨《遗言》《遗嘱》三种。其余尚有《壁论》三卷，《读古心鉴》

鈍吟老人雜錄 卷第一

家戒上

上黨馮班定遠

讀李習之荅朱載言書云其理是而詞章不能工者太
公家教也今此書不傳習之所謂不工者我不能與之
覆較顧嘗思之矣謂之家教是父兄以教其子弟者也
不應雕飾文詞其理是矣則於聖人之所謂修身齊家
入以事父兄出以事長上者必有當焉矣是天下之良
書也惜哉我不及見不得採取以善我身教我子弟可
勝歎耶我無行少年不自愛不堪爲子弟之法式然自
八九歲讀古聖賢之書至今六十餘年所知不少更歷
事故往往有所悟家有四子每思以所知示之少年性
快老人諄諄之言非所樂聞不至頭觸屏風而睡亦巳
足矣無如之何筆之於書或冀有將一讀未必無益也

鈍吟雜錄卷一 一

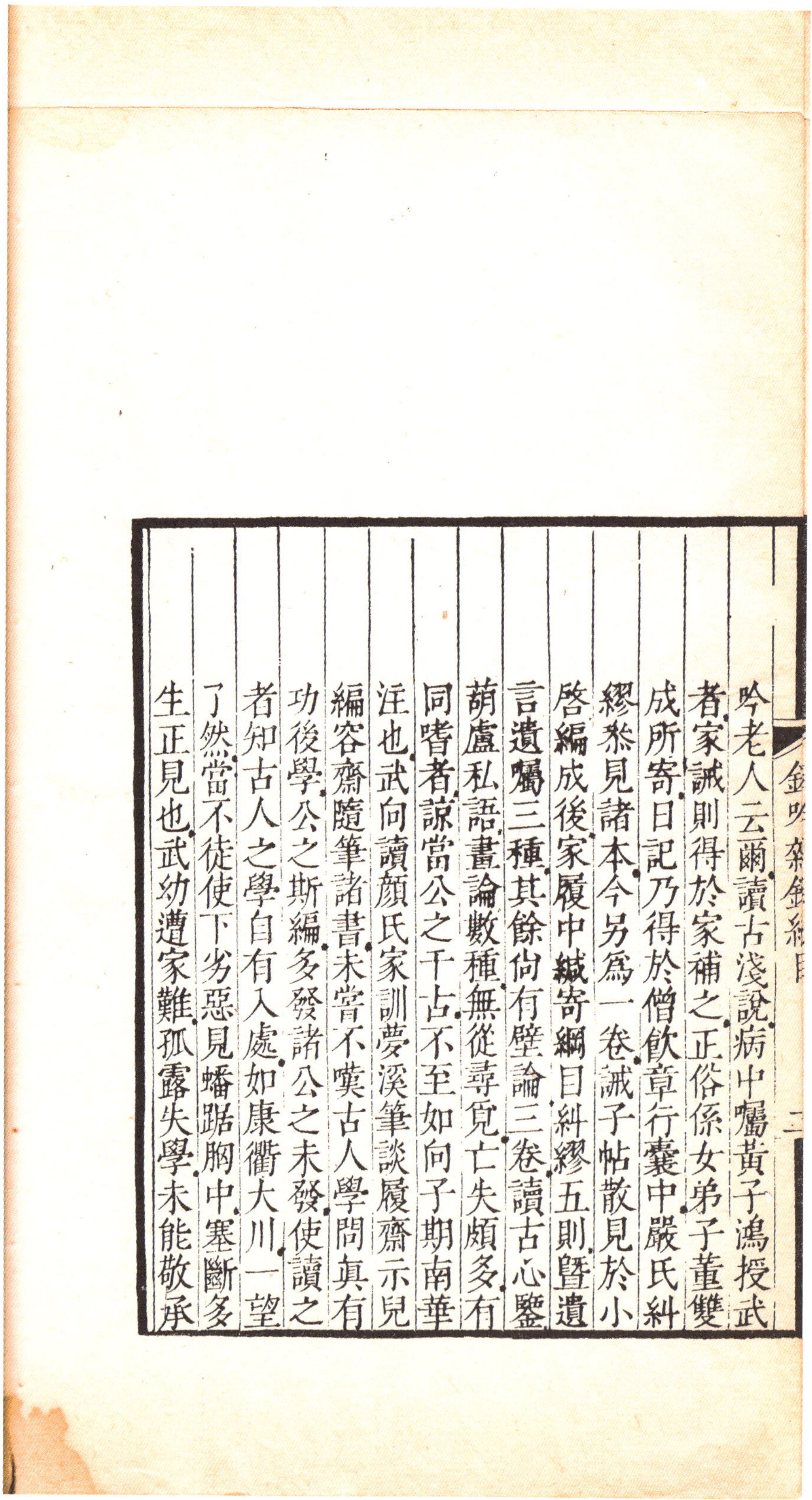

吟老人云爾讀古淺說病中囑黃子鴻授武
者家誡則得於家補之正俗係女弟子董雙
成所寄日記乃得於僧飲章行囊中嚴氏紕
繆於見諸本今另爲一卷誡子帖散見於小
啓編成後家履中緘寄綱目紕繆五則暨遺
言遺囑三種其餘尚有壁論三卷讀古心鑒
葫蘆私語畫論數種無從尋覓亡失頗多有
同嗜者諒當公之于古不至如向了期南華
汪也武向讀顏氏家訓夢溪筆談齋示兒
編容齋隨筆諸書未嘗不嘆古人學問真有
功後學公之斯編多發諸公之未發使讀之
者知古人之學自有入處如康衢大川一望
了然當不徒使下劣惡見蟠踞胸中塞斷多
生正見也武幼遭家難孤露失學未能敬承

《钝吟杂录》中言及女弟子董双成

《葫芦私语》《画论》数种，无从寻觅，亡失颇多。"吾读至此，甚感好奇"女弟子董双成"之出现。日前刚刚草就左墉稿本《云根山馆诗集》一文，内中言及袁枚女弟子甚多，不意此间又现女弟子。待翻检资料，始知冯班有友名许瑶者，许瑶之妻吴绡为当时著名闺阁诗人，曾从冯班学诗，有《啸雪庵集》传世，钱谦益、吴伟业、叶襄等诸名家皆为之作序。董双成则为吴绡陪嫁之侍女，后从冯班学书，晚年亦和吴绡一起，与冯班多有过从。《钝吟余集》中有诗句云："后堂容醉客，小妓是门人"，注云："广平小妓董双成、唐灵华从余学书，每自称门人。"事实上，由冯班诗集可知，彼时与其从游之女性不在少数，其诗亦多有描绘男女情事之作，难怪陆时化于跋语中言"此学义山，惟学其多涉闺事"。如今人们每每提及女弟子，常首先想到随园，却不知早在一百年前，已经有人先行此道，只是未曾绘下《女弟子请业图》而已。

后人评价冯班，云其狂、云其痴，云其一言不合即掉臂而去，胸有所得则曼声长吟，坐中饮酒、抑郁愤闷之时，旁若无人恸哭失声，却无人提及其收裙钗为弟子之举，然而若无此举，定远之不羁更由何得见？今读《钝吟集》，定远不羁不绊之气扑面而来，难怪乎清廷要列此书入禁毁，当不仅因牧斋之序也。然而恰恰因为此书曾被禁，定远全集流传至今者全本甚稀，吾藏之本亦缺三卷，分别为《集外诗》《钝吟文稿》及《钝吟乐府》，成为憾事。此本2004年秋出现于北京海王村拍场，虽为残卷，而眉目清晰，显是极初印之本，兼有陆时化题跋及莫友芝、莫绳孙藏印，流传有序，岂能错失？是故吾以一万九千元将之纳入囊中。以彼时之行市，以近两万元购一部清刻残卷，有书友颇为不解，然以此书之渊源、背景，兼以今日行市视之，此价贵乎哉？不贵也。

翁信标题识、翁同龢跋
《道德经》二卷

《道德经》二卷

    明崇祯壬申序贻经堂刻本　翁信标题记、翁同龢跋　竹纸　一函一册

    钤印：深山道流（白方）、同龢（朱方）、退思补过（朱方）、常熟翁斌孙藏（朱方）、翁信标印（白方）、翁信标印（朱方）、虞山翁韬父珍藏印（朱方）、天津市人民图书馆珍藏图书（朱方）、天津市人民图书馆注销（朱方）、翁、信标、锦来、翁斌孙印、斌孙印信等

    此《道德经》二卷2006年秋现身嘉德拍场，底价八千元，拍品说明称其为"明崇祯五年（1632）刻本"。是书无牌记，"明崇祯五年刻本"之依据或为前序中有"皇明崇祯壬申鹿城顾锡畴题于三乐堂"之句。以序中年款为判断古书年代之依据，颇令人疑，因为后世翻刻者亦多有连旧序一并翻刻，故此年款仅能说明此本最早年限为崇祯壬申。是书九行十九字，白口，四周单边，检《善本总目》所载《道德经》无此行格本，三乐堂亦鲜有所闻，或为顾锡畴堂号。其序尚言："新安友人汪廷先博学好古，遇有异书辄广其传，以公同志。捧诵兹编，尤加击节。方拟付剞劂氏，不幸有阳侯之厄，将谓秘典与良友同入龙宫，不胜惋惜。未几其尊人汪士衡简得之遗箧中，亟付诸梓，以成嗣君志。"顾锡畴序后接新安汪应魁序："顾

翁同龢

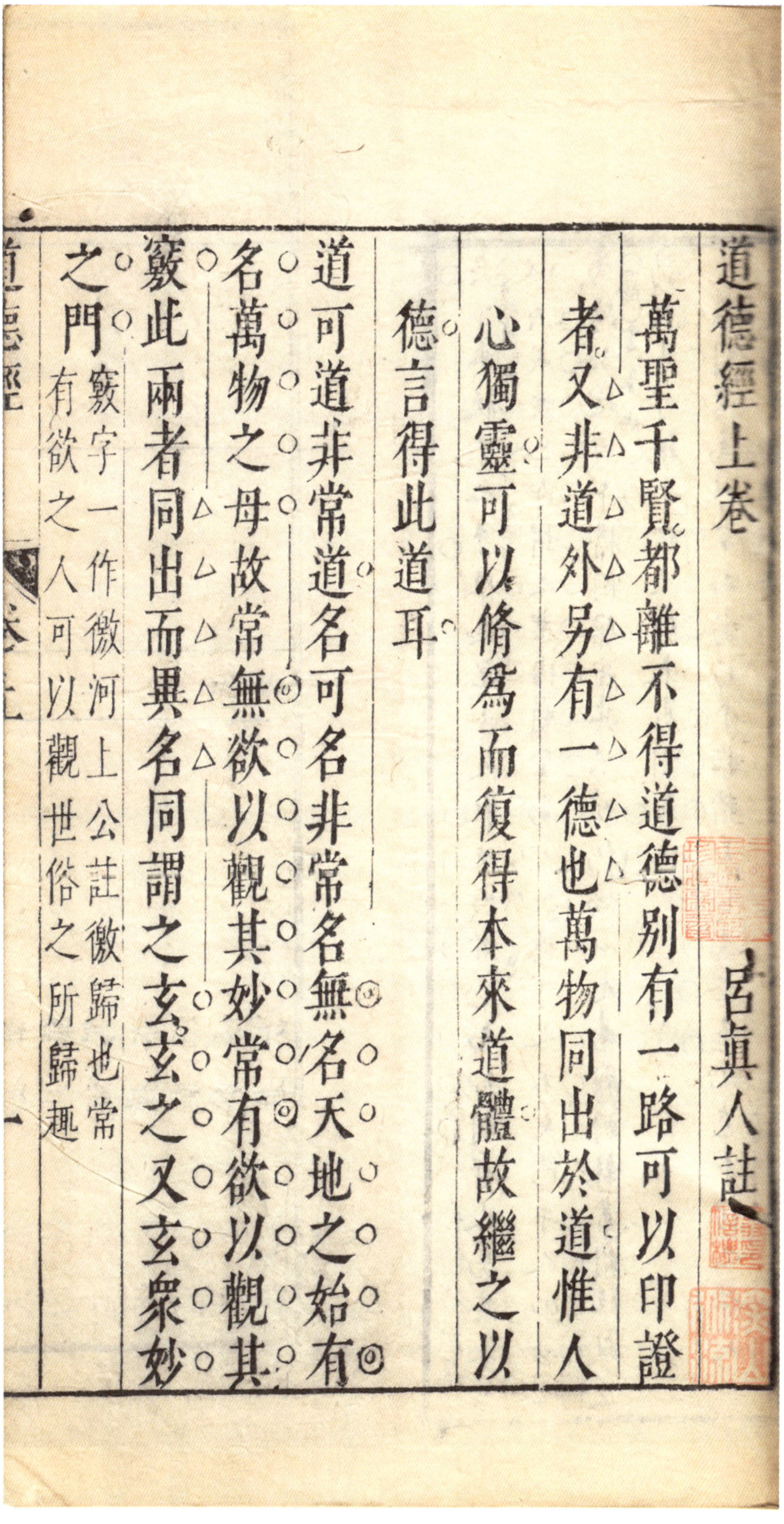

道德經上卷　呂真人註

萬聖千賢都離不得道德別有一路可以印證
者又非道外另有一德也萬物同出於道惟人
心獨靈可以脩爲而復得本來道體故繼之以

德言得此道耳

道可道非常道名可名非常名無名天地之始有
名萬物之母故常無欲以觀其妙常有欲以觀其
竅此兩者同出而異名同謂之玄玄之又玄眾妙
之門　竅字一作徼河上公註徼歸也常
有欲之人可以觀世俗之所歸趣

道德經　卷上　一

简洲先生得其钞本欲与天下共宝之，授余鸠工剞劂，余因加点阅叙述之，以弁于简端云。"

　　新安即古之徽州，安徽自中唐时期即有刻书活动，至两宋形成以徽州为中心的沿江刻书带。明清时间由于安徽士林繁茂、著述丰富，刻书进入鼎盛时期，无论官刻、私刻或坊刻，皆刻印精绝。徽州刻书者中，汪氏乃是极富创造力者，其中最著名者名汪廷讷，所刻《坐隐先生全集》为代表作。顾锡畴序中所称"汪廷先"未知与汪廷讷有何渊源，然二者同乡、同姓、同辈份、同好刻书，或为兄弟行。汪应魁字玄枓，室名贻经堂，为明末徽州府著名书商，其刻本书讲究版本、质量，曾于崇祯年间刻印过《周易传义》《尚书集传》及《诗经集传》等，多为经学著作。

　　是书于拍场几经叫价之后，吾以两万二千元落槌，携归芷兰斋。吾收此本，非为汪应魁之贻经堂，而为卷中题识及跋语也。该书卷前有翁信标墨笔题李商隐七律一首："篷岛烟霞阆苑钟，三宫笺奏附金龙。茅君奕世仙曹贵，许掾全家道气浓。绛简尚参黄纸按，丹炉犹用紫泥封。不知他日华阳洞，许上经楼第几重。"后复有朱笔续曰："五千言外无文字，更有何词赠武皇"。卷后则有翁同龢蝇头小楷跋语一段："倚云公讳信标，朔州公之孙，子澈公之子，于吾上杭府君兄弟行也。邑诸生，事迹无可考。同龢辑家谱，仅纪其'博学多闻、及门甚众'而已。此本为公点定，丹记烂然，凡钩提处皆矜慎，盖得力于此。前数年，斌孙得于家乡书肆。庚寅五月廿有三日出以示余，乃谨记数字于后。同龢。" 此书尚附翁氏藏书旧签一张，标明"常熟翁氏藏书第一百十二部，《道德经》"，卷前贴有翁斌孙所书"老二房"谱系，由一世景阳公叙起，至二世世宾公、三世廷秀公、四世思隐公（讳瑞）、五世介石公（讳卿，思隐公次子，增广生）、六世石崖公（讳拱极）、七世兆吉公（讳应祥，石崖公四子，万历庚子举人，朔州知州，创建石梅先祠）、八世子澈公（讳毓瀛，兆吉公次子）、九世倚云公（讳信标，子澈公次子，号锦来，增广生，博学多闻及门甚众，无后）。读翁同龢跋语，复观翁斌孙所书谱系，以及卷中所钤印信，此书之渊源可知其大略矣。继审此书，可知其曾于清末年间经翁氏族人重新装池，书中衬纸除前几页为石印旧书外，余则全部为九思堂刻本之《太上感就篇》。令人诧异者，此《太上感应篇》版心页码依序而贯，每页完好无损，可知并非残卷。尚友堂与九思堂为清末江西书贾周舒腾、周承元父子于成都所设之书籍铺，一度颇具规模，同治初年毁于火灾，从此退出成都书市。拆此书治彼书，可见于修书者而言，此《道德经》分量之重。

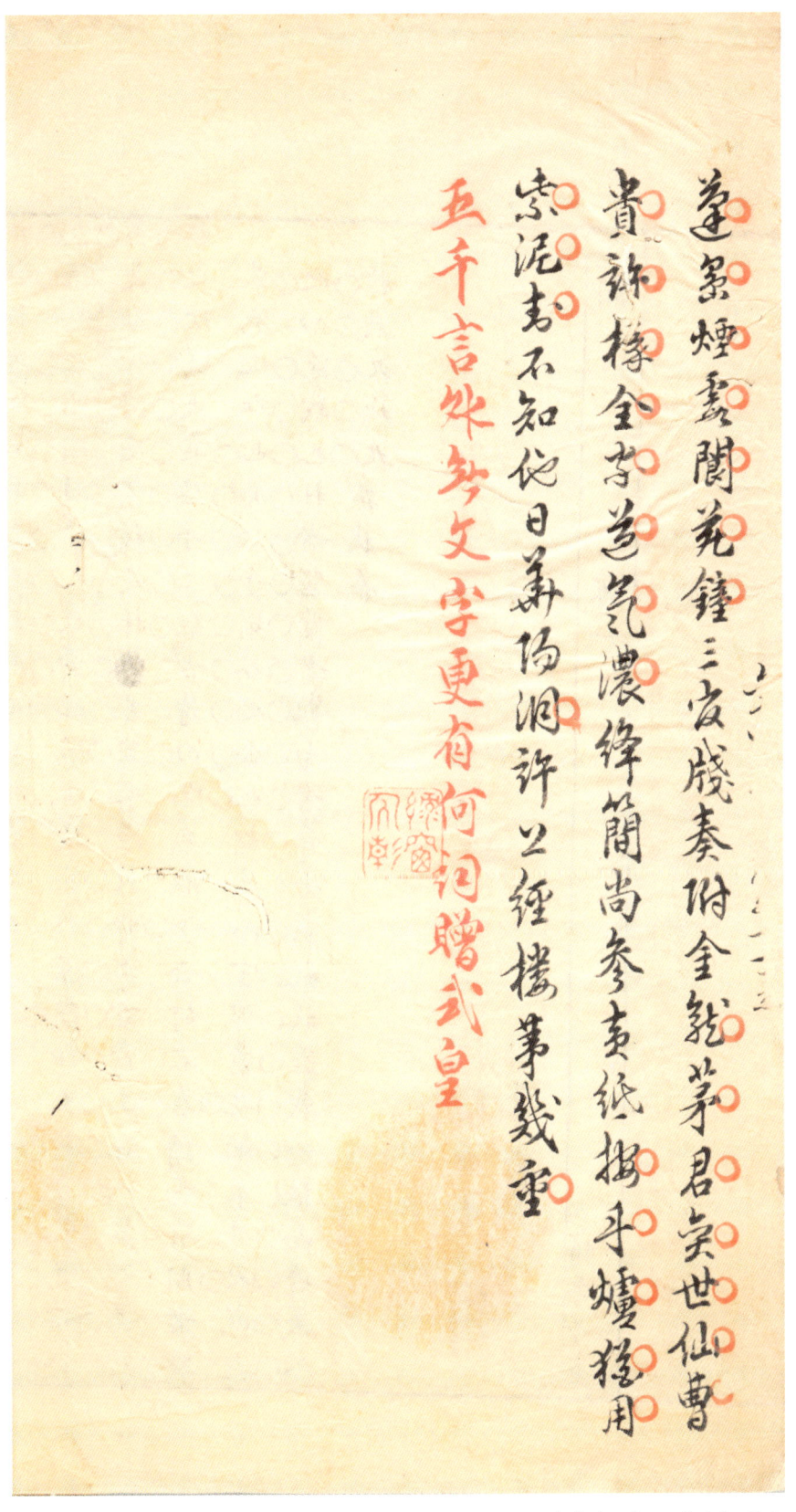

蓬莱煙雲闢蒐鐘三宮戔奏附金龍芋君吳世仙尊
貴飾椽金孛道氣濃緯簡尚參真紙搜斗爐摧用
索泥書不知他日無傷洞許之經樓筆幾重
五千言外多文字更有何詞贈武皇

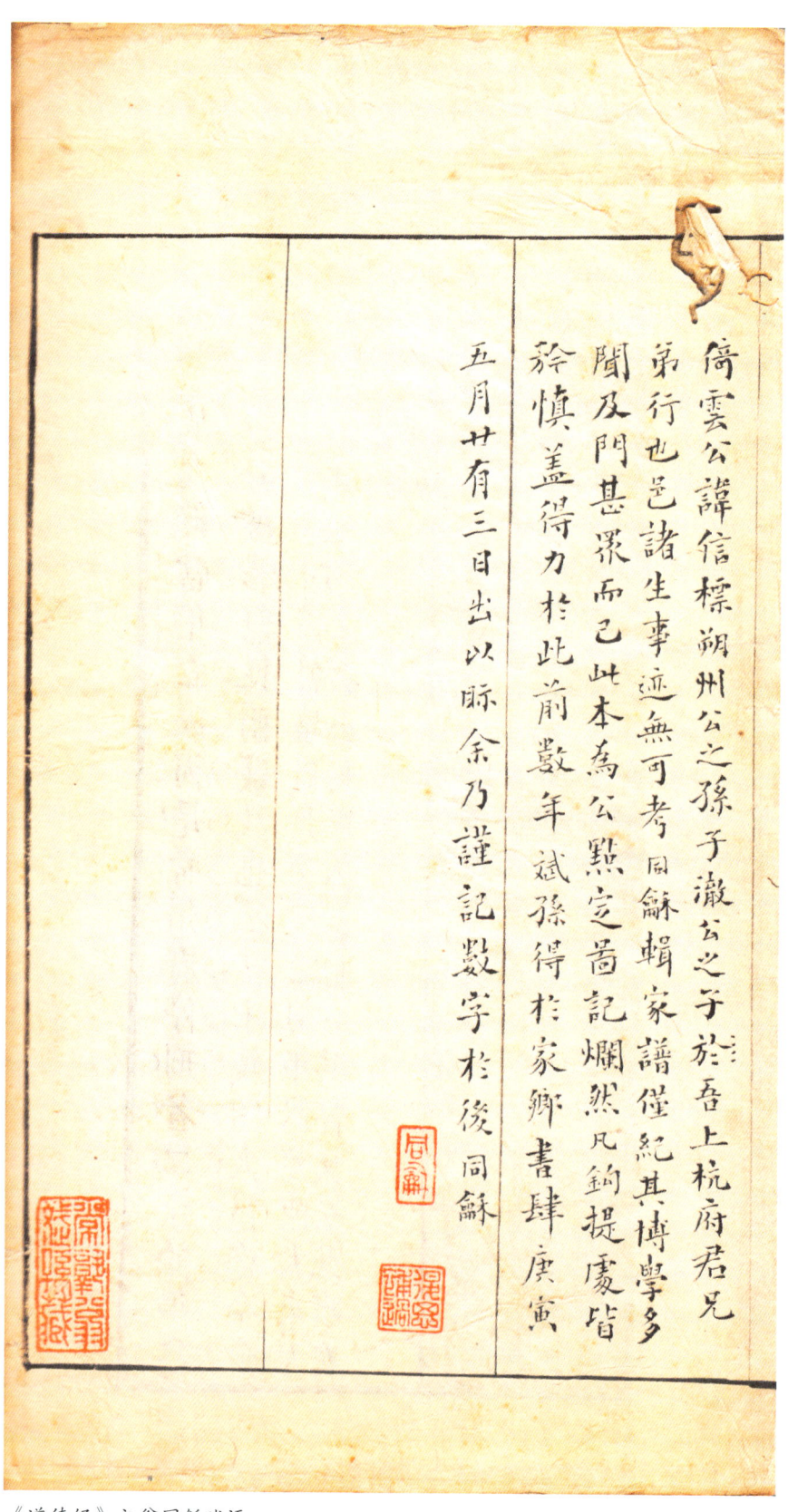

倚雲公諱信標朔州公之孫子徵公之子於吾上杭府君兄
弟行也邑諸生事迹無可考 同穌輯家譜僅紀其博學多
聞及門甚眾而已此本為公點定嘗記爛然凡鉤提慶皆
於慎蓋得力於此前數年貳孫得於家鄉書肆庚寅
五月廿有三日出以眎余乃謹記數字於後 同穌

《道德经》之翁同穌跋语

　　翁斌孙（1860—1922）字弢夫，号笏斋，为翁同龢长兄翁同书之孙，光绪三年（1877）以十七岁高中进士及第，以侍讲之衔任翰林院检讨，可谓少年得志，后历任国史馆、方略馆、会典馆协修、武英殿纂修、内阁侍读、直隶提法使等，是清末翁家最后一位大吏。辛亥后，其隐居津门以"读书自娱"，著有《笏斋日记》《笏斋漫记》《笏斋诗集》《津门所见录》《一笏斋集》及《过眼录》等。从辈份上讲，翁斌孙为翁同龢孙辈，年龄则相差三十岁，庚寅出示此书予翁同龢看时，翁同龢正值花甲。翁同龢一生风光，却始终膝下空虚，遂将二兄翁同爵之子翁曾翰过继为嗣，翁曾翰虽生子安孙，孰料两人却又先后去世，导致翁同龢一脉仍然后继无人，复将翁斌孙次子翁之廉过继为安孙之后，成为翁同龢曾孙。令人奇怪的是翁之廉过继来之后依然无后，直至民国七年（1918）斌孙幼子翁之熹生下兴庆，翁之廉立即向斌孙夫妇要求，将兴庆过继为子，而翁兴庆正是2000年安排翁氏六世旧藏自美国回归，入藏上海图书馆的翁万戈先生。翁同龢于自订年谱里叙至庚寅之岁时，涉及此段往事之句有"请于嫂氏，命以斌孙次子之廉为安孙后，熙孙次子之循为椿孙后（二十日）"。此年最末一句，则为"余家运甚蹇，病体日颓，了无人生之乐"。

　　翁同龢一支子嗣如此艰难，令人联想起同为收藏世家之潘祖荫一脉。翁、潘两人皆出自书香门第、簪缨世家，同为道光十年（1830）出生，同为军机大臣，同喜金石书画。潘祖荫亦是一生无后，先后过继潘祖年两子为后，两子相继早夭，后将潘家第四房潘承镜过继给潘祖荫、潘祖年两房为孙，一人兼祧两房香烟，原为美事，不料潘承镜婚后三个月即过世，亦无子嗣。潘家素以收藏闻名，如此继而折、折而继，民间始传潘家收藏古物太多，阴气过盛，令生人无法承受。潘承镜过世后，新婚三个月的妻子潘达于年仅十九岁，延续潘家立嗣惯例，将族人之子过继，立为潘承镜嗣子，岂料过继不久难逃夭折厄运，只得再继再立。

　　潘家旧藏在潘达于守护之下，迭经兵燹，直至1952年捐献给上海博物馆，安然无恙。潘达于以一名旧式妇女之身份成此壮举，实在令人钦佩。翁氏旧藏六世传递过程中，亦有一名如潘达于先生般守护文物之女性，却令人忽视，甚至名不见传，此即翁之廉夫人强氏。翁氏旧藏回归同当年大克鼎入藏上海博物馆一样，同为业界大事，虽然回归已十一年，其六世递传之故事至今仍不断被各媒体报道，其中浓墨重彩多集中于此批古籍于战火中如何出国、千禧年如何回归以及翁先生传奇一生，于翁先生成年之前此批古籍的保存仅一句"翁之廉去世后，天津藏书经之廉的太太强氏夫人辛勤保管，得以完整无损地保存下来，待翁万戈成人，强氏将翁氏藏书移交给他。"

三个月前读《收藏》杂志，载有翁万戈先生访谈，当人问"你是不是收藏家"时，翁先生称自己为"守藏家"。此三字于吾看来，字字道尽守护古籍之任重责深，而潘达于、强夫人则当之无愧矣！

黄裳跋文瑞楼钞本《百衲居士铁围山丛谈》六卷

《百衲居士铁围山丛谈》六卷　（宋）蔡絛撰

清文瑞楼钞本　黄裳跋　一函一册

钤印：浙东沈德寿家藏之印（朱方）、黄裳青囊文苑（朱方）、抱经楼藏书印（朱方）、黄裳壬辰以后所得（朱方）、来燕榭（朱方）、吴兴抱经楼藏（朱方）、黄裳藏本（朱文长方章）、黄裳藏本（白文方章）、黄裳小雁（朱方）、黄裳容氏珍藏图籍（白方）、吴兴沈氏药盦父尚絅庐主所蓄经籍书画金石印（朱方）、来燕榭珍藏记、草草亭藏书记等

　　《百衲居士铁围山丛谈》六卷，作者蔡絛，字约之，号无为子、百衲居士，为北宋权相蔡京之子。据《宋史·蔡京传》载，蔡京老时目力不济，许多事务皆由子絛代为。宋钦宗即位后，蔡京被贬岭南，其子孙二十三人同遭流放，蔡絛则被流放至广西博白，以至老死。时博白境内有铁围山，蔡絛尝游于此，故此笔记以"铁围山丛谈"名之。此笔记所载上起自宋太祖乾德（963—968），讫于宋高宗建炎（1127—1130），前后近二百年时间，内容则涉及北宋朝廷制度、士大夫轶事及名人故实等，文笔灿然，因书中对蔡京误国之事每有袒护，素为后世所讥。蔡絛所著尚有《西清诗话》，论诗颇有见地，然此书亦有为蔡絛门客所作之说。

　　是书已知最早钞本为明嘉靖二十九年（1550）雁里草堂钞本，刻本则为明末《续

封面题识注明此为文瑞楼钞本

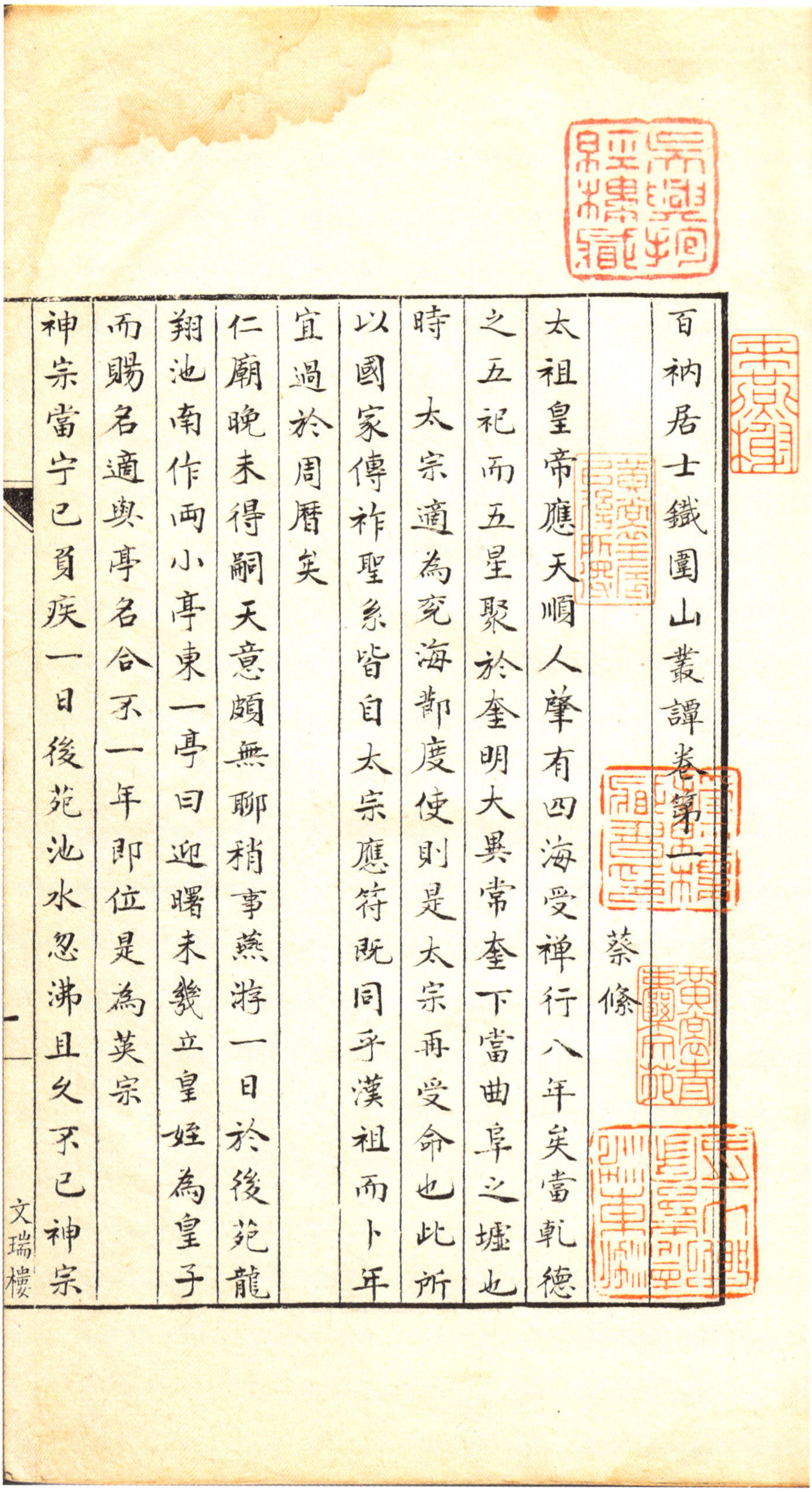

百衲居士鐵圍山叢譚卷第一

蔡絛

太祖皇帝應天順人肇有四海受禪行八年矣當乾德之五祀而五星聚於奎明大異常奎下當曲阜之墟也

時太宗適為兗海節度使則是太宗再受命也此所以國家傳祚聖系皆自太宗應符既同乎漢祖而卜年宜過於周曆矣

仁廟晚未得嗣天意頗無聊稍事燕遊一日於後苑龍翔池南作兩小亭東一亭日迎曙未幾立皇姪為皇子

而賜名適與亭名合不一年即位是為英宗神宗當宁已貝疾一日後苑沁水忽沸且久不已神宗

文瑞樓

百川学海》丛书本，清顺治三年（1646）李际期宛委山堂所刻丛书《说郛》亦收有此本，至乾嘉时期，鲍廷博将之刻入《知不足斋丛书》第九集，所依底本即雁里草堂钞本。嗣后收录此笔记之各丛书本及钞本纷出，此不赘述。吾所收为文瑞楼黑格钞本，版心下右侧刻有"文瑞楼"三字。文瑞楼乃康、乾年间金檀室名。金檀字星轺，原籍安徽休宁，寄籍浙江桐乡，后几经迁徙，晚年定居吴县桃花坞，《嘉兴府志》载其："经史图籍，靡不遍览，好聚书，遇善本，虽重价不吝，或假归手钞。积数十年，收藏之富，甲于一邑。所著有《文瑞楼集》《销暑偶录》。"

　　金檀所收图籍尝编为《文瑞楼书目》十二卷，杨蟠序曰："娄东金明经星轺先生自幼嗜古，好蓄异书，筑文瑞楼藏之。此书目十二卷，皆其所藏也。明经籍隶桐乡，徙宅于娄东。其于桑梓之文献，罔弗留意，其风雅可想见矣。至于编次有法，凡宋明人诸集，分以时代，尤易检阅，则有识者所共赏也。"此书目今有嘉庆十六年（1811）《读画斋丛书》本流传。该书目得以流传，其中几经波折，由其族曾孙金锡鬯所书跋语可知一二："书目十二卷，予家向有写本，遭事散失，好事家亦间有藏本，然流传殊未广也。此册抄自家叔比部鄂严先生，为桐华馆订正之本。比部曾属鲍以文禄饮剞劂，旋又中止，且佚其跋语。今春，鲍以文转以赠之，顾君荔崖刻入丛。荔崖属为参校，遂书其缘起如此。"荔崖者，即读画斋主人顾修也。尝检《中国古籍版刻辞典》"文瑞楼"条，言及文瑞楼钞本，所列书目中第三条即《百衲居士铁围山丛谈》，未知编此辞典之瞿先生是否曾经眼此本，或是《文瑞楼书目》曾著录此本，先生由此得知。寒斋尚无此书目，日后若觅得，当细检。

　　文瑞楼藏书散于雍正年间，多由宋宾王所得，星轺有孙名可埰，字心山者，则守其残余。心山为复翁友，《荛圃藏书题识》曾多处提及心山及文瑞楼后事，有曰："心山余友也，能文善画，又好酒，曾住郡中马医科巷，先世富饶，及身贫窭。然为人高雅，笔墨俱饶天趣，惜身后荡然，残编断简，以及一二画本，俱为贾人取出。"又及："郡中有贫士金心山，余数年前曾识之。其时不过相遇于岁科试场中，知其能文章而已。近年来，相传其善书画，然余与心山踪迹疏，故未尝一求其笔墨。既而心山病且死，书贾以其书画之遗弃敝麓者示余，余重心山人，且以未得其笔墨为憾，故稍购之，即非其至者，而亦可珍也。又一日，书贾以其家所留书籍求售，余拣得二三册，是其一也，方知心山为星轺孙。藏书之家，渊源有自，宜其残编断简，亦多善本矣。"

　　《荛圃藏书题识》尚著录有《铁围山丛谈》两部，皆钞本。其一为张德荣钞

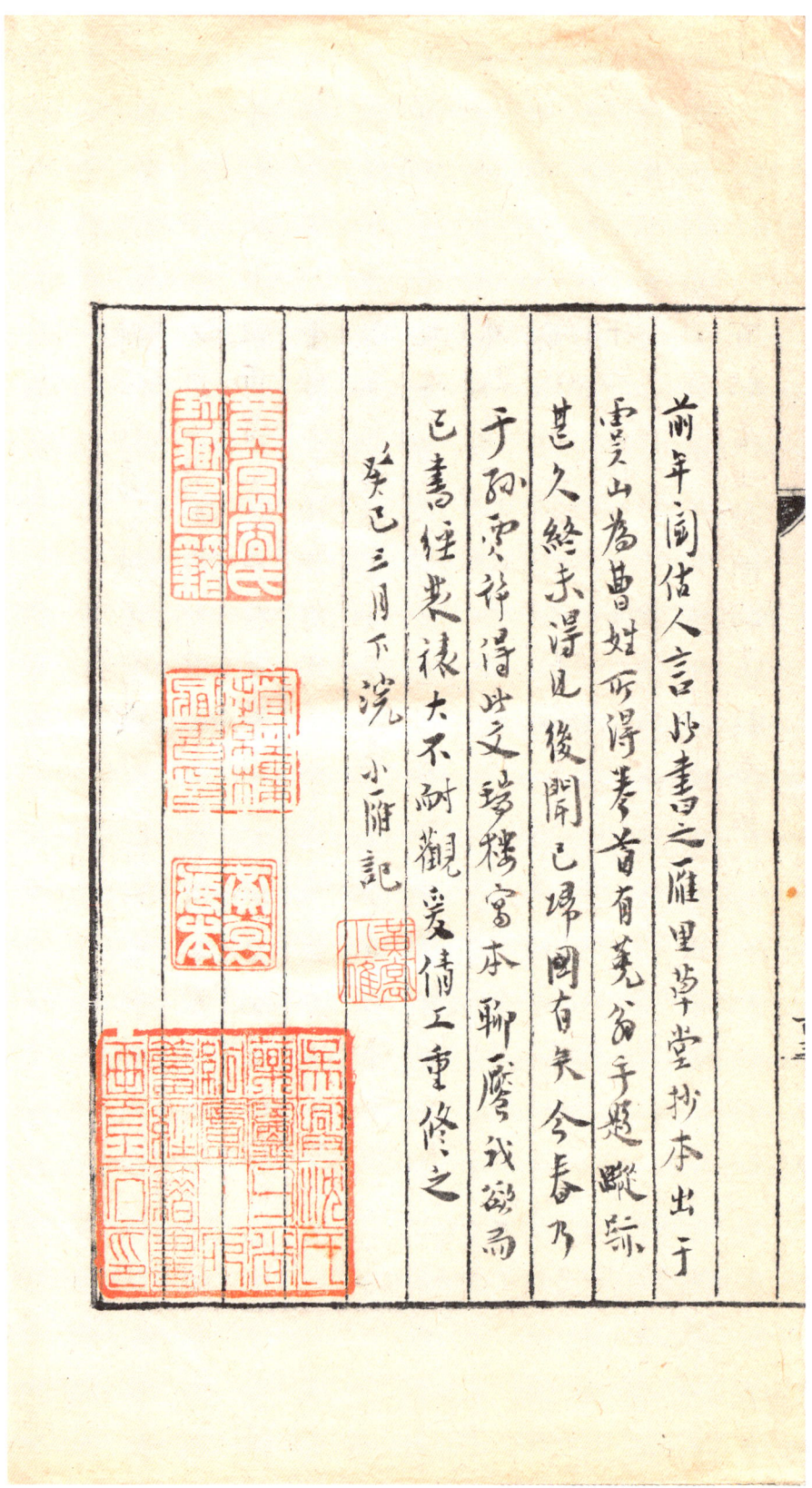

前年闻估人言妙书之雁里草堂抄本出于
云间为曹姓所得某有凫翁手题踪迹
甚久终未得见后闻已归圆有矣今春乃
于孙云祚得此文璓楼富本聊慶戏属为
已书经岁禄大不耐观爱倩工重修之
癸巳三月下浣 小雁記

《百衲居士铁围山丛谈》之黄裳跋语

本，识曰："此张充之手钞《铁围山丛谈》，其本甚善。余所藏此书，有雁里草堂钞本，此当从之。书惜蠹痕满迹，余依别本补之，间有歧异，皆不及此。暇日当取雁里草堂钞本校之。"另一则似为写样底本，由顾千里从江宁购得寄赠复翁，谓未知是否为知不足斋物，内中虽有朱校，却多未妥之处，案头亦无鲍氏所刻之本，无以比勘，遂寄复翁审之。复翁识曰："余取雁里草堂钞本勘之，似即从是本出，而原钞讹脱及校正者，已略改之。至云知不足物，恐非也。"茝翁多次提及之雁里草堂本，为嘉靖间无锡人秦柄所抄也，其字汝操，祖、父、弟皆喜藏书。此本早在钱曾《读书敏求记》中即有著录，后归鲍氏知不足斋，渌饮以此为底本刊入丛书后，即归茝翁，继而归同邑汪氏、虞山庞氏。

吾藏之本卷末有黄裳先生跋语一段，为其夫人小燕所书："前年闻估人言，此书之雁南草堂钞本出于虞山，为曹姓所得，卷首有茝翁手题。踪迹甚久，终未得见，后闻已归国有矣。今春乃于孙贾许得此文瑞楼写本，聊餍我欲而已。书经装裱大不耐观，爰倩工重修之。癸巳三月下浣，小雁记。"读此跋语，知雁里草堂钞本已入公藏，颇失落，自此无望矣。咸丰六年（1856）间，雁里草堂本尚在庞家，由庞氏后人借予铁琴铜剑楼瞿氏后人校勘。黄裳先生跋语记于1953年，其称"出于虞山"，未知是否为庞氏后人，而"曹姓"，则或指曹大铁。书中尚夹旧有绫签一张，上书"文瑞楼抄《铁围山丛谈》六卷，二本"，细审书根，两册合为一册之痕迹清晰可辨。黄裳先生跋语称"爰倩工重修之"，则知任此役者，先生也。

数百年间，《铁围山丛谈》之雁里草堂钞本递传脉络大略可见，今已入藏公馆，其递藏或可谓停矣。吾藏之文瑞楼钞本翌日当不入此途，自吾之后，还望继有人藏之，既令天下好书者有所念想，亦使有缘之人得以再享吾当日得书之乐。由此本前后所钤藏书印记可知，此本自金檀之后、黄裳之前，一度归吴兴沈德寿箧中，以其钤有"吴兴抱经楼""浙东沈德寿家藏之印"及"吴兴沈氏药盦父尚絅庐主所蓄经籍书画金石印"藏书印也。沈德寿字长龄，号药盦，浙江慈溪人，祖辈经商，尤以药业闻名。光绪十年其赴湖州拜会陆心源时，得陆心源接引登楼，悉发所藏予以观之，并劝藏书。药庵原本喜书，自此一发而不可收，自言"愿薄富足而厚于书"，"十有六年，不遑他事，而惟书是求"。不数年间，即积书数万卷，建抱经楼以储之。此堂号之来历，则为其所得书中，多有卢址抱经楼旧藏，遂延用卢氏堂号，其它堂号尚有受经楼、诒一庐、百幅庵等。而此前浙江曾有两座藏书楼皆以"抱经"为名，被称为"东西两抱经"，其一为卢文弨之位于杭州之抱经堂，另一为卢址位于宁波之抱经楼。当日陆心源对药盦接引登楼，悉发所藏，此举对后者影响极大。药盦不仅从此步入藏书之途，对待所藏之态度亦极开放，其藏书之富名播乡里后，时有学子前来观书、借书，药盦总是欢然相引，开箧纵览。

然而后人谈前人，常多美言，尤其为落纸面者。今时翻阅沈氏资料，多言其藏书之富、待人之诚，鲜有说其不足，惟冯贞群婉转谓："虽识字不多，能屏声色狗马之好，而从事于此，为世之难得而可贵者。"吾尝得闻前辈述古，言及沈药盦，云其虽好藏书，亦力致之，常遇有力不能得之书，悉心钞归，然碍于学问有限，眼力稍逊，并不能真正辨识孰为佳本、善本，故常将通行本作为难得之本而抄录，以致于民国年间藏书界对沈氏抱经楼钞本多得一哂。今检此《百衲居士铁围山丛谈》细玩，忆及此，忽大感侥幸，幸此本为金檀所抄，而非药盦也。

章炳麟序、柯劭忞批马其昶稿本《诗毛氏学》三十卷

《诗毛氏学》三十卷　　（民国）马其昶撰

　　民国马其昶稿本　章炳麟题记、柯劭忞批校　学部绿格稿纸　二函九册

　　马其昶（1855—1930）字通伯，晚号抱润翁，安徽桐城人，清末民国年间之桐城派古文家，曾任京师大学堂教习，辛亥革命后任清史馆总纂。三十岁前以古文名，三十岁后力治群经，著述颇富，有《周易费氏学》《诗毛氏学》《中庸篇义》《三经谊诂》《老子故》《庄子故》《屈赋微》《桐城耆旧传》《左忠毅公年谱》《金刚经次诂》及《抱润轩集》等。此番所得为通伯《诗毛氏学》稿本，两函九册，其中第一、二册为学部绿格稿纸，第三、四册为自订毛边纸稿本，第五册为北京法政专门学校讲义红格稿纸，余为普通红格稿纸。

　　孙殿起《贩书偶记》著录此书有民国五年（1916）京师监狱铅字排印本以及民国七年以古宋字重排巾箱本。京师监狱本吾未曾见，见者为民国七年以铅活字印于上海者，由时任总统之徐世昌题写书名，牌记注明"上元戊午仲冬之月桐城张氏适庐藏版。桐城张石卿、叶玉麟、钱塘丁仕同校，上海聚珍仿宋印书局印"。至民国十三年，此书再版，牌记改为"上元甲子孟冬重印，桐城张石卿、叶玉麟，会稽王福震同校刊"，余同。

　　《诗毛氏学》为马其昶宣统二年（1910）始作于京师，彼时通伯以冯煦荐为学部主事，故所用稿纸印有"学部"字样，次年因世变返安徽，以毛边纸自订稿本誊写文章。民国四年（1915）通伯再次入都，任京师法政学校教务主任，故其第五册书稿版心有"北京法政专门学校讲义稿"字样。然此稿刚刚写完，未及校稿，又逢

陳漢章曰
歸妹初九歸妹以
娣九四歸妹愆期
遲歸有時二爻詞
我即賈象此事

年十五以上與適俱行此詩所美之媵必是年在行限而適

不與俱故有勤望之憂而無怨憾之意。陳曰媵有賢行能

有汜其猶春秋美紀叔姬與

絕適媵妬之原故美之詩錄江

江有汜之子歸不我以不我以其後也悔 戚學標曰 讀若喜

與也鄭曰與者喻江水大汜水小 決復入為汜 文釋 水適能自

悔也謂嫁曰歸以猶與也。

興也然而並流似適媵宜並行

江有渚諸呂之子歸不我與不我與其後也處

渚小洲也水岐成渚迴也

渚小洲也水岐成渚迴胡曰釋名渚遮也體高能治水使從旁

中有渚則水至此而分流亦

马其昶稿本《诗毛氏学》

章炳麟

柯劭忞

袁世凯称帝，竭力拉拢入幕，通伯以"区区非能事二姓者也"坚拒，浩然南归。后于此书自序中言："饶君伯與初订交，慨然谓时事不可知，请任剞劂，庶几流布人间，不致遽泯。予感其言，举稿付之。逾岁印成，书来索撰序言。先是，予在京寓所与东父故庐相望，每治经获一义，畜一疑，欲是正于人，皆卒卒少暇。怅岁月之迁流，良友之不作，未尝不苍茫四望而伤心也。今吾书成，仓卒付印，不独无东父之助，且弗克从容，自审，一若祸变之至，有迫之不及待者，是孰使之然哉！……丙辰孟秋桐城马其昶撰。"饶伯舆即饶孟任，辛亥前曾任翰林院编修，入民国后曾任法政大学校长、司法院次长、币制局总裁等职。从马其昶自序可推知，《诗毛氏学》之最早印本当为饶孟任民国五年京师监狱铅字排印本。

因无京师监狱本，故无法与手中稿本比勘异同，仅能确认民国七年张氏适庐以古宋字重排《诗毛氏学》时，确以此原稿为底本，以其卷中夹有浮签，上书"红笔钩勒是排印时记号页数，并非删节"也。此稿本内时有朱、墨二色修订，其中墨笔修改处，排印本皆已修正。如卷二《小星》二章章五句中"决复入为氾，适能自悔也"一条，稿本双行小字注文云："郑曰：是子谓适也，妇人谓嫁曰归，以犹与也。"此条天头处有墨笔眉批"陈汉章曰：'归妹：初九，归妹以娣；九四，归妹愆期，迟归有时。二爻词或即实象此事'。"此墨笔眉批见于排印本

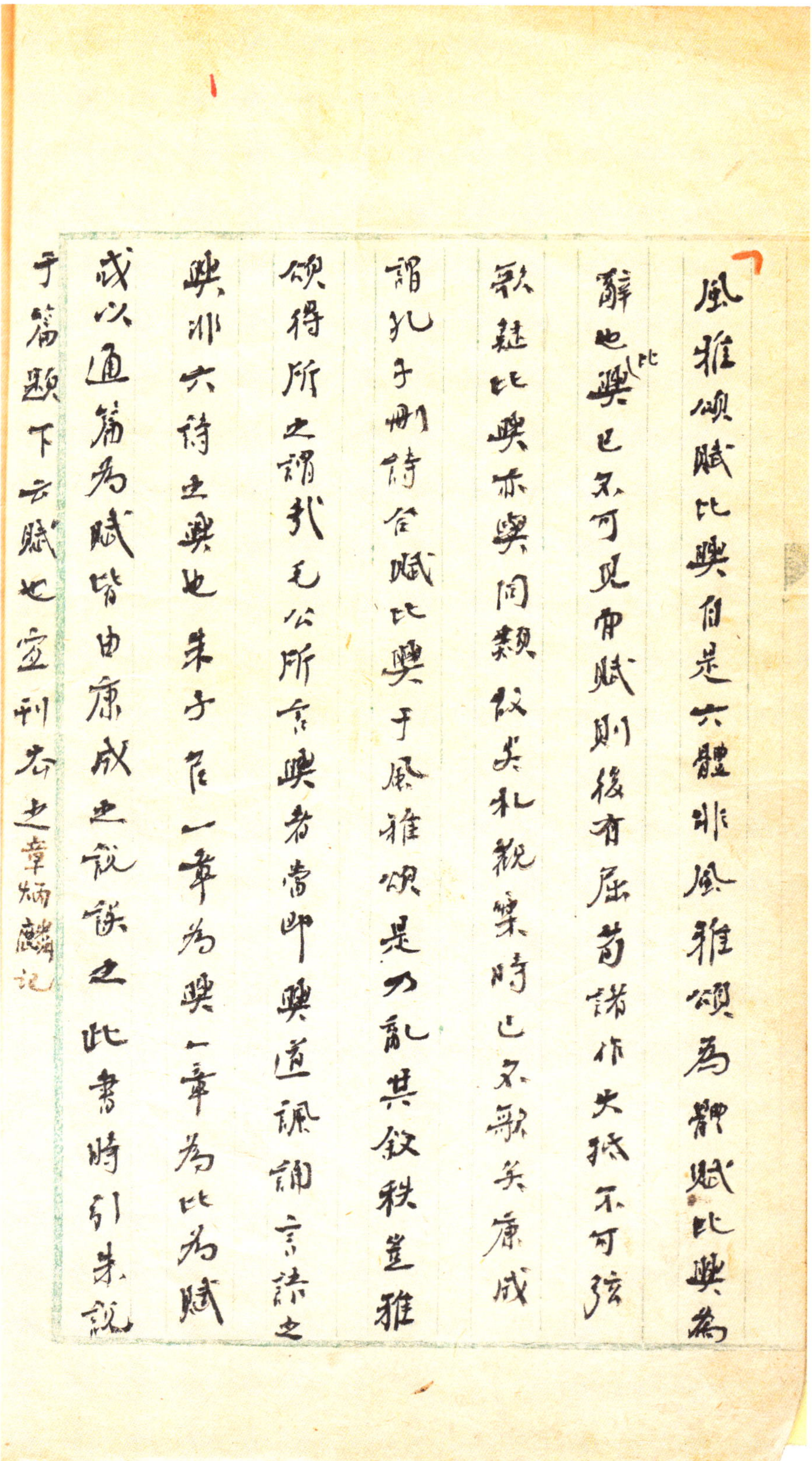

風雅頌賦比興自是六體非風雅頌為體賦比興為

辭也興已不可見帝賦則後有屈荀諸作大抵不可弦

歌疑比興亦興同類故尖札祝箓時已不歌矣康成

韻孔子冊詩合賦比興于風雅頌是乃亂其叙秩豈雅

頌得所之謂我毛公所言興者當曲興道諷誦言詠之

興邶六詩止興也朱子在一章為興一章為此為賦

戍以通篇為賦皆由康成之說誤之此書時引朱說

于篇題下云賦也空刊右之章炳麟記

《诗毛氏学》之章炳麟题记

中该条小注之下，可复证此稿本确为排印底本。卷三第十三页为《凯风》四章章四句，此页除墨笔修订之外，尚有朱笔细字修订，然此朱笔修订内容未见于排印本，则知马其昶于该稿刊行流通之后，并未就此罢手，仍然不断修订，条求精当。

然此书之亮点不仅仅在于其为刊行底本，更在于其有章炳麟、柯劭忞等人亲笔批校。柯氏批校于书中处处可见，每句皆以"劭忞谨案"开头，字迹略草，章氏批校则字迹工整，细若蝇蚁。翻至稿本卷十第十二、十三页，左页天头有柯氏案语，右页天头有章氏案语。以民国七年之排印本比勘，则见章氏案语已刊入排印本，柯氏案语则阙之。此亦证通伯于书稿梓行之后，仍不断请人是正，治学之谨严可窥一斑。章炳麟于批校之外，还于卷前手书题记一篇，内容为："风雅颂赋比兴，自是六体，非风、雅、颂为体，赋、比、兴为辞也。比、兴已不可见，而赋则后有屈、荀诸作，大抵不可弦歌。疑比、兴亦与同类，故季札观乐时已不歌矣。康成谓孔子删《诗》，合赋比兴于风雅颂，是乃乱其叙秩，岂雅颂得所之谓哉。毛公所言兴者，当即兴道、讽诵、言语之兴，非六诗之兴也。朱子有一章为兴，一章为比、为赋，或以通篇为赋，皆由康成之说误之。此书时引朱说，于篇题下云赋也。宜刊去之。章炳麟记。"

章炳麟晚生马其昶十四年，以此稿印行之民国七年计，是年马其昶六十三岁，章炳麟四十九岁，可谓后学，通伯却并未以年龄取人。马其昶身则桐城人，文则桐城派，同时师事吴汝纶、张裕钊，乃继曾国藩"四大弟子"之后声誉最高者，素有桐城派"殿军"之称。章太炎却是桐城派的一员"劲敌"，其推重魏、晋名理之文，重名实，去华辞，反对"文笔"之说，且多次公开著文抨击桐城古文，称"桐城诸家，本未得程、朱要领，徒援引肤末，大言自壮，故犹被轻蔑。"对林纾等桐城古文派人物更是痛加诋斥，在当时影响力颇大。原本宗法桐城派古文的鲁迅多次读到章炳麟抨击桐城派文章之后，逐渐转而崇尚魏晋文章，并亲自校勘、考订《嵇康集》。面对不喜桐城派之后辈，马其昶不仅请其是正，还援引其说，无怪乎陈汉章于是书序言中称："桐城马通伯先生于易既成《费氏学》，又成《毛诗学》三十卷，博观约取，实事求是，合于毛氏《传》意者辑述之，其不合者斩置之，无汉宋门户，并无今古文门户，故自韩氏诗传与伏、董之书，下及宋元而后诸经说，合炉而冶，与道大适。"

然而尽管章炳麟对桐城派偏见极深，对林纾蔑视至极，对通伯却是极敬重。在《与人论文书》中，章氏谈及桐城派，称举目所见，惟有王闿运能尽雅，其次吴汝纶以下，则有桐城马其昶为能尽俗。此"俗"为何，吾莫能解，却想起有关通伯一段逸事。通伯自三十岁后力治群经，读四史，著古文，于男女饮食之欲、耳目声色之欢皆茫然。某年去上海，得意弟子陈病树为之设宴，通伯询之："你好嫖，什么叫野鸡？我想看看。"陈带师往四马路，告以路边之稚妓即为"野鸡"。通伯立施以训诂之学："此只能谓'野妓'，则'鸡'字出何典故？"

王维庭过录郝懿行批校
《大戴礼记》十三卷存五卷

《大戴礼记》十三卷存一至五卷　　（汉）戴德撰　　（北周）卢辩注　　（清）戴震、卢文弨校订

　　清乾隆二十五年（1760）卢见曾刻《雅雨堂丛书》本

　　王维庭过录郝懿行批校　竹纸　一函一册

　　钤印：武昌柯逢时收藏图记（朱方）

　　今人曰"礼"多指礼貌或者礼节，古人曰"礼"则不仅于此。唐初大儒孔颖达认为"礼"起于天地未分之前，于《礼记正义序》篇中云："是天地未分之前已有礼也。礼者，理也。其用于治则与天地俱兴。"儒家不仅将"礼"看作是天地人之间的自然法则，还将之与政治相联系，认为如若掌握并充分运用"礼"，政权即可长治久安。春秋时期孔子以《诗》《书》《礼》《乐》《易》《春秋》教授学生，此六艺后被奉为"六经"。孔子故后，其弟子记录先师关于"礼"之言行，或阐发己意，或互相辩论，形成后来之《礼记》雏形流布人间。至西汉年间，因篇目浩繁，太傅戴德将各篇删其繁重，合而记之，为八十五篇，即今之《大戴记》，亦名《大戴礼》。稍后，其侄戴圣又删戴德

戴震

大戴禮記卷第一

周尚書右僕射范陽公盧辯注

主言第三十九〔案〕家語主言作王言篇內主字並作王

孔子閒居曾子侍孔子曰參今之君子惟士與大夫之言之閒也〔案〕閒一作間

主言其不出而死乎哀哉〔案〕家語作吾以王言之閒其不出戶牖而化天下曾子其至於君子之言者甚希矣於乎吾

起曰敢問何謂主言孔子不應曾子懼肅然摳衣下席

曰弟子知其不孫也得夫子之閒也難是以敢問也孔

子不應曾子懼退負序而立孔子曰參女可語明主之

道與曾子曰不敢以爲足也得夫子之閒也難是以敢

之书为四十六篇，谓《小戴记》。汉末马融传小戴之学，增《月令》《明堂位》《乐记》三篇，合四十九篇，成为今日所见之《礼记》。

梁启超谈及清代学术时，论《大戴礼》云："旧惟北周卢辩一注，疏略殊甚，且文字讹脱不少。乾嘉间戴东原、卢抱经从事校勘，其书始稍稍可读。阮芸台欲重注之，未成，而孔巽轩著《大戴礼记补注》，汪少山著《大戴礼记补注》，二君盖不相谋，而其书各有短长，汪似尤胜也。"戴东原即戴震，乾隆二十二年（1757）冬进入扬州卢见曾幕，并在此结识惠栋，惜两人交往仅一年，惠栋即归道山。东原于卢见曾幕内前后四年，与卢文弨合校订正《大戴礼记》，并于乾隆二十五年由卢见曾刻入《雅雨堂丛书》。卢见曾于是书序言中云："余家召弓太史，于北平黄夫子家，借得元时刻本，以校今本之失，十得二三，注之为后人刊削者，亦得据以补焉。又与其友休宁戴东原震，泛滥群书，参互考订。既定，而以贻余。夫以戴书卢注，经千百年后，复有与之同氏族者，为之审正而发明之，其事盖有非偶然者。因亟授诸梓。"

卢文弨亦于此书有跋："吾宗雅雨先生，思以经术迪后进。……独以《大戴》者，孔门之遗言、周元公之旧典，多散见于是书，自宋、元以来诸本，日益讹舛，驯至不可读，欲加是正，以传诸学者。知文弨与休宁戴君震夙尝留意是书，因索其本，并集众家本，参伍以求其是。……戴君丁丑年所见余本，即元时本耳。自后余凡六七雠校，始得自信无大谬误。刻成覆阅，又得数事，今附见于后。"此跋语写于乾隆二十五年，收入《抱经堂文集》卷八。今检寒斋架上《雅雨堂丛书》本《大戴礼记》，开卷第一页即卢见曾序言，次为韩元吉序、郑元祐序，次接凡例及目录、接戴东原序，后接正文。惜吾藏之本非为全帙，仅存上册，内容则一至五卷，无法得知全文卷末是否附有其他跋语。

吾藏之本虽非全帙，却喜卷中有墨笔通批，卷前钤有"武昌柯逢时收藏图记"朱文方印，说明此书曾为柯逢时旧藏。柯逢时（1845—1912）字逊庵，一作巽庵，号息园，湖北武昌人，光绪九年（1883）进士，官翰林院编修、陕西学政、两淮运使、湖南布政使、广西、贵州巡抚等职，家富藏书，藏书处曰柯家山馆、息园，与叶昌炽相熟。柯巽庵去世前两年曾于武昌创办医馆，广招学员，并刊刻过《大观本草》《妇幼新书》《太平圣惠方》及《圣济总录》等书。其殁后藏书分归二子，长子得子、集两部，次子得经、史两部。至民国十六年（1927），次子以万二千金将书售归北京邃雅堂，其中不乏善本。吾藏之本是否为彼时自邃雅堂流

大戴禮記 卷一

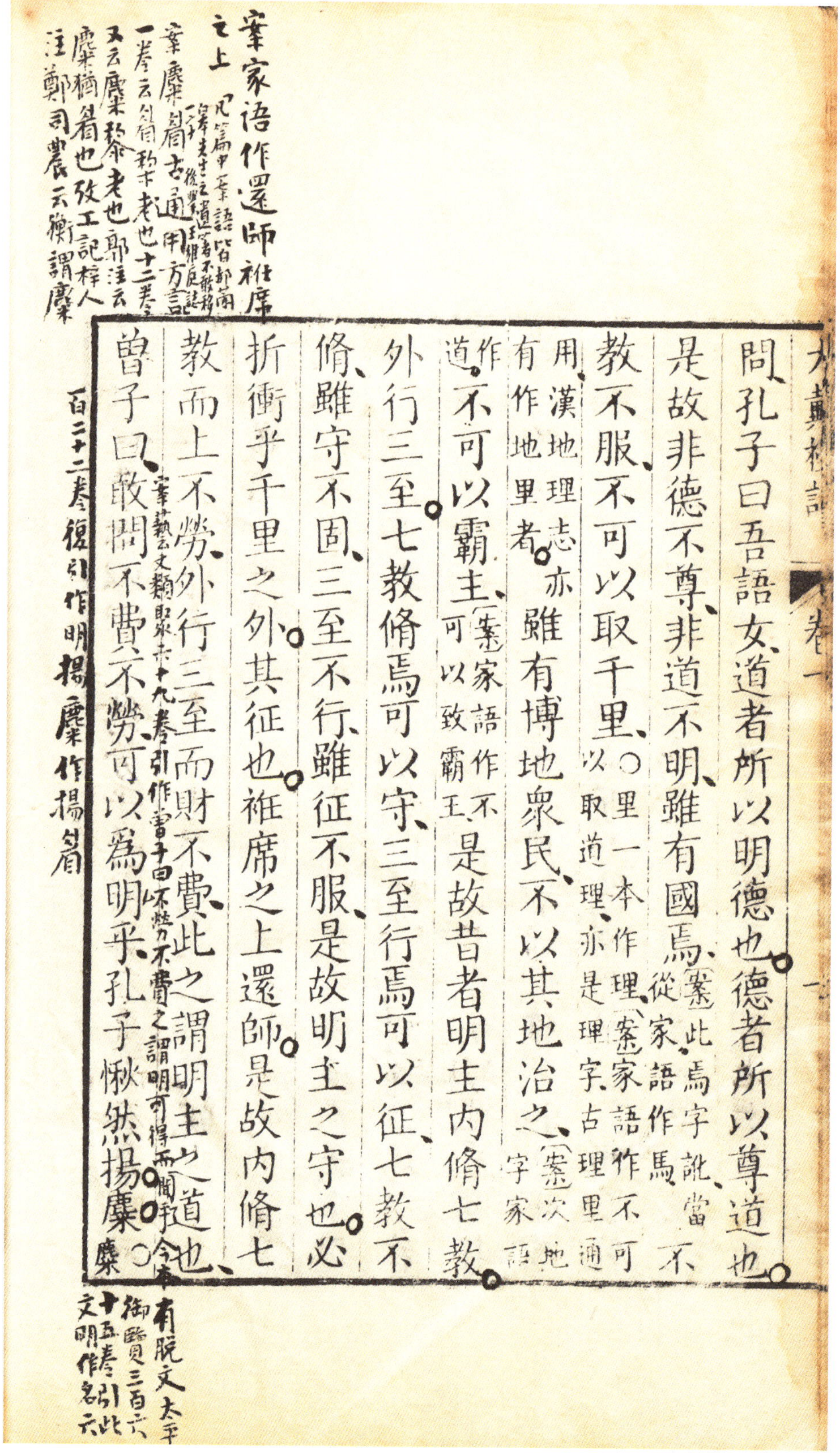

問孔子曰吾語女道者所以明德也德者所以尊道也是故非德不尊非道不明雖有國焉[案]此焉字訛當不從家語作馬教不服不可以取千里○里一本作理[案]家語作不可以取道理亦是理字古理里通用漢地理志亦有作地里者雖有博地衆民不以其地治之[案]次地字家語作道不可以霸主[案]家語作不可以致霸王是故昔者明主內脩七教外行三至七教脩焉可以守三至行焉可以征七教不脩雖守不固三至不行雖征不服是故明主之守也必折衝乎千里之外其征也衽席之上還師是故內脩七教而上不勞外行三至而財不費此之謂明主之道也曾子曰敢問不費不勞可以為明乎孔子愀然揚麋

《大戴礼记》之王维庭过录郝懿行校语

出，今不得而知。

是书归来之初，吾一度以为卷中墨笔通批为柯逢时手迹，以其卷前钤有柯氏藏印之故。及至细读其中批校，发觉旁征博引，摭采庞杂，校者必为精通经术之人，并且长于考据。纵观柯氏生平履历，虽富藏书、刻书之盛名，却一向于经术并无深究，用力之所在于仕途及医术。故吾初断，以柯氏之学问，实在难以写出如此精深之校语，若卷中批校之语确为柯氏所书，则必为其过录他人校语也。然则，其过录者又为何人之校语耶？

由戴震、卢文弨合校订之《大戴礼记》于乾隆二十五年刻入《雅雨堂丛书》后，两人并未就此罢手，而是不断覆校。乾隆二十六年夏，戴震曾致信卢文弨议及《大戴礼记》校勘事，并介绍友人程瑶田前往拜谒："……其《大戴礼记》一书，今正复检一遍，又得若干事。后因穷处多繁杂，未及订定。兹略举大致，以乞教正。……"乾隆三十八年，戴震以特召入四库馆，于四十一年再校此书。四十二年夏，武英殿据东原四十一年校本，以活字重新摆印《大戴礼记》入《武英殿聚珍版丛书》，然摆印之前一月，东原驾鹤西归。

由此史实可知，《雅雨堂丛书》本《大戴礼记》刊成之后，东原于是书有乾隆二十六年、四十一年两次不同覆校。今读各家书目题跋及笔记等，则多见有藏书家于《雅雨堂丛书》本上转录戴氏校语之记载。其中任铭善先生记于1962年的一篇文章，提及曾于王欣夫先生处得睹是书，上有自武昌徐恕处过录之校语，任先生所藏之本虽亦有转录校语，然两本所校略有不同，虽属同出，却各自有异。得知徐恕曾有过录东原校语之《大戴礼记》，念及徐恕与柯逢时曾先后同居武昌，则吾藏之本会否自柯逢时之后，一度归徐恕架上，而由徐恕转录东原校语？徐恕（1890—1959）字行可，号彊簃，所交好者如徐乃昌、伦明、王大隆等，皆为精通版本目录之藏书大家，其治学则以经学为本，从小学入手，肆力于经史考证。若此书之校语由徐恕转录，则较柯逢时转录之可能性更大。

此念一出，亟寻各家转录之东原校语，与吾藏本之校语相比勘，以确定吾藏本之校语是否为东原二次覆校之转录。惟吾藏之本仅有上册，存一至五卷，故可比勘者惟有于前五卷中寻找。检资料书中所记，东原校语卷五《曾子制言》中，有"日孜孜上仁"条，此处批曰："日孜孜上，原本无注。案：上似当作上达解，仁似当作人。"复审吾本，此处非但无此批校，反而于下句"知我，吾无诉诉；不知我，吾无悒悒"条，旁边另有批校曰："案：《论语·学而》章'人不知而不愠'，无

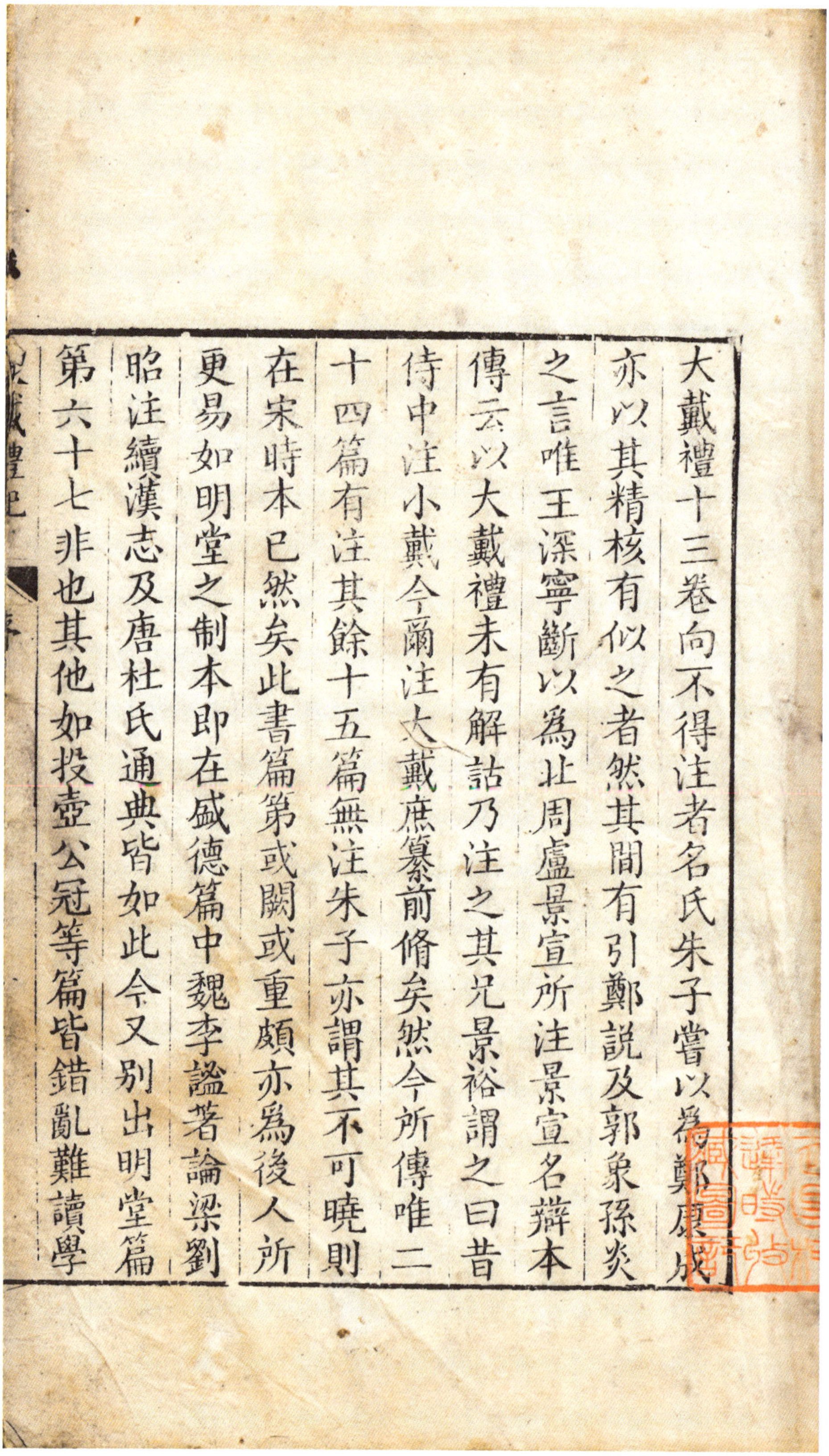

大戴禮十三卷向不得注者名氏朱子嘗以爲鄭康成
亦以其精核有似之者然其間有引鄭説及郭象孫炎
之言唯王深寧斷以爲此周盧景宣所注景宣名辯本
傳云以大戴禮未有解詁乃注之其兄景裕謂之曰昔
待中注小戴今爾注大戴庶纂前脩矣然今所傳唯二
十四篇有注其餘十五篇無注朱子亦謂其不可曉則
在宋時本已然矣此書篇第或闕或重頗亦爲後人所
更易如明堂之制本即在盛德篇中魏李謐著論梁劉
昭注續漢志及唐杜氏通典皆如此今又別出明堂篇
第六十七非也其他如投壺公冠等篇皆錯亂難讀學

悒悒即不愠也。"读至此吾心大异，看来此批校非但不是徐行可先生转录，甚至不是东原所校。如此，则批者、校者为何人哉？且暂不论过录者为何人，其校语如此之繁密、精到，其人必为经学大师矣。好奇心至此而愈烈，非水落石出不可。

　　欲知其本末源流，吾又该从何处下手？对书静坐片刻，再次捧书由第一页细细翻看，钤章、笔迹、批校内容……忽见一段案语中夹杂三行极细微之小字："凡篇中案语皆郝兰皋先生之遗著，不敢移一字。后学王维庭志"。读罢此语，吾大释而大愧，释者原来如此，一切迷惑皆迎刃而解：愧者则自己太过粗心，若从一开始即细读所有案语，则中间弯路皆可避之。王维庭近人也，所知资料甚少，仅知其曾为河北大学哲学系教授，于《尚书》《诗经》《孟子》及《孔子改制考》等研究精到，尤擅《墨经》，于1995年辞世，享年九十二岁。履历称其为山东烟台人，1932年至1934年间曾在北平民国学院中文系学习，彼时柯逢时部分旧藏已流入北平书肆，是书或于此时为王维庭所购。而以其对郝兰皋案语"不敢移一字"之谨敬态度推之，其应该不会录先贤案语于残帙，令其事半途而废，则该书归王氏架上时，应为全书无缺。然而叙述至此，吾亦想不起该书为何时自何处以何价归吾箧中，是书之中、下两册与此本离散之后，今时又归哪家架上。

　　王维庭所录案语之作者郝兰皋，即乾嘉间经学大师郝懿行（1757－1825），字恂九，一字寻非，号兰皋，山东栖霞人氏，长于名物训诂及考据之学，尤精于《尔雅》研究，所著有《尔雅义疏》《山海经笺疏》《易说》《书说》《春秋说略》及《竹书纪年校正》等。《清史列传·儒林传》载有其小传，云其为人谦退，不轻易与人晋接，所遇若非知者，则相对竟日无一语；若谈论经义，则喋喋忘倦。所居之处四壁萧然，院内蓬蒿常满，僮仆不备，而兰皋处之泰然，一意肆力于著述，漏下四鼓者四十年。其妻王照圆聪慧过人，博涉经史，亦为当时著书家，素以"平生要做校书女，不负乌衣巷里人"诗句自勉，时人有"高邮王父子，栖霞郝夫妇"之称。《清史列传》中附其小传，云其"每与懿行持论不合，诤辩竟日，著有《诗说》一卷、《列女传补注》八卷附《女录》一卷、《女校》一卷。又与懿行以诗答问，懿行录之为《诗问》七卷。"嘉庆四年（1799），郝懿行中进士授户部江南主事，王照圆随夫进京，深为同时之学者尊重，阮元室名"积古斋"原为"续古斋"，亦因王照圆诗句"斋名积古从公定，室有藏书是母留"而改为"积古斋"。兰皋先生用时最久、用力最深之著《尔雅义疏》，曾数易其稿，直至临终前始毕稿，期间王照圆一边照料丈夫病体，一边帮其缮清整理，直到道光五年（1825）郝懿行在京去世，照圆又回到山东专门整理先夫遗著。

兰皋先生一生著述虽丰，积蓄却极贫乏，仕途亦不显，道光五年以小京官之身病逝京城齐鲁会馆时，所居之处除却图籍仍是图籍，王照圆甚至无力为夫举葬，欲归原籍却寸步难行，只得羁留京师，不知所依，后来终于借得路费，始扶枢归葬栖霞。同乡闻其凄苦若此，于行状中谓："古云金满籯，不如遗一经；今日抱书编，不如一囊钱。半生但信古人言，哭死方知事不然。不可生无书，那可死无钱。呜呼！古人一瞑百不见，长使今人泪如霰。" 文人身后事，常是多风雨，后人读之总不免感慨，吾今读之亦不免。而有关兰皋先生之身后事，令人伤心愤慨者，今时比往日更甚。大约去年春夏间，有友人告知山东栖霞县郝懿行旧居因阻碍城市化进程，被"社会闲杂人等"强行夷为平地。闻知此讯，吾深恨自己十余年前寻访藏书楼至山东时，为何未访双莲书屋，今时书屋旧貌俱往矣。

寿彭跋《韩非子》二十卷

《韩非子》二十卷　（战国）韩非撰
　　光绪元年（1875）浙江书局据吴氏影宋乾道本刊印
寿彭跋　一函四册
　　钤印：铁如意馆（朱方）

　　此《韩非子》二十卷为光绪元年（1875）浙
江书局据吴鼐影宋乾道本校刻。浙江书局又名
杭州书局，为清末之官书局，同治年间由浙江
巡抚马新贻等人设于杭州小营报恩寺。书局因有
杭州藏书家丁丙、丁申兄弟以八千卷楼藏书提供
底本，兼有谭献、黄以周、李慈铭、张鸣珂、张
大昌、王治寿等经史、词章名家担任校勘，所刻
之书校勘精当，极少豕亥鱼鲁之讹，加上所刻字
体清朗秀丽，故浙江书局所刻之书在众局本中堪
称最善本。至光绪年间，因规模扩大，书局迁至
正中巷三忠祠，报恩寺则为官书坊。宣统元年
（1909），书局并入浙江图书馆，改名为官书印
售所，入民国后又改称浙江图书馆附设印行所，
报恩寺官书坊则易名发行所，移至大方伯街图书
馆。乾道本为现今已知《韩非子》之最早刻本，
其序言后带有"乾道改元中元日黄三八郎印"
字样，黄三八郎为南宋乾道间建宁府书坊名，

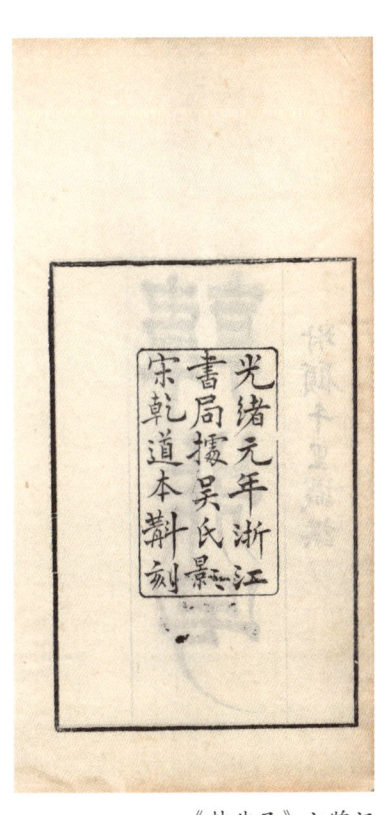

《韩非子》之牌记

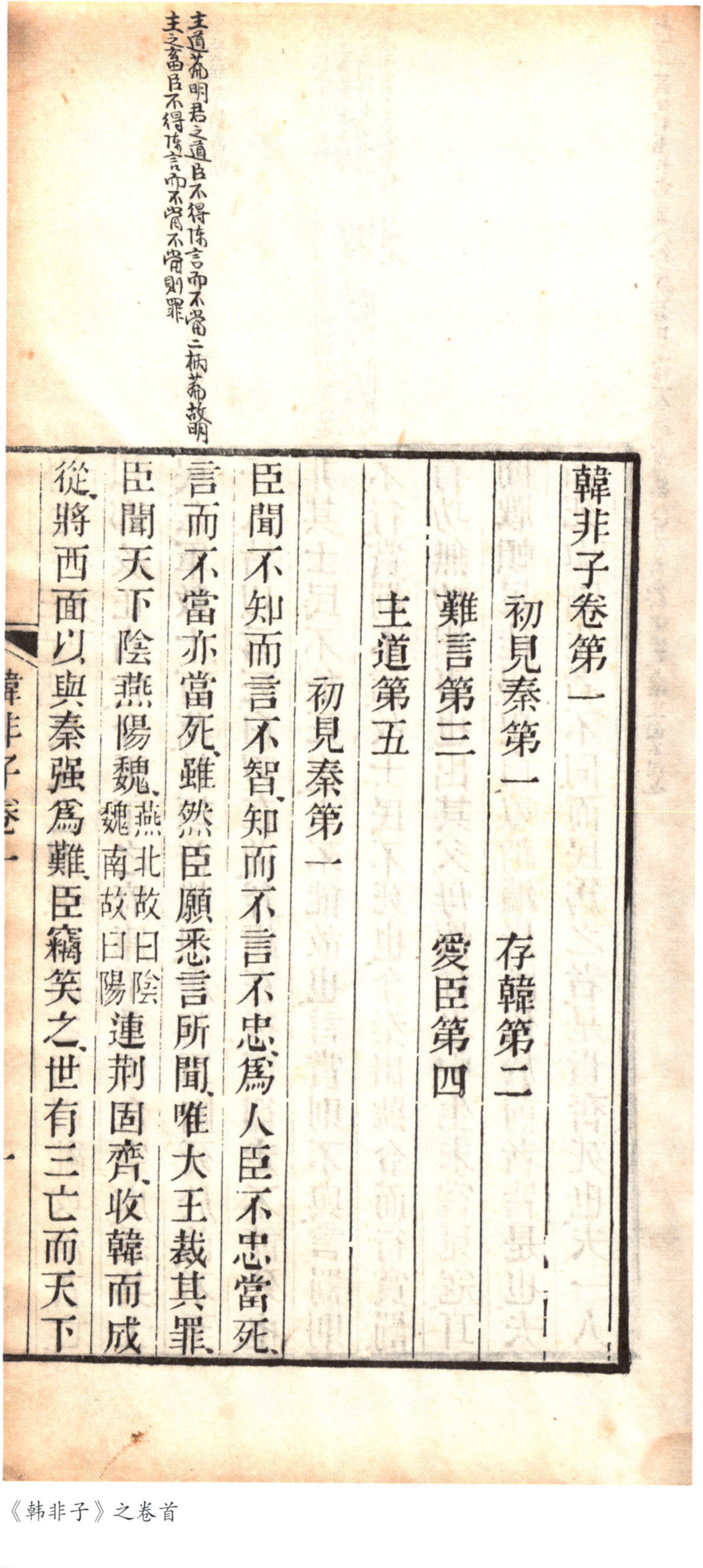

主道篇明君之道臣不得陳言而不當二柄篇故明主之畜臣不得陳言而不當不當則罪

韓非子卷第一

初見秦第一　存韓第二

難言第三　愛臣第四

主道第五

初見秦第一

臣聞不知而言不智、知而不言不忠、爲人臣不忠當死、言而不當亦當死、雖然臣願悉言所聞、唯大王裁其罪、臣聞天下陰燕陽魏、燕北故曰陰魏南故曰陽連荆固齊、收韓而成從、將西面以與秦强爲難、臣竊笑之、世有三亡而天下

韓非子卷一

《韩非子》之卷首

除《韩非子》外，尚刻有《钜宋广韵》五卷。乾道本《韩非子》至清代乾嘉年间尚存，今检《善本总目》未见著录，不知去向何边，异日或当再现人间。嘉庆二十三年（1818），吴鼒据乾道本影刻是书，成为后世公认之善本，及后是书之《二十二子》本、《二十五子汇函》本、《子书二十八种》本、《百子全书》本等等，以及《古书丛刊》本、《四部备要》本皆以吴鼒影宋本为底本，梁启超于《中国近三百年学术史》中评价此本为是书"现行最佳者"。

吴鼒（1755—1821）字山尊，一字及之，号抑庵、达园锄菜叟，安徽全椒人，嘉庆四年（1799）进士，历官编修、侍读、侍讲学士，晚年以母老告归，主讲扬州紫阳书院、梅花书院，士子多以列其门墙为荣，传世有《夕葵书屋集》《清画家诗史》《墨林今话》及《畊砚田斋笔记》等。其人能书善画，尤擅骈文，所作沉博绝丽，尤为大学士朱珪所喜，朱珪之奏折等多命其属稿，故吴鼒才名文气有"直达九重"之谓。彼时与山尊往来者，除大学士朱珪外，尚有孙星衍、江藩、顾千里等人，《韩非子》就是在孙星衍劝说下刊刻而成。当时宋刻乾道本归李书年架上，嘉庆二十一年山尊借归影抄一册，至嘉庆二十二年五月，携至江宁出示予孙渊如，渊如怂恿付梓。吴鼒遂遵其嘱，并请来顾千里任校勘，江宁名工刘文奎雕版，至次年五月书成，渊如却已归道山。

今日再提吴鼒刻书，亦喜亦唏嘘。喜则为前两年保利拍场出现一卷吴鼒钞本，吾竟以底价一万元到手，快慰多日；唏嘘则为十余年前之一段往事。吴鼒所刻《韩非子》于清末已成为藏家追逐之善本，十余年前吾有幸于杭州严宝善老先生处，以两千元买得一部。当时不甚明了此书之珍罕，甚觉价昂，然而因尊重老先生之故不好意思还价，依数买下。如今老先生已归道山多年，睹书思人，始觉老先生当日出价确属公道。

顾氏校书之精早有定语，吴鼒亦于序中赞曰："宋椠诚至宝，得千里而益显矣。"李慈铭亦于《越缦堂读书记》中评价此书曰："吴山尊学士影刻宋乾道本，后附顾千里氏识误。宋刻之足重者，以剟误字，此本夺谬不一，而学士一仍之。顾氏多有是正，乃不以分属每篇之后，而别为一书，使其书或失，则何所取正？又何贵乎宋本而汲汲摹之也！乾嘉以后，儒者好传古本，每失之愚，此类是矣。"

日前再读《蛾术轩箧存善本书目》，王大隆先生亦曾提及浙江书局覆刻吴鼒影宋乾道本，言顾氏校《韩非子》之前，已有冯己苍、惠松崖前后校过此书，而惠松崖校此书时曾参考冯己苍校语，顾千里又过录惠松崖校语，并参以自校。1934年王

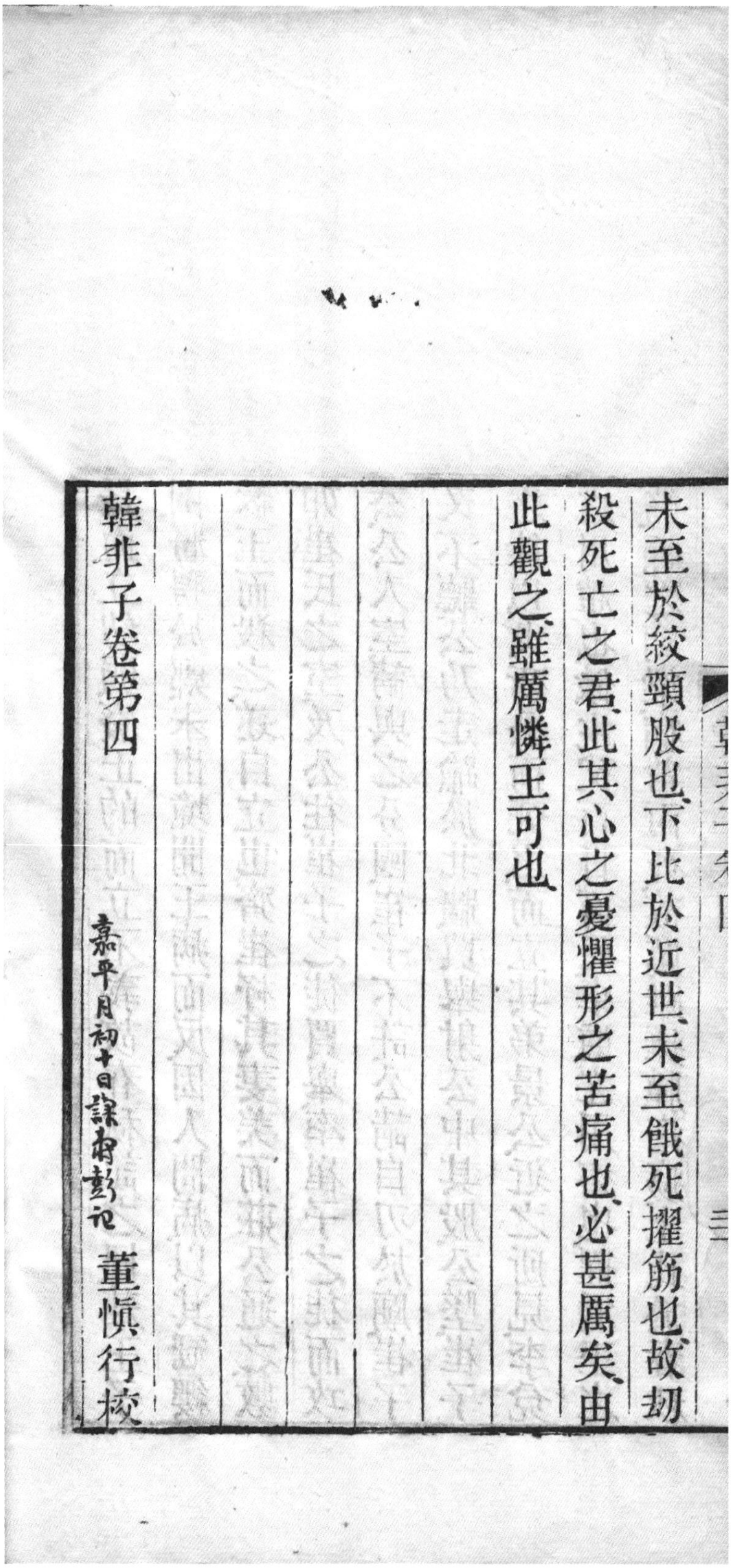

韓非子卷第四

韓非子卷第二十

未至於絞頸股也下比於近世未至餓死擢筋也故刧
殺死亡之君此其心之憂懼形之苦痛也必甚厲矣由
此觀之雖厲憐王可也

嘉平月初十日諫壽彭記　董慎行校

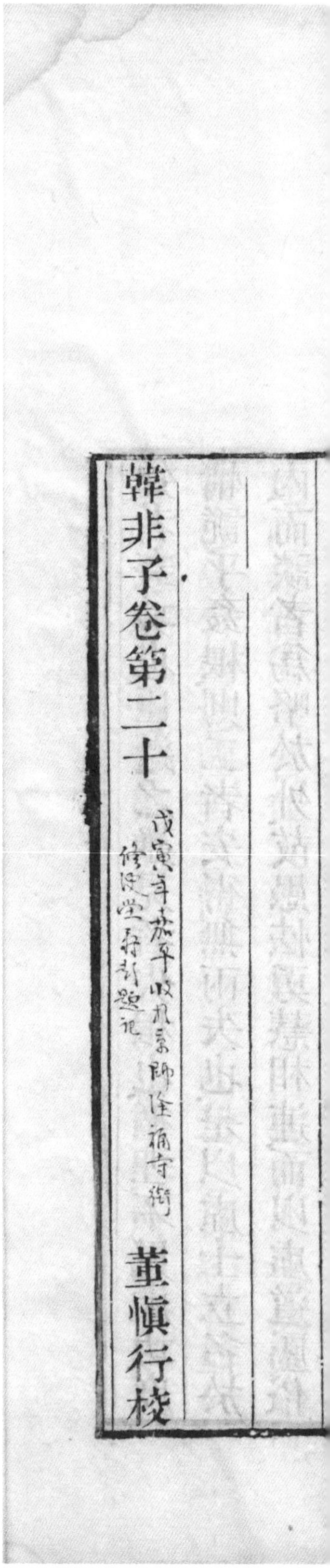

戊寅年荔平收視景師性福守軒
修渡堂藏書題記

董慎行校

《韩非子》之寿彭跋语

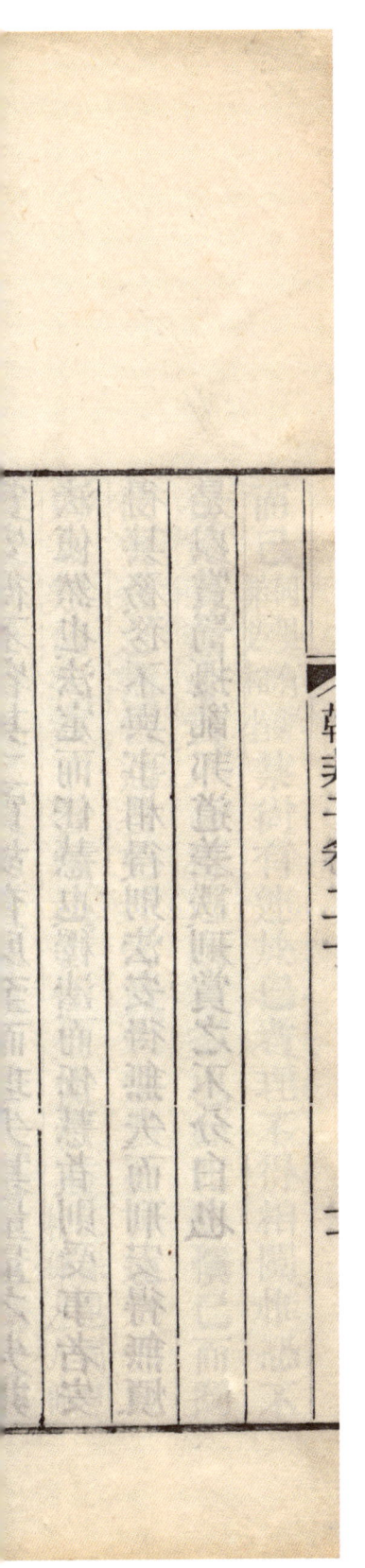

大隆先生得睹前人校语，复过录惠松崖校语于浙江书局本，而顾氏校语因有刻本刊行，故从略。

读至此，吾甚遗憾无缘得见冯校、惠校之真面目。芷兰斋藏有《韩非子》五种不同版本，其中亦有浙江书局本。此浙江书局本得之于2004年秋拍，以底价五千元上拍，吾以一万一千元落槌，心下甚喜。事后友人问及何以拍下此书，吾告知此书钤有"铁如意馆"藏章，乃收藏大家张宗祥旧藏，兼有清末状元王寿彭批校，而状元墨迹素为藏家关注之要点。王寿彭（1875—1929）字次篯，号眉轩，山东潍县人，光绪二十九年（1903）状元，曾任湖北提学使兼布政使，入民国后曾任北京政府总统府秘书，1925年任山东省教育厅长，兼山东大学校长，1928年后定居天津至终。

2011年秋季大拍，嘉德古籍善本专场中有"季羡林藏书"专场，104件拍品一总拍出1620.7万元，成交率高达98%，实在为古籍拍卖以来之罕见成交率。吾隐约忆起曾读过季羡林一文，述少年时于山东大学念书，曾见时任校长之王寿彭及军阀张宗昌身穿长袍马褂，率领全校师生对孔子像行三跪九叩之大礼，似乎王寿彭还给季羡林题过字。嘉德此次所拍季氏旧藏中，有数件吾甚措意者，惜今日行情涨势已超出吾之能力，惟有望书兴叹，而再叹。拍卖结束后，有另一家拍卖行负责人接受电视采访称，拍卖行已将目标客户由收藏家转向投资机构，吾甚无语，惟觉满目山河空念远，落花风雨更伤春。

不如怜取眼前人。开架寻出此"寿彭"批校之《韩非子》二十卷，且作安慰。是书一函四册，每册封面均有墨笔手书篇名，其中第一册卷末墨笔书"嘉平月初十日读，寿彭记"。第四册卷末为"戊寅年嘉平收于京师隆福寺街修绠堂，寿彭题记"。卷内则处处可见细字墨笔批校，封面、题识、批校字迹相类，显为同一人所书。字体大小除卷末题识处略大而外，余则细若蝇足，运纤毫如流觞，字迹虽幼而笔力老道，出自旧学之人无疑。然细看一过之后，忽然心生疑虑：此戊寅年当为

1878年或1938年，而王寿彭生平为1875至1929年，享年五十四岁，此五十四年中并无戊寅年，则此"寿彭"并非清末状元王寿彭矣！

然则，此"寿彭"非为次笺，又为何人哉？着此悬念，复读其批校，见其字迹工整，布局疏朗，却有两处明显为书写过程中漏字十余个，又补录于旁者。若是己读己校己录，不会漏字如此，如此则必是过录时手误。如是，则过录者又是何家批校？此时吾复恨不见冯己苍与惠松崖之校也！

既然有此疑问，则当尽力而解。检《近现代人物名号大辞典》，以"寿彭"为名、字或号者有七人，除却状元王寿彭，余六人生卒年月及生平履历多为与新文学或经济、法律相关者，与旧学相关者仅陈雷一人。陈雷原名彭寿，一作寿彭，字震叔，号老菱，又号瘤道人，室名养自然斋，工篆刻。其人生卒年不详，仅知活动于同治、光绪间，宣统二年曾由西泠印社辑印《养自然斋印存》二册。窃思工篆刻者必工于书，此《韩非子》中批校字迹如此老到，或可为其人乃陈雷之旁证乎？然此亦仅为揣测耳，还俟后来方家指正。

孙人和批校
《西泠词萃》九卷

《西泠词萃》九卷　（清）丁丙辑
　　清光绪十一年（1885）钱塘丁氏刊本　孙人和批校
连史纸　一函四册
　　钤印：蜀丞校经（白方）、蜀丞（朱方）、孙人和印
（白方）

　　孙人和（1894—1966）字蜀丞，江苏盐城
人，民国期间后曾讲学于多间大学，所授学科有
国文、词学、《离骚》以及《庄子》等，1949年
后担任中华书局顾问以及中央文史研究馆馆员，
著有《论衡举正》《抱朴子校补》《吕氏春秋
举正（续）》及《花间集校本》等，周一良曾
以"文献学家"称之。孙氏藏书多以研究为目
的，故不甚讲求版本，每得一未见之书，遂欢喜
告人，以致登门借书者踵而不绝。伦明《辛亥以
来藏书纪事诗》中咏孙人和曰："不辞夕纂与晨
抄，七略遗文尽校雠。读罢一瓻常借得，笑君全
是为人谋。"日本汉学家仓石武四郎与其私交甚
厚，民国年间留学北京时，最后十个月借住孙人
和家中，两人朝夕相处，日以版本学问相娱，令
吾深羡。仓石《中国留学记》中回忆旧日时光，
提及孙氏曾在电话中与书贾商及购书，因其苏北
口音甚重，书贾无法听明白孙氏所要何书，孙氏

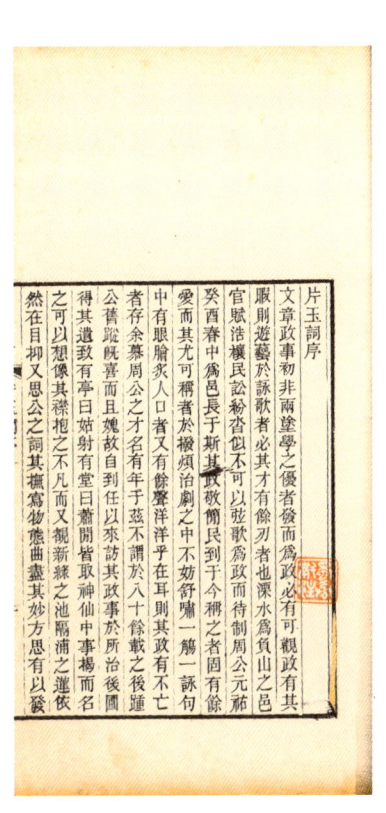

《西泠词萃》之卷首

无奈大呼仓石，请精通汉语之仓石来作翻译，最终达成交易。两位中国人沟通却需一日本人来作翻译，思之有趣。相处既久，仓石藏书多少亦受孙氏影响，不甚在意版本，只要是古籍即心生欢喜。在读《越缦堂日记》后，仓石亦生写日记之兴，并于日记首页作七绝一首，开宗明义："词章家每争朱义，藏弆家偏竞宋刊。我是两家门外汉，但沾古泽一心欢"。仓石《留学记》中还详记其每日所买之书，所提及者多为经学中当时即难得一见之罕觏书，许多在民国年间已是藏书家追寻之物，吾料想，并不在意版本之仓石购书能有如此眼力，其中必得蜀丞先生指引。

芷兰斋收有孙人和旧藏七部，其中一部为未刊稿本《周易笔记》，稿纸书耳处有"盐城孙氏仿至正翠岩精舍刊本玉篇版式"字样，另三部为钞本，分别为《过曲纪调》《论语注》及《三百词谱》，此《西泠词萃》一函四册虽为清末刊本，却有其墨笔通批，可堪宝之。《西泠词萃》为八千卷楼主人丁丙所辑，丁丙（1832—1899）字嘉鱼，别字松生，别署书库抱残生、青门

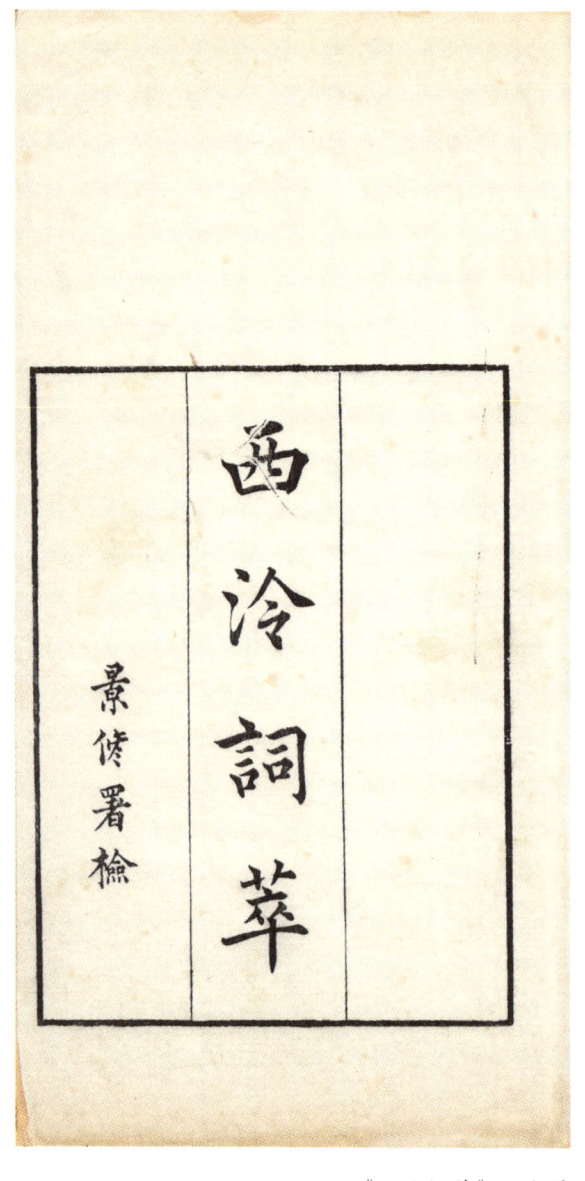

《西泠词萃》之书牌

片玉詞卷上

宋錢塘周邦彥美成著

瑞龍吟

章臺路還見褪粉梅梢試華桃樹愔愔坊陌人家定巢燕子

歸來舊處 黯凝佇因念箇人癡小乍窺門戶侵晨淺約宮

黃障風映袖盈盈笑語 前度劉郎重到訪隣尋里同時歌

舞唯有舊家秋娘聲價如故吟牋賦筆猶記燕臺句知誰伴

名園露飲東城閒步事與孤鴻去探春盡是傷離意緒官柳

低金縷歸騎晚纖纖池塘飛雨斷腸院落一簾風絮

風流子

楓林彫晚葉關河迥楚客慘將歸望一川暝靄雁聲哀怨半

規涼月人影參差酒醒後涙花銷鳳蠟風幌卷金泥砧杵韻

桃無慘細響當窗雨閒看兩兩相依燕新乳　樓下水漸綠

徧行舟浦莩往朝來心逐片帆輕槳何日迎門小檻朱籠報

鸚鵡共翦西窗蜜炬

又

夜來寒侵酒席露微泫舄履初會香澤方熏無端暗雨催人

但怪鑑偏簾卷回顧始覺驚鴻去遠　大都世間最苦唯聚

散到得春殘看卽是開離宴細思別後柳眼花鬚更誰翦此

懷何處消遣

水龍吟

黎花

素肌應怯餘寒豔陽占立青蕪地樊川照目靈關遮路殘紅

欸避傳火樓臺姤花風雨長門深閉亞簾櫳半溼一枝在手

《西泠词萃》之孙人和批校

词隐等，太平天国时期于战乱中辗转抢救、抄配文澜阁藏书一事，至今传为美谈。藏书同时，嘉鱼先生亦喜爱刊刻典籍，所不同者，尤喜刊刻杭州乡邦文献及乡贤著作，如《武林往哲遗著》《西泠五布衣遗著》《冬心先生杂著》《国朝杭郡诗辑》及《西泠词萃》等。

芷兰斋所收孙人和批校本《西泠词萃》一函四册，内收周邦彦《片玉词》、仇远《无弦琴谱》、张天雨《贞居词》、姚述尧《箫台公余词》、朱淑真《断肠词》及凌云翰《柘轩词》六家词集，六家皆杭州人氏。此六家词集自光绪十一年（1885）陆续开雕，其中最先开雕者为周邦彦《片玉集》，始于光绪十一年二月，其次为《无弦琴谱》《贞居词》《箫台公余词》《断肠词》，最后一集《柘轩词》开雕于光绪十三年八月，前后耗时三年。同郡藏书家许增将丁丙与毛晋相提并论，于是书后跋中云："声音之学至明季不绝如线，故宋人词集散佚几半，使非汲古阁汇刊六十家词，流传海内，此事遂成广陵散矣。《四库》著录亦以汲古为蓝本，毛氏之有功于词学，实非浅尟。丁君松生刻杭人词，属为校订，其表章乡邦文献之盛心，实与子晋后先媲美。"

是集中《片玉词》分为卜卷、下卷及补遗三卷，卷内墨笔批校满乙，兼有朱笔圈点，可见蜀丞先生当日批校是书用心之细，所批校内容多参以汲古阁本及元本，皆以"郑云"起始，如《蝶恋花·早行》"翦水双眸云半吐。醉倒天瓢，笑语生青雾"句，蜀丞注云："郑云汲古本'半'作'鬓'，'瓢'作'飘'，并误。今从《历代诗余》"。以及《丹凤吟·春恨》"弄粉调朱柔素手，问何时重握？此时此意，生怕人道着"句，蜀丞注曰："郑校本作'长怕'，校云'长'汲古作'生'，从毛刻《草堂》"。或于某处曰："郑云汲本脱'近'字从元本。元本此作'摘'。郑校本'寄'作'持'，校元本'持'作'寄'。"

"郑"为何人，蜀丞先生未有注明。以蜀丞先生过录之校语可知，原校者精通词学，且读书谨慎，不敢误一字。姓郑兼精通词学者，莫非晚清词人郑文焯乎？郑文焯（1856-1918）字俊臣，晚号大鹤山人、鹤道人等，与况周颐、王鹏运、朱祖谋合称"晚清四大词人"，著有《大鹤山房全集》。吾素看重大鹤山人批校题跋之本，如今庋于寒架者已有数部，其字迹多为蝇头小楷，介于隶、楷之间。然郑文焯填词以姜夔、张炎为法，倡导清空澹雅，认为词意宜清空，用字须雅洁，使事用典则融化无痕，再读蜀丞先生过录之校语，则多参各本之异同，从字、句之误讹着手，而绝不提及意境及技法，此种校法不似为倡导"清空澹雅"者所为。若校者不是郑文焯，则又是孰人所校？

方徘徊间，顺手翻看另外几部蜀丞先生之钞本，其中一册亦为词集，乃郑元庆所编之《三百词谱》，郑元庆为清初词人，字芷畦，归安人氏，其词章之道，自束发即受学于叔父郑松阳。康熙二十年（1681）开始编选《三百词谱》，八年后全书告成，序曰："集成，就正同学诸子，以词谱久无善本，请付剞劂。于是按词定谱，兼附各体，词虽断于三百，调已过于半千，但曰规矩绳墨，无负初服之志云尔。"读罢此序吾心忽有所动，检《清代学人列传》"郑元庆"条，云其素治朴学，尤邃于《易》《礼》，并通史传，旁逮金石，覃思著述，期有用于世。其著则甚富，有《礼记集说参同》《湖录》《石柱记笺释》《行水金鉴》及《海运议》等，其他或佚或未详者，尚有《周礼集说》《诗序传同异》《家礼经典参同》《官礼经典参同》及《丧服古今异同考》等等。以郑元庆所著之书、所治之学视之，其于词学提倡"规矩绳墨"，与《片玉词》之校语字斟句酌，似有默契。

思虑至此，吾方稍稍伸展，顿觉自己颇为好笑，若郑文焯校词集不应字斟句酌，则吾读词集亦不应纠结于孰人所校。有时用力愈甚，则差之愈远。词集之读，当是微雨斜阳后，茶烟半袅时，读之若与古人接，而非见枝叶而忘青山。近日京城秋雨霏霏，吾居之处既无梧桐又少芭蕉，除却凉意，无处落得一个秋字。冯登府于《无弦琴谱》后书跋语一篇，言及仇远归老西湖，与友人江山跌宕，以诗酒送年，吾徒瞭望耳。

邓之诚批旧钞本
《闻尘偶记》一卷

《闻尘偶记》一卷 （清）文廷式撰

清佚名钞本 邓之诚批校 一函一册

钤印：文如居士金石长寿印（朱方）

　　《闻尘偶记》为清人笔记之一种，作者文廷式（1856—1904）字道希，号芸阁、云阁，别号纯常子、罗霄山人、芗德等，江西萍乡人，曾任珍妃、瑾妃之师，光绪十六年（1890）进士，官翰林院编修。二十七岁之前，道希先生随父居广东，鸦片战争之后，得风气之先，于时局极其关心，于仕途则颇为乖蹇。甲午战争期间，其力主抗击，上疏请慈禧取消生日庆典，戊戌变法之后遭革职，因反对慈禧专权，几遭密令缉拿，就地正法。其著有《知过轩随录》《补晋书艺文志》《文道希遗诗》《纯常子枝语》《云起轩词钞》及《闻尘偶记》等五十余种。

　　道希先生性喜藏书，藏书处有云起轩及知过轩，辑有《知过轩目录》，近代词人叶恭绰曾为其弟子，谓："恭绰卯角从

文廷式

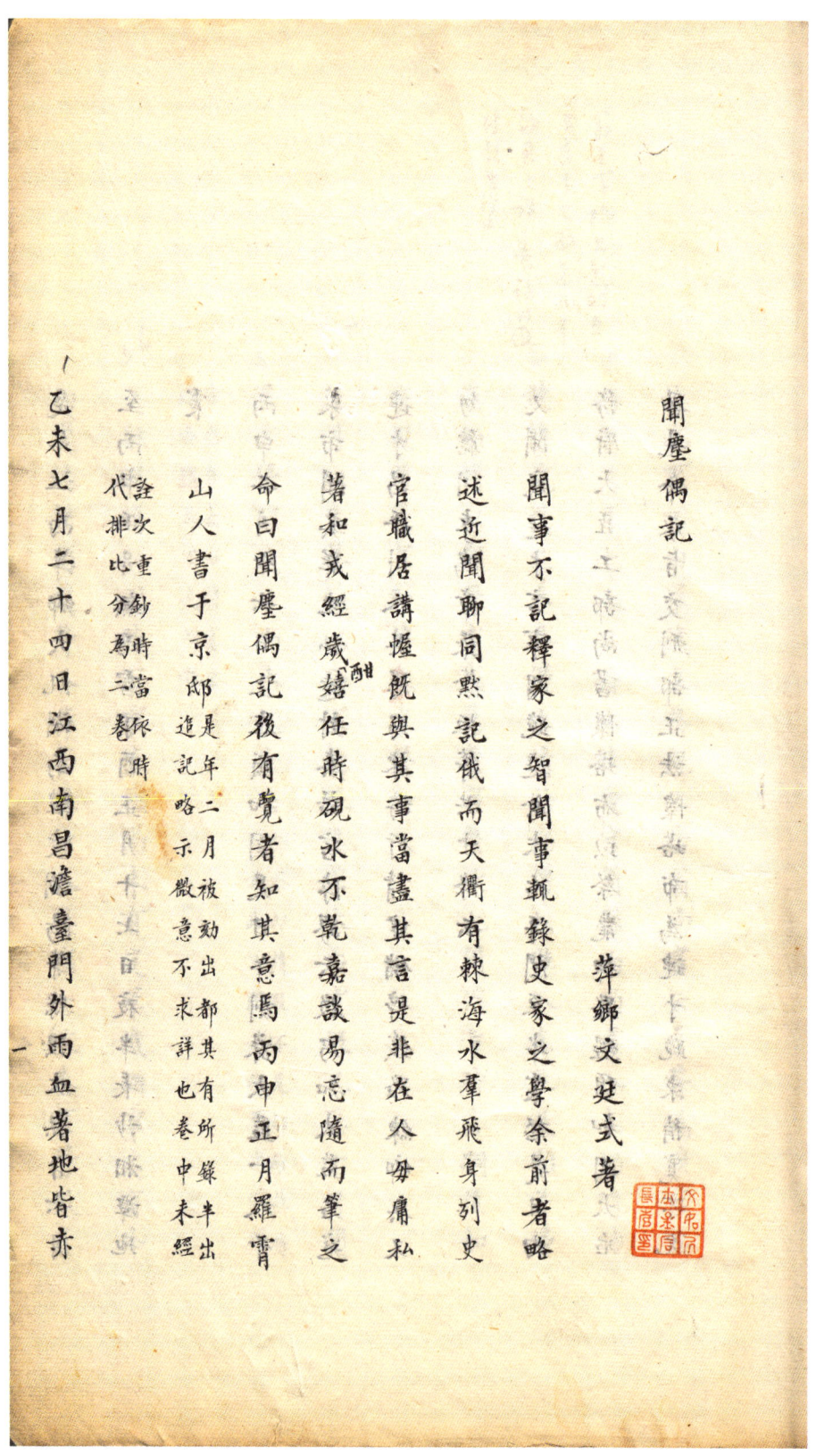

聞塵偶記　　萍鄉文廷式著

聞事不記釋家之智聞事輒錄史家之學余前者略
述近聞聊同默記俄而天衢有辣海水羣飛身列史
官藏居講幄既與其事當盡其言是非在人毋庸私
著和戎經歲嬉任時硯冰不乾嘉戲易忘隨而筆之
命曰聞塵偶記後有覽者知其意焉丙申正月羅霄
山人書于京邸是年二月被劾出都其有所錄半出
逐次重鈔時當依時略示徵意不求詳也卷中未經
代排比分為三卷附
乙未七月二十四日江西南昌滄臺門外雨血著地皆赤

《闻尘偶记》之卷首

师游，师所以抚爱奖进之者，甚至常寓书南昌家中，任绰纵览所藏典籍。绰得粗通书史者，实由于此。"文氏殁后，藏书传至其子永誉，永誉1932年卒后，文氏藏书于1941年散出，尽为泸上孙伯渊集宝斋所得。然《文献家通考》述至文氏旧藏时，却又有一段说法，谓伦明曾有咏文氏藏书诗曰："非关贬谪到长沙，学士遗书散外家。秘册短篇惊未见，翰林钞出墨横斜。"注曰："文廷式有外妇，系王先谦侄女、梁鼎芬夫人，此女与梁未婚时即与文有私。文氏身殁，梁夫人尽得其所有。"1933年伦明游南京遇徐恕，徐恕称收得文氏遗著手稿五十余册，多由梁夫人所售。及后文廷式弟子徐乃昌、叶恭绰尝商诸徐恕，请其转让，徐不允。

道希先生撰《闻尘偶记》，始于光绪二十二年（1896）正月，时身处京师，次月即因维新变法及强学会等事被慈禧驱逐出都，永不叙用，罪诏为"文廷式与内监往来，虽无实据，事出有因。且该员于每次召见时，语多狂妄。其平日不知谨慎，已可概见。文廷式着即革职永不叙用，并驱逐回籍，不准在京逗留。"吾所收之《闻尘偶记》为民国钞本，卷末最后两行注云："以上三条见于《纯常子枝语》第二十三册，稿中原注云，记事各条可入《闻尘偶记》。甲子五月龢记"，盖此甲子午当为1924年，"龢"则未知何许人也。卷前钤有邓之诚先生九宫格藏印，印文曰"文如居士金石长寿印"，内则眉批处处，文如居士墨迹无疑。是书内容多载清末政局以及京师官场掌故，极适于"以助谈资"，被后人引用最多者，当为描述慈禧风流韵事一段，云光绪八年（1882），有琉璃厂白姓古董商丰姿倜傥，经李莲英介绍入宫得慈禧宠幸月余，厥后未久慈禧有孕，慈安获知大怒，欲废慈禧后名，结果慈安当晚猝死。

然该段掌故并未见于此钞本，此钞中另有几则京师旧闻，读之颇为有趣，如第二十八条云，京师达官贵人爱穿薄底靴，名曰"跑得快"，至甲午之乱，满城逃之一空，果然如谶。又如第一百二十四条云，有宗室绵字辈某将军，喜玩鼻烟壶，育三子，其名分别为奕鼻、奕烟、奕壶；另有侍郎宝廷，有子二，长曰富寿，次曰寿富，其小名亦绝，长曰一二，次曰二一。

书中有数条提及宫中用度，前后对应而看，颇耐寻味。其中有曰慈安节俭者，宫中内监不过六七十人，每年用银不过数万两，所居宫室甚至雨漏不加修葺。有曰光绪节俭者，冬日于马褂上叠穿马褂以御寒，原因为其仅有之狐裘开裂，送去修补而未归。有曰道光皇帝俭朴，套裤膝盖处破损而不忍弃，遂请内务府命人修补而免做新装。内务府确是尊旨补好破洞，报上来的开销是"补价凡用宁绸数十匹，共价

翁于军机见起时立
于房先尖面茶阔寺
出房先尖面茶阔寺
海泉之语言素谐谑
徐说与修此

故此事不由軍機處恭親王告翁尚書云吾等為曠官矣

丙申正月十三日停止毓慶宮翁孫兩尚書入直仍隨時

聽傳先是乙未春停止講語師傅松澍入直至是始并停

漢師傅以聖學有成萬幾事繁故也聞傳旨時言嗣後如

有擬題等事即傳孫家鼐云

正月以來恭邸以病不能眠迭蒙太后賞假已歴一月間

異常優禮近日尚未就瘥云

按恭邸請假不見邸鈔故特又聞恭邸慶次假期

嘗出自太后特賞母

頤奏故不見邸報王

上駐蹕頤和園時百官直廬尚未有定軍機辦事處窗外

即籧燒餅粥漿等人章京至十人共宿一炕奏事等微員

二

《闻尘偶记》之邓之诚批校

四百金。"其中亦有论及书者，第五十二条曰："孝哲毅皇后性好书，尝节省宫中用费以万六千金购《古今图书集成》一部。余时应试在京，此书乃宝名斋所售，故知之前年奉慈禧太后懿旨石印《图书集成》，其端盖基于此。"

读至此，始知《古今图书集成》尚有这段渊源。该书最早版本为雍正四年（1726）武英殿铜活字本，其印量有说为六十六部，有说为六十四部，亦有说为六十部；次为光绪十六年（1890）上海同文书局石印本、光绪二十二年内府石印本以及民国二十三年（1934）中华书局影印本。文廷式所云之本，当为光绪二十二年内府石印本。然而令吾不解者，孝哲毅皇后即同治皇后，素不为慈禧所喜，光绪继位不久即去世，有说死于自杀，亦有说死于慈禧所逼。待到文廷式应试，毅皇后早已去世多年。以时间及人情推论，不解慈禧下旨再印此书与毅皇后有何关系。道希先生曾于《闻尘偶记》序言中云："（光绪二十二年）是年二月被劾出都，其有所录，半出追忆。略示微意，不求详也。"有关毅皇后购书之条，或即出于追忆而不求详也。

此钞旧主人邓之诚（1887—1960）字文如，明清史学专家，著有《骨董琐记》《中华二千年史》《清诗纪事初编》及《明清史》等，其中《古董琐记》一书体例亦似《闻尘偶记》，叶恭绰曾谓其"富藏书，又好搜罗古器物之殊异者"。因研究清初历史所需，文如居士藏书多清人集部，曾以几年时间收得各种清初人集部著述七百余种，可谓富矣。彼时其所居为燕京大学东门外蒋家胡同路北二号，通学斋雷梦水先生常挟书至燕京大学求售，渐而相识，久而相知，雷梦水遂常主动代为搜求清人集部，并向其请教，熟悉版本目录之学的文如居士亦乐为雷梦水讲解某书缘何可贵，版本缘何难得。上世纪八十年代，雷梦水先生著《书林琐记》，回忆邓之诚先生时称："先生的日记本长盈尺，用蝇头小楷写成，笔法遒劲，他在日记里提到我时亲切地叫我'书友'，对其他书店同辈则叫'书贾'，这是对我极大的鼓励。"今日时过境迁，书友遍地，如雷梦水先生一般的书贾却不多见。

赵不骞题识佞宋斋刻
朱印本《藏书记要》一卷

《藏书记要》一卷　（清）孙从添著

　　清光绪九年（1883）潘志万佞宋斋刻朱印本　赵不骞

题识　棉连纸　一函一册

　　钤印：浪仙居（白方）、海虞沈传甲经眼（朱方）

　　此为光绪九年（1883）潘氏佞宋斋刻朱印本，封面有赵不骞墨笔题写书名"藏书记要"，小字注"潘氏刻本一册"，以及"丙寅二月少舲持赠"，下钤白方"浪仙居"。此书当年由江澄波老前辈引介而得，同得者尚有潘氏红印刻本《百宋一廛赋》，封面亦有赵不骞题识。所不同者，《百宋一廛赋》除钤有"浪仙居"外，尚有"旧山楼"及"赵不骞印"两方藏章，若非如此，吾难猜此"浪仙居"即赵不骞先生别号矣。2011年秋拍北京保利拍场出现嘉庆十年（1805）士礼居刊《百宋一廛赋注》，底价一万二千元人民币，吾以近乎十倍价钱得之而心喜。此本于晚清民国时期即为藏书界所珍爱，之后多有翻刻，而翻刻之本均据此本而出。江澄波老前辈介吾所收之潘氏刻本《百宋一廛赋注》，虽非士礼居初刻，然却有赵不骞墨

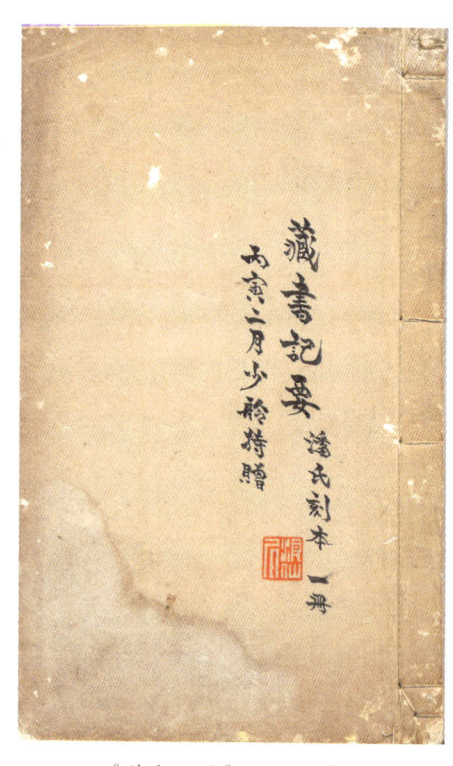

《藏书记要》之赵不骞封面题识

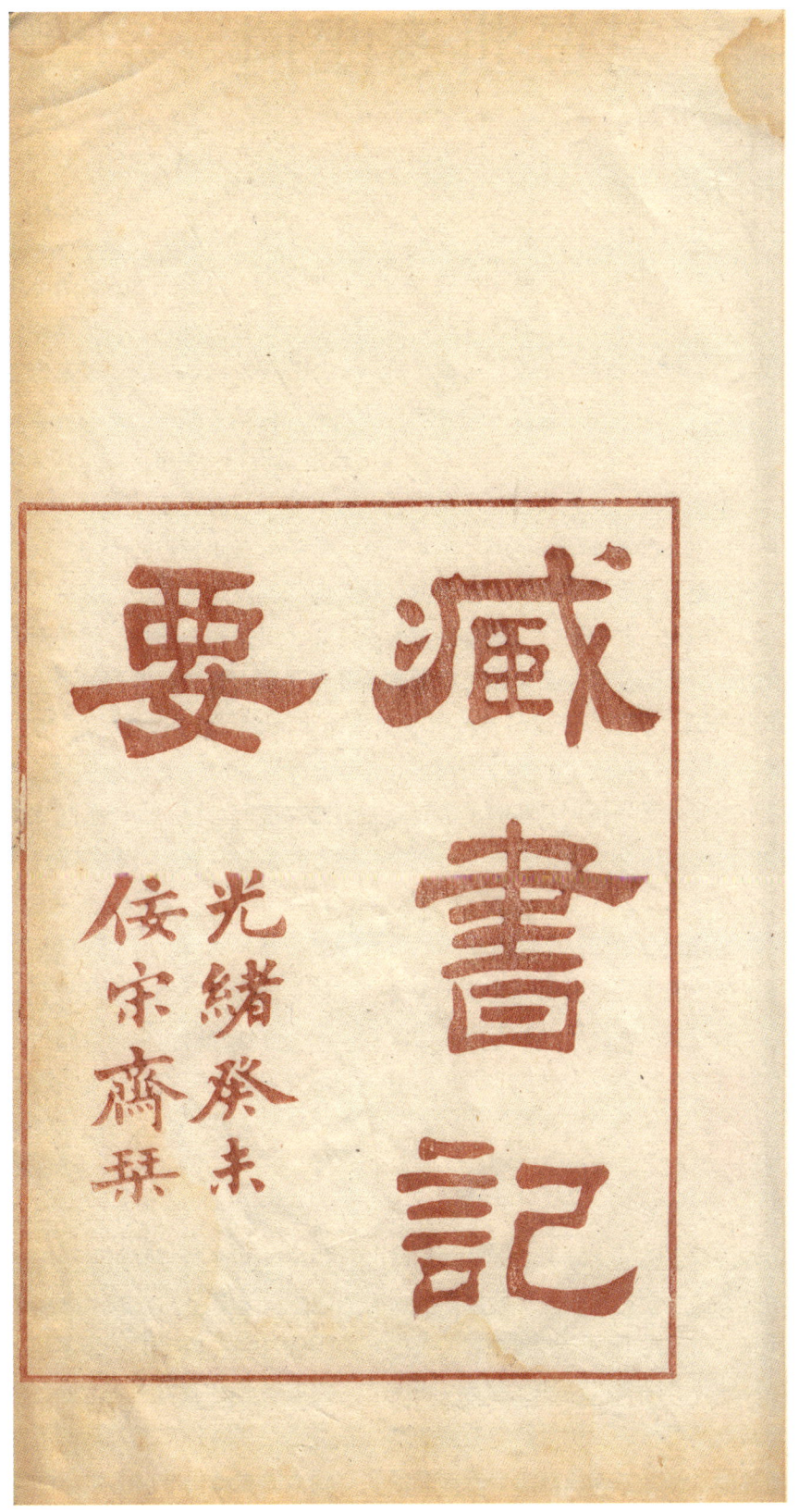

《藏书记要》之牌记

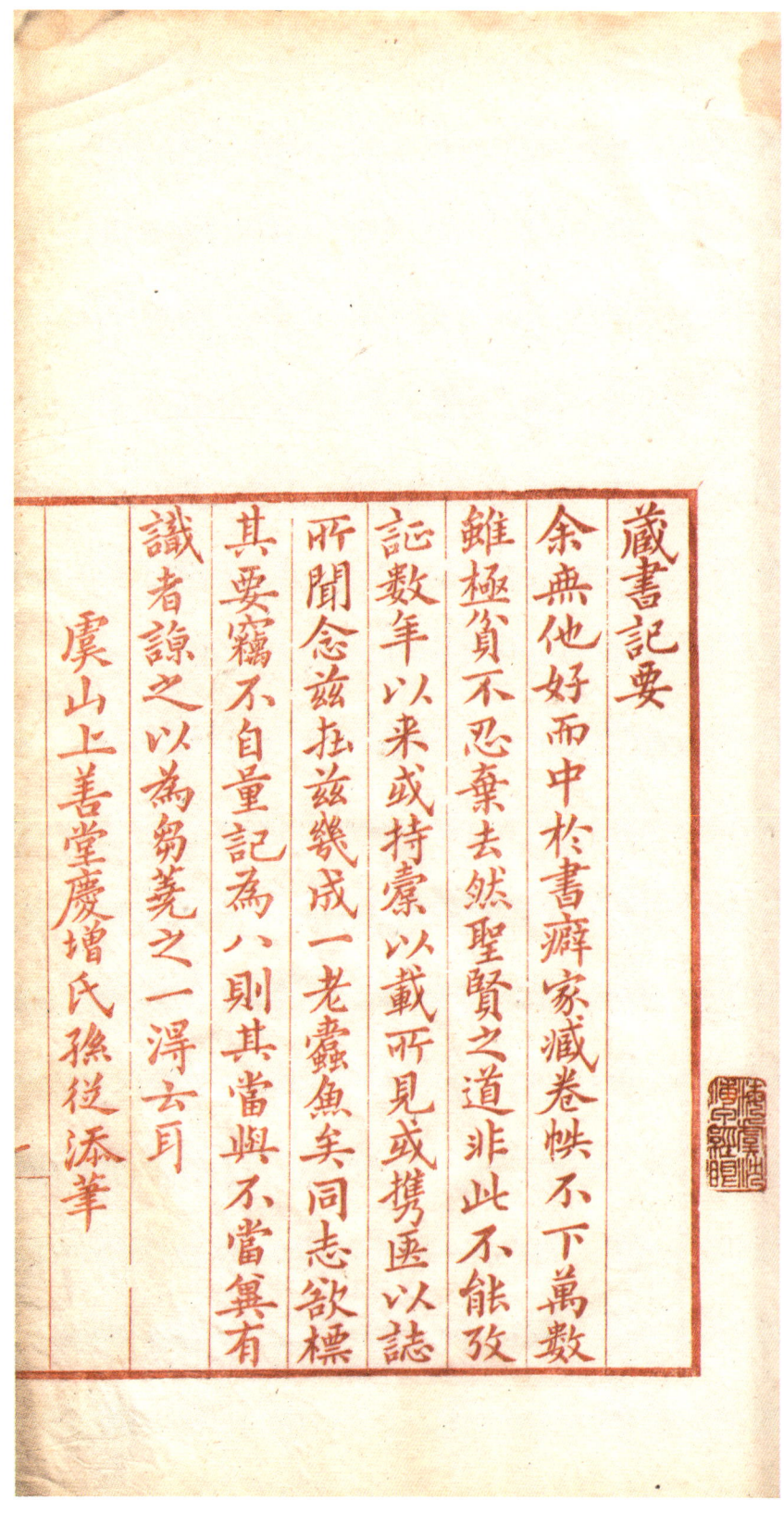

藏書記要

余無他好而中於書癖家藏卷帙不下萬數

雖極貧不忍棄去然聖賢之道非此不能致

記數年以來或持橐以載所見或攜匱以誌

所聞念茲拄茲幾成一老蠹魚矣同志欲標

其要竊不自量記為八則其當與不當幸有

識者諒之以為芻蕘之一得云耳

虞山上善堂慶增氏孫從添筆

迹，亦是吾得此书之由头，归来细审，纸白版新，心情为之大快。

《藏书记要》为清代藏书家孙从添所著。孙从添（1692—1767）字庆增，号石芝，江苏常熟人，其人精经学，擅医术，用药多出人意外，妇孺呼为"孙怪"。除《藏书记要》外，所著尚有《石芝医话》及《春秋经传类求》。今人闻其名，多以其知书善藏，《藏书纪事诗》咏孙庆增曰："鸳鸯不惜度金针，字字书林座右箴。三折肱为医国手，广长舌是佛家心。"可谓兼述其经学及医术之二长，然此诗亦未能概括其全貌。王南珍序《春秋经传类求》谓："石芝孙先生长于经济，世之巨公多重之，参制抚军书数十年，而诸子百家以逮句漏涪水之书无不旁通博览。顾知先生之淹贬者，或不知其长于时务，而资其赞画者，又不知其沉潜于经学。吁！其能尽先生之用乎。"此序虽言及孙氏之经济、学问、时务、赞画，却又未提及医术，或见知人之难，如盲人摸象，多察一隅而难窥全貌。

石芝于《藏书记要》自序中云："余无他好，而中于书癖，家藏卷帙，不下万数，虽极贫，不忍弃去。然圣贤之道，非此不能考证。数年以来，或持囊以载所见，或携箧以志所闻，念兹在兹，几成一老蠹鱼矣。同志欲标其要，窃不自量，记为八则。其当与不当，冀有识者谅之，以为刍荛之一得云耳。虞山上善堂庆增氏孙从添笔。"由此序既可观孙氏之性情，亦可明此书之大旨，故不赘而录于此。其八则分别为购求、鉴别、抄录、校雠、装订、编目、收藏及曝书。虽简明易读，于日常中一一实行却是不易。吾于编目，一日勉强可至二十部，过则头晕目眩；于抄录，愧于书法难以示人；于校雠一事，更是学有不逮。可知古人许多风雅事，看上去轻而易举，实则皆以学问修行为底蕴，非日积月累难以成事。

《藏书记要》写就之后，最早附于《文瑞楼书目》之末，后由金檀之孙金可案传至陈氏，黄丕烈复得之于陈氏。此"陈氏"窃思为书贾。复翁题识中若提及藏书之友，多记其名姓，间或有简介，若书贾中有知书者，亦会闲散略述几笔，如述李柯溪"去官业贾，人本粗豪，余虽于枚庵座中一识其面，未敢与订交。"复翁于此"陈氏"既有所得，却又不提其名，则极有可能为不入其法眼之普通书贾。金可案亦为复翁书友，《荛圃藏书题识》中多有提及，称其"为人高雅，笔墨俱饶天趣"。金氏一门虽先世富饶，传至可案时却贫窭不堪，成为"郡中贫士"，病逝之后，所藏俱为贾人所得。未久又有贾人持其所遗书画、图籍至复翁处登门求售，复翁重可案其人，故稍购之。未知《藏书记事》来由是否为此，然皆无证据，吾徒揣测耳。

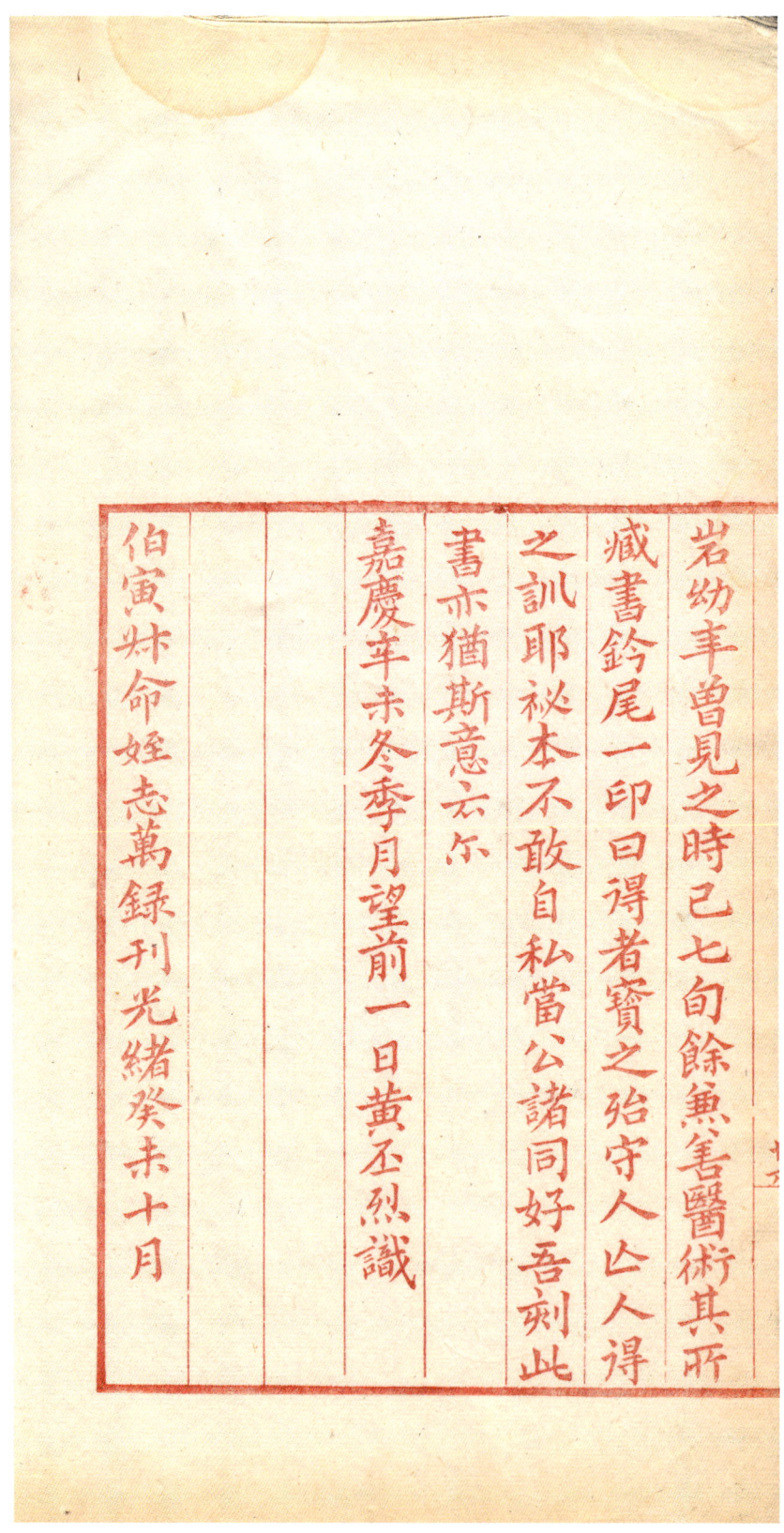

岩幼丰曾見之時己七旬餘無舊醫術其所

藏書鈐尾一印曰得者寶之殆守人凶人得

之訓耶秘本不敢自私當公諸同好吾刻此

書亦猶斯意云尔

嘉慶年末冬季月望前一日黃丕烈識

伯寅姊命姪志萬錄刊光緒癸未十月

《藏书记要》卷尾注明此书为潘志万所刻

得石芝遗著后，复翁于跋语中言："是书所纪藏书之要，皆先我而言之者，遂付梓刊行。适晤钱唐何梦华，云：'是书本附于《文瑞楼书目》后，今《书目》已刊行，而此犹缺焉，其刻之宜急也。'孙公去世未远，周丈香岩幼年曾见之，时已七旬余，兼善医术。其所藏书，钤尾一印曰'得者宝之'，殆守'人亡人得'之训者邪？秘本不敢自私，当公诸同好。"嘉庆十六年（1811），复翁将此书刻入《士礼居丛书》，嗣后又有道光十三年（1833）杨复吉《昭代丛书》本，光绪九年（1883）潘志万佞宋斋本，以及光绪二十二年（1896）缪荃孙《藕香零拾》本等等。以上各本如今寒斋均已齐备，洵为快事。吾藏之赵不骞题识本即光绪九年佞宋斋朱印本，系由潘志万尊潘祖荫嘱而刻，卷末刊有"伯寅叔命姪志万录刊，光绪癸未十月"一行。胡玉缙先生《续四库提要三种》评价潘志万刻本云："此光绪癸未潘氏《滂喜斋丛书》外重刊本，潘志万手写付梓，银钩铁画，颇悦人心目也。"

潘志万（1849—1899）字子俟，号硕庭，又号笏庵，为潘介繁之子，潘祖荫之族侄，收藏古籍、碑版甚富，素工书，书法道丽有逸气，传世有《笏庵集》《苏州金石志》，辑有《潘氏一家诗》二十二种，多未传之作。《潘氏一家诗》辑就之后，稿本几经流散，归于张炳翔架上。若许年后潘氏后人景郑先生访及张氏后人，得以录副，幸为传布。学礼斋曾有潘志万光绪四年（1878）手抄《辽金正史纲目》三十卷，大隆先生云："（志万）又据辽、金诸史勘其脱误，以朱笔书之，不但有纠谬匡正之功，兼开卷灿然夺目。跋云从渊古斋借钞者，其叔父名介祉字叔润藏书处也。与笏庵父介繁字椒坡之桐西书屋均承三松堂之风，收藏善本书极富。"由此可知，潘志万于书不仅是能藏者，亦是能读、能校者也。然今人于潘志万，不仅知者甚稀，知者亦仅略知其工书而已，近年拍场上间中有潘志万书法上拍，成交者不及半，且成交价极廉，令人慨叹：今人之审物格价与古人确不同矣。

《藏书记事》由潘志万尊嘱刊成四十余年之后，其中一册由少龄持赠赵不骞。此少龄未知何人，赵不骞却是名门之后，旧山楼最后一位传人，其人生而无名，却死得其所。赵氏藏书始自赵同汇、经赵元恺、赵奎昌至赵宗建时，陆续收得瞿氏、汪阆源散出之物后，插架日富，然秘不示人，以致叶昌炽前往旧山楼访书时，惘然而返，归而记曰："昌炽二十五六时，游虞山，出北郭登赵氏旧山楼，观所藏书。问主人，则驾言出游矣。稍旧之册，不以示人，楼中插架无佳本。"实则旧山楼所藏宋元旧椠委实不少，甚至存有司马光《资治通鉴》稿本及朱熹《大学章句》稿本，《资治通鉴》残稿今藏国图，近年数次展览均出现在国图展厅显眼处，吾每睹此物，赞叹再四不忍去。前一段拜会李致忠先生，李先生谈及记者时常问起国图镇库为何物，其总是回答不曾有镇库之说，吾闻此脱口而出："何不将《资治通鉴》稿拈出！"先生称国图好书多至不胜枚举，无法确定孰为第一，孰为第二。吾续献言：然则，可否列国图所藏十珍以示人？李先生笑言，此言倒可细思之。

曾令郑振铎欣喜若狂之脉望馆钞本《古今杂剧》亦出自赵氏旧山楼。赵宗建殁后，藏书尽归次子赵仲举，赵仲举之后藏书一分为二，分别归长子赵士权、次子赵士策。赵士策不谙版本目录之学，素于图籍亦无所好，所藏自民国初期即大量流散，多为邑人丁祖荫所得。至1924年军阀混战之时，赵士策弃园逃生，军队驻进赵家，以图籍作柴草煮炊，待兵退之后，但见残帙烟灰，一片狼籍。赵士权即日后更名之赵不骞，字钧千，嗜书如命，与士策截然不同，1937年11月日军侵占常熟时，不骞誓死护家，骂敌不屈，惨被日军杀于园中，所藏经籍金石悉数被掠，赵氏六世藏书至此泯然绝矣。瞿凤起尝云："（钧千）性狷介，寡言笑，以篆刻自娱，键户读书，怡然自得。丁丑秋，沪战作，虞邑为敌机肆虐，君避地让塘无恙。迨邑城沦陷，君竟成仁。"读之令人悲恸。

十余年前，吾两度前往常熟寻访藏书楼，旧山楼为必访之所，第一次寻访未果，第二次得江老先生指点，始访得遗址。旧山楼虽于1982年11月被常熟文物部门定为文物保护单位，却仍被拆毁，仅存楼前三间平房，所幸楼前尚有红豆树一株，相传为赵宗建之父赵昌奎自江阴老家分枝于此。此为吾生平首次见到红豆树，然徘徊良久，既无旧籍亦无红豆，空有赵家旧话，袅袅余音。

徐时栋跋小琅嬛仙馆刻本
《历代帝王年表》十四卷

《历代帝王年表》十四卷　（清）齐召南　（清）阮福编
　　　　清道光四年（1824）小琅嬛仙馆刊　徐时栋批校并题
识　竹纸　一函四册
　　钤印：柳泉（白方）

　　徐时栋（1814—1873）字定宇，一字同叔，号柳泉，浙江鄞县人。若在今日，徐时栋一定官运亨通，比如其极早留意到"蜗居"一词，不解而问："物之小者甚多，何必以屋小为蜗居？"此言甚有道理，屋小缘何不称蚁居、鸽居，而必称蜗居？继而研究、考察，恍然大悟曰："盖凡壳虫不一，大小亦不等。然虫身长大，则壳与之俱长。惟蜗牛，始生时在壳中。及稍长，即脱壳而去，壳不与其身俱长也。以譬人家屋小，不能容多人耳。"再比如其提出"限娱令"，建议严格控制民间戏剧，《长生殿》《桃花扇》《牡丹亭》等皆为"淫戏"，当禁之；各地戏班所演之剧务必以宣扬忠孝节义为主，凡忠义之士定当受赐恤、成神仙，乱臣贼子则必须伏国法、受报应；若旨趣涉及怪力乱神，则适当修改之，务必以显应果报为本，以期戏以载道，教化民众。按徐时栋

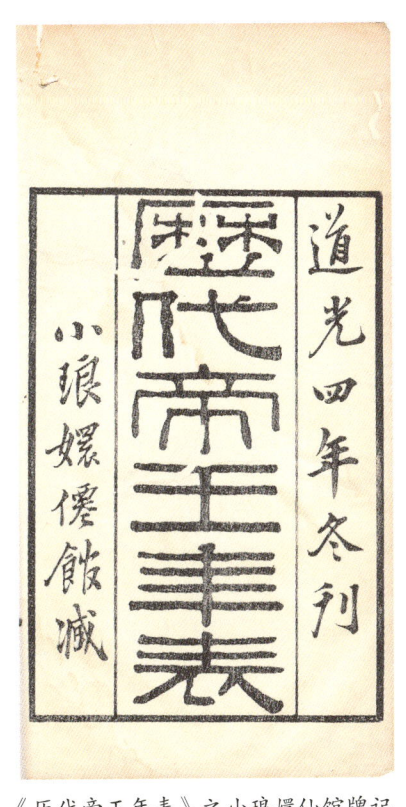

《历代帝王年表》之小琅嬛仙馆牌记

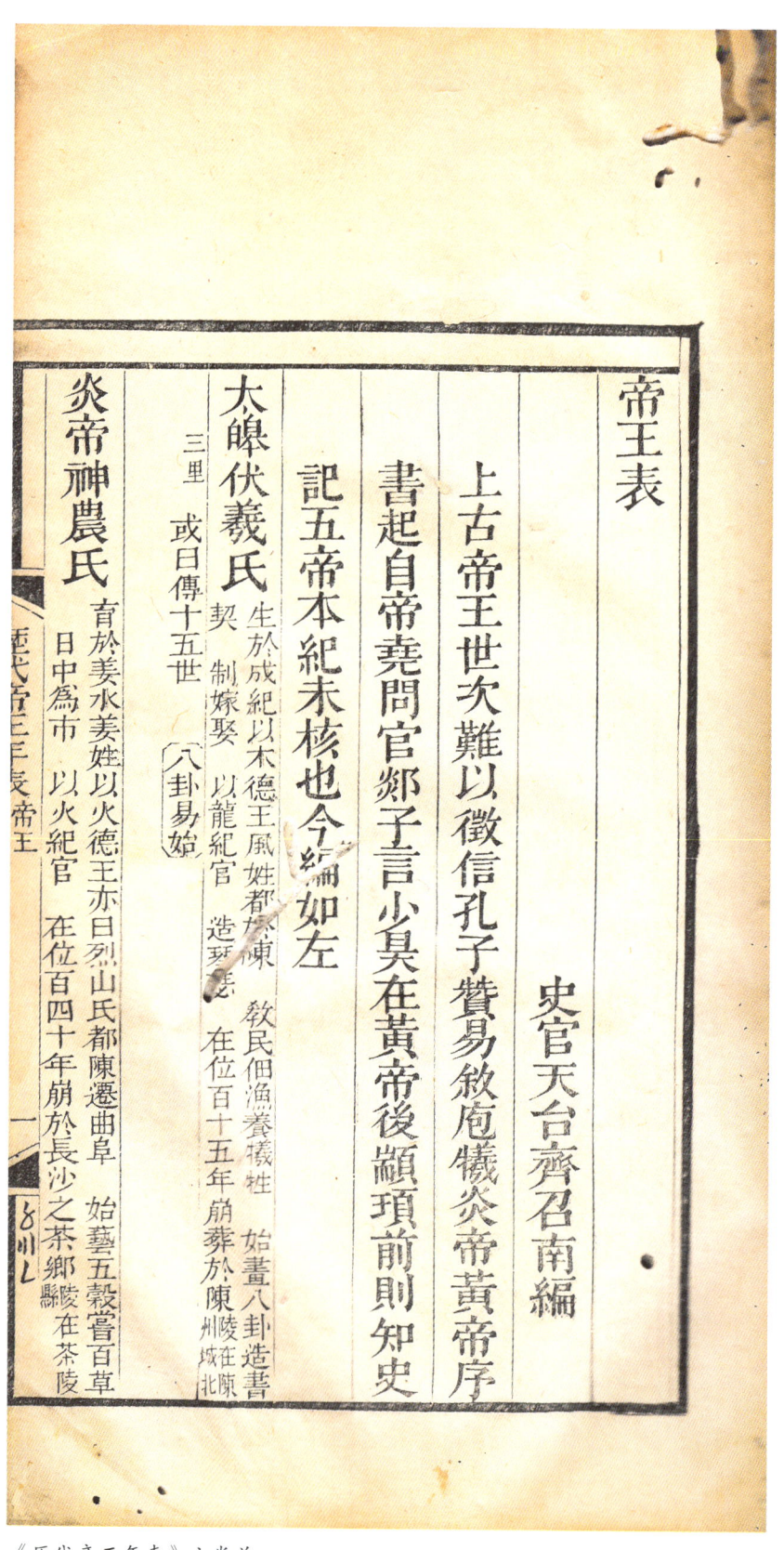

帝王表

史官天台齊召南編

上古帝王世次難以徵信孔子贊易敘庖犧炎帝黃帝序

書起自帝堯問官鄒子言少昊在黃帝後顓頊前則知史

記五帝本紀未核也今編如左

太皥伏羲氏

生於成紀以木德王風姓都於陳　敎民佃漁養犧牲　始畫八卦造書

契　制嫁娶　以龍紀官　造琴瑟　在位百十五年崩葬於陳陵在陳州城北

三里　或曰傳十五世　〔八卦易始〕

炎帝神農氏

育於姜水姜姓以火德王亦曰烈山氏都陳遷曲阜　始藝五穀嘗百草

日中爲市　以火紀官　在位百四十年崩於長沙之茶鄉陵在茶陵縣

《历代帝王年表》之卷首

的说法，实行"限娱令"之理由为："场上窃玉偷香，则观者淫心生；场上巧偷豪夺，则观者贪心生；场上任气力争，则观者斗心生；场上使智用巧，则观者诈心生。反而是演忠孝节义之事，则观者之良心不觉而自动矣"。以其如此关心民生、贴近主旋律之言，今上必喜，广电总局之佳位，少不得有一席。

事实上徐时栋三十二岁中举之后，两度春闱无缘金榜，遂绝意科场，自此视世俗科举之学夷然不屑，志在著述，终日覃思精诣，勤于治经，其中又以先秦遗说为主，所著有《逸汤誓考》《山中学诗记》《吕氏春秋杂记》及《烟屿楼笔记》等三十余种。友人董沛称其道德学问："自全谢山太史殁，吾乡之学统几绝。先生以经术文章主盟诗坛，后进高材生咸北面称弟子。"其人生而有书癖，十龄外即喜聚书，二十一岁时自编《新故书目录》，将藏书分为经、史、子、集、钦定及丛书六类，并于卷首自序曰："置书以宜读之书为务，奇僻之书无所宝也。故吾家所有书，大约皆布帛菽粟。"卷末复云："自先君来至今年九月止，置书如右，愿后人不以藏书为务，而以读书为急，此余心也。不然，邺架曹仓，仍饲蠹鱼，亦何裨乎？"由此可知柳泉藏书以实用为上，不甚讲求宋元旧椠，事实上其藏书确以乡邦文献为主，珍本甚稀。也许正因为其不讲求版本，所购之书费用不大，不似搜购宋元佳椠者动辄举债换书，故其藏书于两度离散之后，尚能再三聚之。

藏书之事，从来半是聚散，半是悲欣，此于徐时栋藏书生涯上亦可复见。其藏书处初名恋湖书楼，乃其父所建，其父去世时，藏书仅一万余卷，二十余年后，徐时栋将藏书增至将近十万卷，期间因书楼座落于月湖十洲之烟屿洲上，改书楼名为"烟屿楼"，并制定烟屿楼藏书约，将约定之文制成大方印："烟屿楼藏书约曰：勿卷脑，勿折角，勿唾揭，勿爪伤，勿夹别纸，勿作枕头，勿巧式装潢，勿率意涂抹，勿出示俗子，勿久借他人。"读来可想象其一脸严肃、摇首而叹之状，应当是曾有人将书卷脑、折角、唾揭、爪伤而为其所见，更有人向其久借未归，始能作出此语。

然而卷脑折角、久借未归诸事虽令柳泉不喜，相对于后来遭遇却是小事一桩。咸丰十一年（1861），太平天国兵燹烧至宁波，待到柳泉避祸归来，烟屿楼藏书已尽被贼人窃掠，或被无知者引为火柴，十万卷藏书所剩无几。次年为同治元年（1862），柳泉迁居宁波西门外花市巷，重建藏书楼，名曰"城西草堂"，再次聚书至六万卷，颇令人喜。然而此喜仅持续年余，又遭回禄，城西草堂与所有藏书悉付之一炬。万般无奈之下，柳泉于同治三年在城西草堂旧址上重建新宅，此次吸取

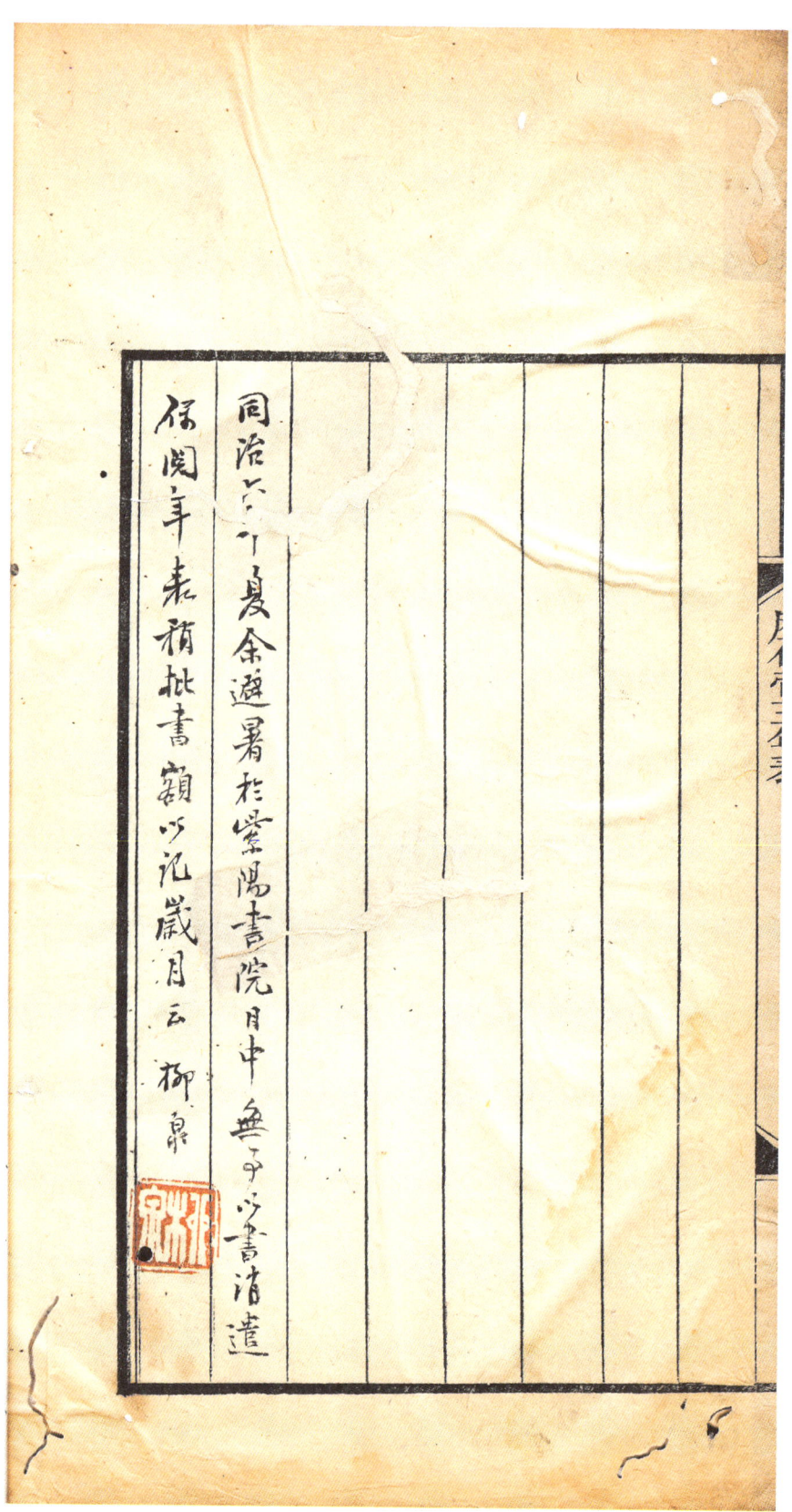

《历代帝王年表》之徐时栋跋语

阮 元

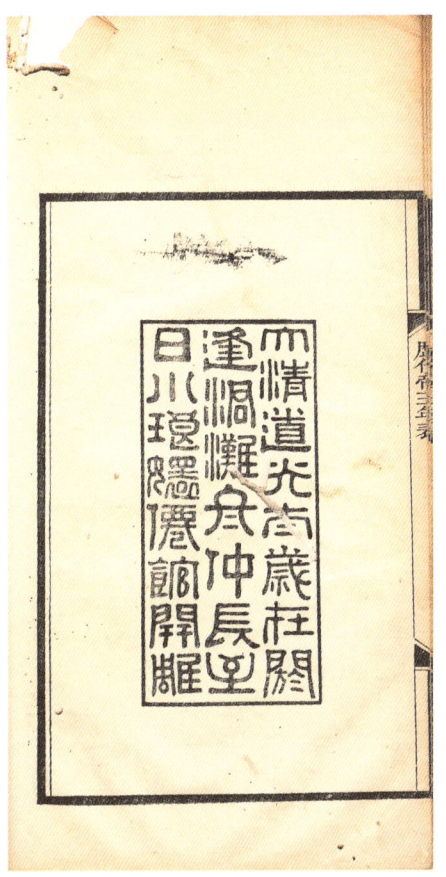

此牌记所用为太岁纪年

教训，将住宅与藏书楼分开而建，因书楼在河之北，遂名曰"水北阁"，并再次重新聚书，此时柳泉年已半百矣。据《鄞志》所载，柳泉最后一次聚书，"凡三十橱，得书七百九十八种，九千八百十五册，分列经、史、子、集、丛书五部，浸浸乎复其旧观矣。"柳泉殁后，水北阁藏书于宣统三年（1911）散出，大部分售于上海书贾，余则入流宁波藏家架上。

此《历代帝王年表》即为柳泉旧藏，卷末有墨笔题识："同治六年夏，余避暑于紫阳书院，日中无事，以书消遣，偶阅年表，稍批书额，以记岁月云。柳泉"。下钤白文方章"柳泉"。卷中则眉批处处，多为朱批，间中亦有墨笔。是书作者齐召南（1703—1768），字次风，晚号息园，相传精通术数之学，卒前一年卜筮知后事，以语其子，既而皆验。此书内容取三皇以讫明末四千五百余年之治乱得失，举其大概，三代以上但列世次，秦六国而后，皆以年序。历代兴亡分合，开卷了然。然齐召南之年表仅编至元末，明代年表则为阮福续编。卷末有阮福识曰："天台齐次风先生尝编《历代史表》而缺明代，福爰敬录《御批通鉴辑览·明纪》所载纲领以续之，原表之例以月系年，夹书其下，今续表皆钦遵《御批通鉴辑览》之例以书也。道光四年岁在甲申扬州阮福敬识。"

是书之刊布者亦为阮福，前有道光四

年（1824）冬小琅嬛仙馆牌记。与他书稍异者，此书序言及目录之后、正文之前，另有一篆书牌记曰"大清道光太岁在阏逢涒滩冬仲长至日小琅嬛仙馆开雕"。小琅嬛仙馆为阮元刻书之堂号，其子阮福刻书时亦延用此号。阮元素任要职，既是达官贵显，亦是学界泰斗，官印所到之处，皆以汉学相提倡，奖掖人才，主持文坛风会数十年，为一代儒臣、藏书大家。暮年尝作诗云："回思数十载，浙粤到黔滇；筹海与镇夷，万绪如云烟；役志在书史，刻书卷三千！"可见在其心中，刻书与为政乃同等重要之大事。阮福（1801—1878）字赐卿，号喜斋，为阮元次子，出生当日正好得御赐"福"字到浙，兼有鹿肉、麈肉及野鸡之赐，遂名曰"福"。阮福自幼随侍父亲，随其任职各地而游历八方，嘉庆二十三年（1818）江藩至广州阮元幕中时，阮元令福师从江藩，时年阮福十七岁，日久遂能通经好古，尤擅金石之学。

刊刻《历代帝王年表》时，阮氏父子正在广州，学海堂即于此年建成。《阮元年谱》载道光四年事曰："九月，福侍大人新至粤秀山视地，欲建学海堂，遂在山半古木丛中定地开工。盖因连年以经古课士，士人之好古者日多，而学海堂惟在文澜书院虚悬一匾，并无实地，是以建堂于此，实有其地而垂永久焉。"时隔三月而学海堂建成，堂为三楹，前为平台，堂后又建小斋三楹，曰"启秀山房"，堂后最高处复建一亭曰"至山亭"，取"百川学海而至于海，丘陵学山而不至于山"之意。道光四年，阮福除刊刻《历代帝王年表》之外，尚刻有焦循之《雕菰楼集》，兼任校字之役，是年阮福二十三岁，已著述刊书若此，相比今人之二十三岁，能自食其力则为幸甚，遑论学术成就哉。

赵之谦题识
《万忠贞公遗集》二卷

《万忠贞公遗集》二卷　（明）万燝撰

　　清道光十七年（1837）春晖楼刻本　赵之谦题识　一函一册

　　钤印：之谦印信（白方）、赵之谦（白方）、树镛校读（白方）、沈（朱方）

　　《万忠贞公遗集》作者万燝，字元白，一字闇夫，少好学，万历四十四年（1616）进士，授刑部主事，后调任工部营缮主事。天启四年，宦官魏忠贤弄权，万燝上疏弹劾："今忠贤已尽窃陛下权，致内廷外朝止知有忠贤，不知有陛下，尚可一日留左右耶？"魏忠贤大怒，矫旨廷杖一百，四日后万燝伤重乃卒，后追谥忠贞。万燝所遗诗文未多，或仅此两卷，是书乃道光十七年（1837）由其六世孙万醇校刊，卷末附有万醇跋语。以万燝所遗文献稀少，及略述是书渊源故，全文迻录如下：

　　先忠贞公以直谏殉国，群奄蹴践，邸舍一空，文稿散佚，仅有《燕游草》一卷、四书文二首存箧中。既乃恭录《钦定明史列传》冠于卷首，益以别传、行状，末附投赠、輓章，都为一册，藏弆家楹二百余年

赵之谦

245

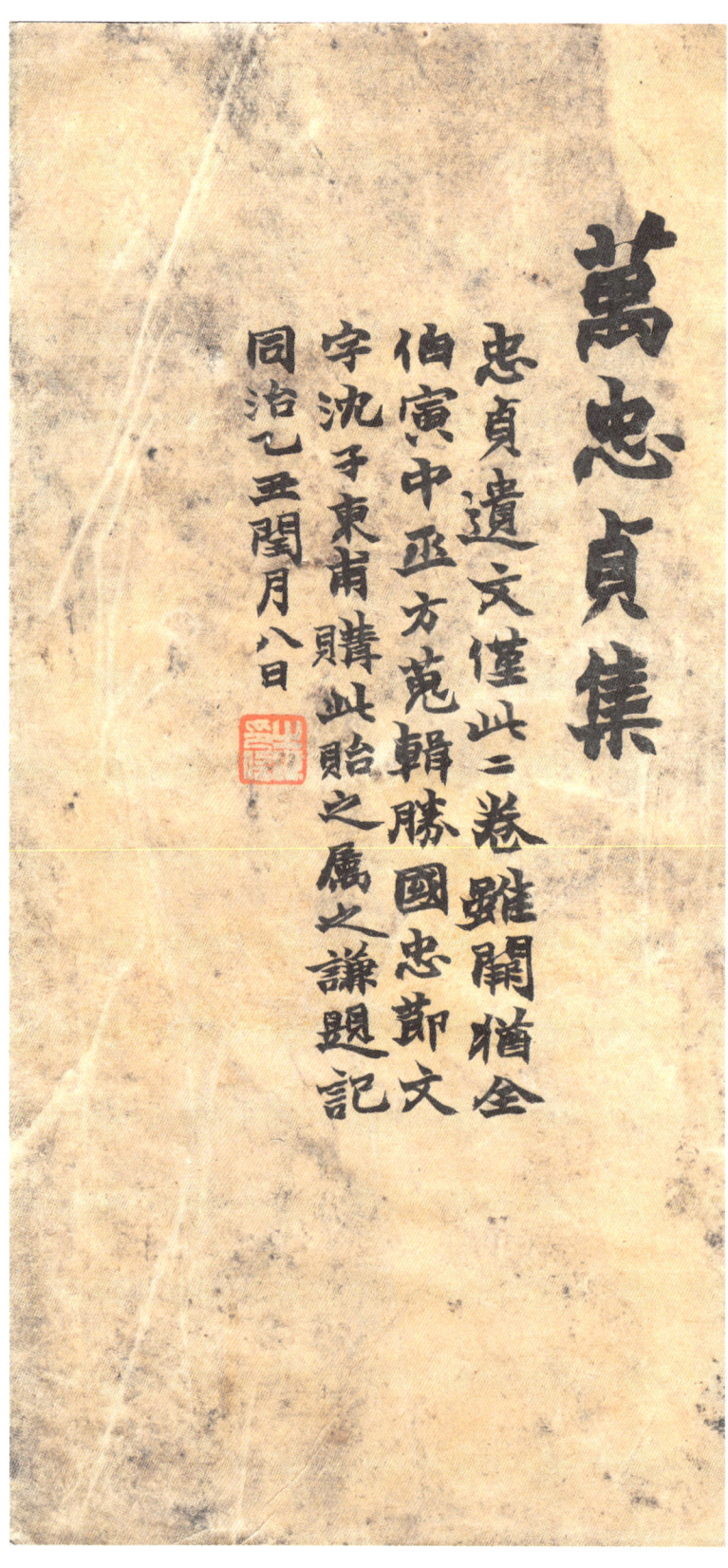

《万忠贞公遗集》之赵之谦封面题识

矣。如状所载，《陵工记事》《元对集》已不可得，嗟呼！有明熹庙时，珰焰方张，死于谏者相继。若公之讦直抗疏，名列史杰，自足不朽，又安藉文以传。惟公事迹品谊，粗具兹编，久或失坠，后嗣之过也。敬手校一通，付剞劂氏，俾世守之，有以诵先烈云。

此书得自1997年上海朵云轩秋拍。朵云轩拍卖行是1949年以来国内第一家艺术品拍卖公司，然其古籍拍卖却延至1997年始有第一场，其主管拍卖者乃崔尔平先生。朵云轩第一场古籍拍卖前，崔尔平先生来北方征集拍品，吾于天津古籍书店二楼与之相遇，其时二楼店堂内陈列古籍约几十架，来访书者却竟日寥寥，柜台内有一部王寿桖蓝印本《云在山房诗文集》，乃王氏自校样本，卷内朱批极满，一函十册标价七千元。于当时而言，此价略高于行市，吾与经理谈之而价未谐，本欲拖以时日再与之相商，岂料崔先生来店中一眼望见此稿，当即携之而上拍，眼看自己小伎俩化为泡影，吾心下之焦急，面色之平静，今日思之仍清晰如昨。及至朵云轩拍卖在即，北方多位书友齐聚海上，吾亦厕身其间，开拍前众书友于餐厅小聚，有如黑社会大佬开会分地盘："这本归你，那本归我"，人人意气风发，指点江山，大有瓜分场中所有拍品之势，今时忆之，虽幼稚可笑，却也回味无穷。场内待拍之品，吾属意者除《云在山房诗文集》校样稿外，尚有不少欲得之书，此书最终以一万多元被人拍走，令吾感慨：当初在天津七千元而未买，何能忍受不到两个月价格翻番，故举至一万元即放弃。廿余年来，所得之书无数，然记忆清晰而深刻者，永远是未到手之本，此集即为其一。

该场拍卖吾与众书友逐鹿，到手十余件，除《万忠贞公遗集》外，尚有原装四册《扬子太玄经》十卷，明代天启丙寅刻本，钤有多方哈同花园总管姬觉弥藏章，是书估价六至八千元，却以三千元起拍，被吾得之。以今日市场度之，《扬子太玄经》至少要比三千元高二十倍不止，可见彼时书价之便宜。然而在书价相对而言极廉之彼时，《万忠贞公遗集》却估价二至二点六万元，现场以一万六千元起拍，低于估价数千元。或许因为此书为晚清残本之故，众人皆觉太贵而无人举牌，却不知此乃极罕见之本，结果被吾以底价得之。

《万忠贞公遗集》封面有赵之谦墨笔题识："忠贞遗文仅此二卷，虽阙犹全。伯寅中丞方蒐辑胜国忠节文字，沈子东甫购此贻之，属之谦题记。同治乙丑闰月八日。"下钤"之谦印信"白方。赵之谦（1829—1884）字撝叔，别字冷君，号悲庵，别署无闷、思悲翁等，虽素有书癖，然少家贫，无购书资，三十余岁至京师

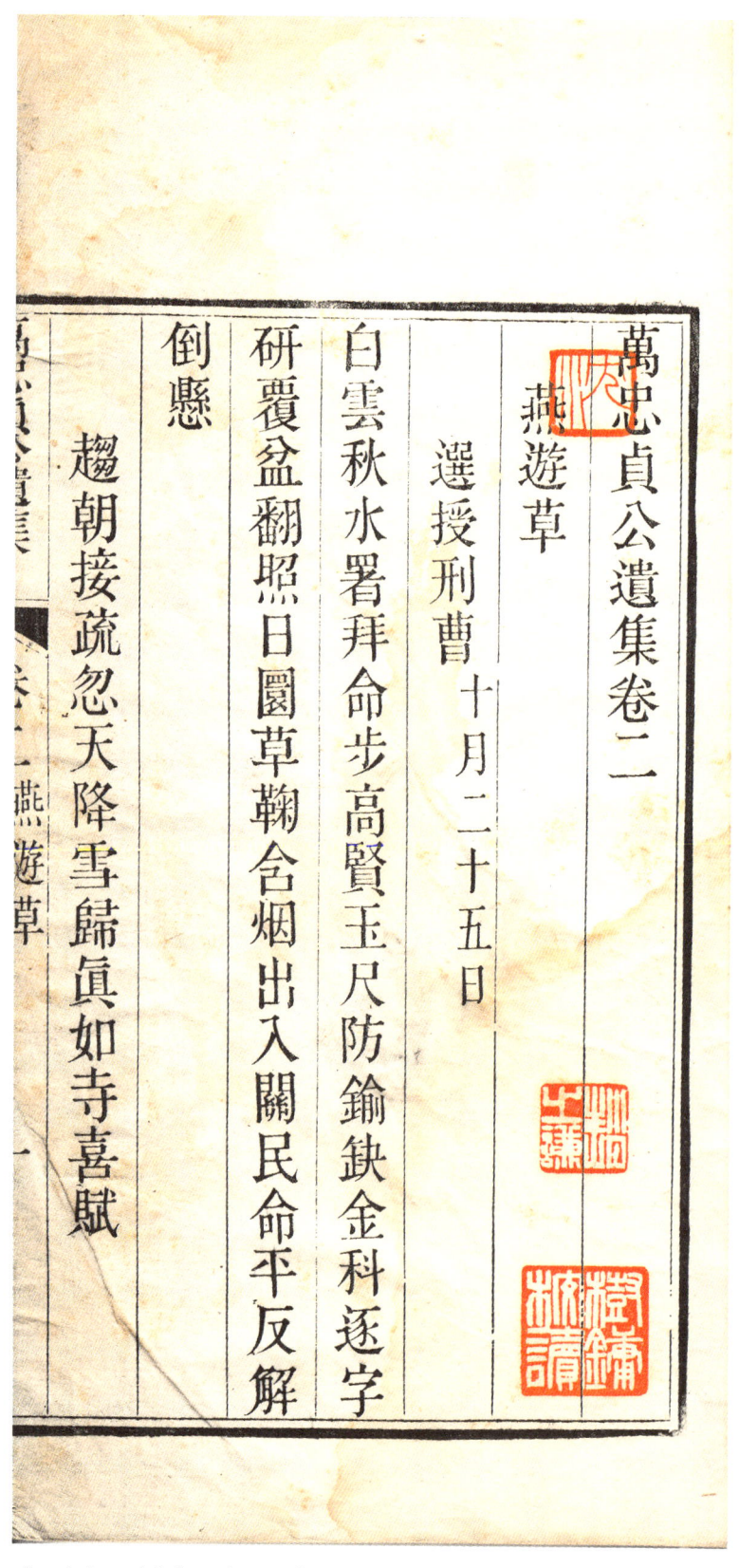

萬忠貞公遺集卷二

燕遊草

選授刑曹 十月二十五日

白雲秋水署拜命步高賢玉尺防鋤鈌金科逐字

研覆盆翻照日圍草鞫含烟出入關民命平反解

倒懸

趨朝接疏忽天降雪歸真如寺喜賦

《万忠贞公遗集》之卷首，有沈树镛、赵之谦藏书印后，煮字为粮，始积得数金开始聚书，其藏书处曰仰视千七百二十九鹤斋。据其自云，此堂号之来历源自庚辰一梦，是年春病数月未愈，"夜梦鹤山，仙人之所都也。老者坐茅舍中，告余东壁下有丹篆二十四，记之当瘳，文曰：'奇巳鸽，大复豕，翳纤儿，作是子。鸟所掷，弓则驰，技止斯，吾怜尔。'"醒后遂以仰视千七百二十九鹤斋为堂号，嗣后刊刻丛书，亦以此为丛书名，并有解释："病梦时仰视群鹤翔舞，羽翼蔽天日，为数一千七百二十九。俯瞰则水中之影，鹬鹅鸡凫皆有之，且杂蜈螳蝱蛲蜒蠼蛉之属。其为鹤者，百不一二。"此梦后被徐珂解为㧑叔长期候补，未得赴职，故心有不甘借梦寓言。《清稗类钞》云："会稽赵㧑叔大令之谦善刻画，文词雅饬，有《悲庵居士文存》。又尝辑刻《鹤斋丛书》。鹤斋者，具言之，则为仰视千七百几十几鹤斋。盖以鹤喻县令，我国都凡一千七百几十几县，其时赵候缺，尚未真除，故云然也。"吾对徐珂所解亦存有小惑，若㧑叔当真志在县令，其梦境关键当不在鹤，而在壁下丹篆也。仙鹤为文官一品补服纹饰，县令补服纹饰为鹭鸶，二者不可混为一谈，再者古人印信多以篆文，故当官者掌管印信，亦有"摄篆"之说。后翻看资料，㧑叔四十四岁赴江西任县令为同治十一年，梦鹤却是光绪六年，故徐珂之说极有可能是臆测。

赵之谦一生著述颇多，然因其书画篆刻之名气过盛，故其学问反为所掩，所著除《悲庵居士文存》《悲庵居士诗剩》《六朝别字记》及《二金蝶堂印谱》等外，尚有《国朝汉学师承记续记》以及《补寰宇访碑录》。其中《国朝汉学师承记续记》后人评价甚高，有"超过江藩原著"之赞，该手稿现藏于国图善本部，2001年经漆永祥先生整理完毕，收录于漆先生《汉学师承记笺释》中。读漆先生文，始知㧑叔之治学次序为"四岁授书于里塾师，得章句。十三岁以前自读宋五子书，求性道。十四岁弃之，为辞章之学。二十岁又弃之，为考证之学。"《补寰宇访碑录》则为赵之谦与沈树镛同撰，因沈树镛壮年驾鹤，故世多归美于㧑叔。然此书之非议极多，甚至有指抄袭之说，郋园尝评价此书谓："天下石刻，非足迹所至，仅凭他人纪载以相稗贩，未有不以讹传讹者。此书成于抄袭，所记碑地考之未详，石之存亡亦未得其实在。然助之成书者，皆一时收藏金石名家，何以疏漏如此？则急于成书之过也。"欣夫先生亦为之好奇，谓是书错讹至此，似非赵之谦力不能及，而是传者未可信。

是书卷首钤有藏章三枚，分别为"树镛校读""赵之谦"及"沈"。沈树镛字均初，一字韵初，号郑斋，咸丰九年（1859）进士，收藏极富，尤嗜汉唐石刻，叶昌炽云其"海内所诧为奇物者，皆有之。"惜仅四十一岁即登极乐，其母大恸，竟将其所藏悉数焚之，以致众多人间珍宝化为灰烬。封面题识时，赵之谦三十六岁，沈树镛三十三岁，潘祖荫三十五岁，三人同喜金石图籍，皆正值盛年。彼时京师人物济济，好书不断，彼此以书为友为学为娱，用今日话说，可谓"最好的时光"，吾尤恨不得穿越时光而返。学问之外，赵之谦书法、绘画、篆刻皆造诣颇深，其中又以篆刻成就最大，其刻印初学丁敬，后学邓石如，又将砖瓦碑刻、泉布镜铭等元素融入篆刻，形成其独特章法，于清末印坛影响极大，潘祖荫所用之藏章多出其手。然而尽管印坛声响入云，却非其初愿，尝言"令我一生刻印赋诗学文字，固天所活我，而于我父母生我之意大悖矣。"徐珂解梦虽有臆测之嫌，却也非空穴来风，赵之谦矢志做官，五上礼部均告失败，至四十四岁始心灰意冷，呈请分发，至江西任职县令，后转任鄱阳、新奉、南城诸县，五十六岁死于任上。其赴任江西前，为潘祖荫、胡澍分别刻下"金石录十卷人家"及"人书俱老"两方章之后，发誓封刀，直至十年后再为潘祖荫刻"赐兰堂"，已目昏手硬，此后撝叔真正收刀，再未刻过一方印章。今日思之，撝叔弃印而做官，固然可惜，却也可能是为满足父母之心愿，堪称孝矣。

孙星衍跋《篁墩程先生文集》九十三卷《拾遗》一卷

《篁墩程先生文集》九十三卷《拾遗》一卷存六十卷

（明）程敏政撰

明正德二年（1507）何歆刻本　孙星衍题识　白棉纸

二函二十一册

钤印：黄叶村庄（朱圆）、孙星衍伯渊氏（白方）

　　整理书目看似简单，实则一场浩大工程，芷兰斋书目二十年来几起几辍，体例及编排方式都在不断自我感觉长进中，却没有一次能够通编一过。近来俗事稍暇，又屡败屡战开始新一轮整书编目过程，祈盼此次不做烂尾工程。相较过往，此次整理堪称有进步之处乃是增加一项拍照留档过程，故于翻书时较以往更为仔细。整理至第五架时，于明正德二年（1507）《篁墩程先生文集》九十三卷《拾遗》一卷之序前，读到一段墨笔题识："《程篁墩文集》六十卷，壬申岁三月，购得于白下，刊板精妙。粗阅一过，经学承宋人语录之习，与古义不合，古文差胜碑版，或有掌故可征，论议亦不能考正孔庙祀典一疏，请祀郑康成于乡，尤为纰谬，幸后仍入庙从祀，是报注经之功。五松居士记于冶城山馆。"此段题记为以往未曾留意

孙星衍

篁墩程先生文集卷之一

青宮直講

大學誠意十四日

大學

大學是古者帝王教人的所在即如今國子監便是這一本書是孔
子遺留下的專記古者帝王教人之法故名大學

大學之道

古者人生八歲上至王公下至庶人之子弟都入小學教他們灑掃應
對進退之節禮樂射御書數之文到十五歲自天子之長子衆子公
卿大夫元士之嫡子與凡民之俊秀都入大學教他們已說入之通

如下文所說便是

在明明德

明是教人用工明德是天所賦於人之德陛以具衆理而應萬事本

《篁墩程先生文集》之卷首

者，今再次品题文意，除却字迹颇觉眼熟之外，亦令吾想起许多往事。

程篁墩即明代理学家、文献学家程敏政（1446—1499），字克勤，中年后号篁墩居士，安徽休宁人，十岁以神童荐，英宗召试，援笔立就，文采粲然。成化二年（1466）得中进士，授编修，官至太常卿兼侍读学士，因其生于朱子之乡，故自称程子之裔，其著有《宋遗民录》《宋纪受终考》等。生前尝自订诗文集《篁墩稿》《篁墩三稿》《行素稿》等，编后并未刊行，后由其子侄将所编诸稿统一汇编，合为一百四十卷，总名之《篁墩先生文集》。《嘉业堂藏书志》有董康为该书所写书志云："明程敏政所撰。正德时刻。前有目录。卷一至卷八直讲讲章日讲，卷九至卷六十一文，俱依类编次。卷六十二至卷九十三诗，不分体，词亦附入。先是，休宁选刻《篁墩文集》二十四卷，从子曾与其子埨辑录文集百余卷，藏于家。曾后请于郡守何歆，捐赀刊行，牒文详附录中。其法，拘集单开有文之家，以礼劝论，每文一章，助银二两、或一两五钱；诗一章，助银一两，或七八钱。足征釀赀之风气。先生为西涯之婿，而西涯序称为'吾友篁墩程先生'，盖因先生淹贯经史，援忘年之谊而屈丈人之尊也。"

董康所述《篁墩文集》二十四卷乃休宁知县张天衢出资刊刻者，张天衢于弘治十六年（1503）任休宁知县，因原书卷帙太过浩繁，故由程氏子侄辈中名程鲁者负责摘选其中精华，由程氏门人戴瑶加以注释，于正德元年（1506）成书。越一岁，知府何歆由程敏政之子程埨处得到全稿，刊刻行世。吾所藏者，正是明正德二年何歆刻本，半页十三行二十七字，白口四周单边。然而吾喜爱此书，非止此书版本可贵，兼因卷首有清代经学家兼藏书家、目录学家孙星衍手泽也。

孙星衍（1753—1818）字伯渊，一字渊如，号季述、茂芳山人、五松居士等，今江苏常州人，乾隆五十二年（1787）榜眼，深究经史文字音训之学，精研金石碑版，兼工篆、隶、治印，性喜聚书，为吴派汉学后进，上承钱大昕，与洪亮吉并称于时，所著《尚书今古文注疏》至精至粹，汇群儒之大成，示后学以良矩，代表着清代研究《尚书》之最高成就；于金石学方面，渊如与邢澍一同撰录首部全国性金石书目《寰宇访碑录》，为蒐求石刻者之鸿宝；其骈文在当时亦首屈一指，吴鼒所刻《国朝八家四六文钞》中，五松居士为其一。然而渊如自三十岁即放弃诗文一意研经，被袁枚谓之"逃入考据，盖不欲以文人自囿也"。

渊如与袁枚为忘年之交，青年时期之渊如曾怀诗往谒随园，袁枚读后叹为奇才，当渊如将注意力由诗文转向考据时，崇尚"性灵派"之袁枚还曾数度写信劝阻，望其继续诗文骈赋，渊如回信言辞颇为激昂。彼时虽为考据学风最为鼎盛之期，但反对考据学之音已然兴起，其中争论最为激烈者即袁枚、方东树、章学诚等人，而渊如与袁枚于书信往来之中的争论，正是此场争论之代表。除却袁枚，渊如与洪亮吉、王昶、阮元等皆交游甚笃，二十余岁时其就学于南京钟山书院，当时主讲卢文弨、钱大昕均极重之，教以考证小学。在此求学期间，孙氏结识洪亮吉、黄景仁、赵怀玉等，后与洪亮吉共事多年，毕生友善。二十九岁时渊如与洪亮吉等随毕沅赴西安节署入幕，校雠碑版古籍，期间复结识王昶。嘉庆六年，阮元于杭州建立诂经精舍，特意聘请孙星衍授经义，王昶授词章。

于西安毕秋帆幕府八年期间，毕氏藏书之富令渊如大开眼界，钦羡不已，当时仍为一介寒士之茂芳山人尚无力聚书，只能略饱眼福，直到乾隆五十二年得中进士走上仕途，方正式开始聚书生涯。在京师期间，其寓所常为当时诸名士集会宴饮之处，所交游者皆好学名儒之士，亦为其聚书提供方便，彼时海内奇文秘籍，或写或购，尽在此中。乾隆六十年（1795），孙星衍结束九年京官生活，外放为山东兖沂曹济兵备道，远离京师，聚书非易，惟有动手抄录或请友人代购以充书橱，期间俸禄虽有所增，却几乎尽数用于藏书，渊如自己亦于诗中自嘲："薄宦廿年徒立壁，买书钱是卖文钱。"如此苦心经营，其藏书日益丰富，待到嘉庆二十三年（1818）去世时，所拥藏书已然两千余种，且多善本秘笈及钞本。

嘉庆三年，渊如丁母忧归居南京，购旧家园林一座，遵父命建孙氏祠堂，以纪念其从祖、明功臣孙兴祖。孙兴祖谥忠愍，故称孙忠愍公祠堂，祠堂边有冶城山馆，为其读书、藏书、刻书之处，尚有一小院，中有古松五株，故名五松园，其号五松居士亦由此而来。园成不久，其弟子李贻德尝赋诗云："脱却朝衫早杜门，《白华》志洁乐晨昏。曹南清节今无匹，海内儒林此最尊。四部图书王令宅，中年丝竹谢公墩。鸡笼山馆藘芜涧，六代风流一例论。冶城久识郑公乡，又试经论付草堂。一沼水环三面曲，五松阴借半庭凉。倚阑手指排花地，散箧偏寻种树方。最是菜根滋味永，更营小圃爱蔬香。"李贻德字天彝，号次白，少工韵语，二十六岁时以诗投五松居士于江宁，事以师礼，渊如晚年所著诸

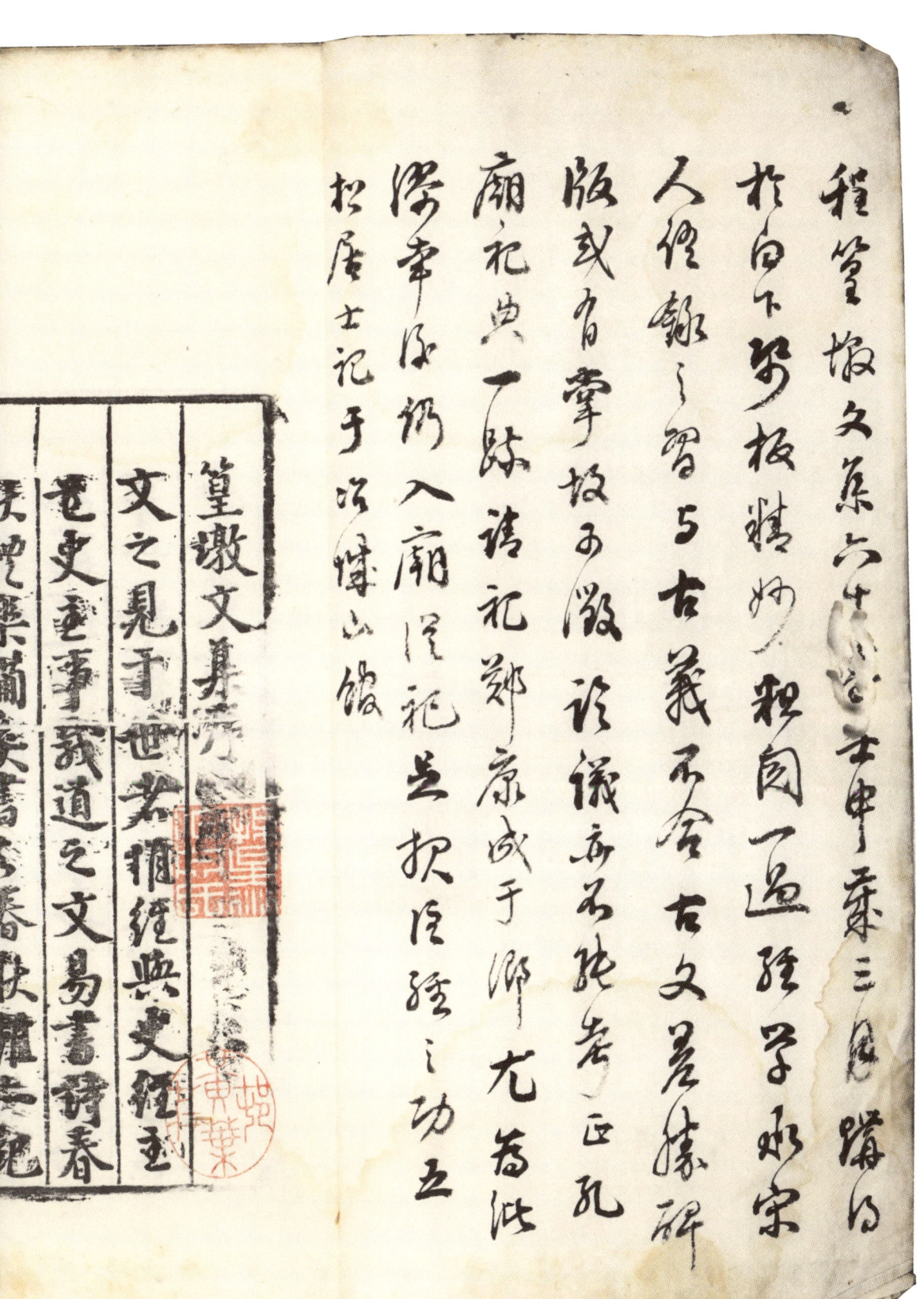

程篁墩文集六十□□卷壬申秉三□□

跋自□□旧板精妙□□积闷一通经学如宋

人稀觏之习□古义不合古文□□□研

版或省字□□诸仪□□□□正孔

庙祀典一□□祀郊□□于乡尤为此

学者仍入庙□□祀□□□经之功立

松居士记于□□□山馆

书，多由其为之卒业。

五松居士载书万卷归居南京那年，船行至山东微山湖遭遇大风，船上书籍损失惨重，渊如为此痛惜不已，念及古今藏书家莫不率阅数十年，传及一二世而散佚，唯有范氏天一阁传世最久，遂将善本书藏于五松园内之廉石居，其余普通古籍尽藏于家祠，作以孙氏家族之公产，寄望于祖宗庇祐，并方便宗族子弟读书。其于《孙氏祠堂书目》序云："昔之聚书者，或赠知音，或遭兵燹，或以破家散失，或为子孙售卖。高明所在，鬼神瞰之。予故置之家祠，不为己有。既经水患，卷帙丛残，知免天灾豪夺之咎。但舍之作宦，不能多携。惧为蠹简，是切遂初之志，因刊目录，略述渊源。以教家塾，非敢问世。其有续得，列为后编云。"

作为乾嘉时期著名藏书家及版本目录学家，最能体现其藏书思想者即其藏书建构，而书目则为最能体现其藏书思想之载体。渊如生平最重要之三部书目分别为嘉庆五年（1800）编定之《孙氏祠堂书目》、嘉庆十三年编定之《平津馆鉴藏书记》及嘉庆十六年编定之《廉石居藏书记》。平津馆为其第二次出任山东德州时之藏书处，所藏书籍泰半由南京孙氏祠堂转运而来，其数量几乎占孙氏祠堂藏书之半，而《平津馆鉴藏书记》仅著录338部，堪称孙氏藏书之精品。于此书目中，渊如较早地记载耳题，广泛记载版心内容，将版口、行款作为著录必不可少之项目，并明确提出"黑口"概念，首度提出比较版框高低之说，使得此书目成为《天禄琳琅书目》后又一部极具开拓意义之版本目录，此种解题方式直接影响着后来张金吾、缪荃孙等人。嘉庆十六年，渊翁引疾归居五松园，将未收入《平津馆鉴藏书籍记》之善本重新挑选并撰写解题，然而或许是精力不逮之故，此目未经分类编次。

三部书目中于渊如生前刊刻行世者，惟《孙氏祠堂书目》，此目录堪称清代藏书目录史上一朵奇葩，其分类体系一直备受争议，为目录学界议论之热门话题，该目完全打破"经史子集"四部分类体系，将总目分为十二大类，分别为经学第一、小学第二、诸子第三、天文第四、地理第五、医律第六、史学第七、金石第八、类书第九、词赋第十、书画第十一、说部第十二。与《四库全书》分类法相较，《孙氏祠堂书目》将四部分类中的某些类、属提升至与部并级，按王重民先生说法，即"划小学于经学之外，出天文于诸子之中，析地理与史学为二，不强戴四部于各类之上"。依其自身说法，则为"仅以教课宗族子弟，俾循序诵习。分部十二，以应岁周之数。"书目编定之后，时隔十年方始付梓，首刻为金陵孙忠愍祠堂刊本，并收入渊翁所编《岱南阁丛书》，此自刊本当时印行极少，故海内稀见。渊翁究竟为何如此分类，目录学界各种说法兼而有之，吾所感者，却在于其能在几乎没有第二种解题方式出来之前，能够第一个打破常规，坦然依己见行事。于四部分类早以一统天下之乾嘉时期，藏书家灿若群星之时代，渊翁抛出一个如此标新立异的书目，其同时代的藏书家是如何观之，而他又是如何受之，吾甚好奇。

《孙氏祠堂书目》编定十年之后始得以刊行，终是在渊翁有生之年，而另两部书目的刊行则是渊翁身后事。其殁后十八年，始由不屑举业、尤喜校勘古籍的陈宗彝至冶城山馆，从其子孙竹庼处访得《平津馆鉴藏书记》稿本及此稿本之后辑录之解题，并整理分类刊行，定名为《廉石居藏书记》，取其五松园内有匾曰"廉石居"之意。

当日渊翁建孙氏祠堂，藏书其中时，尝寄望先祖庇祐，未想此望他日落空，藏书尽散，唯赖三部书目存其梗概。渊翁殁后，吴山尊招顾千里至扬州，料理其遗书残稿，千里云："渊如卒后，其家收藏颇有恶客窃去者。渊如之弟相继俱殁，汉石经《尚书》残字宋拓本为孙北海故物，孙氏诧为铭心绝品，不知何存。"以及"后闻其弟受某甲之诳，尽付所有唐人文集并他种书若干，托其寄借与孙古云而从中乾没去矣。旋贩至常熟，卖与张月霄，张亦不能守，未详今流传何所，首尾仅一周星耳。"陈宗彝亦云："今竹庼昆仲分藏虎丘一榭园，金陵五松园间有散佚。"此二说读之尚未惊心，惊心者为徐康撰《前尘梦影录》中所云："庚申吴城陷后，越二年，虎丘山寺见一室，乱书堆积，搜之颇有善本，如《范文正事变》只二十余叶，字悉吴兴体，末有孙渊翁题跋，黄尧翁三跋。渊翁云：'此等元大德、延祐本，直欲驾于宋刻寻常本之上。'纸坚白而极薄，墨色如漆。寺中一僧，目不识丁，余以贱价购之。书之首页皆有印记，知为一榭园中所庋。今则池馆楼台，鞠为茂草，非佛家所云坏劫欤！"

藏书尽散，亦怪不得其子孙竹庼，因孙星衍六十五岁去世时，竹庼年仅七岁，祖业难守非其过。自古藏书皆痴者，渊翁则为书痴中之情痴，其与妻王采薇相识于微，后遂父母之愿结为伉俪，情深意笃。王氏字玉瑛，号玉珍，精诗文，胡文楷《历代妇女著作考》及恽珠《国朝闺秀正始集》均见载。乾隆二十三年，渊如之父孙书屏与采薇之父王光燮相识于天津，因王光燮精通子平之术，孙书屏以长子星衍生辰相告，王光燮推算后认为必能高中，故于两年后，在王采薇八岁时将之许配星衍。待采薇稍长，不仅容貌端庄秀丽，更喜读文史，尤擅长小楷，十九岁时与星衍成婚，从此夫唱妇和，惜良辰未久，年仅二十四岁既以产疾不治。采薇殒后，孙星衍伤心欲绝，誓不再娶，直到十七年后，祖母以星衍四十无嗣而命置侧室，竹厈既其侧室潘氏所生。虽然幼子当家难守祖业，收藏多被恶客窃去，但毕竟还是保守住先人手泽，否则《平津馆鉴藏书记》与《廉石居藏书记》亦无缘问世矣，至若干年后叶昌炽偶遇其孙，与之谈平津馆旧事及未刻著述，皆不甚了了，一脸茫然，更令人唏嘘。

　　藏书著书之事，个中欢喜悲哀，惟个中人解。五松居士所题识之《篁墩程先生文集》，乃程敏政编定后存稿于后人，若干年后始得刊刻，五松居士之稿亦存稿于后人，二十余年始得刊刻。书缘人事，渊如得此书叙此文时，并不曾想到他日自己书稿亦会如同此书。

夏孙桐钞本并题记
《画亭词草》五卷

《画亭词草》五卷 （清）朱黼

民国夏孙桐钞本 夏孙桐题识 蓝格抄书纸 一函一册

钤印：夏孙桐印（白方）、闰枝（朱方）

是书作者朱黼（1729—1823），初名节，字人米，后字与持，江阴人，乾隆三十年（1765）曾献赋及画，蒙恩奖励，并于此年拔贡，官沭阳教谕，晚居沭阳。其人善画，笔底苍润朗秀，有王翚韵致，然名气终未显。朱黼尝为卢文弨西席，二人相交甚厚，乾隆三十一年卢文弨借得惠栋遗著《春秋补注》，跋曰："丙戌之春，借得此本，课两儿分钞，不解文义，舛讹者半。儿子师江阴朱与持黼略为正之"。至乾隆三十五年冬，卢文弨复为朱黼《画亭诗草》作序，文末云："乾隆三十有五年季冬之月抱经卢文弨题"。此书有乾隆四十三年太岳山房刻本，计有画亭诗草十八卷、词草一卷、续二卷，其中多有与卢文弨唱和之作，如《楷茶歌奉和倪太仆元韵呈檠斋夫子》《哈密瓜诗次硕亭参知韵应檠斋夫子教》《檠斋夫子

缪荃孙

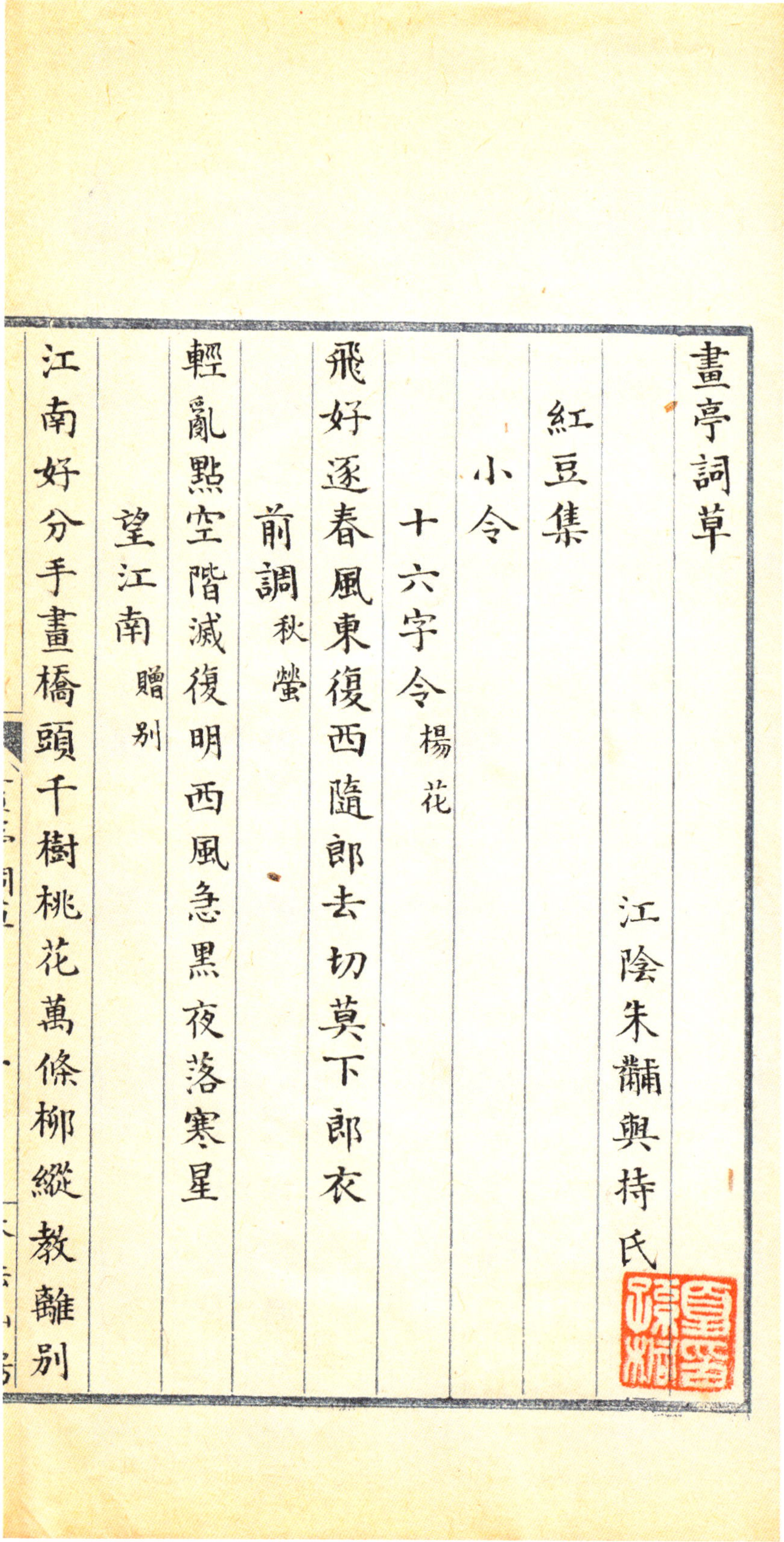

畫亭詞草　　　　　　　　　江陰朱㵸與持氏

紅豆集

小令

十六字令　楊花

好逐春風東復西隨郎去切莫下郎衣

前調　秋螢

飛亂點空階滅復明西風急黑夜落寒星

望江南　贈別

江南好分手畫橋頭千樹桃花萬條柳縱教離別

《画亭词草》之卷首

七十寿诗》等。

芷兰斋所藏为《画亭词草》蓝格钞本一卷，乃夏孙桐自太岳山房本中抄出，前有夏孙桐题记一页："小词有气，长调粗疏未称，诗人之词非专家也。吾乡传词甚罕，录而存之。己卯伏日，闰盦记。"又曰："艺风录常州词未收，殆未之见也。《画亭诗》刊本有二：一嘉庆刊二十六卷本，顾氏《江上诗钞》据之。吾所见乃乾隆中在沭阳所刊，有卢抱经序及自序，凡诗十八卷，词五卷，词曰《红豆集》《续集》。李养一集中有序，乃其子所编，与乾隆本不同，未经刊行。此词乃从乾隆本抄出，至嘉庆本吾未之见。"文下钤有"闰枝"红方。此题记有另笔修改数字，然字迹生硬，似小儿涂鸦，或为近人所为，故依原文录之。卷首则首行顶格题"画亭词草"，次行题"江阴朱黼与持氏"，下钤"夏孙桐印"白方。夏孙桐（1857—1941）字闰枝，后作润枝，又字悔生，别号悔庵，晚号闰庵，室名观所尚斋，光绪十八年（1892）进士，授编修，曾任湖州、宁波、杭州等地知府，著有《悔龛词》及《观所尚斋诗文存》。入民国后，其入清史馆协修《清史稿》，还助徐世昌辑《晚晴簃诗汇》以及《清儒学案》，后又为东方文化总委员会续修《四库提要》之医家类。闰枝诗文俱工，词尤甚，风格低回沉郁，与晚清四大词人之一朱祖谋为儿女亲家，与其他词人唱酬亦频，尝自云："中岁即工倚声，与王鹏运、郑文焯、朱祖谋相唱和，有《悔斋词》一卷"。

夏孙桐题记中所言"艺风录常州词"，盖指缪荃孙所编《国朝常州词录》，寒斋有此书之光绪二十二年（1896）云自在龛刊本，凡三十一卷，共录清代常州籍词人四百九十八家，作品三千一百一十首，其中名家词二十六卷，闺秀词三卷，方外词一卷，前人论词集录一卷，其《例言》云："是录因人存词，因词存人。因词存人，则词在所详；因人存词，则词在所略。见全稿者，加以选录；一鳞片甲者，不计工拙而录之"。缪荃孙、夏孙桐及朱黼皆为江苏江阴人氏，江阴自明代即归常州府管辖，至雍正四年（1726），常州府因所辖五县人口、赋税增繁，部分县一分为二，遂有武进、阳湖、无锡、金匮、宜兴、荆溪、靖江与江阴八县，自此后常州便有"八邑名都，中吴要辅"之称。缪荃孙有心收集乡贤文献，又得晚清四大词人之一况周颐尽出家藏相助，却仍有遗珠，可见朱黼确实名气甚微，无论词家、乡贤，皆不曾得闻。然朱黼既可为卢文弨之西席，又能是正《春秋补注》，可见其学问当是不俗，且其人高寿，所历所遗诸事必多，缘何身后名声湮没至此，当真令人不解。

闰枝与艺风不仅为同乡，亦是姻亲，《观所尚斋文存》有"甲申冬，送三妹嫁

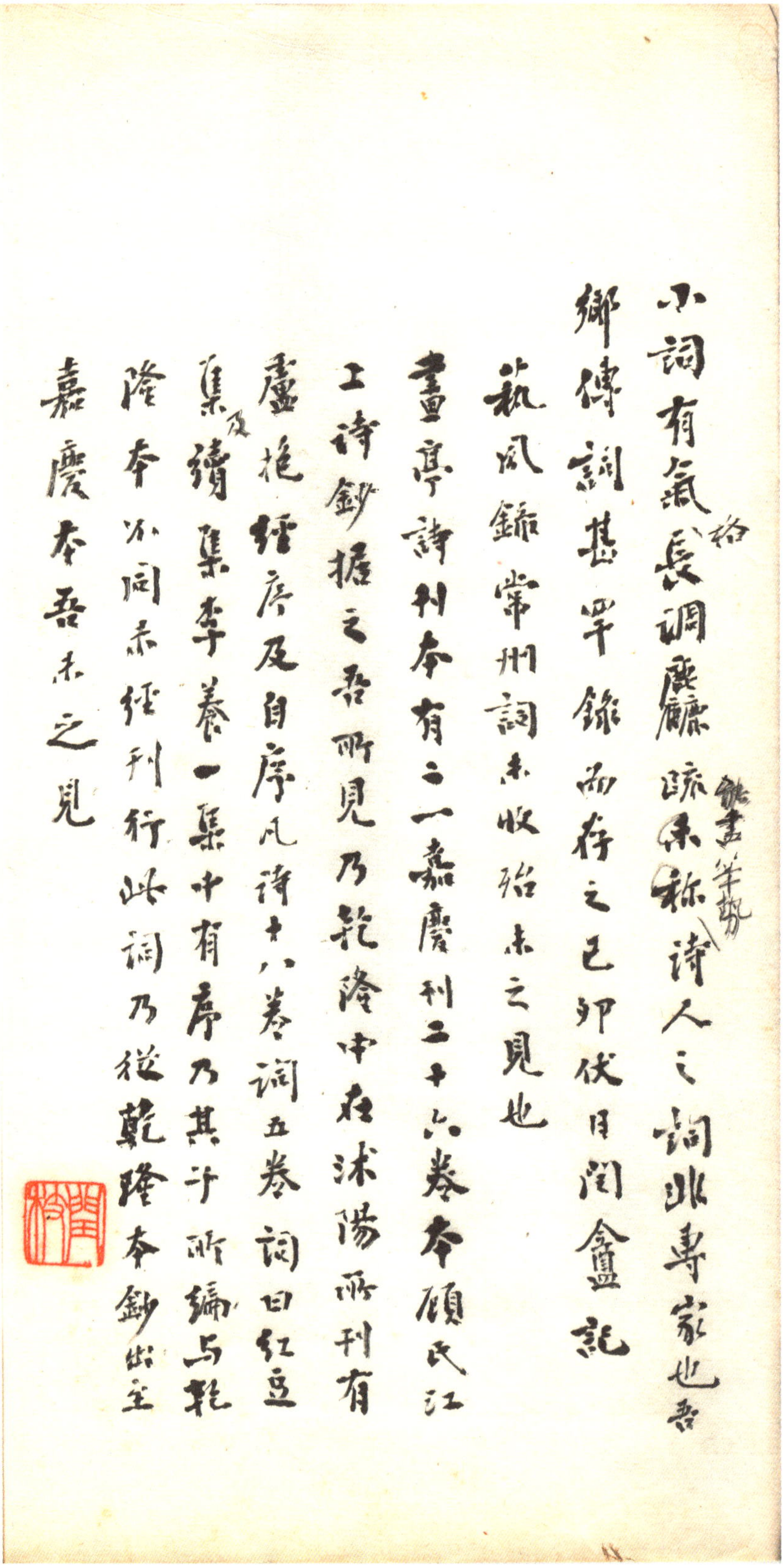

小詞有氣長調塵廳蹤朱稱詩人之詞非專家也吾

鄉傳詞甚罕鈔而存之己卯伏日閱盦記

瓶風鏤常州詞未收殆未之見也

畫亭詩刊本有二一嘉慶刊二十六卷本顧氏江

工詩鈔據之吾所見乃乾隆中在沭陽所刊有

盧抱經序及自序凡詩十六卷詞五卷詞曰紅豆

集及續集李養一集中有序乃其子所編與乾

隆本不同未經刊行此詞乃從乾隆本鈔出至

嘉慶本吾未之見

《画亭词草》之夏孙桐题记

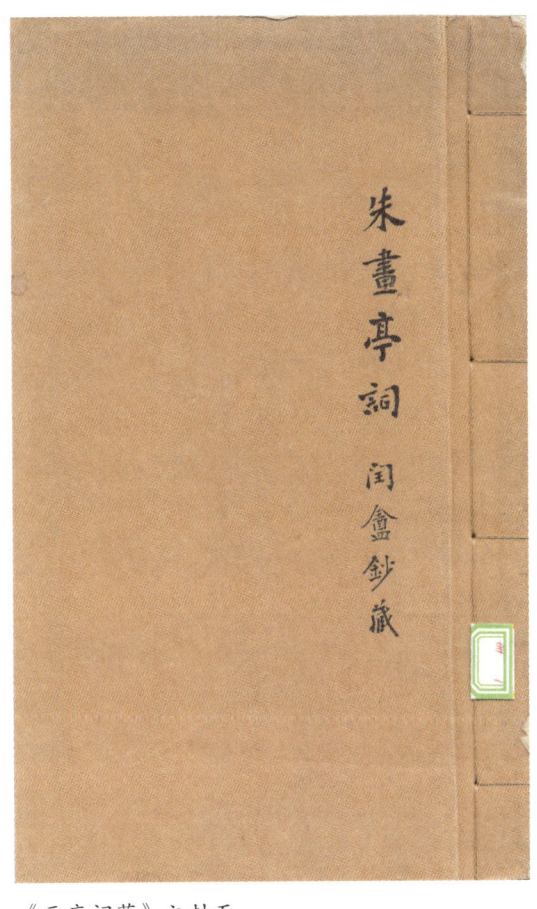

《画亭词草》之封面

至京师同邑缪荃孙"句，可知缪荃孙为夏孙桐之妹夫。清史馆开后，赵尔巽先后聘请缪荃孙为总纂、夏孙桐为协修，后亦升总纂。艺风在馆时，主持儒林、文苑、孝义、隐逸、士司五传，闰枝则负责嘉、道、咸、同四朝臣工列传以及循吏、艺文两类，计有百卷之多，于《清史稿》功为最高，后人评价闰枝云："先生在馆，以老宿重望，隐然如万季野之主修明史"。

常州清代多出词人，至嘉庆、道光年间形成常州词派，成为清代后期影响最为深远之词派，张德瀛《词征》有"清词三变"之论，可见常州词派在晚清人心目中之地位，其云："本朝词亦有三变，国初朱、陈角立……尽祛有明积弊，此一变也。樊榭崛起，约情敛体，世称大宗，此二变也。茗柯开山采铜，创常州一派，又得恽子居、李申耆诸人以衍其绪，此三变也"。此"开山采铜"即指嘉庆二年张惠言昆仲《词选》之编。是年张惠言三十七岁，馆于安徽歙县金榜家，其一生精力专注于经学及古文，填词之事只是以余力及之，并无意于词坛开宗立派，《词选》之编原只为金家诸子弟好填词，遂编以供金家子弟学词时作为读本之用，未料无心插柳，此编居然成为常州词派开山之作。张惠言于《词选》序中，以《诗经》比兴之义，变风、骚之旨，转而论词，将词提高到与诗文同等重要之地位，一改过往视词为"小道"或"诗余"之见。

然任何事物皆先疏后密，常州词派之形成亦如是。张惠言虽奠定其初步理论基础，却于许多关键处浅尝即止，并未进行深入讨论，直至后起之周济对其理论进行补充、修正，常州词派始逐渐完善，并对晚近词坛关生极大影响。号称"晚清四大词人"之王鹏运、朱祖谋、郑文焯、况周颐虽非常州籍人氏，却因长期淫浸于常州词派风气之下，不可避免受其影响，时人虽以"临桂派"呼之，然其词学渊源仍在常州一脉，故多有学者认为临桂派为常州词派之余绪，而龙榆生先生更是直接将王鹏运、文廷式、郑文焯、况周颐等列入常州派。缪荃孙、夏孙桐即为临桂派词人，又身为江阴人氏，更是与常州词派有着千丝万缕之关系，故此《画亭词草》题记中，闰枝"艺风录常州词"六字，大有深意可解。

寻罢此番渊源，可知当日闰枝抄此《画亭词草》，实为补艺风之遗珠，然闰枝所提及之"嘉庆刊本"吾从未寓目，顾氏《江上诗钞》亦未曾得见，还盼日后能有缘收之。朱黼名气微薄至此，也难怪其画作于拍场上有如石沉大海：近年来其画作仅有一幅以两千元底价成交，另一幅2010年以五千元底价流拍之后，2011年降至三千元底价换至另一拍场再次上拍，结果依旧流拍，可见人们确实不知朱黼为何许人也。于书画而言，朱黼作品之市场价值可谓低廉；于词学而言，《画亭词草》却是另一番价值，尤其对于研究常州词人者而言，更何况是夏孙桐之旧钞兼题识。

张钧衡适园钞本
《楚石大师北游诗》一卷

《楚石大师北游诗》一卷 （明）释梵琦著
民国张钧衡适园钞本 适园黑格抄书纸 一函一册
钤印：无相盦（朱方）、施蛰存藏书记（朱方）

1999年吾曾前往南浔访适园，彼时为吾首次踏上寻访藏书楼之旅，然适园已经改为南浔儿童公园，连当地人都甚少知道此公园乃当年鼎鼎有名之藏书楼旧址。今园内仍有张钧衡为其母祝寿时所立石塔，高约二十余米，塔身雕刻精美，保留极为完整。据苏精先生《近代藏书三十家》所载，适园当年毁于抗战时期之日军轰炸，吾颇疑此说，记得当时细看此塔，不似炸毁后又重建者，若是日军轰炸，按理整座适园当如覆巢，园中最高建筑更是首要轰炸目标，岂能独存而无损？所幸轰炸时适园所存真迹已基本转移至安全处，得逃劫火。

两年前吾因事再往南浔，过张钧衡故居时，睹人去书空，徒留华厦，仍感慨良多，惟叹群星远逝，物华他往。当年张钧衡所藏旧籍中最有名者为四十余部黄跋，其弃世后

姚广孝

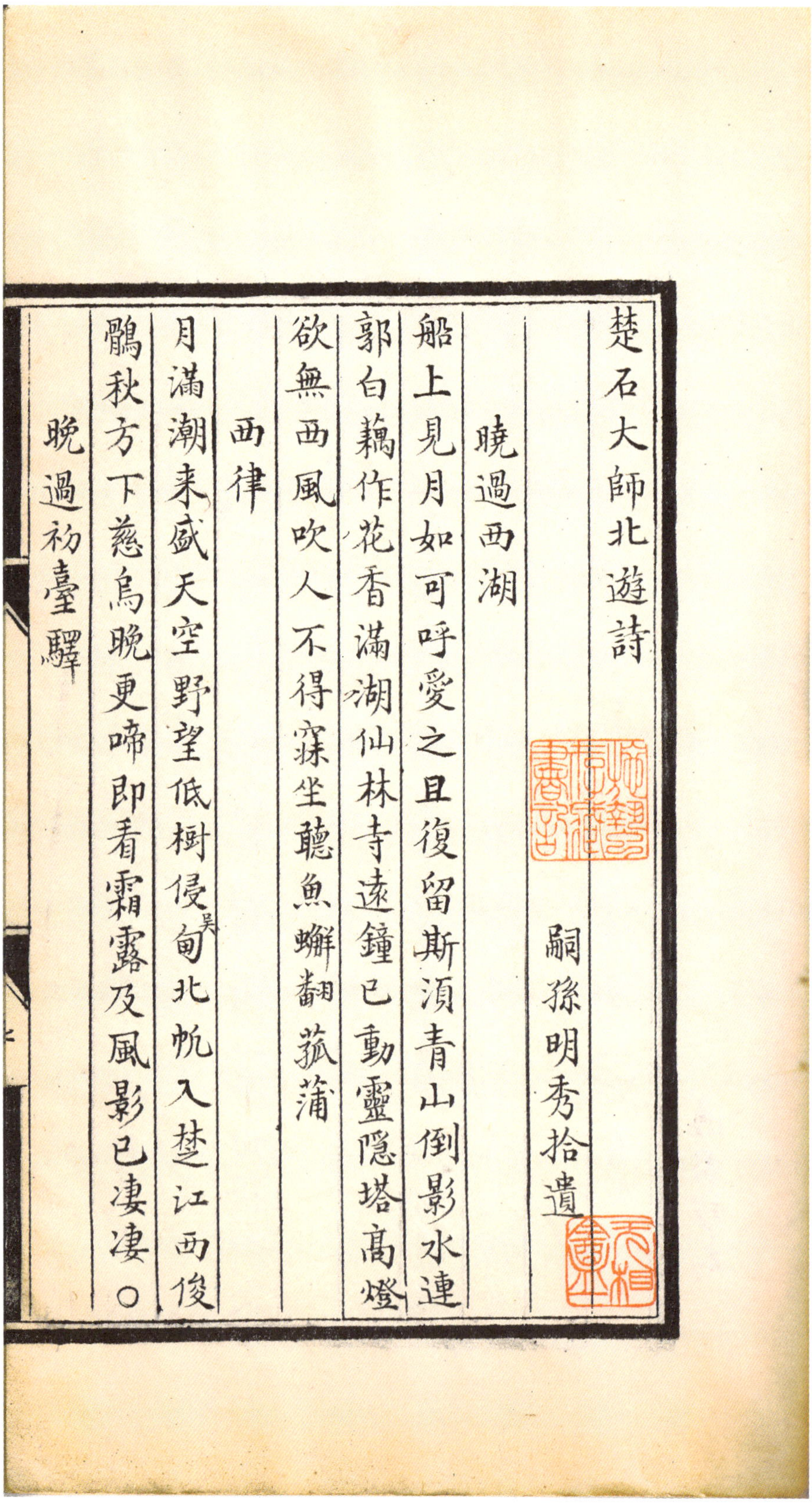

楚石大師北遊詩

嗣孫明秀拾遺

晓過西湖

船上見月如可呼愛之且復留斯須青山倒影水連
郭白鷗作花香滿湖仙林寺遠鐘已動靈隱塔高燈
欲無西風吹人不得寐坐聽魚蟣翻菰蒲

西律

月滿潮来盛天空野望低樹侵甸北帆入楚江西俊
鷓秋方下慈烏晚更啼即看霜露及風影已淒淒〇

晚過初臺驛

《楚石大师北游诗》之卷首

家中析产，古籍部分大多归长子张乃熊，乃熊不仅能承父志，更能发扬光大，竟将黄跋继藏增至一百零一部，为天下藏黄跋第一人。伦明曾将张钧衡与蒋汝藻、刘承幹相比较："藉甚吴兴蒋与刘，石铭参立学尤优。适园未抵嘉业富，择是精过密韵楼。"《近代藏书三十年》中除详述适园往事，亦兼述适园藏书之特点，一则宋元古本，二则钞稿本，三则黄丕烈校跋本。此《楚石大师北游诗》即为民国张钧衡适园精钞本，每页左侧均有"适园抄本"字样，字字小楷精工，末附张钧衡手札一通，内容如下：

"佩秋先生阁下，昨自武林回沪，得诵手教，始悉台驾在杭，未获趋前聆教，深以为怅。嘱钞《楚石大师诗》今始藏事，寄呈台阅，收到后祈惠覆为感。专此奉复，敬请著安。弟制张钧衡稽首。四月初五日。"

古人书信颇为讲究礼数，若居父母丧中致书于人，具名上旁须加注明，百日内为制，此书张钧衡具名前加"制"字，则应当为1922年。张钧衡（1872—1927）字石铭，家世以盐业日富，光绪三十三年（1907），其在故乡南浔之南栅补船村筑园，取季鹰适志之典，称此

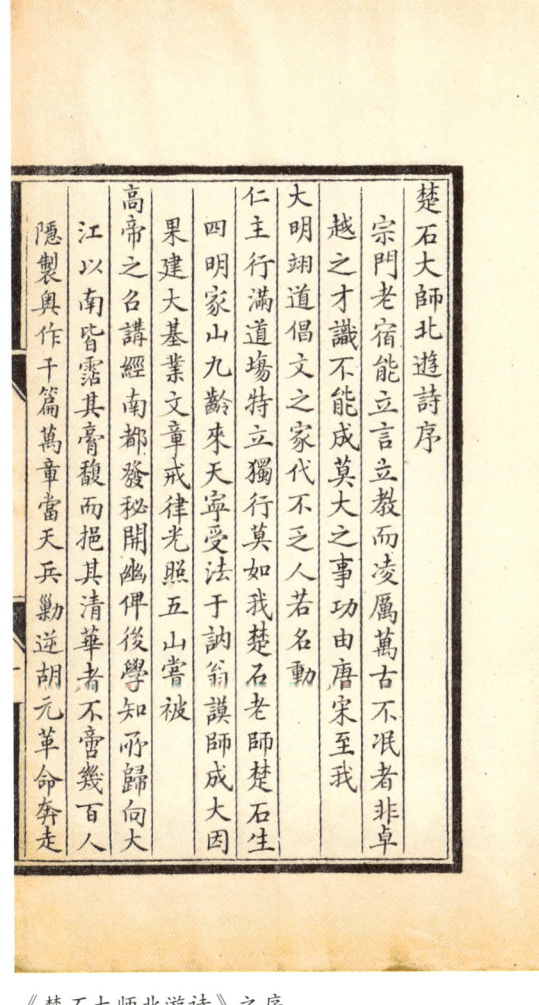

《楚石大师北游诗》之序

267

佩秋先生阁下昨自武林回沪得诵

手教诒悉

台驾在杭未获趋前聆

教深以为帐

嘱钞楚石大师诗今诒藏事寄呈

台阅收到後祈

惠霞为蛊专此奉复敬请

著安

弟制 張钧衡誓首

四月初五日

《楚石大师北游诗》之张钧衡手札

园为"适园"，自己亦因此而号适园主人。石铭自幼失怙，由母亲桂太夫人抚之成人，此"制"当指母孝，桂太夫人殁于1922年，故该手札写于1922年，时石铭五十岁。然其上款"佩秋先生"所指何人，因何而嘱石铭抄《楚石大师北游诗》，吾皆不得而知。后得沈燮元老先生指教，始知为湖南衡山人李淶，其字佩秋，李登云之子，民国时期曾任南田、开化等县知事，后定居上海。

《北游诗》作者释梵琦（1296—1370），字楚石，小字昙曜，俗姓朱，宁波象山人氏，元末明初之名僧，主修禅宗，兼及净土，以呵佛骂祖方式延续着晚唐以来之狂禅作风。有传其出生之日，母亲梦见日堕于怀，尚在襁褓中时，有异僧抚之曰："此儿佛日也。昏暗众生，将蒙其光而见佛矣。"故小字"昙曜"。楚石九岁于海盐天宁寺出家，十六岁受具足戒，历主海盐永祚、杭州报国、嘉兴本觉诸寺，元帝嘉其行，赐以"佛日普照慧辨禅师"之号，后退隐永祚寺，筑西斋为终焉之计，自号西斋老人。入明后，明太祖两次大作法事，楚石均名列其中，有"国初第一宗师"之称。元至治三年，元英宗新修寿安寺，下诏于东南之地，招募善书者至京城缮写泥金佛经，作为寿安寺镇寺之宝。当时抄经者由赵孟頫、邓文原推选，计三百余人，楚石亦在其中，此《北游诗》即为楚石获诏后北上京城所写。诗集正文第三页有诗《初入经筵呈诸友三首》，序中云及此事："世祖皇帝混一天下，崇重佛教，古所未有。泥金染碧，书佛菩萨罗汉之语满一大藏，由是圣子神孙世世遵之，甚盛事也。赵孟頫、邓文原闻入选仔肩。皇帝即位之三年，诏改五花观为寿安山寺，选东南善书者，书经以镇之。三百余人，余亦预焉，赋诗呈友。"缪荃孙于《嘉业堂藏书志》中评价是书曰："此北游诗，盖在昔至治时癸亥、甲子之岁，北留京都时所作也。凡京华之故事、燕滦之风物，囊收稿积，莫非佳咏。"

吾不擅诗，是否为佳咏，不敢妄语，然细读书中诸篇，却是另一番感受。集中有《应聘》诗云：

> 野人应聘愧非才，何幸初逢宝运开。
> 白云阳春难和曲，黄金旧日最高台。
> 万年枝上山莺语，千柱宫中海燕来。
> 且伴群仙游上界，从教地位隔尘埃。

另有《皇帝幸永安寺设斋》，诗云：

> 绀马朱鬃不动身，红靴玉带自生春。
> 众流浩浩东归海，群象煌煌北拱辰。

> 雨粟有时飘殿阁，天花无数落金银。
>
> 吾皇八万四千岁，岁岁长斋贡道人。

今于各书检楚石资料，多有"为元朝著名书法家赵孟頫所器重"之句，语及奉诏入京缮写经文，则多为"经赵孟頫推举"之因。吾疑此种种说法之出处，皆由楚石之诗序自说自话而来，赵孟頫究竟有多欣赏梵琦，以吾所读，未见他证。而读罢《北游诗》卷中诸诗，则不见高僧大德，唯见一红尘醉者耳。修行者四大皆空，不着于相，不应有地位高下之分，《应聘》一诗不仅坦白承认地位差别之存在，更明明白白显示其仰慕"群仙"，欲由低而上之凡心。《皇帝幸永安寺设斋》一诗更是不见跳出三界之尊者，但见匍伏颂主之谀臣。尤其"吾皇八万四千岁，岁岁长斋贡道人"之句，出自出家人之口，更是令人咤异。卷中其他诸诗，除却四季风物之咏外，频见与尚书、王爷、元帅、宰相、祭酒、国师、太守、提调等官员酬唱之作，而鲜闻民间之风。由诗而知人，可想见其当日虽是写经僧人之身份，实则日日流连簪缨地，来往皆是富贵身。另一首《京师官寺所设酥灯非江南诸郡有也》，读来亦满眼物欲与陶醉，不类出家人语，其诗云：

> 供佛油中有净华，鸾膏豹髓不须夸。
>
> 金盆贮火围三丈，翠榴浇酥动数车。
>
> 殿上青光悬日月，空中瑞气喷云霞。
>
> 须知一点笼今古，任是修罗手莫遮。

以往也曾读过一些出家人所作诗篇，多有云水松石之气，如此红尘万丈之禅诗确是第一次读到。楚石作《北游诗》时年二十七岁，早有"文采炳蔚，声光霭著"之誉，又得圣诏，可谓少年得志，难免意气风发，或许晚年诗作变得冲淡，亦未可知，惜未有所见。姚广孝尝作《西斋和尚传》，云其"日跌坐，默观自心三际，空空不可得。次观东方过十万亿佛刹微尘数世界海，空空不可得。南西北方、四维上下不可说不可说佛刹微尘数世界海，空空不可得。"此"空空不可得"落在为"鸾膏豹髓"而喜不自胜之楚石禅师身上，甚为怪异，后文则诸多颂语，如读《地藏》诸经。然令人不解者，乃姚广孝云其坐化时一段："示寂之日，沐浴更衣，书偈曰：'真性圆明，本无生灭。木马夜鸣，西方日出。'书毕，谓其属梦堂噩公曰：'师兄，我去矣。'公曰：'子去何之？'曰：'西方。'公曰：'西方有佛，东方无佛耶？'和尚厉声一喝，泊然而化。世寿七十五，僧腊六十三。"

与楚石相比，梦堂有趣得多，"东方无佛耶"之对堪称妙矣，惜楚石只是厉声大喝而逝，并无妙句以还，不若陆侃如以"西北有高楼"来答缘何"孔雀东南飞"
之趣。吾读至此，不免生出疑问，楚石厉喝而逝，究竟是答不出，还是以喝作答，
以此行径作为狂禅之注解？于姚广孝而言，如此写来，对楚石又究竟是褒是贬？姚
广孝亦元末明初之异僧，世人知之最多者，乃助燕王朱棣登上皇位之事，却不知他
还曾做过一件功垂千古之事，那就是主持编纂《永乐大典》。然而无论如何，《西
斋和尚传》由姚广孝来写，可谓最适合之人选，二者皆为宦海中之比丘、伽蓝中之
高官。

　　此书丁亥年春以一千元底价现身于上海嘉泰拍场，其卖点除适园旧物、张钧衡
手札之外，尚为施蛰存旧藏，卷首钤有"施蛰存藏书记"及"无相盦"两枚朱方。
楚石之诗吾虽不喜，此书却堪称妙物，拍场以一千元底价上拍，无非是诱敌之计，
然吾明知此价不可得，亦奋勇夺之，最后以三万五千元携归。以彼时之行市，一卷
民国钞本拍至此价可谓昂矣，然吾病此且深且久，心甘情愿而已。

邓方稿本《小雅楼诗集》八卷及刻本十卷

《小雅楼诗集》八卷　（清）邓方撰
　　清邓方稿本　邓实手书墓志铭前校改　一函六册
　　钤印：秋门所著（朱方）

《小雅楼诗集》八卷《遗文》二卷　（清）邓方撰
　　清光绪二十六年（1900）广州刊本　一函五册

十余年前海王村春拍时，吾在现场举牌。坐吾前排者甚是奇特：大约五、六位南方人，将现场整排坐椅移为半圆弧状，如同开现场会议一般，其中一位满头银发之老先生明显为军师，现场指点几人应举哪件，举至多少而收手。举牌者身着名牌西装，举牌姿势亦甚奇特：左手将竞价牌高举过头顶，一动不动，并不似常人举一下再收回来，无论多少人与之竞价，其均不看一眼，右手则翻看图录，低头与众人相商，视拍场为无物，直至闻听落槌声及喊到自己号牌，始放下号牌。吾有数件欲得之物均被其夺去，颇令人不快，后多方打听，始知举牌者乃是中国最有名之折叠伞厂家——天堂伞集团老板王杭生先生，其军师则为原成都古籍书店经理张启政。此后两年间，与其在拍场时与争锋，于吾

邓　方

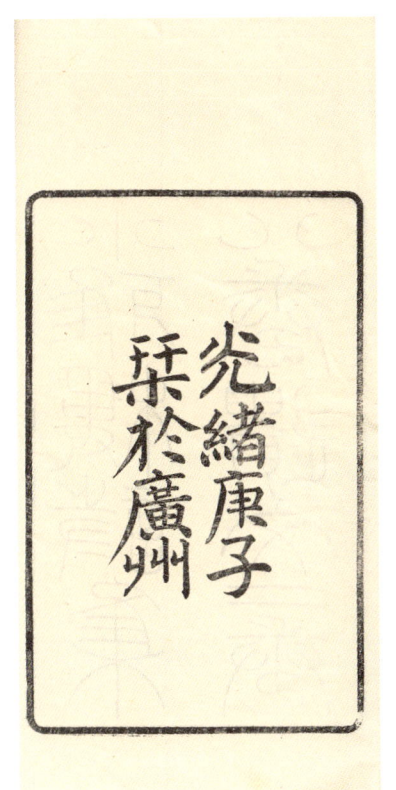

《小雅楼诗集》之牌记

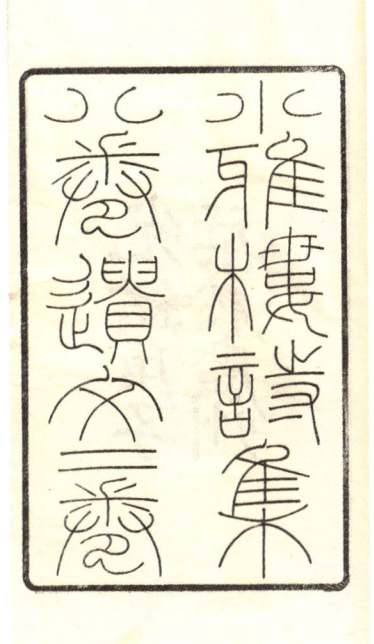

《小雅楼诗集》之书牌

而言，败多胜少，颇令吾叹"既生瑜何生亮"。又数年，闻听王先生在驾车访书途中不幸发生车祸，书在而人亡，又令吾顿生"唇亡齿寒"之叹。

壬午年春，吾到西安访书，于西安古籍书店选书二十余部，其中该书在焉。然经理告吾，此书已被他人定下，无论吾如何陈情，对方毫不松口。想起此前一日与经理闲话时，经理曾提及天堂伞王老板驾两辆车带多位扈从来此购书一批，并告诉经理自己糖尿病甚重，以及狂购古籍已成为其平生之志。故吾揣度，此书必为王老板所看中者，念及王老板身体抱恙，只好放弃。不意至甲申年春，该书又现身于上海国拍，仍是吾初见之貌，刻本与稿本同在。当日于西安古籍书店初见时，此书价签为二千五百元，如今现身拍场，估价已成为三至五千元。此年春拍时，虽然正值王杭生先生骤然离世，然天堂伞之藏并未因老板仙逝而散出，坊间还曾经一度传闻其藏书欲尽数捐予浙江省图书馆。今于拍场得见此本，方知当日于西安古籍书店先吾一步购此书者，绝非王老板，而是另有其人矣。至拍卖当日，此书乃吾志在必得之本，未料举至五千元即落槌，离吾心理限价相距甚远，失而复得，令吾欢喜多日。

此书为邓方所著《小雅楼诗集》稿本八卷，及《小雅楼诗文集》刻本十卷，其难得之处在于稿本与刻本同存，彼此印证。邓方（1878—1898）字秋门，一字方君，别署秋门氏，室名小雅楼，原籍广东顺德人，为学人邓实之弟。邓方不寿，虚龄二十一岁即去世，所遗诗稿为兄长邓实代为刊刻。邓方四岁丧母，十岁能诗，邓实长

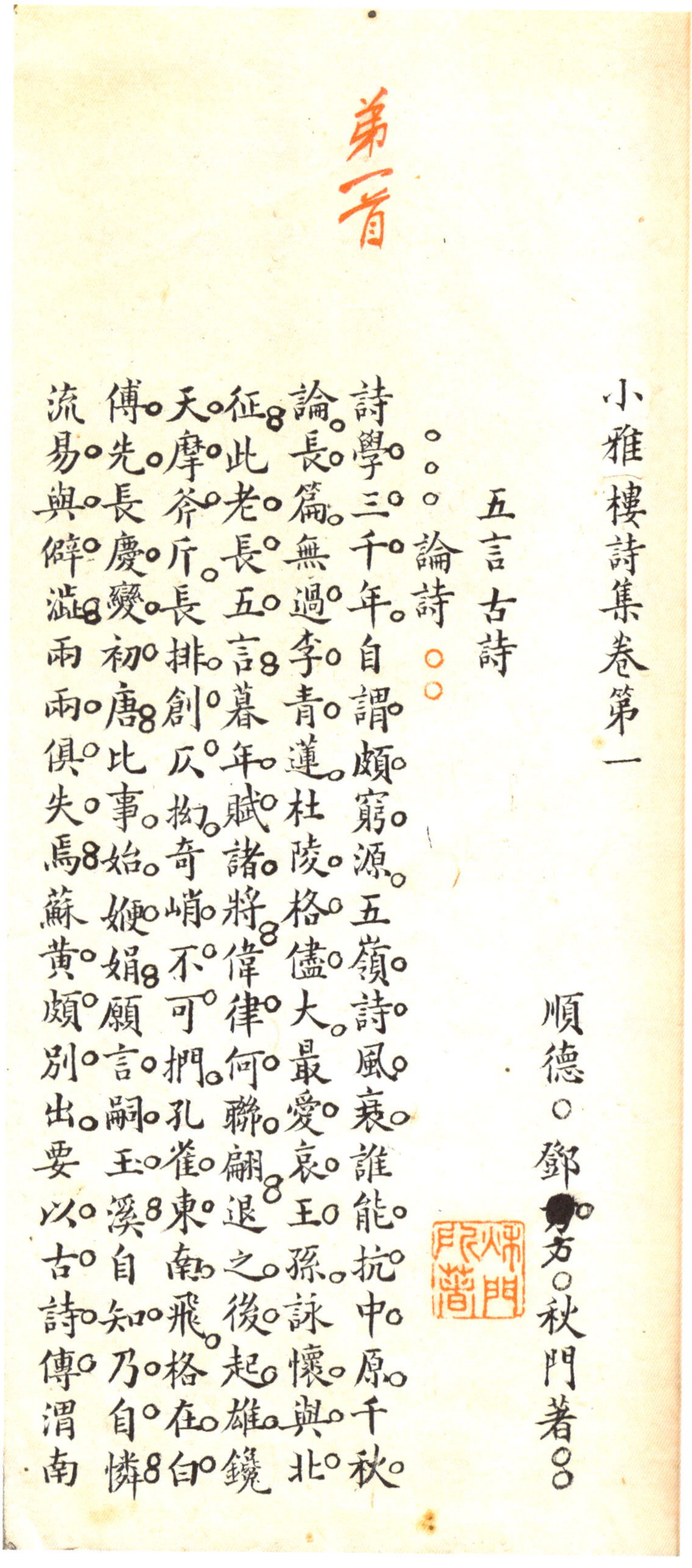

小雅樓詩集卷第一

順德○鄧○方○秋門著○

弟一首

五言古詩
○○
論詩
○○

詩學三千年自謂頗窮源。五嶺詩風衰誰能抗中原。千秋
論長篇無過李青蓮杜陵格儘大。最愛哀王孫詠懷與北
征此老長五言。暮年賦諸將。偉律何聯翩退之後起雄在鏡
天○摩斧斤○長排創。仄拟奇峭不可捫孔雀東南飛。格○
傅先長慶變初唐比事始。婉娟願言嗣王溪自知乃○自憐8
流易與僻澁兩兩俱失焉蘇黃頗別出要以古詩傳渭南

《小雅楼诗集》稿本之卷首

邓方一岁，兄弟二人自幼客居上海，一灯共读，茕茕相依，雪夜无寐时，对坐榻上议论古代兵法战事以及奇人伟行之举。十七岁时，邓方南归，以诗谒岭南鸿儒简朝亮，遂从先生游，二十岁时秋门独游京师、走塞下，览山川形势而赋之诗篇，其中多有系心家国、感事忧时之语。自京师归来后，秋门即罹瘿疾，不久即殁。邓实撰《亡弟秋门墓志铭》谓："……秋门既归自京师，即得瘿疾，疾甚，尤亟于为诗，视其辞更深痛绝，犷前强起，编定其诗以属予，泫然曰：人生斯世，不可无报，是盖予之所以报也。予受其诗，哀其志，为刊于广州。予一不知予之能使秋门传邪，抑秋门之诗之有以自传者邪。光绪二十四年十二月癸巳卒，春秋二十有一。妻杨，无子，女一。著有《小雅楼诗集》八卷《遗文》二卷。以某月某日葬于西樵滴水岩。铭曰：以弟之才，何事不可为；以弟之年，一事未及施。天于吾弟既如斯，予将何归而何依。予痛弟之悲，弟既死矣而无知；弟痛予之悲，予又乌得而知之。……"读之令人戚戚矣。

秋门之诗哀艳俊逸，并未因其早逝而湮没。陈衍《石遗室诗话》谓："秋门早卒，年仅二十有一。已有骈体文一卷，诗八卷千有余首。五言多近渔洋，七言多近梅村，斯已难矣。"将秋门之诗与王渔洋、吴梅村并题，陈衍对其评价可谓高矣。黄节将其与李贺并论，于《十一月初一夜重读邓秋门遗诗》中谓："如今羡子绝年少，呕心不让李长吉"。陈融《读岭南人诗绝句》论及秋门篇什时，则谓："简岸草堂鸡唱起，边云海月不胜秋；变风未动人间世，才命空归小雅楼。"然而对秋门评价最为中肯全面者，应当是汪辟疆，其云："当晚清新学风靡之时，其时有粤人年少工诗，颇不为人所知者，曰顺德邓秋门方。秋门与其兄秋枚侨寓申江，绮年劬学，有声于时。又曾游简朝亮之门，以用世自期许。方尝独走塞下，览山川形势，发为诗歌，感时抚事，哀怨无端。其诗格在吴梅村、杜于皇之间，惊才绝艳，兼与《秋笳集》为近。卒年才二十有一，今所传之《小雅楼诗集》，名篇隽句，犹在人口。惟以闽赣派领袖诗坛之故，此派诗颇不为人所重，实则为岭南派之健者也。"

有以上诸番评价，可知秋门之诗虽有邓实为之付梓以传，实则为"有以自传者"。邓实（1877—1951）字秋枚，号野残，别署枚君，室名鸡鸣风雨楼，早年曾与黄节、刘师培等组织国学保存会，并设立国学藏书楼，名曰风雨楼，作为公共图书馆向民众开放。风雨楼中藏古籍约十五万余册，大部分为众人捐书捐款而成，其中捐书捐款尤多者邓实也。邓实还与黄宾虹等创办神州国光社，以珂罗版影印书画、字帖、金石及印谱等，出版由黄宾虹主编之古今名画集《神州国光集》及《神

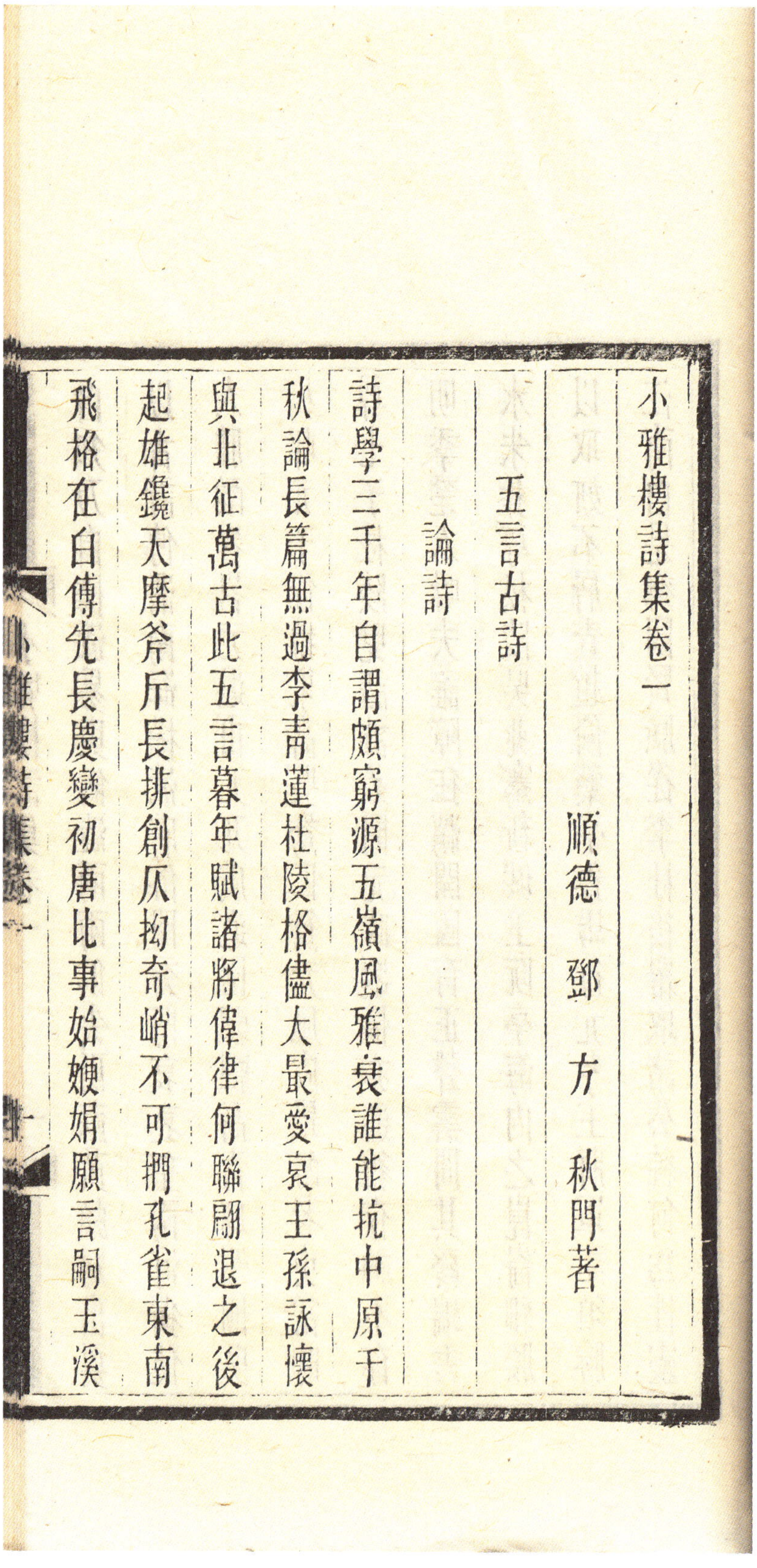

小雅樓詩集卷一

順德 鄧 方 秋門 著

五言古詩

論詩

詩學三千年自謂頗窮源五嶺風雅衰誰能抗中原千
秋論長篇無過李青蓮杜陵格儘大最愛哀王孫詠懷
與北征萬古此五言暮年賦諸將偉律何聯翩退之後
起雄鑱天摩斧斤長排創仄拗奇峭不可捫孔雀東南
飛格在白傅先長慶變初唐比事始嬝娟願言嗣玉溪

《小雅楼诗集》刻本之卷首

州大观》，并刻有《风雨楼丛书》五函五十册。

今读《小雅楼诗文集》，时见秋门与秋枚彼此唱和之篇，昆仲情深处处可见，如卷一之《西南道中寄实君》，诗云：

> 丛岭锁暮色，前峰忽已昏。
>
> 日落飞鸟外，时见烟火痕。
>
> 肃肃沙上雁，嗷嗷山间猿。
>
> 眷此客行子，凄焉泊孤村。

卷四则有《酬实君见怀之作》，诗云：

> 万仞沧溟阔，怀君梦亦无。
>
> 诗篇有来往，灯火各江湖。
>
> 入世同磨蝎，归山托忆鲈。
>
> 时人行乐地，卖饼独羁孤。

后有秋枚和诗《秋日怀方君》，诗云：

> 江上生秋水，怀人在钓槎。
>
> 西风下木叶，秋雨冷苹花。
>
> 岁晏愁衣食，城荒接鼓笳。
>
> 所嗟吾与汝，兵火各天涯。

秋枚、秋门兄弟年龄相仿，即是玩伴亦是学伴，再加上自幼失姊，彼此相依，自然较普通昆仲更为情深，秋门临终以诗相托，两年后秋枚刊其遗集于广州。因秋门尝语之黄节，云他日将筑小雅楼于粤秀山麓，读书其中，或将有助诗谊，故此集以《小雅楼诗集》命之，盖从其志也。黄节曾与秋门同游简朝亮门下，秋门早逝，黄节痛而惜之，序云："秋门殁时二十有一，为诗千余篇，今存而刊者数百篇。其诗哀而丽，使其永年，诗之所至必不止于是，亦必不止以诗鸣。"黄节所称"必不止以诗鸣"，盖云秋门以期用世之心，卷五之《读书草堂题壁二首》更是道尽秋门有心报国之愿，其诗云：

> 百年回首望神京，赤手谁能掣巨鲸。
>
> 周颙楚囚余涕泪，刘蒉风汉几功名。
>
> 宋人歌舞安中业，晋室江山盼北征。
>
> 太息杜陵忧国意，花门留骑尚纵横。

候火虾葬斥候收，筹边急徙北原楼。
长城道济思耆将，高阁深源惜故侯。
偏伍鱼丽番土隩，沧溟龙节使臣舟。
草堂风雨论兵夜，梦绕燕云十六州。

　　黄节将秋门比之李贺，因二人皆才高而寿浅，然秋门较李贺更为薄命，少看五年松梅竹菊。若天意假年，秋门生于彼新旧交替之大时代，而如此之大时代亦用世之好时代，以秋门之才、之志、之友，留名处又岂在诗坛。不止邓实、黄节为之痛惜，吾读其诗，亦为之痛哉惜哉！

　　今《小雅楼诗集》稿本、刻本具在眼前，稿本每卷前皆钤有"秋门所著"朱方，内中则处处可见朱、墨二色之校改、删选痕迹，以及刻书之记号，睹此可想见当日秋枚编定秋门诗稿时之细心。而稿本卷前邓实之《亡弟秋门墓志铭》与刻本相较，不仅多出数百字，文中尚用朱笔修改若干，亦可想见秋枚写此墓志时之字斟句酌，写完之后付梓时，又何等悉心谨慎。秋门之诗固然有以自传者，而秋枚悉心编定付梓之功亦不可没也。刻本牌记之后、正文之前有插页一张，中间为邓秋门肖像，相中人作清末书生打扮，手持折扇坐于几旁，表情沉静。此种装帧亦清末之特有制式，彼时刻本、石印本与珂罗版等多种印刷方式并存于世，往往一书聚多种印刷方式，此肖像页即为现代印刷方式而成。今《小雅楼诗文集》功德圆满，秋枚亦可慰秋门在天之灵，秋门及秋门之诗皆有可传而不至湮没。然而即使此诗集与诗自清末传至今日已百年有余，相信秋枚亦宁愿以此百年身后名，来换取方弟与之再度寒夜论诗之身前事。

　　附录邓秋门诗二首：

秋雨书小雅楼壁

疏雨滴长夜，忽然生暮愁。
荒江沽酒路，衰柳著书楼。
花月一生事，乾坤两鬓秋。
食穷休自笑，虫达愧封侯。

阅河东君手钞诗本二首

再嫁娥麋几十春，一编零墨不须珍。
死迟珉篝悲才士，生愧君厨惜党人。
野史文章名托附，晚年钟鼓梦沉沦。
可怜东硐归来后，覆铼依然未死身。

石芬风调美何如，尺卷当年紫府储。
红袖怜才诗博士，黄冠失节老尚书。
莺花岁月偷生后，文字关河历劫余。
摇落秋风江上柳，琴川何处绛云居。

后　记

　　该书的初版距今已逾五年，在此过程中，出版社的编辑王燕来老师多次跟我说，此书已脱销，请我修改错误后以便再印。然而从该书出版至今，我的生活有了一系列的变化，随着阅历的增加，现在回过头来翻看书跋初集，明显感到行文肤浅，真正体味到了何为悔其少作，故王先生每次与我谈起，我都以这个理由婉拒，总希望得暇时能够将初集进行修订，以此来弥补自己的错漏。

　　芝兰斋书跋如今已写到了第五集，而在五集交稿之时，燕来兄再次跟我说，社里仍然希望能够将前五集一并做为一个小系列重新印刷，以此作为阶段性成果。事情拖到如今，我无法找到更多的借口，于是放下手头之事，将书跋初集校订一过，虽然说并没有实现彻底改写的初衷，但也算弥补上一些罅漏。

　　对于本书的修订，除了我在校订时发现的错字，其实更多者是该书出版后所得到的书友指教。比如台湾学者张宝三先生在收到所赠书后，对拙著指出多点失误，南京的沈燮元先生指教文中手札未曾查到的佩秋先生为湖南藏书家李洣，内蒙的王树田先生指出文素松与文廷式并非同一人，而苏州的马骥先生则指出我对某个称谓的错误理解。

　　余外还有不少的师友纷纷来短信、电话告诉我书中所误之处，这些朋友的情谊让我难忘，故而借此再版之机，对这些朋友们表达我深深的敬意。同时，也请众位师友继续指出我文中之误，以便让我日有所获。

韦　力

补记于2017年8月15日

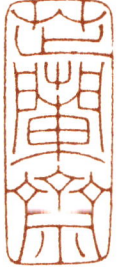